KB252437

일러두기

중국의 지명, 인명, 사업체 및 기업명 등에 대해서는 우리말 읽기 방법을 적용하고 중국어
원어를 번체로 변경하여 추가했다.
일본의 인명, 사업체 및 기업명 등은 일본어 발음으로 표기하고 중국어 원어를 번체로 변
경하여 추가했다.
그 외 러시아, 폴란드, 미국, 그리스 등 국가의 인명은 원어 발음에 가깝게 표기했고, 이 국
가의 사람들이 중국 내에 설립한 사업체나 기업의 이름에 대해서는 우리말 읽기 방법을
적용했으며, 외국 기업이 중국에 지사를 설립한 경우 이 사업체나 기업명은 원어 발음대로
표기했다. 그리고 중국어 원어를 번체로 변경하여 추가했다.

近代东北城市的历史变迁 ⓒ 2001 by Qu Xiaofan

All rights reserved
First published in China in 2010 by Northeast Normal Untversity Press
Through Shinwon Agency Co., Seoul
Korean translation rights ⓒ 2016 by Zininzin co., ltd

서울대학교 아시아연구소 아시아 근현대사 총서 002

중국 동북 지역 도시사 연구

근대화와 식민지 경험

진인진

총서를 발간하면서

한국사회가 지구화와 함께 찾아온 아시아의 시대에 어떻게 대응하는 가라는 과제가 주어진지 이미 20여 년 되었다. 동북아시아에서 노정되고 있는 민족주의와 정치권력의 자기이해에 기반한 영토분쟁과 군사화는 평화를 위협하고, 안전한 동아시아 공동체를 좌절시키고 있다. 서아시아에서 벌어지는 폭력적 갈등, 동남아에서 지속되고 있는 경제발전의 지체와 양극화 역시 아시아인의 삶을 불안하고 불행하게 만들고 있다. 갈등과 불안전한 현실을 넘어서서, 평화롭고 풍요로운 미래의 아시아를 상상하고 구축하는 일은 모든 아시아인들의 몫일 것이다.

한국사회의 안에서 평화롭고 풍요로운 아시아와 그 안에서의 한국의 역할에 대한 비전과 실행의 방안을 고민하는 일들이 얼마나 잘 이뤄지고 있는가를 스스로 점검하고 사회 각 부문이 실천에 나설 때가 되었다. 대학과 연구기관은 한국사회의 생존과 번영 뿐 아니라, 지구적 수준에서의 일어나는 역사적 흐름을 주시하고, 내연하는 아시아 내부의 갈등을 분석하고 대안적 사고를 사회에 제공할 책무를 지니고 있다.

이렇게 주어진 책무의 아주 작은 부분을 감당하기 위해 서울대학교 아시아연구소는 아시아 근현대사에 대한 정확하고 기본이 되는 역사연구들을 번역하기로 기획하였고, 올해부터 10권을 순서에 따라 상재하고자 한다. 2013년 기획위원회를 꾸리고 여러 전문가들의 자문을 받으면서 가능하면 각 나라에서 발간된 근현대사 연구서 가운데 1) 지역에 뿌리를 둔 연구자가 지역의 언어로 저술한 탄탄한 역사연구, 2) 경제사, 사회사, 문화사와 같은 부분사나 특정주제 보다는 해당 국가의 근현대사의 변모를 보여주는 통사적 성격의 책을 선정하고자 했다. 중국과 일본의 경우는 이미 기본 통사들이 많이 소개되어 있기 때문에, 특정 주제를 통사적 수준에서 탐구한 연구성과를 선정하고자 노력했다.

연구기관의 몫이 기본이 되는 정보와 지식을 사회에 제공하는 것이 1차적 역할이라 믿고 내놓는 번역총서이지만, 선정과 번역에 여러가지 실수와 오류가 있을 수 있다. 1차 시리즈를 내놓은 다음 비판과 질정을 받아 새로운 기획을 추진하고자 한다.

아시아연구소 소장 강명구

목차

"중국 동북 지역 도시사 연구"의 번역 출판에 부쳐

졸저 『중국 동북 지역 도시사 연구』가 한국의 최고 학부인 서울대학교에서 번역·출판된다는 소식을 접했을 때 나는 놀라움과 기쁨을 감출 수 없었다. 이 자리를 빌려 먼저 서울대학교, 특히 서울대학교 아시아연구소 담당자와 '번역총서' 책임자이신 강명구 교수님과 정근식 교수님께 깊은 감사의 말씀 올린다. 이 분들의 결정이 없었더라면 중국과 한국의 문화적 교집합을 다루고 있는 이 책의 한국어판 출판은 불가능했을 것이다. 다음으로 번역·출판과 관련해서 행정적으로 나와 연락을 취하고 관련 사안들을 친절하게 설명해주신 김영미 선생님께 감사한다. 마지막으로 감사드리고 싶은 분은 이 책의 번역을 맡은 한성대학교 박우 교수이다. 박 교수의 노고가 없었더라면 15년 전에 출판된 이 책은 서울대학교 아시아연구소의 여러 선생님께 소개조차 안 되었을 것이다. 이 책의 번역을 위해 박 교수는 나에게 여러 차례 메일을 보내 모호한 표현, 번역이 된 이후의 맥락과 문맥의 와전 여부 등을 문의했다. 박 교수의 이런 진지함을 통해 나는 그의 학문에 대한 태도를 확인할 수 있었고, 이 책의 내용이 이해하기 쉽게 독자에게 다가갈 수 있으리라는 자신감도 가지게 되었다.

　　중국과 한국은 가까이 인접한, 문화적 동질성이 짙은, 아시아에서 중요한 역할을 담당하고 있는 나라이다. 나는 어려서부터 한국 문화에 관심이 많았다. 굳이 그 역사적 기점을 말한다면 아마도 1965년 전후가 될 것이다. 한국 문화를 접함에 계몽적 스승은 당시 초등학교 교사였던 나의 부친이었다. 알다시피 중국의 1960년대는 엄격하게 사상과 외래 문화의 전파를 통제하던 시대였다. 이런 삼엄한 상황에서도 부친은 친구의 도움으로 우리 마을에 거의 금지물품에 해당했던 통신설비인 '광석라디오'를 설치했다. 전파가 불안한 이 라디오를 통해 나는 처음 〈대한민국의 목소리〉라는 중국어 방송을 접했던 것이다. 너무 정채롭고 이국적인 뉴스와 역사 이야기는 막 10세에 접어든 나에게 깊은 인상을 심어주었다. 그 뒤로 나는 4~5년 정도 이 방송을 꾸준히 들으면서 한국의 지리, 역사와 문화에 대한 지식을 쌓아갔다.

　　중국과 한국이 수교한 뒤인 1993년, 나에게 한국 방문의 기회가 왔지만 아쉽게도 이 한국행은 여러 가지 이유로 무산되었다. 1995년부터 나는 10년 가까이 중단했던 한국 방송 청취를 재개했다. 아나운서의 부드러운 억양과 말투, 동방 문화의 색채가 짙은 한국의 민족음악은 여전히 매력적이었다. 당시 나는 한국국제방송에 편지를 보냈고 방송국은 회신으로 나한테 방송시간표를 보내기도 했다.

　　서울대학교 아시아연구소의 이 사업으로 나는 한국 사회와 더욱 가까워질 수 있게 되었다. 이 사업은 중국과 한국 두 나라의 문화적 거리를 좁히는데 큰 역할을 할 수 있을 것이다. 하지만 이 책은 15년 전에 출판된 것이기 때문에 현 시점에서 시사하는 바가 제한적일 수 있다. 또한 일부 내용은 중국과 한국 두 나라의 문화적 차이 때문에 논쟁적일 수도 있다. 박 교수가 정교하게 번역하고 여러 차례 윤문 작업을 진행했기 때문에 내용에 이상이 있다면 이를 전적으로 저자의 책임으로 간주하길 바란다.

중국과 한국 두 나라의 문화 교류가 더욱 활발해지기를 바란다. 책의 번역과 출판에 노력하신 모든 분에게 다시 한 번 감사의 말씀을 올린다.

2015년 10월 19일, 장춘 동북사범대학에서
취샤오판

제1부

전통 도시의 변화와 지역 도시화, 도시 근대화의 서막
– 1861~1905년의 동북 도시들

근대 동북 도시의 흥기와 지역 도시화 및 도시 근대화는 1800년대 말 요하 유역의 개발과 동북 지역을 관통한 중동철도中東鐵道의 부설과 함께 시작되었다.

제1부에서는 1861~1905년 동북 지역 도시의 역사를 다룬다. 이 기간은 크게 세 시기로 나눌 수 있는데, 첫 번째 시기는 1860~1870년대로, 봉천奉天(현 심양沈陽)을 중심으로 한 봉건 도시의 근대로의 전환 시기이다. 두 번째 시기는 1870~1890년대로, 영구營口를 중심으로 한 요하 연안 도시 벨트의 형성과 발전 시기이다. 세 번째 시기는 1898년 6월 9일 중동철도의 부설부터 1904년 러일전쟁 발발 직전까지로, 중동철도를 통한 도시 벨트의 형성과 발전과정에 봉천과 하얼빈이 동북 지역의 주요 도시로 발전하고 대련大連이 차기 주요 도시로 부상하기 위해 준비하던 시기이다.

::: **제1장**
전통 봉건 도시의 근대로의 전환

고대 동북 도시의 간추린 역사

동북 지역은 평원·산·하천이 함께 어우러지고 자원이 풍부하며, 인류의 생존에 적절한 온도와 경작에 필요한 조건들을 구비한 천혜의 지역이다. 이런 자연환경 때문에 이 지역에 인구가 집중되고 도시가 형성될 수 있었다. 최근 심양 북릉北陵 근처에서 발굴된 신락新樂유적지는 7,200년 전 심양은 이미 원시 인류 사회가 형성된 지역이라는 것을 보여주었다. 또한 요서遼西 지역은 이미 5,000년 전에 찬란한 홍산문화를 창출한 지역이었다. 기원전 300년을 전후하여 춘추전국 시기의 연燕나라가 북방의 동호東胡를 공격하는 과정에 오늘의 요녕성 조양朝陽·요양遼陽 등지에 요동5군과, 심양에 후성현候城縣을 설치한 적이 있는데, 이는 동북 지역의 첫 성읍 성격의 군사요새의 출현을 의미했다. 그 뒤 한나라가 전국 시기의 군현제도를 승계하여 동북에 요동군과 요서군 등을 설치하면서 동북 지역의 군사요새의 규모와 수량이 모두 전국 시기보다 확대되었다. 위·진·남북조와 수·당 시기에 고구려·물길勿吉 등의 소수민족은 오늘의 길림성 중부·동부와 요동 지역에 고구려, 발해 등 소수민족 정권을 세웠다. 이 정권들이 만든 길림吉林, 집안集安, 요하 오동성敖東城, 상경용천부성上京龍泉府城(현 흑룡강 영안寧安) 등의 도성과 요새로 인해 동북 지역의 도시 분포는 요녕에서 길림까지 확장되었다. 상경용천부성은 외성·내성·궁성 등 3중으로 구성되고 전체 면적이 20km²에 달하는,[1] 명나라 이전 동북의 도시건축과 도시계획의 최고 수준을 자랑하는 거대한 규모의 성이다. 송·요·금·원 시기에 동북 지역에는 인구의 증가와 부족제部族制·주현제州縣制를 중심으로 한 행정제도의 발전으로 황룡부黃龍府(현 길림 농안農安), 요양부, 타호성他虎城(현 길림 전곽前郭), 웅악성熊岳城, 은주銀州(현 철령鐵嶺), 백성白城(현 흑룡강 아성阿城) 등 부府·주州 성격의 여러 성진城鎭이 형성되었고, 이러한 성진은 오늘의 흑룡강성 중부 지역까지 확장되었다. 이들 성진 가운데서 요나라 중경요양부성中京遼陽府城, 금나라 상경회녕부성上京會寧府城, 원나라의 심양로沈陽路[2]는 상당한 규모를 갖춘 도시들이었다. 그런데 한 가지 짚고 넘어가야 할 것은, 명나라 이전 동북 지역에는 많은 도시가 출현했지만 이 도시들은 모두 군사요새 또는 정치적 목적으로 만들어진 것으로 성城은 있지만 상업을 중심으로 한 시市는 드물었다는 점이다(발해의 도시는 제외).[3] 그리고 명나라 이전의 동북의 도시들은 대부분 소수민족 정권에

---

1 姜维公·高福顺, 1991,『东北历史地理简论』, 吉林文史出版社, 244~247頁.

2 현재 심양성 내에 있는 심양로의 이름은 심주(沈州)라는 지명에서 유래되었다. 928년 요 태조가 이곳에 심주를 설립하면서 심양은 도시의 모습을 갖추기 시작했다. 원나라 초기에 심주는 전쟁으로 훼손되었다. 1296년 원나라는 심주의 폐허 위에 토성을 건설했는데 이 토성이 '혼하의 북쪽'(渾河之陽)에 위치했기 때문에 심양로라고 부르게 되었다.

3 사료에 의하면 이미 727년 발해국 시기 발해 2대 무왕 대무예는 사람을 파견하여 동경용원부(길림 훈춘 팔련성八連城에 유적지가 있다)를 경유하여 일본을 잇는 '해상실크로드(日本道)'를 개척하고자 했다. 3대 문왕 대흠무 집권 시기(785~794)에 이 '해상실크로드'는 크게 번성하여 매년 동경용원부를 경유하는 상인 행렬이 끊이지 않았다고 한다. 동경용원부는 발해국과 일본, 신라, 당을 잇는 중요한 상업도시였다.

의해 만들어진 것으로 이들 정권의 흥망성쇠에 따라 도시의 번성과 쇠망이 반복되었다. 따라서 수많은 도시 가운데 근대까지 이어져온 도시는 얼마 되지 않는다.

고대 동북의 도시는 공간적 고립과 분산적 분포로부터 상대적 집중의 형태로 변화했고 명나라 때부터 도시의 규모가 엄격하게 통제되기 시작했다. 명 초 홍무洪武 연간(1368~1398)부터 선덕宣德 연간(1426~1435)까지 중앙정부는 동북 지역 소수민족들의 요남·요중 지역에서의 군사적 충돌과 대치로부터 자신을 방어하기 위해 동북과 화북을 잇는 요충지인 요서 지역을 군사적인 핵심 방어 지역으로 삼았다. 명은 이 지역에 군사 기능을 수행할 수 있는 도시들을 건설했는데 영원寧遠(현 흥성興城), 중후소中后所(현 수중綏中), 광녕廣寧(현 북진北鎮), 금주錦州, 의주義州(현 의현義縣), 반산盤山 등이 이에 해당한다. 『전요지全遼志』, 『명실록明實錄』, 『성경통지盛京通志』 등에 의하면, 선덕 3년(1248), 명이 요서의 전둔위前屯衛에 중후천호소中後千戶所를 건설하면서 해자인 성지城池와 중후소라는 명칭이 등장한다. 이 성은 "길이 3리 69보, 높이 3장, 두께 2장"에 달했다. 또한 "(광녕성은) 홍무 연간에 건설되었고 길이 9리, 높이 3장, 해자 깊이 1장 5척, 두께 2장에 달한다. 모두 5개의 문이 있는데 동문은 영안永安, 서문은 공진拱鎮, 북문은 정원靖遠, 남좌문은 태안泰安, 남우문은 영은迎恩이라 했다. 4곳에 각루가 있다." 그리고 "의주성은 홍무·선덕 연간에 건설되었고 길이 9리 10보, 높이 3장, 너비 1장 8척에 달한다." 이 지역들은 전례 없는 인구의 증가와 사회 발전을 경험하게 되었다. 광녕성의 경우, 영락永樂(1403~1424) 연간에 총병 유강劉江이 "남관南關을 개척·확대하여 사람이 거주"할 수 있게 했고, 홍치弘治(1488~1505) 연간에 "호충胡忠을 광남廣南 지역으로 파견"하기도 했다. 금주성의 경우, "홍무 24년 조봉曹奉에게 지시하여 길이 5리 120보, 높이 2장 5척에 달하는 성을 건설하게 했고, 성화成化 12년 왕개王鎧를 지휘하여 이 성을 북으로 45장, 동과 서로 각 95장을 확장했으며, 홍치 17년 호충이 추가로 남관 6리 12장을 개척"하기에 이른다.[4]

이 도시들이 대도시로 발전하고 도시의 기능을 모두 갖춘 것은 1600년대 초 후금 시기로 보아야 할 것이다. 후금은 1621년(천명 6년) 명의 요동도사아문遼東都司衙門이 있던 요양을 점령하고 도성인 동경성東京城을 건립했다. 이어 1625년 심양으로 천도하고, 1634년 심양을 성경盛京으로 개명한데 이어, 1636년 황태극이 국호를 대청大淸으로 변경하면서 심양은 황성皇城이 되었다.[5] 이전의 여러 소수민족 정권과는 달리 후금 통치자들은 요양과 심양을 수도로 정한 후 이곳에 거대한 규모의 성지와 호화스러운 궁전을 건설했을 뿐만 아니라 이 지역 거주자들의 생산과 생활의 수요에 따라 성을 개방하고 상품 교역시장을 만들었다. 그중 심양의 마시馬市는 당시 전국적으로 유명한 시장이었다. 상품 교역시장의 형성으로 상업세가 증가했고 도시의 자기 발전능력도 제고되었다. 이렇게 동북의 도시들은 경비가 삼엄한 군사적 요충지에서 상품 경제가 번성하고 종사 업종이 다양하고 인구밀도가 높은 번화한 도시로 발전하기 시작했다.

청이 전국을 통일한 후 동북의 도시 건설은 새로운 단계에 들어섰다. 1850년까지 약 50개의 성진城鎭이 형성되었다. 주요 도시로는 봉천심양, 금주金州, 요양遼陽, 해성海城, 금주錦州, 흥경興京(현 요녕성 신빈新賓), 삼성三姓(현 의란依蘭), 애혼瑷琿, 복규卜奎(현 치치하얼齐齐哈尔), 길림오랍吉林

---

4 『(民國)奉天通志』, 卷87, 建置一, 1983, 东北文史丛书编委会 1983年 (据民国23年铅印本) 影印本, 第2册, 1973頁.

5 1657년 청이 성경(심양)에 봉천부를 설치하면서 심양은 봉천이라는 이름을 갖게 되었다. 1800년대 초 봉천은 성경을 대신하여 심양의 공식 이름이 되었다.

烏拉(현 길림吉林), 해랍이海拉爾, 호마呼瑪, 복주覆州, 우장牛庄, 개평盖平, 철령
鐵嶺, 개원開原, 창도昌圖, 봉황성鳳凰城, 신민新民, 천금채千金寨(현 무순撫順),
본계호本溪湖(현 본계本溪), 백도눌伯都訥(현 송원松原), 훈춘琿春, 아륵초객阿
勒楚喀(현 아성阿城), 쌍성보雙城堡, 호란呼蘭, 납림拉林, 서란舒蘭 등을 꼽을 수
있다. 당시의 동북 지역은 여전히 저발전과 저성장 지역이었지만,[6] 이미
50개의 도시가 공간적 분포를 이루고 있었다는 것만으로도 충분히 발
전의 잠재력을 평가받을 수 있었다. 이 지역의 도시 발전을 추동한 요
인들을 살펴보면 다음과 같다.

동북으로의 지속적인 이민 증가

청 이전까지 명이 여전히 동북 지역에 대한 통치를 유지했지만, 후금이
흥기하면서 중앙정부와 동북 지방정권 사이에는 군사적 대치가 빈번하
게 발생했다. 이에 따라 동북과 관내[7]의 교류는 장기적인 단절을 경험
하게 되었다. 이런 상황에서 관내의 거주민은 개별적으로 허가 없이 변
경을 넘는 방식으로 동북 지역으로 이주하기 시작했다. 그때까지만 해
도 동북의 외래 이민은 적었다. 청은 건국 이후 지속된 전쟁과 그로 인
한 토지의 황폐화 및 농업생산의 정체를 막고 동북 지역에 생기와 활력

---

6   미국 스탠포드대학의 중국 도시사 연구자 스키너(G. W. Skinner)의 통계에 의하
면 1843년 하북 지역의 도시는 416개였는데 이 도시들에 거주하는 인구는 전체 인구의
4.1%에 달했다. 도시 인구의 비중이 가장 큰 곳은 장강 하류 지역으로 약 7.4% 정도였
다. 도시 인구 비중이 상대적으로 낮은 지역은 운남과 귀주 지역으로 약 4% 정도였고 도
시도 52개에 불과했다. 당시 동북 지역의 도시 규모와 도시 인구 비중은 운남과 귀주 지
역과 비슷했다(施堅雅 著, 王旭等 译, 1991, 『中国封建社会晚期城市研究』, 吉林教育出版
社, 74頁).

7   산해관 이남 지역을 일컫는다.-옮긴이주.

을 불어넣기 위해 순치 10년(1653) 요동초간령遼東招墾令[8]을 반포했다.[9] 이 초간령으로 관내의 한족과 남방 지역의 범죄자들이 봉천의 요양과 길림의 영고탑寧古塔 지역으로 대거 이주하게 되었다. 『성경통지』에 의하면 순치 18년(1661) 요서·요중의 봉천과 금주 두 지역에 1년 사이 인정人丁[10]이 5,557명이나 증가했다. 강희제 초기에 실시한 이민장려정책으로 관내의 한족이 지속적으로 동북 지역으로 이주했고, 청은 이들로부터 토지 개간 3년 되는 해부터 세금을 거두었다. 강희 7년(1668) 요서 금주에 속해 있던 영원寧遠, 금현錦縣, 사후沙后, 광녕 등 네 지역의 인정은 1년 사이에 1만 6,643명이나 증가했다.[11]

그러나 관내 한족의 대량 이주는 동북 기인旗人(만주족)의 생계를 위협했다. 만주족의 경제활동을 보장하고 자신의 '용흥지지龍興之地'가 한족에 의해 동화되는 것을 막기 위해 청은 1668년 요동초간령의 실행을 중단했다. 이에 따라 강희 8년(1669) 철령, 해성海城, 개평(현 개주蓋州), 개원開原 등의 증가 인구는 860명에 불과했다. 그러나 건륭 8년(1743) 천진天津 하간부河間府 등의 심각한 가뭄으로 많은 이재민이 발생했고, 이들은 산해관山海關과 희봉구喜峰口를 통해 동북으로 이주했다. 건륭제는 이재민의 이주를 용인하는 차원에서 만주 이주 금지령을 잠시 해지하기도 했다. 그러나 직直(하북성 일대)과 노魯(산동성 일대) 지역에서 폭

---

8 토지 개간민 유치 관련 정책.－옮긴이주

9 초간령은 "요동에 개간자 100명을 모집하면 문관은 지현, 무관은 수비, 60명 이상이면 문관은 주동주판, 무관은 천총, 50명 이상이면 문관은 현승주박, 무관은 백총 등 직을 수여하고, 개간민을 많이 모집한 자에 대하여 100명을 초과할 때마다 1급 단위를 올려준다"고 명시했다(『盛京通志』, 23卷).

10 인정은 호적에 기입되고 납세의 의무를 이행해야 하는 남성노동력을 가리킨다. 인정과 가족총인구의 비율은 보통 1:5 정도였다.

11 朱契, 「滿洲移民的历史与现状」, 『東方雜誌』, 第25卷 第12號, 12頁.

발적인 인구 성장과 심각한 자연재해가 겹치자 해마다 많은 이재민이 위험을 무릅쓰고 육로와 해로를 통해 동북으로 이주했다. 이렇게 건륭제 후기에 와서 동북으로의 이민자 수는 최소 100만 명에 달했다. 요녕 지역의 최상급 토지가 거의 개간되자 이주민들은 요하遼河 유역을 지나 송화강松花江과 눈강嫩江 유역까지 이동했다. 건륭 45년(1780)부터 48년(1783)까지 영고탑 지역으로 이주한 이민은 444호에 달했다.[12] 건륭 54년 삼성, 아륵초객, 납림 등지에서 유민은 249호, 1,245명으로 조사되었고, 가경 11년(1806) 곽이라사郭尔罗斯 지역의 유민은 7,000여 명에 달했다. 가경 13년(1808)에 신설한 장춘청長春廳 내에서는 유민 3,010호, 가경 23년(1818) 길림청吉林廳에서는 유민 6,953호, 호란대황구呼兰大荒沟에서는 유민 4,100명이 조사되었다. 가경제 시기 길림과 곽이라사 지역으로 잠입한 유민은 송화강을 넘거나 눈강평원을 따라 흑룡강성으로 이주했는데, 이들은 도광제 초기 치치하얼을 중심으로 일정한 규모와 세력을 형성하기도 했다. 이들 중에는 범죄자와 목공도 있었다. 산동 사람들은 동북으로 이주하는 과정에 간이막사를 짓고 살았는데 이런 형태로 유민이 많이 집거하면서 촌락의 초기 형태가 갖추어지기 시작했다. 관내 유민의 동북 이주 과정에 형성된 크고 작은 촌락은 이주자들의 증가와 더불어 훗날 도시로 발전하기도 했다.

상품경제의 발전

농업의 발전과 함께 관내의 상업자본과 금융자본도 동북 지역으로 유입되기 시작했다. 초기의 상업자본은 관내의 여러 지역에서 이주한 상인집단의 잡화상 형태로 출현했다. 이 잡화상들 가운데 직예방直隶帮, 산

---

12 『宁古塔都统衙门档案』, 132卷.

서방山西帮, 광동방广东帮, 산동방山东帮 등의 영향력이 상대적으로 컸다. 직예방에는 당산방唐山帮·천진방天津帮이 있었고, 산동방에는 액현방掖县帮·황현방黄县帮·창읍방昌邑帮·제남방济南帮·등주방登州帮 등이 있었다. 이들 상인집단 중에서도 산동 황현·액현 상인과 광동 상인의 영향력이 가장 컸다. 이들은 산동과 중국 남방 지역의 천, 차, 쌀과 기타 일용품을 동북 지역으로 가져와 팔았고, 동북 지역의 콩, 밀, 인삼, 담비가죽을 관내로 가져가 팔았다. 1700년대 초 동북과 관내를 잇는 범선 항로에는 요동만 서쪽의 금주 호로도葫芦岛에서 산동 성산각成山角까지의 항로, 여순旅顺에서 산동 봉래蓬莱까지의 항로, 대동구大東溝에서 산동 연대煙臺까지의 항로가 있었다. 매년 동북에서 관내로 운송되는 콩과 밀은 수백만 석石[13]에 달했다.

무역의 번성으로 한산했던 동북의 군사요지와 도시 및 촌락은 상업 종사자들로 북적였다.[14] 영고탑은 처음에는 군대만 주둔하던 곳이었지만 강희 16년(1677)부터 "상인들이 대거 집거하면서 남방의 진품으로 가득 채워졌고, 길거리는 사람과 차로 북적이는 예전과 전혀 다른 풍경이 펼쳐졌다. 거주민 중 사업에 능한 사람은 천백금의 재산을 보유"하고 있었다. 당시 영고탑의 상포는 36개에 불과했으나 가경 21년(1816)에 이르러 69개로 증가했다.[15] 길림은 강희 15년(1676) 이후 "백화가 집결하고, 기정旗亭, 희관戱館 등 없는 것이 없는 번성한 도시"가 되었다. 삼성은 성 건립부터 건륭 44년(1779)까지 "인구가 지속적으로 증가했고" 상인이 증가하면서 "영고탑과 비슷한" 도시로 발전했다. 도광제 초

---

13 석은 동북 지역의 무게 단위로, 1석은 10두(斗), 약 200~250kg이다.

14 孔经纬 主编, 1990, 『淸代东北地区经济史』, 黑龙江人民出版社, 201頁.

15 『宁古塔都统衙门档案』, 250卷.

기 장춘長春 근처의 여러 진에서는 이미 고정된 날에 장이 열렸는데, 그 중 "신립성新立城·만보산萬寶山·소쌍성보小雙城堡에서는 3일·6일·9일, 동가륜東卡倫과 소합륭小合隆에서는 2일, 포가구包家溝에서는 1일·4일·7일"에 장이 열렸다.[16]

금융자본은 주로 전당포에 집중되었고, 주인은 대부분 산서 상인이었다. 건륭 26년 심양 소동관小東關에는 이미 광발당廣發當과 항길당恆吉當이 있었다. 가경 12년(1802) 영고탑의 전당포는 12개에 달했고, 건륭 11년(1746) 호란의 전당포는 하나였다가 도광 13년(1833)에 3개로 증가했다. 1800년대 초 산서 상인은 이미 동북의 금융업을 완전히 독점했던 것이다. 상업과 금융업의 발전으로 일부 농촌의 자급자족경제는 상품경제로 전환되었고, 나아가 도시의 형성에 큰 영향을 미쳤다.

군사 방어능력 강화

청은 강희제 초기부터 끊임없이 흑룡강 유역을 습격하는 등 청의 영토를 넘보는 북방의 러시아를 방어하기 위해 길림, 치치하얼, 애혼 등의 군사요지를 보강했다. 이 지역들은 후에 도시로 발전했다. 당시 동북 지역의 14개 주요 도시는 다음과 같다.

봉천奉天(심양瀋陽)

1644년 청이 북경으로 천도한 후 청의 발상지인 봉천은 부도部都가 되었다. 같은 해 청은 그곳에 '주방내대신駐防內大臣'[17]을 설치했고, 1662년 주방내대신을 '진수요동등처장군鎭守遼東等處將軍'으로 변경했다. 이 명칭

---

16 『长春县志』, 2卷, 伪满长春县伪康德八年(1941)版.

17 동북 주재 중앙정부 최고 대표 및 최고 군정장관.

은 1665년 진수봉천장군鎭守奉天將軍으로 변경되었다가 1747년 다시 성경등처장군盛京等處將軍으로 변경되었다. 봉천은 특수한 위상으로 말미암아 항상 동북 지역 도시 중 가장 중요한 지위를 차지했다. 청 초 20년간 옛 황성과 황릉을 중심으로 민족 특색이 짙은 건물이 세워졌다. 이 건물 중에는 성의 동쪽에 있는 복릉福陵과 소릉昭陵이 포함된다. 1680년 강희제는 심양을 시찰하고 옛 궁을 보수할 것을 명했는데, 이로 인해 옛 성의 밖에 추가로 성이 확장되면서 성문 8개가 설치되었다. 또한 성내의 십자가十字街는 정자가井字街로 확장되었는데, 정자가의 제일횡획第一橫劃의 중심에 황궁이, 제이횡획의 중심에 상업가인 사평가四平街(중가中街라도도 한다)가 위치했다. 강희 15년(1676) 사평가의 첫 번째 상가인 천합리天合利는 이미 영업 중이었고, 가경 원년(1796) 사평가에는 심양 역사상 최초의 전매점인 전합호全合號가 출현했다.[18] 그 밖에 봉천성의 안과 밖을 연결하는 팔관대가八關大街가 건설되어 심양 고성의 교통 중추로 기능했다. 도시의 기본 요소를 구비한 고대 심양은 1860년에 이르러 성면적 10km², 도로 500여 갈래인 도시로 발전했다.

신민新民

신민의 본래 이름은 신민둔新民屯으로 갈대밭과 습지 지역이었다. 오래된 하천의 퇴적작용으로 명대에 이르러 이곳에 한지旱地가 형성되었고, 이후 청대에 역참이 건설되면서 작은 촌락으로 발전했다. 건륭제 초기에 이 촌락은 집시集市의 형태를 갖추기 시작했다.[19] 건륭제 중기에 하천 순검관료들이 이곳에 오면서 신민둔이 형성되었고 이어 1808년 신민청으로 승격되었다. 1860년 이전에 인구는 이미 1만 명 이상이었다.

---

18 『沈阳市志·商业志』, 1996, 沈阳出版社, 71頁.

19 『(民国)新民县志』, 1974, 台湾成文出版社(影印本), 118頁.

금주錦州

청 초 금주부는 요서 지역에서 '가장 중요한 진鎭'이었다. 이곳은 불교·도교의 명산인 유봉산乳峰山, 십삼산十三山, 백운산白雲山, 이랑동산二郞洞山, 관음동觀音洞 등으로 유명했다. 시장에서는 모피, 곡물, 백주 등이 팔렸다. 1860년 이전의 인구는 약 2만 명이었다.

철령鐵嶺

명나라 때 철령위鐵嶺衛가 설치되고 성을 쌓았다. 강희 3년(1664) 철령현으로 승격되면서 성을 증축했다. 강희 30년(1691) 성내에 첫 번째 사영私營 양잔糧棧(곡물도매상)인 흥원덕興源德이 출현했고 이어 연마행煙麻行(담배상)인 사합영四合永도 출현했다.[20] 건륭제 중기를 지나면서 이주민의 규모도 꾸준히 증가했다. 함풍 3년(1853) 성에서 2.5km 떨어진 마봉구馬蓬溝가 개항되면서 무역 규모가 증가하고 양잔, 전행錢行, 사방絲房, 피화행皮貨行, 산물행山貨行 등이 즐비해졌다.

해성海城

명대에 둘레가 2.5km에 달하는 해주위성海州衛城이 세워졌다. 후금 천명 8년(1623) 새로운 성이 세워졌고, 청대 순치 10년(1653) 이름을 해성으로 개명했다. 청이 책봉한 평남친왕平南親王 상가희尙可喜의 고향이었던 이곳은 지역 인구 중 상당한 규모를 차지하는 상씨 사람들에 의해 발전되었다. 건륭제 후기 이곳은 요하 하류 중요한 농산품 집산지였다.

우장牛莊

청나라 초기 요하와 태자하太子河를 잇는 요하 하류의 최대 부두였다. 건

---

20 『铁岭市志』, 第11篇·商贸, 1994, 沈阳出版社, 412頁.

룽제 시기 매년 여름이 되면 사람과 배가 부두에 운집했고 화물을 운반하는 마차가 뱀처럼 길게 늘어서곤 했다. 당시 동북 지역에서 가장 큰 부두인 이곳의 인구는 약 5,000명에 달했다.

길림吉林

길림의 본래 이름은 우라지링烏拉雞陵이다. 길림은 '산과 강이 서로 어우러져 보호'해주는 비범한 기운이 서린 곳이었다. 청대 순치 18년(1661) 조선소造船所가 건설되면서 선창船廠이라 부르기도 했다. 강희 12년(1673) 이곳에 송목松木으로 성을 쌓았고 이듬해 길림수사영水師營이 설립되면서 성내의 인구가 증가했다. 사람들은 길림을 "산과 강이 얽힌 곳", "천하제일 강산"이라고 불렀다.[21] 강희 15년(1676) 영고탑장군寧古塔將軍을 길림으로 옮겨 길림오랍吉林烏拉으로 개명하면서 길림은 중요한 군사도시가 되었다. 길림청과 오랍가성烏拉街城 사이의 송화강 연안은 청의 조선산업이 집중된 곳이자 러시아의 침략을 막는 중요한 수상 방어기지이기도 했다. 오랍가는 또한 황실에 진주, 물고기, 산삼 등을 조달하는 중요한 수상 중추 항로였다. 이러한 이유로 길림은 빠르게 발전할수 있었다. 건륭제 시기 산동 창읍 출신 이주민을 중심으로 길림의 정주인구가 급증했고, 건륭 18년(1755)에는 산동이민회관이 문을 열었다.[22] 길림에는 장군아서將軍衙署를 중심으로 북, 서, 동 3곳의 상업 번화가가 형성되었다. 이곳의 토착민은 만주족이기에 길림의 건축은 만주족의 특색이 짙다. 관아나 개인 저택 모두 목조건물이고 큰길도 나무바닥이었다. 청 함풍제 시기 길림의 인구는 5만 명 정도였다.

---

21 『盛京时报』, 1940年 1月 26日.

22 「旅吉山东同乡会之布白」, 『盛京时报』, 1923年 2月 10日.

타생오랍打牲烏拉

청은 명의 영락제 시기에 오랍가로 불리던 이곳에 타생오랍 총관아문
을 설치했다. 이 기구는 당시 전국에서 유일한 특산품 납공 전담기구로
길림오랍에서 백도눌 사이 송화강 유역 및 주변 지역의 특산품 징수사
업을 전담했다. 강희 42년(1703) 청은 이곳에 시가지를 구획하고 4km
에 달하는 성을 쌓았다. 건륭제 시기 이곳은 송화강 중류의 중요한 상
업 집산지였다.

장춘長春

본래 이름은 관성자寬城子이다. 몽고의 영역이었던 곽이라사 초원의 일
부로 1791년을 전후하여 산동의 개간민들이 유입되기 시작했다. 땅이
넓고 비옥하지만 미개간지인데다가 사람도 적고 동북의 중부 지역에
위치해 있어 외래 인구가 급격하게 증가할 수 있었다. 가경 원년(1796)
장춘과 인근 지역의 상주인구는 약 5,000명에 달했다. 인구의 증가로
상품경제가 발전하면서 장춘 역사상 첫 번째 농산품 시장이 출현했다.[23]
가경 4년(1799) 외래 이민들이 도시의 첫 번째 대표적 건물인 조양사朝
陽寺(관제묘關帝廟)를 세워 자신들의 공공 활동공간으로 활용하면서 장춘
은 도시의 초기 형태를 갖추기 시작했다. 가경 5년(1800) 장춘과 인근
의 이통하伊通河 양안의 이주민은 2,330호, 1만 명에 달했다.[24] 당시 장춘
의 외래 이민자 중 큰 영향력을 행사했던 사람은 산동 유현濰縣에서 이
주한 임충霖忠과 산동 수광壽光에서 이주한 여문呂文이었다.[25] 길림장군부

---

23 「長春商情调查」,『盛京时报』, 1908年 5月 10日.

24 『吉林调查据文报出编』(下), 法制报告部分, 1910铅印本, 2頁.

25 守田利远, 1906, 『满洲地志』(下), 东京丸善株式会社, 518頁.

吉林將軍府는 가경 5년 장춘청아문을 설치하고, 장춘청통판 한 명을 장춘을 대표하는 지방정부 대표로 임명하여 이곳을 관리하게 했다. 이렇게 농업 이민과 농업 경제를 중심으로 한 초기의 장춘시가 탄생하게 되었다. 장춘 청 설립 후부터 도광 2년(1822) 사이 장춘의 인구는 10,776호, 51,878 명으로 급증했다. 그중 도심 인구는 1만 명을 웃돌았다.

훈춘琿春

명나라 때 훈춘위琿春衛였고 청나라 초기 왕실 사냥터인 남황위장南荒圍場 이었다. 강희 53년(1714) 이곳에 협령協領이 설치되었고 이후 훈춘에는 변경 지역 사람들에 의해 형성된 장터와 시가지가 출현했다. 훈춘은 건 륭제와 가경제 시기 동북과 화북 이주민이 오소리강烏蘇里江 유역과 흑룡 강 유역 및 일본과 상업활동을 벌이거나 이 지역에 정주하는 과정에 중 요한 입구 역할을 담당했다.

삼성三姓

본래 이름은 의란합달依蘭哈達이며, 송화강·목단강牡丹江·왜긍하倭肯河·삼 강三江이 접하는 중요한 전략적 지역이다. 강희 53년(1714) 사좌령四佐領 이 설치되고 이듬해 성이 세워졌다. 이곳은 청이 송화강 하류를 통제하 는 유일한 요새다.

아성阿城

본래 이름은 아륵초객 또는 아집하阿什河이다. 금나라 때 도성 소재지였 다가 후에 황무지가 된 곳이다. 청 옹정 7년(1729) 이곳에 부도통副都統 을 설치했고 같은 해 목조 성벽을 건설했다. 건륭 4년(1775) 성벽을 다 시 쌓고 문묘文廟를 세웠다. 상업이 발전하면서 송화강 하류의 중요한 상품 집산지 역할을 했다.

치치하얼齊齊哈爾

강희제 38년(1699)부터 형성된 곳으로, 흑룡강장군아문이 애혼에서 이곳으로 옮겨지면서 흑룡강성에서 행정직급이 가장 높은 도시가 되었다. 강희제 초기 산서 상인이 복성공福盛公, 욕성공裕盛公, 금은당金銀堂, 북항리北恒利, 서항리西恒利 등의 상가를 열었다. 산서 이주민의 상가는 24개로 증가했고 상업을 중심으로 치치하얼은 동북 북부 지역에서 가장 번화한 도시로 발전했다.

쌍성雙城(쌍성보雙城堡)

동북 평원 중부 납림하拉林河 옆에 위치해 있다. 1800년대 초 납림하 유역에 산동 개간민이 급증하면서 촌락이 형성되었다. 가경 20년(1815)부터 쌍성보라는 명칭이 생겼고, 1850년을 전후하여 곡식과 콩의 주요 집산지로 발전했다.

전통 봉건 도시의 근대적 전환

중국은 1840년에 발발한 아편전쟁을 반식민지·반봉건적 근대 역사의 기점으로 설정하고 있다. 하지만 관내와 동떨어진 동북에서는 1856~1860년 제2차 아편전쟁을 기점으로 관내와 유사한 사회형태가 출현한 것으로 평가된다.[26] 마르크스는 "자본주의의 발전으로 모든 민족, 심지어 야만족까지 각 민족 문명의 소용돌이에 빠지게 되었다. 과거

---

26 동북 지역의 근대 기점에 관해 크게 두 가지의 관점이 있다. 첫 번째 관점은 관내와 차이가 없다는 것이고, 두 번째 관점은 1861년 영구(營口)의 개항 시기를 근대의 기점으로 설정해야 한다는 것이다. 필자는, 동북의 영토적 주권을 심각하게 파괴하고 동북을 수동적 개방의 소용돌이에 빠지게 한 1858년의 중국과 러시아의 '아이훈조약(瑷琿條約)'과 같은 해 중국과 영국·미국·프랑스·러시아가 체결한 '천진조약(天津條約)'을 중요시 여기면서 근대 동북 도시사의 기점을 1861년으로 설정한다.

지역적이고, 폐쇄적이고 자급자족적 자연 상태는 소멸되고, 이를 대신한 것은 여러 민족의 상호 왕래와 여러 방면의 상호 의존이다"[27]라고 말했다. 마르크스의 이 문구는 동북 근대사의 시작을 다음과 같이 이해할 수 있도록 이끌어준다. 침략자의 수탈과 핍박에 의한 개항은 고통의 과정이었으며, 이 과정에서 동북은 '문명의 소용돌이에 빠져'들었다. 그러나 객관적으로 보면 이 과정은 낙후한 문명이 진보하는 과정이자 동시에 동북 지역사회에 변혁의 기회를 제공하는 과정이었다. 이 변혁은 가장 먼저 지역사회의 변화, 즉 도시의 발전과 변화에서 나타났다.

근대 전환기 동북의 봉건 도시에서 나타난 첫 번째 변화는 근대 도시 상업체계의 형성이다. 남방 지역의 다섯 개 개항 도시와 마찬가지로 동북 도시의 근대 상업체계는 수입 기계면방직품의 판매와 시장 확장으로 잉태되었다. 동북에서 가장 먼저 판매되었던 양포洋布는 광동의 매판 상인들이 가져온 것으로 그들이 판매한 양포에는 미국화기공사美國花旗公司 제품임을 알리는 상표가 찍혀 있었다. 때문에 동북 사람들은 이 기계포를 '화기포花旗布'라고 불렀다. 동치 원년(1862), 봉천에서 양화 전문점인 영화당永和堂이 개업하면서 양포는 봉천을 비롯한 동북 남부 지역 도시의 방직품 시장을 빠르게 점령했다. 봉천에 양포를 구입하러 온 타지 상인들도 급증했다. 요하 항운업의 흥기는 양포시장의 북진을 촉진했다. 산동 황현 상인은 동북 지역 양포의 도매와 소매업 발전에 큰 역할을 했다. 1800년대 말 봉천과 길림에서는 대형 원단 도매상, 소매상, 전매점, 면포교역소와 연호집단聯号集团[28] 등 규모와 성격이 다른 면포 관련 기업들로 인해 면포 상업이 활기를 띠었고 동시에 이들 기업

---

27 『马克思恩格斯全集』, 第4卷, 1958, 人民出版社, 470頁.

28 여러 개의 사업체를 둔 "기업집단".

으로 인해 대도시의 도매상, 중간상인, 소도시의 소매상 등을 잇는 유통망과 판매망이 형성될 수 있었다.

봉천과 길림성청의 면포 상호들은 지사를 상해上海나 일본에 설치하기도 했다. 1902~1905년 동북으로 유입된 외국산 면포는 200만 필(1필은 33.33m)을 웃돌았고, 수입된 면포의 시장가치는 전체 수입품의 시장가치에서 가장 큰 비중을 차지했다.[29] 길림성청의 연간 기계면포 수입량은 80만 필, 철령은 40만 필에 달했다. 근대 상업체계의 형성으로 동북 중부·북부에 다양한 규모와 성격을 지닌 신흥 도시가 출현했다. 곽가점郭家店, 흑림자黑林子, 부룡천浮龍泉, 대방신大房身, 상하만上河灣, 돈화敦化, 납법拉法, 서란舒兰, 법특하法特哈, 백도눌, 파언巴彦, 북단림자北团林子(현 수화綏化), 고유수孤榆樹, 농안農安 등의 도시가 이에 해당한다.

기계포 시장의 급속한 발전과 함께 수입 화학공업 원료시장도 발전했다. 동북은 중국의 다른 지역과 마찬가지로 전통적으로 천연 원료를 사용한 염색공업이 발달했다. 1856년 독일 상인이 심양에 예화양행禮和洋行 분행을 설립하고 각종 염료를 판매하기 시작하면서 동북 지역의 폐쇄적인 염료시장의 문이 열렸다. 화학 염료는 색깔이 예쁘고 탈색이 잘 안 되는 등의 특성으로 시장을 확장해나갔다. 1885년 일본인이 심양에 대일본제약회사大日本製藥會社 봉천출장소를 설립하고 화학 약품과 화학 시제試劑를 판매하기 시작했다. 그 뒤 심양에 있는 독일 예화양행이 비료를 판매하기 시작했고 영국의 복내문공사ト内門公司는 염과 염기를 판매했다. 이 제품들이 시장에서 잘 팔리고 이윤도 높은 것에 자극받아 중국인 이순양李純陽과 이경당李慶堂은 광서 4년(1878)부터 전통 상품의

29　『明治42年(1909)日本驻铁岭领事馆调查统计』, 日本外务省通商局 编, 『满洲事情』, 第2辑, 第2卷, 第5章 日本外务省 1923年版, 315頁. 1905년 동북의 수입 면포는 221만 6,986필에 달했다.

판매를 포기하고 외국산 화학공업 원료를 판매했다.[30] 1900년까지 심양에는 중국인이 설립한 화학공업제품 점포가 최소 10곳이 있었다.

동북의 상인들은 외국산 제품을 판매하는 동시에 외국 상인의 경영 모델을 모방하여 명시가격제明码标价制를 도입하고 단일한 분업체계를 정교한 자본주의 분업체계로 변경하기 시작했다. 이와 같이 전통 상업은 자기 혁신을 통해 근대적 상업으로 전환되기 시작했다. 기계포와 화학공업 원료의 상업 연결망의 발전과 성격은 동북 봉건 도시의 상업 근대화를 설명하는 주요한 척도가 되었다.

근대 동북 도시의 또 다른 변화는 상품시장이 발전하면서 일부 도시에 근대 민족공업이 출현했다는 것이다. 민족공업자본은 시장을 통해 조달되고 축적되었다. 동북 개항 이후 무역이 발전하면서 상대적으로 큰 규모의 자본을 축적한 중국인이 출현했다. 첫 번째 부류는 면방직품, 일용품, 화학공업 원료를 수입하는 상업자본가이고, 두 번째 부류는 주로 식량 수출업에 종사하는 무역상과 이들과 연결된 산서 출신의 금융점포상이며, 세 번째 부류는 외국 기업들 사이에서 사업하는 중국 매판자본가이다. 이들은 수중에 축적된 자본을 민족공업에 투자했다. 또한 민족공업은 외국산 제품의 모조품 생산을 통해 발전하기도 했다. 외국산 제품을 다루는 상인은 수입 상품을 농촌 깊숙한 곳까지 유통시켜 시장을 확보한 후 모조품을 만들어 수입품을 대체하기도 했다. 이렇게 상인이 제조업에 진출하면서 생산과 판매를 겸하는 경영 모델이 출현했다.

전통 유방油坊에 기반을 두고 발전한 착유업榨油業은 동북에서 가장 일찍 출현한 근대 공업이다. 도광 연간에 봉천과 신민에는 이미 공흥公興, 입태立泰, 증덕增德, 승성勝成 등의 유방이 있었지만, 동치 연간에 두유

---

30 『沈阳市志·商业志』, 1996, 沈阳出版社, 409頁.

의 수요가 증가하면서 더 많은 상인들이 착유업에 투자하기 시작했다. 이러한 유방은 철령, 개원, 요양 등지에도 출현했다. 그중 유명한 유방은 안동安東의 길창영유방吉昌永油坊, 영구의 동영무유방東永茂油坊, 봉천의 이성원유방利成源油坊, 영고탑의 복항유방福恒油坊 등이다. 얼마 지나지 않아 착유업은 민족공업에서 핵심적 위치를 차지했다. 외국 기업의 높은 생산성에 자극받아 1895년부터 동북의 유방들은 일제히 근대식 착유기계를 도입했다. 1903년 동북에는 최소 400개의 유방이 있었는데 요남지역 유방의 40% 이상이 구식 수공업 생산에서 근대적 기계화 생산으로 전환을 마친 상태였다.

동북 도시의 또 다른 자본주의 성격의 민족공업은 1880년을 전후하여 출현한 방직업이다. 당시 요동반도에서 양사洋紗의 방직과 판매를 시도한 사람이 있었다. 광서 12년(1886) 봉천 당국은 지성영직포창至誠永織布廠을 설립하고 이듬해 영흥화침직공창永興和針織工廠을 설립했다. 이후 동흥東興, 천증리天增利, 천증동天增東, 중증원重增源, 등기鄧記, 영순永順 등의 직포 공장이 설립되었다. 이들 공장의 자본 규모는 몇 백 원에서 1만~2만 원까지 다양했고, 주로 양포를 대체하는 대포大布와 화포花布를 생산했다. 1904년에 이르러 근대적 방직공장의 분포는 요동반도 전역으로 확장되었다. 방직업과 함께 급속한 발전을 이룩한 산업은 소사업繅絲業(양잠 및 제사업)이다. 1900년을 전후하여 소사공장들이 신식 각탑제사기脚踏製絲機를 도입하면서 안동, 서풍西丰, 해성, 수암岫岩, 개평, 봉황성 등 지역의 소사업이 크게 발전할 수 있었다. 따라서 누에실 생산이 동북 지역의 주요 산업으로 발전할 수 있었다.

근대 민족공업에는 제분업도 포함된다. 광서 22년(1897), 주봉제周逢齊가 길림성청에서 관독상판官督商辦 형식의 길승화마공사吉盛火磨公司를 설립하여 동북 근대 제분업의 서막을 열었다. 광서 29년(1904) 정월 수분청綏芬廳 소속 해림海林 상인 양춘楊春 등은 러시아 상인을 몰아내기 위해 은 5,000냥을 합자하여 장방산丈房山에 유순덕화마裕順德火磨를 설립했다. 이 제분사의 1일 밀가루 생산량은 3,000kg에 달했다. 이듬해 영안 상인들도 흥륭興隆, 유순리裕順利 등에 제분공장을 설립했다. 동북 지역에서 밀을 재배했기 때문에 밀의 원가가 상대적으로 낮았다. 제분업은 상인들이 너도나도 뛰어들고 싶어하는 고부가가치 산업이 되었다. 제분업의 확대는 동북 민족공업의 발전을 촉진하는 동시에 밀가루 수출 규모를 증가시키기도 했다.

그 밖에도 1880년대 이후 청은 변경지역 방어 차원에서 길림성청, 봉천, 철령 등에 근대식 기계국機器局을 설립하고 탄광을 운영했다. 특히 1881년에 설립된 길림기계국은 100% 근대화된 영미식 설비를 도입하고 대형 공장 건물을 건설했다. 길림의 도시 경관은 근대적 모습을 갖추기 시작했다.

근대 동북 전통 도시의 세 번째 변화는 도시 공간이 이원 또는 다원 구조로 변화하고, 대량의 시정市政 공공시설이 출현했다는 것이다. 장춘은 동남쪽의 요하 항운과 북쪽의 송화강 항운 및 이 두 강과 연결된 장춘시 도심을 경유하는 이통하의 개발로 1860년대 말에 이미 동북 중부의 중요한 식량 집산지로 기능했다. 상업경제의 번영은 먼저 장춘 시가지 외부의 공간구조를 변화시켰다. 이통하 부두를 중심으로 전혀 다른 두 개의 문명, 즉 전통적 농업문명과 근대적 상업문명이 공존하는 복합 이원적 경관이 연출되었다. 동북 도시 중 봉천과 길림처럼 정치적·군사적 목적으로 건설되고 흥기한 도시를 제외한 다른 도시에는 시정시설이 거의 없었다. 상인들은 사업과 이동의 편리를 도모하기 위해 돈을 내거나 직접 나서서 장춘 구 시가지의 남북대가南北大街, 봉천 변문邊門 근처의 시장 도로 개보수와 위생 청결 사업에 심혈을 기울였다. 일부 상인들은 구화회救火會를 설립하고 동선당(同善堂: 복지원)을 운영하기도 했다.[31] 시정시설과 공익기구의 설립으로 무질서한 도시생활이 질서 정연하게 변화하면서 도시의 전체 모습은 과거와 대조적으로 변모했다.

근대 동북 도시의 네 번째 변화는 일부 도시에서 1800년대 말에 공의회公議會 같은 초기 시민사회조직이 형성되었다는 것이다.[32] 도시환경, 도시기능, 도시 인구의 발전은 서로 긴밀히 연결되어 있다. 봉천, 장춘 등의 도시에서 출현한 상업은 이곳에 유입된 외래 농업 이주민을 상업 종사자로 변모시켰다. 1870년대 장춘 시가지에는 산동, 하북, 산서 등지에서 온 3만 명에 달하는 상업 이주민이 활동하고 있었다.[33] 상업 종

31　근대 동북의 첫 번째 자선기구는 1886년에 설립된 봉천동선당이다(『盛京时报』, 1926年 6月 4日).

32　'시민사회'는 중국의 근대 사학계에서 도입한 외국 사회학 개념으로, 봉건사회가 근대 민주사회로 전환하는 과정에 도시에서 출현한, 시민상공업자단체를 중심으로 계약에 의해 결성되어 국가의 통제로부터 완전히 이탈했거나 부분적으로 이탈한 사회를 뜻한다. 시민사회의 형성은 근대 도시 형성의 중요한 지표이고 동시에 이런 기구들이 독재와 국가의 간섭을 배척하면서 시민의 독립성과 자유를 주장하기에 시민사회는 국가와 지역 사회의 민주주의 전환을 추동하고 도시 근대화를 촉진하는 등 특수한 역할을 수행한다. 때문에 중국의 일부 도시사 연구자들은 근대 중국의 시민사회의 형성에 관한 연구에 몰두하고 있다. 근대 중국 시민사회의 존재 여부에 대해 연구자들은 모두 그 존재를 인정하지만 시민사회가 언제 형성되었는지에 대해서는 논쟁적이다. 대부분의 연구자는 1900년대 초 상인단체의 형성과 상업부르주아지계급이 시민의 대표자와 지도자가 되면서 시민사회가 형성되었다고 주장한다. 필자는 동북의 일부 도시들에서는 1800년대 말에 이미 시민사회가 형성되었다고 본다. 동북 지역 공의회에 대한 연구는 일본의 구라하시 마사나오(倉橋正直)가 먼저 시작했다. 이 연구는 上海社会科学院 编, 『中国经济史资料』, 第2辑을 참조하라.

33　1860년 이후부터 가경 연간 이후로 두 번째 관내 이민 붐이 일었다. 이 붐은 1894년 청일전쟁 시기까지 이어졌다. 첫 관내 이민 붐과 다른 점은 동북의 상품경제와 도시사회의 발전에 적응하여 이주자 중 상업 종사자와 전통수공업자의 비중이 증가하고 생계형 난민의 비중이 감소했다는 것이다.

사자가 농업 종사자를 밀어내고 도시의 주체가 되면서 장춘시의 시민 구조는 근본적으로 변화했다. 상인 규모가 지속적으로 증가하면서 이들의 정치적 힘도 서서히 커져갔다. 상인들은 자신의 권리를 보호하기 위해 1870년대 중반부터 지연에 기반을 둔 폐쇄적 연결망을 타파하고 업종에 기반을 둔 조직을 결성하기 시작했다.

공의대회公議大會가 바로 전체 도시의 상인이 연합하고 단결한 대표적인 자치조직이었다.[34] 1880년대 초 봉천, 장춘, 안동, 해성 등 도시의 상인들은 공의대회를 설립했다. 공의대회는 대회大會와 이회二會라는 이중 구조로 되어 있었고 대회가 상급 총회로 기능했다. 대회에는 도시에서 경제적 실력이 가장 뛰어난 사업체의 집사인執事人 또는 경리經理(사장)들로 구성된 권력 집행을 책임진 동사회董事會(이사회)가 있었고, 해마다 한 사람씩 번갈아 대회의 총회두總會頭(좌장)를 맡았는데, 그 직책을 직년値年이라고 부른다.[35] 이회는 대회의 하급 기구이다. 매 가구街區마다 이회 하나가 있는데, 가구 내의 모든 상가는 이회의 회원이었다. 해마다 이회의 전체 구성원이 한 사람을 회두會頭로 추천한다. 이렇게 이회의 회두 위에 대회, 아래에 분회가 있는 구조가 만들어 진다. 공의대회는 이중의 수직적 구조를 통해 운영되는, 전체 도시에 분산된 상인을 연결할 수 있는 응집력 있는 대형 단체였다. 공의회가 실시하고 있는 총회두의 순번제와 분회의 선거제를 보면 이 단체는 근대적 부르주아 단체의 특징을 부분적으로 내포하고 있었음을 알 수 있다.

설립 초기 공의회는 주로 업종별 규범을 제정하고 경쟁에 의한 모순과 충돌을 조정하는 일을 맡았다. 구체적으로 도시 내 주요 상품의 구

---

34 光绪19年 12月 初6日(1894年 1月 13日), 「刑部议复吉林将军长顺讯明商人抗捐罢市分别定拟折」, 『历史档案』, 1982年 第2期.

35 杨志洵, 「长春商情」, 『商务官报』, 1907年 第6期.

입·판매가격을 정하고, 상품의 공급원을 분배하고, 업종별 도덕규범과 조작규범을 제정하고, 상업 분쟁을 조정했다. 공의회 조직 구조가 제도화되면서 공의회의 촉각은 도시생활의 모든 구석을 파고들었다. 이는 공의회가 조직의 형태로 직접적으로 지방 봉건통치세력과 첨예한 대립 구도를 형성했다는 것을 의미한다. 장춘 공의회의 주요 활동 내용은 다음과 같다.

① 지방 정부의 가렴잡세에 반대하고, 정부로부터 감세와 권력 하방을 이끌어냈고, 이금釐金(상품의 지방 통과세) 징수를 대신했다. 1877년 길림성 당국은 장춘의 이금세를 확대하고자 했다. 당국은 '부족한 세수를 보충한다'는 명분으로 장춘의 이금제도를 날짜에 근거한 징수에서 화물의 구매와 판매량에 따른 징수로 변경하고자 했던 것이다. 이 제도는 즉각적으로 상인들의 납세 부담으로 이어졌다. 세율이 증가(가격의 1푼)했을 뿐만 아니라, 징수품목이 증가했고 통연統捐, 포연包捐, 산소연産銷捐, 낙지연落地捐 등 중복 징수의 문제도 심각했다. 공의회는 상인을 대표하여 지방정부에 개정 이전의 세수정책을 회복할 것을 요구했지만 거절당했다. 공의회는 상인을 연합하여 징세에 반대했고 감세 요구를 분명하게 전달했다. 공의회의 압력으로 길림성 당국은 1878년 화세연貨稅捐의 세율을 1푼에서 7리로 낮추었다. 그럼에도 상인들의 불만은 가라앉지 않았다. 장춘 지방정부는 부득이 타협책으로 공의회에 이금 징수를 '위탁'했다. 이렇게 지방정부의 전유물이었던 징수권은 잠시 장춘의 상업부르주아지계급의 수중에 들어가게 되었다.[36]

② 지방정부의 '부지浮地' 조사 반대와 '청장淸丈' 반대 투쟁이 일어

---

36 光绪19年 12月 初6日(1894年 1月 13日), 「刑部议复吉林将军长顺讯明商人抗捐罢市分别定拟折」, 『历史档案』, 1982年 第2期.

났다. 장춘에 거주하는 사람들은 대부부분이 농업 이민자였다. 이들은 1800년대 중반 도시경제가 농업에서 상업으로 전환하는 과정에도 여전히 임대한 토지에서 경작과 생활을 유지하고 있었다. 1860년 이후 장춘으로 이주한 상인들은 성 밖에 황무지가 많은데다가 토지 임대와 농업 종사는 투자가 적고 수익이 좋아서 농업과 상업을 겸하는 경영 모델을 발굴했다. 이들은 한편으로 상업에 종사하면서 성의 주변에서 몽고왕의 토지를 임대받아 농업에도 종사했던 것이다. 토지 소유자와 임차인 쌍방의 이익을 보장하기 위해 함풍 6년(1856) 토지를 임대받은 장춘 상인과 교외 사갑향四甲鄕 주민은 몽고왕과 임대한 토지에 대해 "그해 임대받은 숙지熟地 4만 5천 경垧[37] 기준으로 보준報竣하여 세금을 거두고 앞으로 증수하지 않는" 조건의 계약을 체결했다. 숙지와 미개간지 중간 수준의 "수포水泡, 감파鹻疤, 하충河衝에 대해서는 경작하든 축목업을 하든 상관하지 않았다."[38] 이 계약에 근거하여 토지임차인은 몽고왕으로부터 매년 새로 개간하는 '부지'에 대한 세금을 감면받을 수 있었다. 토지 임차인에게 유리한 이 계약은 토지 소유자가 상인의 토지 개간을 격려했기 때문에 가능했다. 하지만 장춘의 도시 규모가 확장되면서 광서 연간에 이르러 상인들이 임대한 토지는 점차 행정적으로 장춘 지역에 포함되기 시작했다. 이는 곽이라사 몽고왕의 전유물이었던 토지가 몽고왕과 장춘당국이 공유하는 토지로 변했다는 것을 의미한다. 토지 소유관계가 변하면서 토지세는 분할적으로 징수되었다. 이로 인해 몽고왕에게 가는 몫은 예전에 비해 확연히 줄어들었다. 이 '손실'을 보완하기 위해 몽고왕은 1888년부터 지속적으로 과거에 상인들과 체결했던 계약의

37　1경은 1헥타르다.

38　邹世魁,「夾荒纳租抱竣章程碑记」,「清代'纳租抱竣章程碑'与夾荒抗丈斗争」.『长春史志』, 1987年 第2期에서 재인용.

폐지를 요구하면서 지방정부가 새로 개간할 '부지(숙지)'의 면적을 측정하고 조사하는 사업을 주관해줄 것을 제안했다. 이 요구는 장춘의 토지관리권과 상인의 경제 발전에 대한 전면적 통제를 원했던 장춘 지방정부의 지지를 얻었고, 1889년 봄 장춘 당국은 협령協領 전복全福을 파견하여 성 밖의 '서협황西夾荒'에서 강제로 새로 개간한 '부지'를 측정하게 했다. 이 소식을 들은 성 내외의 소작농들은 강력히 반발했고 원안 유지와 측정 반대를 요구했다. 요구가 받아들여지지 않자 상인 곡자안曲子安 등의 주도로 소작농들은 정부에 항의했다. 천여 명에 달하는 사람들이 토지 측정 담당자들을 둘러싸고 측정 도구를 빼앗았다.[39] 사태가 악화되는 것을 막기 위해 장춘 지방정부와 몽고왕은 타협책으로 측량과 조사를 잠정 중단하기로 했다. 1889년의 반'청장' 투쟁은 장춘의 상인들이 봉건 지배계급의 억압을 기꺼이 받아들였던 비굴한 전통 상인의 모습을 버리고 역사상 유례가 없는 시민 대변인의 자세로 봉건 지배계급에 공개적으로 대항하여 승리를 일구어낸 사건이었다. 이 투쟁은 광범위한 군중적 기초를 토대로 일으킨 투쟁인 동시에 공식적인 투쟁이기도 했다. 장춘 상인계급의 주체의식 각성과 시민 대표 및 시민 지도자로의 성장은 시민사회 형성 여부를 판단하는 중요한 근거가 되었다.

③ 도시의 공공 영역에 대한 통제가 확대되었다. 1800년대 초 외래 이민들은 장춘시내 중심가에 재신묘財神廟, 성황묘城隍廟, 관제묘 등 제사와 오락에 필요한 건물을 세웠다. 이 건물들은 관의 소유도 아니고 어느 한 개인의 소유도 아닌, 상인을 중심으로 한 전체 시민의 활동공간이었다. 시민대표와 지도자로 나선 공의회는 이곳을 회의장소로 선정

39　邹世魁, 「夹荒纳租抱竣章程碑记」, 「清代'纳租抱竣章程碑'与夹荒抗丈斗争」, 『长春史志』, 1987年 第2期에서 재인용.

하고 활동을 전개했다. 공공 영역을 통제하면서 이 단체는 도시의 전체 시민을 서서히 장악해나갔다. 제사를 위한 건물들은 당시 도시문화의 중요한 매개체 중 하나였다. 부르주아계급의 집단인 공의회가 이곳을 통제했다는 것은 이들이 전체 도시문화에 대한 해석권과 발전권을 통제하게 되었음을 의미한다. 그뿐만 아니라 공의회는 공공 영역 내에서 시민을 조직하여 자치의 성격을 띤 도로 개보수, 소방 등의 시정활동과 우두 접종 같은 보건위생 방면의 자선활동을 전개했다. 이런 활동은 직접적으로 지방정부의 시정 관리 권한을 위협하는 것이었다. 때문에 공공 영역은 상업 부르주아지계급과 봉건 지배계급이 시정 관리권의 쟁탈을 둘러싼 각축의 장이기도 했다.

1900년대 대 초 동북 지역에서 역사적 전환을 경험한 전통 봉건 도시들의 상황은 다음과 같았다.

봉천(심양)은 동북 지역에서 가장 큰 상품 판매 중심과 정치 중심으로 1904년의 인구는 20만 명 정도였다.

길림성청(길림)은 동북에서 가장 큰 목재·담배·식량의 집산지로 인구는 15만 명에 달했다. 성내에 하남가河南街를 중심으로 한 상업구, 동국자東局子를 중심으로 한 공업구, 동관東關을 기점으로 하는 관아구가 형성되었다. 길림의 도로는 종횡으로 뻗어 있었다. 길림은 또한 거상이 운집한 곳이기도 했다. 자산규모가 가장 큰 상인은 점포 10개에 총자산 1,000만 조吊[40]를 보유하고 있었다. 길림에는 객상만을 상대로 하는 여인숙도 100여 개에 달했다. 매년 소비하는 수입 물품의 시가는 전

---

40   조는 청 말 길림영형관전국(吉林永衡官錢局)이 동북에서 발행한 관첩(官帖)의 단위다. 1898년 발행 초기 관첩 1조 800문은 은 1냥에 해당했다. 그러나 관첩의 발행이 남발하면서 그 가치가 떨어져 1911년에는 은 1냥은 관첩 6조와 맞먹었다.

錢 1,000만 조, 백은 200만 냥,[41] 매년 수출한 담배는 900만kg, 목재는 5,500대차에 달했다. 물 위에는 "거대한 목재들이 나란히 떠 있고" 도로 양측에는 "큰 가옥들"이 즐비했다.[42]

장춘은 1905년에 이미 동북 중부의 교통 중추와 식량 운송 중심지였다. 인구는 10만 명에 달해 봉천, 길림에 이어 동북에서 세 번째로 큰 도시였다. 고성의 성벽(1865년 후 세워짐)에는 성문이 아홉 개가 있고, 성내의 면적은 $6.4km^2$에 달했으며[43] 동서로 네 개, 남북으로 두 개의 대가大街가 건설되었다. 상업이 번성하여 700개 이상의 점포들로 도시가 채워졌다. 대형 상포는 14개였는데, 그중 인화호仁和號, 흥순호興順號 두 곳은 종업원 1,000여 명을 고용하고 있었다. 공업은 착유업이 주를 이루었고, 유방은 28개에 달했다.

치치하얼은 흑룡강성 성성으로 눈강평원의 교통 중추였다. 9개의 도로가 내몽고의 해랍이와 흑룡강성의 애혼, 백도눌, 막하漠河, 호란 등으로 이어졌다. 치치하얼은 군사 전략적 방어 도시로 변경지역에 위치했기에 다른 곳에 비해 공업은 더디게 발전했다. 1900년대 초까지 여전히 소비도시의 모습을 유지했다. 이곳은 동북 지역에서 가장 큰 외국 상품 판매시장이기도 했다. 1904년의 인구는 3만 5천 명 정도였다.

영고탑은 영안부의 행정 중심지로 1876년 길림장군이 주재했던 곳이다. 장군부가 길림오랍성으로 옮겨지면서 영고탑은 부도통의 주재지가 되었다. 1800년대 후반 외래 개간민의 대량 유입과 중·러 무역의 발전으로 상품경제가 발전할 수 있었다. 1800년대 말에 이르러 이곳은 목

---

41 『满洲日报』, 1907年 10月 6日.

42 小越平隆, 『满洲旅行记』, 上海广智书局, 光绪28年(1902)铅印本, 49頁.

43 성 북쪽의 중동철도 부속지 면적은 제외.

단강 지역의 식량과 외국 상품의 집산지로 발전했다. 1905년 영고탑의 대형 점포는 84곳, 그중 근대화된 제분공장은 1곳이었다. 인구는 2만 5천 명이었다.

제2장

요하 항운의 개발과
요하 연안 초기 도시 벨트의 형성

마르크스는 "도시는 인구·생산수단·자본·향락·수요의 집중을 보여주었지만, 농촌은 완전히 상반되는 모습으로 고립되고 분산적이다"[1]라고 지적했다. 도시는 안정적인 인구 및 공간의 물질적 자원과 역사문화의 결합체다. 때문에 도시의 흥기와 발전 수준은 정주인구와 물질적 부의 공간적인 집결 규모에 근거하여 구분된다. 하지만 이 두 가지 지표의 형성과 누적은 교통운송업의 발전이라는 전제조건을 필요로 한다. 원활한 교통운송이 보장되어야만 인구와 물자의 질서 있는 유동과 공간적 집결이 가능하기 때문이다. 근대 철도가 출현하기 전 동북 지역의 근대 교통운송업은 요하 항운업이었다.

근대적 요하 항운의 출현

요하 항운은 1860년 영구 개항 이후 요하 유역의 상품경제가 발전하면

---

1 『马克思恩格斯全集』, 第3卷, 1960, 人民出版社, 57頁.

서 흥기했다. 요하는 요수遼水, 대요수大遼水라고 불리기도 했다. 이 강은 유역이 넓은 두 갈래의 강이 만나면서 형성되었다. 한 갈래는 내몽고자치구 적봉시赤峰市에서 발원한 서요하이고, 다른 한 갈래는 길림성 동요현東遼縣에서 발원한 동요다. 이 두 갈래 강이 길림성 쌍요시雙遼市 정가둔鄭家屯 부근에서 만나 요하가 시작된다. 이 강은 영구를 통해 바다로 들어가는데 전체 길이는 1,700km에 달한다. 항운이 가능한 구역은 정가둔부터 입해구入海口까지의 774.25km 구간이다.[2] 요하는 태자하, 혼하渾河, 포하蒲河, 채하柴河, 휘발하輝發河, 유하柳河 등 많은 지류를 보유하고 있다. 이 지류들은 길이는 짧지만(보통 100~200km) 이미 1800년대 이전부터 배가 다녔다는 기록이 있다. 이 지류의 항로가 요하와 이어지면서 요하의 항운 범위는 대대적으로 확장되어 요하 주류를 중심으로 한 드넓은 항운 연결망이 형성되었다.

유구한 역사를 자랑하는 요하 항운은 이미 한나라 때 형성된 운송 항로이다. 원나라 때에는 큰 선박들이 요동만을 통해 요하로 진입했으며 태자하를 통해 상류 지역인 요양에 도착할 수 있었고 요하를 통해 대릉하大凌河 수역까지 나갔다. 명나라 때에는 요하 하류의 운송 선박이 1,000여 척에 달했다. 하지만 당시 요하 항운은 주로 군사적 필요에 의한 병력과 식량 및 기타 보급품 운송이 위주였고, 운송 선박은 요하 하류부터 입해구 사이 구간에서만 운항되었다.

1800년대 초 요하 항로가 신민현까지 개발되면서 상업적 성격을 띠기 시작했다. 청 도광제 초기 심각한 자연재해로 몸살을 앓던 산동반도에는 대량의 외지 구제품이 필요했고, 많은 산동 이재민이 바다를 건너

---

2 요하 항로의 길이는 656km, 700km 등 기록마다 다르다. 필자가 인용한 수치는 모두 1911년 만철조사과 조사원 우에타 겐조(上田賢象)가 현지답사와 조사를 통해 작성한 자료에 근거한다. 满铁调查课编, 1911, 『辽河水运』, 2-5頁.

동북으로 이주하고자 했다. 이런 상황에서 해운 무역에 종사했던 산동 상인들이 배를 가지고 직접 요동만을 통해 요하로 들어오면서 식량과 이민의 운송을 주업으로 한 발해-요하 항운업이 시작되었다. 요양과 봉천 사이에 위치한 신민청이 도광 10년(1830)부터 20년(1840)까지 마장馬廠, 노달방老達房, 문가만門家灣 등의 부두를 건설하면서 요하 항로는 강 상류로 170km나 확장되었다. 이는 이 항로가 곡창 지대인 요하, 혼하, 태자하 평원과 더 근접해졌다는 것을 의미한다. 이렇게 되면서 동북의 식량은 요하를 통해 산동 지역으로 운송될 수 있었다. 도광 16년(1836) 한 해 산동에 수출한 요하 지역의 식량은 100만 석에 달했다.

함풍제 초기 신민현 동북쪽에서 150km 떨어진 철령현의 현령縣令 개용愷榕은 마봉구 부두 개항을 골자로 하는 상서를 조정에 올렸다. 함풍 3년(1853) 청은 마봉구 부두를 정식으로 개항했다. 이에 따라 요하 주류 항로는 434km로 확대되었다. 철령 마봉구에서 하류의 영구 사이에는 70개 이상의 크고 작은 부두가 강을 따라 연결되었다. 비록 요하 항로가 지속적으로 강의 상류를 따라 확대되었지만, 강바닥에 토사가 많고 강가의 토질이 푸석하여 배를 정박할 수 있는 곳은 제한적이었다. 또한 당시 동북의 상품경제가 낙후한데다 항로와 육로를 잇는 교통체계가 갖춰지지 않은 것은 요하 운송업 발전의 제약 요인이었다. 때문에 요하의 부두들은 규모가 매우 작았고 강 연안 도시의 인구 증가와 건물의 확장 속도는 매우 느렸다.

1861년 영구의 개항은 요하 항운의 발전에 새로운 장을 열었다. 1858년의 천진조약은 요하 입해구에서 40여km 떨어진 우장을 개항하기로 했을 뿐 영구에 대해 언급하지 않았다. 하지만 1861년 5월 우장을 개항한 후 그곳에 부임했던 영국 초대 영사 메더스密迪樂(Thomas Taylor Meadows)는 바다와 멀리 떨어져 있어 선박의 정박이 어려운 우장보다 요하 입해구의 영구가 더 좋다고 보고 영구를 우장 대신 개항하자고 제언했다. 영국의 압력에 굴복한 청은 같은 해 6월 영구 개항을 선포했다. 물론 영구의 개항은 열강 침략의 결과였다. 하지만 영구가 지리적으로 요하 입해구에 위치했기에 항만 건설과 대외 개방은 즉각적으로 국제화물 운송 선박을 통한 상업을 발전시킬 수 있었다. 1861년 영구(이때까지 여전히 우장이라고 불렀다)로 들어온 외국 선박은 33척으로 전체 배수량은 1만 1,346톤에 달했고, 1864년에는 302척, 전체 배수량은 88,281톤에 달했다.[3] 1875년 영구에 정박한 외래 선박은 351척이었고 수출입 물동량은 13만 675톤이었으며 화물의 시가 총액은 551만 3,057해관량海關兩에 달했다.[4] 외국 선박의 대량 유입으로 요하 유역의 상품 무역은 동북과 화북 사이의 지역 무역에서 국제 무역으로 변화하기 시작했다. 광서 3년(1877) 청은 영구에서 수로로 519km 떨어진 창도 통강구通江口 부두를 건설하고 개방했다.[5] 같은 해 개원 인근 영수둔英守屯 지역에도 부두를 건설했다. 얼마 지나지 않아 법고法庫 삼면선三面船 부두도 대외에 개방했다. 이 세 부두의 건설과 개방으로 요하 항운의 규모는 급증했다. 당시 요하에서 다니는 범선은 1만 척에 육박했다. 매년 요하에서 수출하는 화물 중 식량 하나만 보더라도 300만 석 이상에 달했다. 요하 여객 운수를 통해 동북으로 이주한 산동 지역 이재민과 난민은 25만~35만 명에 달했다.

당시 요하의 화물 운송업에 종사했던 배는 배수량이 20~30석과 50~80석 정도인 우선牛船과 조선漕船 두 가지였다. 항로의 상태가 좋았

3　程美秀, 1996, 「论清代山东与辽东之间的海上运输」, 『辽宁师范大学报』, 第6期.

4　「1910年日本驻营口领事馆调查统计表」, 日本外务省通商局编, 『满洲事情』, 第1辑, 第1卷, 第1编, 第5章, 45-46頁.

5　满铁调查部 编, 『辽河调查报告书』, 现存辽宁省档案馆交通邮电类 第1991 号卷.

기에 배의 항속도 비교적 빨라 통강구에서 7일이면 영구에 도착할 수 있었고 늦어도 12일이면 도착했다. 영구에서 물을 거슬러 올라가도 15~25일 정도밖에 걸리지 않았다. 요하의 연중 통행 가능한 날은 230일로 배 1척이 6~7회 왕복 운반이 가능했다. 때문에 범선 1척의 연간 운송량은 꽤 많은 편이었다.

1904년 영구에서 수로로 724km 떨어진 창도 삼강구三江口에 부두가 건설되기 시작했다(정식 개방은 1906년). 이 부두의 건설은 요하 항로의 개발이 최고조에 달했음을 보여준다. 삼강구와 항로의 최북단 정가둔의 거리는 40km에 불과했다. 같은 해 요하 항로로 다니는 선박은 2만 척 이상에 달하여 "베틀의 북[梭][6] 드나들듯 했고, 강을 덮어버릴 것" 같았다.[7] 이와 같이 요하 항운업은 동북 지역에서 가장 큰 산업으로 발전했다.

요하 연안 초기 도시 벨트의 형성과 발전

요하 항운이 흥기하기 전 770여km에 달하는 요하 양안에는 해성, 우장, 전장대田莊台, 요양, 철령, 신민, 개원 등의 도시밖에 없었다. 요하 지류인 태자하·채하 연안까지 포함해도 천금채무순, 도록掏鹿(현 서풍西豐) 등 소도시 10개에 불과했다. 하지만 요하 항운업이 흥성해지고 상품경제가 발전하면서 새로운 도시의 출현과 함께 강 연안의 전체 도시는 30개로 증가했다. 이 도시들은 강을 따라 하나의 도시 벨트를 형성했다. 이 도시 벨트에서 발전 속도가 가장 빠르고 규모가 가장 큰 도시는 다

6　베틀에서 날실의 틈으로 왔다 갔다 하면서 씨실을 푸는 기구.

7　『白山黑水录·道理志』.

름 아닌 영구였다.

영구의 본래 이름은 모구영母狗營 또는 구구영舊溝營으로 해성현 서경西境 소속이다. 1830년에 작은 부두였던 영구는 20년 뒤에도 여전히 인구가 1,000~2,000명에 불과한 작은 부두 마을이었다. 인구는 주로 어민, 상인과 부두노동자로 구성된, 인근의 우장이나 전장대와 비교도 안 되는 규모의 마을이었다. 1861년 영구의 삼의묘三義廟에 영국 영사관이 들어온 후 요하 항운업이 흥기하기 시작했다. 특히 1865년 영구에 근대 부두가 준공되고 노사손행老沙遜行, 원래양행遠來洋行, 서림양행瑞林洋行 등 외국계 상업은행이 입주하면서 공산품과 농산품의 수출입 무역이 급증하기 시작했다. 1870년대 초 영구항의 연간 입항 화물은 9만 톤에 달했고 시가로는 500만 해관량을 웃돌았다.[8] 1866년부터 청의 산해관도치소山海關道治所가 영구로 옮겨오면서 이곳은 산동과 하북 등지에서 유입된 정주민과 계절농업이민자가 가장 선호하는 곳이 되었다. 얼마 지나지 않아 여객 운송업이 영구의 새로운 성장동력으로 등장했다. 이러한 수출입 무역의 발전과 인구 이동은 유방업, 전장錢莊(은행의 초기 형태) 등 산업의 발전을 촉진했다. 1875년 영구의 인구는 5,000명을 웃돌았고, 도시 면적은 2km²에 달해 요하 하류 최대의 항구도시가 되기에 손색이 없었다. 1890년 이후 미쓰이물산주식회사三井物产株式会社 등 일본 상사들이 이곳에 지사를 설립하여 동북과 일본 사이의 무역을 책임졌다. 이때부터 영구의 경제는 두 번째 성장기에 진입했다.[9] 1895년에 이르면 영구의 연간 수입품 총액은 527만 9,185해관량에 달한다. 수출이 수입을

---

8   今井东吾译, 『营口开港前后』, 원본은 辽宁省档案馆满铁调查局卷宗第5462号卷이다. 「1910年日本驻营口领事馆调查统计表」 참조.

9   영구의 첫 일본인은 미쓰이물산의 출장원 야마모토 조타로(山本條太郎)이다. 『满铁附属地经营沿革史』, 中卷, 第3部·营口管内, 28頁.

초과할 때도 있었다. 1899년의 경우 수출은 869만 1,236해관량,[10] 수입은 700만 톤 정도였다. 1899년 영구항의 순무역액은 4,800만 해관량이었다. 시내 상업 중심지 노야묘대가老爺廟大街 일대는 '거상들로 채워져' 엄청 번화해졌다. 경제의 발전은 필연적으로 도시 인구의 증가와 도시 건설을 촉진한다. 1901년 시가지 인구는 1만 3천 명으로 증가했고, 그중 외국인은 2,000명에 달했다. 시정 건설의 측면에서 볼 때 1897년 영구에는 동북 지역의 첫 체육운동장, 첫 외국인 집회장, 첫 근대 병원이 세워졌다. 1900년에는 영구해관 근처에 첫 서양식 공원이 건설되었고, 1901년에는 돌로 바닥을 깐 해관대도海关大道가 건설되었다. 같은 해 영구의 외국인 거주 지역에는 전부 정규 보행 도로가 건설되었고 가로등이 설치되었다.[11] 1903년 영구해관, 서병원 등 근대 건축물들이 요하 남안에 출현하면서 영구는 소도시에서 요하 유역의 가장 큰 도시로 발전

그림 1_일본 교민이 설립한 영구의 진전서의원津田西醫院 옛터

---

10 今井东吾译, 『营口开港前后』, 원본은 辽宁省档案馆满铁调查局卷宗第5462号卷이다.

11 今井东吾译, 『营口开港前后』, 원본은 辽宁省档案馆满铁调查局卷宗第5462号卷이다.

했다.

영구를 제외한 요하 연안의 도시들은 대부분 부두와 영구의 개방으로 발전한 전통적 소도시였다. 만철 조사원 우에타 겐조上田賢象의 조사에 의하면, 당시 요하 주류 연안의 부두는 187개였고[12] 그중 상대적으로 큰 부두는 40개였다. 유명한 부두는 북에서 남으로 등자촌鄧子村, 정가둔, 삼강구, 통강구, 영수둔, 마봉구, 삼면선, 노달방, 삼차하, 전장대, 영구 등이었다. 지류에 있는 중요한 부두는 소북하小北河, 요양, 소하구小河口, 소자묘小姐廟, 혼하보渾河堡, 애금보埃金堡, 장탄長灘, 대흘달大疙疸(현 요원), 조양진 등이었다. 이 부두들은 대부분 자연 상태의 부두로 시설이 남루했는데, 영구 개항 이후 요하 화물 운송량의 급증과 함께 모두 빠르게 발전했다. 이 부두들은 자연 경제 상태에서의 한산하고 적막했던 모습을 벗어던지고 농산품과 수입 공산품의 집산지로 발전했던 것이다. 정가둔과 통강구의 변화 과정을 살펴보자. 정가둔은 인적이 드문 몽고 다얼칸왕達爾汗王의 목장이었는데, 청 도광제 초기 정씨 성을 가진 한족이 이곳의 황무지 개간권을 얻으면서 촌락으로 발전하기 시작했다. 1875년 이후 요하 항운의 흥기와 함께 이곳에서도 상품 판매 등의 경제활동이 출현했고, 1875년 첫 대형 점포인 동흥륭東興隆의 출현에 이어 1878년에는 대형 점포인 광덕괴廣德魁가 들어섰다. 1880년 정가둔에는 18개의 대형 상포가 있었는데 이들은 주로 소, 말, 모피, 기름, 식량 등 상품을 다루었다. 이렇게 정가둔은 동북 서부지역의 중요한 축산품 집산지가 되었다.[13] 통강구는 동강구同江口라는 이름도 가지고 있는 요하

---

12 1911년 만철 조사과 조사원 우에타 겐조(上田賢象)의 현지 조사는 満铁调查课 编, 1911, 『辽河水运』, 2-25頁 참조.

13 満铁调查资料第9编, 1922, 『齐齐哈尔,洮南及伯都讷地方经济事情(1912)』, 大连满铁总社, 301-302頁.

연안의 몇 가구밖에 안되는 작은 어촌이었다. 항운 조건이 좋아 1877년 개항 이후 연간 식량 물동량이 4만 석에 달하는 요하 항운 북단의 중요한 부두로 발전했다. 광서 13년(1887)에서 23년(1897) 사이 이곳을 경유한 선박은 1만 척에 달했다. 통강구에 식량을 보관하기 위해 세운 객잔은 "높은 벽에 둘러싸여 규모가 웅장하고 산처럼 컸다."[14] 이와 같은 객잔은 많게는 식량 100여만 석을 보관하고 있었다.[15] 1905년을 전후하

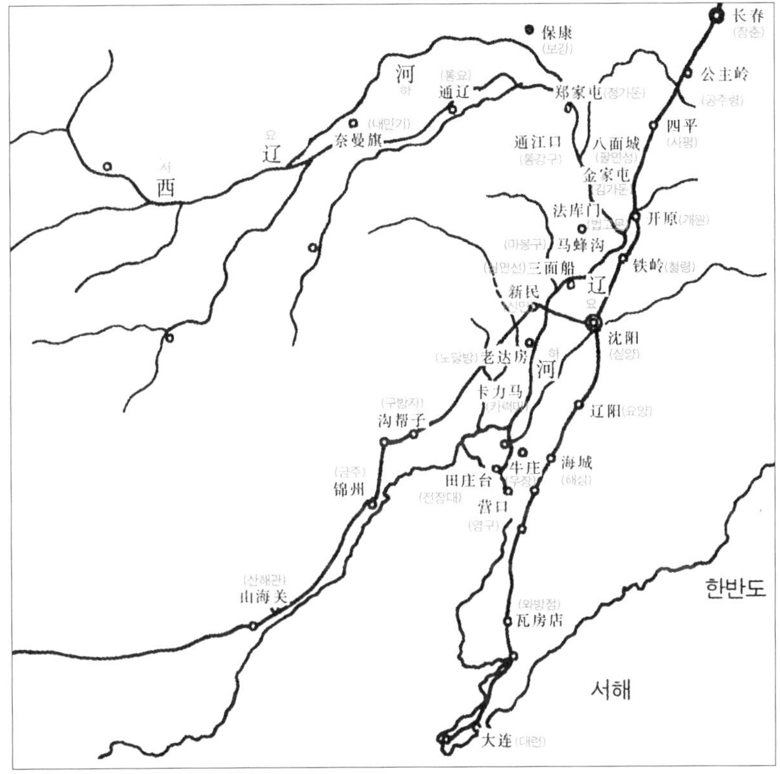

그림 2_ 요하 항운 부두의 분포

14 山田久太郎, 1952, 『満蒙都邑全志』, 東京日刊支那事情社, 363, 391頁.

15 『盛京时报』, 1906年 12月 21日.

여 수출 농산품은 200만~300만 석에 달했다.[16]

영구와 요하 연안 부두의 교통항운업·화물이송업轉運業의 발전으로 이 일대의 하역, 운반, 포장, 양화잔糧貨棧, 객잔, 요식, 금융 등 상품 무역과 유통 서비스업이 전례 없는 발전을 이룩했다. 정가둔의 경우 광서 원년(1875) 개항부터 광서 3년(1877)까지 동흥륭, 광덕괴, 유승당裕勝當, 농취당農聚當, 세합당世合當, 보태륭寶泰隆 등 점포가 다섯 개 정도에 불과했지만,[17] 1902년에는 전장과 잡화행이 42곳, 객잔 22곳, 약국 3곳, 목재상 4곳, 마부들이 묵던 대차점大車店 6곳이나 들어서 있었다.[18] 산업이 발전하면서 자연스럽게 서비스업 종사자와 중간상인이 모여들었다. 1902년 당시 정가둔 성내에는 상업 종사자가 2,600명에 육박했다.[19] 요하의 여러 부두와 화물 이송지는 집거한 상업 종사자로 인해 인구가 가장 밀집한 곳으로 변모했다. 이와 같은 상업 종사자들은 한 곳에 장기간 거주하지 않고 부두를 옮겨 다니면서 생활했지만, 워낙 인구 규모가 커서 한 부두에 집거하는 이주민의 규모는 줄어들 줄 몰랐다. 정가둔은 개항 이전 인구가 300~400명밖에 안 되는 곳이었는데, 광서 15년(1889) 2,000명, 1902년에는 3만 2천 명으로 급증했다.[20] 자연성장률을 통제하고 보면 인구의 급증은 요하 항운의 발전의 결과라고 할 수 있다. 비슷한 시기 요하의 다른 지역의 상황도 대체로 비슷했다. 예를

16　满铁调查部 编,『辽河调查报告书』, 现存辽宁省档案馆交通邮电类第1991号卷.

17　1913년 만철 조사과 조사원 가와무라 소지(川村宗嗣)와 마쓰와라 기쿠조(松原菊藏)에 의한 현지조사와 통계에 근거. 이 자료는 满铁调查课编,『满蒙交界地方经济调查材料』, 第2部, 1915, 2-3頁 참조.

18　满铁调查课 编,『满蒙交界地方经济调查材料』, 第2部, 1915, 2-10頁.

19　가와무라 소지와 마쓰와라 기쿠조가 1913년에 조사한 자료 참조.

20　1902년 오고시 헤이류(小越平隆)의 정가둔에 대한 현지조사를 통해 추정한 자료. 이 자료는『满洲旅行记』, 1902年, 上海广智书局, 12頁 참조.

들어 동요하와 혼하 연안의 북산성자北山城子, 조양진, 대흘달 등은 광서 4년(1878)에서 7년(1881) 사이에 부두를 건설하고 개항했는데, 약 10년 뒤 몇 백 명이 거주하던 어촌 마을에서 3,000~5,000명이 거주하는 신흥 도시로 발전하는 진풍경을 연출했다.

스키너G. W. Skinner의 도시 중심의 지역경제 이론에 따르면, 자연지리적 주요 지역과 하위 지역은 지역에 기초한 사회경제체계의 '천연' 용기다. 이 사회경제체계는 먼저 상대적으로 소규모의 자연지리적 범위―일반적으로 매우 짧은 하천이나 지류―내에서 발전한다. 이 고립된 체계는 다른 체계와 합쳐져 보다 큰 지역경제체계를 형성한다. 이 과정은 지속되고 확장되어 자연지리적 측면에서 최종적으로 더 높은 생산과 교환의 잠재력을 지닌 주요 지역을 지배하는 지역 체계로 발전한다.[21] 스키너의 이론은 동북 남부 지역 도시의 초기 형성에 대한 설명을 가능하게 해준다. 요하 연안의 신흥 도시들이 교통과 운송의 우세를 통해 요하 인근에 위치한, 부두와 농산품 산지 사이의 상업 항로에 놓인 일부 농촌 지역을 상업도시로 만들었던 것이다. 창도 및 인근의 김가둔金家屯, 팔면성八面城, 대두천大肚川(현 동풍東豐)과 봉화奉化 경내의 노회덕老懷德, 철령 인근의 도록(현 요녕 서풍) 등이 이러한 변화를 경험한 곳이다. 이들 신흥 상업도시는 요하 도시 벨트의 한 부분으로, 요하 연안에서 출현한 두 번째 도시군인 동시에 이 도시를 둘러싼 일정한 지리적 범위 내에서의 상품 교환 중심지이기도 했다. 이 후발 도시들은 마차와 화물 창고를 통해 부두와 농촌의 시장을 연결했다. 이 도시들은 비록 부두는 아니었지만 상대적으로 우수한 교통 운수, 보관 및 가공 조건 때문에 상품의 집산과 화물 이송 능력은 연안 부두와 거의 비슷했다. 항운업은

21　施堅雅 著, 王旭 等 译, 1991, 『中国封建社会晚期城市研究-施堅雅模式』, 吉林教育出版社, 34頁.

바로 화물 이송이 가능한 도시의 협조로 발전할 수 있었다. 동시에 이런 지역은 화물 이송을 통해 농촌에서 도시로 변화했다. 활발한 상업활동에 따라 농산품 가공을 위주로 했던 요하 연안 도시들에서 공업도 일정하게 발전할 수 있었다. 착유업의 발전이 가장 두드러졌다. 1905년 당시 15개 도시에 있는 200개 유방의 연간 두병豆餅과 두유 생산량은 각각 350만 편片과 800만kg에 달했다(〈표 1〉 참조). 다음은 소주업燒酒業의 성장이다. 동북 지역의 추운 날씨 때문에 사람들은 백주白酒를 마셔 추위를 이겨내는 습관이 있었다. 게다가 동북은 술의 원료인 수수를 생산했기에 양조업은 주요 산업 중 하나가 될 수 있었다. 도시마다 최소 4~5개의 양조장이 있었고 100만 조 이상의 자본을 보유하고 있었다. 철령, 팔면성, 창도, 개원, 봉화, 도록, 김가둔, 조양진, 해룡海龍 등의 자료에 의하면, 각 도시의 백주 생산량은 2만 5천kg 이상에 달했다. 팔면성의 생산량은 90만kg 이상에 달해 이들 도시 중 가장 높았다. 이 아홉 도시의 연간 총 생산량은 250만kg에 달했다. 그 밖에 당면제조업, 염색업, 제분업 등도 중요한 공업이었다.

상공업이 발전하면서 요하 유역 도시들의 공간도 확장되기 시작했다. 1800년대 말 전체 도시 중 70%의 면적이 $3{\sim}10\text{km}^2$ 정도로 확장되었다. 담배, 식량, 몽고모피로 유명한 신민은 "동서로 네 갈래 가街가 있었는데 이 가는 북단의 북가北街, 남쪽으로 내려오면서 후가后街, 대가大街, 남가南街 등이었다. 남북으로 두 갈래 가와 세 개의 호동胡同(골목)이 있는데 서북단은 마로가馬路街, 남단은 대고호동大高胡同, 동쪽은 남북팔보호동南北八寶胡同, 더 동쪽으로 가서 북단은 신시가新市街, 남단은 노야묘호동老爷庙胡同이라고 부른다."[22] 신민의 도심은 질서 정연하게 기획되었다.

---

22 『(民国)新民县志』, 1974, 台湾成文出版社, 118頁.

도시	착유공장 수 (개)	자본 총액 (만 조)	연간 두병 생산량 (만 편)	연간 두유 생산량 (만kg)
철령	18	300	100.8	252
창도	4	96	6.0	15
법고	17	180	30.6	76.5
통강구	2		3.6	9
신대자	19		24.3	60.75
개원	32	48	45.0	11.25
창도	11		31.5	78.75
봉화	29		41.4	103.5
팔면성	18	110	24.3	60.75
김가둔	14		16.2	40.5
해룡, 산성자, 도록, 대두천 등	36		36	90

출처: 1902년 小越平隆의 요하 연안에 대한 현지조사를 통해 추정한 자료.
『満洲旅行记』, 1902年, 上海广智书局, 1-15頁 참조

철령에서 서쪽으로 2.5km 떨어진 곳에 위치한 마봉구는 요하 중류에서 가장 먼저 형성된 부두 중 하나다. 이곳이 개항되면서 철령 및 요북 지역의 경제가 발전하기 시작했다. "겨울이 되면 읍의 동, 서, 북 및 요하 상류에서 온 모든 식량 운송 수레들이 이곳에 운집"하여 긴 행렬을 이어갔다. 이통伊通, 반석磐石, 동풍, 요원, 해룡 등지의 화물은 이곳에 도착한 후 다른 곳으로 수출되었다. "이곳은 사실상의 중추" 역할을 담당하고 있었다.[23] 마봉구는 식량이 많고 상인도 많아 매년 매점된 대두는 60만~70만 석, 기타 잡곡은 40만~50만 석에 달했다. 자본력이 막강한 상인들은 적극적으로 시내의 도로를 닦고 공익사업에 투자했다. 당시 이 부두에는 여덟 갈래의 도로가 있었는데, 도로 양측에는 상점들이

---

23 『(民国)铁岭县志』, 1974, 台湾成文出版社, 824頁.

즐비했고 행인들은 어깨를 부딪치면서 걸을 수밖에 없을 정도로 번화했다. 광서 14년(1888) 봄, 상인들은 성내의 관제묘와 재신묘 등 전통 제사에 필요한 건물을 보수하기도 했다. 마봉구 부두 인근에는 조선소와 선박수리공장이 건설되었는데 각각의 부지가 1ha 이상이었고 나무로 된 담으로 둘러싸여 장관을 이루었다.

『봉화현지奉化縣志』에 의하면, 도광 26년(1846) 동요하 상류의 봉화현성(奉化縣城: 현 이수현梨樹縣)에서 상인들이 성황묘를 세웠고, 도광 29년(1849)에는 관제묘를 세웠으며, 동치 9년(1870) 삼공사三公祠를 세웠다. 광서 7년(1881) 지현 전개진錢開震은 "상인들을 권유하여 합자의 형식으로 천일수회天一水會를 세우고, 호스 두 개와 물통, 제복을 제조하고⋯재신묘를 공국公局의 형식으로 잠시 빌린다"고 했다. 광서 10년(1884)에는 우두국牛痘局이 설립되기도 했다. 같은 해 성내에는 이미 세로 네 갈래(동십자가東十字街, 동남대가東南大街, 서십자가西十字街, 서남대가西南大街)와 가로 다섯 갈래 도로가 건설되었고, 이 길을 따라 관제묘, 약왕묘藥王廟, 삼공사, 문창궁文昌宮, 문묘文廟, 학서學署, 전사서典史署, 성황묘 등의 건물이 세워졌다. 이러한 시정 시설이 요하 연안 다른 도시들에서도 출현하면서 이 지역은 집시集市에서 도시에 가까워질 수 있었다.

1800년대 후반 요하 연안의 도시는 빠른 발전을 이룩함과 동시에 행정 등급도 격상되었다. 도광 원년(1821)에 설립된 이수는 설립과 함께 분방조마分防照磨가 설치되었고, 1864년에는 창도변해부민동지昌圖邊海撫民同知가 설치되었다. 광서 4년(1878) 창도는 청廳에서 부府로 격상되었고 이수의 행정 등급 역시 현縣으로 격상되어 창도부에 속하게 되었다. 회덕懷德은 도광 원년부터 이주민이 정착한 곳으로, 1863년에 팔가진분방경력八家鎮分防經歷이 설치되었다가 1877년 창도부 산하의 회덕현으로 격상되었다. 1896년에 개항한 서풍(도록)은 1900년 총관아문總管衙門이 증설되었다가 1902년 서풍현으로 격상되었다.

요하 도시 벨트와 요하 유역의 시장 위계

도시의 역할은 상업의 경영과 발전에 필요한 무대를 제공하는 것이다. 도시는 상업활동의 매개체로 상업에 필요한 공간과 환경을 제공하고, 상업은 도시 발전의 원동력으로 기능한다. 상업도시는 상품 유통, 서비스, 금융, 신용대출 및 경제적 이익을 찾거나 생계를 유지하기 위한 사람들이 활동하는 핵심 지역이다.

스키너의 등급 경제구조 이론을 당시 동북 지역의 상품경제의 발전 상황에 결부시키면, 요하 부두를 기초로 형성된 신흥 도시들은 상위 등급 도시의 중심 도시의 성격을 띠고 있음을 알 수 있다. 왜냐하면 신흥 도시의 주변에 형성된 많은 장터를 낮은 등급 또는 한 단계 낮은 등급의 상업 중심으로 볼 수 있기 때문이다. 이런 낮은 등급의 상업 중심은 인구가 적고 생산과 교환이 동일한 사람에 의해 이루어진다. 또한 이런 지역은 상품화 수준이 낮고 상품의 종류도 다양하지 않다. 하지만 중심 도시의 전문적인 중간상인은 도매가격으로 생필품을 대량으로 하위 등급 도시의 상인에게 판매하여 큰 이윤을 남긴다. 이런 지역의 등급 차이를 구분하기 위해 요하 연안의 신흥 도시(중심 도시)를 중급 시장이라고 부르고, 그 아래 단계의 시장을 초급 시장이라고 부르겠다. 물론 근대적 전환 과정에 동북 남부 지역의 초급 시장은 중급 시장의 여러 특징들을 보였다. 예를 들어 첫째, 초급 시장의 주체에는 상품 생산자 외에 중급 시장에서 온 좌장坐莊과 행잔行棧의 대리인과 중개인도 있었다. 이런 사람들에 의해 높은 층위의 시장 유통이 원활해졌고 동시에 낮은 층위의 토산품의 판매가 가능해졌다. 개원의 경우 식량 판매만 다루는 창고만 문발합文發合, 진발합晉發合 등 8곳에 달했다.[24] 매년 늦가을부터 음력 연말까지가 콩과 식량이 대량으로 판매되는 시기였다. 이 창고들은 현지에서 식량을 수급하거나 다른 사람을 초급 시장에 파견하여 대량으로 식량을 구입한 후 정월부터 4월 사이에 수출했다. 그중 두유·두병·대두는 영구·대련으로 수출되었고, 수수는 하북·산동 등으로 수출되었다. 둘째, 시중에 유통되는 상품에는 농민에게 공급되는 일상용품과 수공업 원료 외에 도시 내에서 소비·교환되거나 외부로 수출되는 식량과 토산품도 있다. 이는 농산품의 유통과 소비가 지역 재래시장에만 국한된 것이 아니라 중심 시장과 수출입시장까지 확대되었다는 것을 의미한다. 셋째, 무역도 구매대행, 판매대행, 예약주문, 예약판매 및 대출구매 등 다양한 방식으로 이루어졌고 주변 지역에서 생산된 농산품 외에 외국 상품과 기계제품도 거래되었다.

요하 유역 초기 시장의 밀도와 규모는 직접적으로 중급시장의 규모와 수용 능력의 영향을 받는다. 초급 시장은 경제가 발전해야 하는 동시에 중급 시장의 밀도가 높을수록 번성한다. 장탄長灘 부두는 요하 지류인 혼하의 오른쪽에 위치한 요중현遼中縣에 속한 곳으로 민국 이전까지 심양과 요양에서 가장 가까운 부두였다. 열흘마다 2·5·8·10일에 장이 열렸고[25] 시장에서 다루는 전체 상품의 규모도 매우 컸다. 장탄과 요양 사이, 장탄과 심양 사이에는 크고 작은 장이 수두룩하게 분포되었다. 그중 유이보劉二堡, 소북하小北河, 우가방於家房, 만도호滿都戶의 장은 열흘마다 1·4·7일에 열렸고, 황니타黃泥坨, 성앙보城昂堡, 자유타茨榆坨의 장

---

24 中国银行管理处 编, 1976, 『东三省经济调查录』, 台湾成文出版社, 94-95頁.

25 山田久太郎, 1952, 『满蒙都邑全志』, 东京日刊支那事情社, 391頁.

은 3·6·9일에 열렸으며, 노대방, 팔각대, 소신민둔의 장은 2·5·8일에 열렸다.[26] 각 지역의 장날을 합치면 사실상 한 지역에 하루 세 개의 장이 형성된 것이나 다름없었다. 같은 수준의 장터들 중 상품의 집산 규모는 열흘마다 열리는 장의 횟수를 통해 유추할 수 있다. 열흘에 장이 세 번 열리면 표준적인 초급 시장이고, 세 번보다 많으면 중급 시장이며(중급 시장의 경우 열흘에 다섯 번 열린다), 두 번 열리면 준초급 시장에 해당한다. 상인들에게 준초급 시장은 큰 매력이 없었다.

중급 시장은 집산 시장이라고 부르기도 한다. 왜냐하면 중급 시장은 소비시장이 아니라 상품의 집산과 운송 기능을 수행하기 때문이다. 이런 수요에 따라 많은 중급 부두 시장은 고정적인 전문시장을 설치하기도 했다. 개원 시내의 동가東街에 위치한 자성사호동慈聖寺胡同을 중심으로 한 육류시장과 채소시장, 자성사 북쪽에 위치한 과일시장, 적가호동籍家胡同 동남쪽에 위치한 식량시장, 동가 도서관 남쪽에 위치한 땔감시장과 가축시장, 제1국민학교 앞에 위치한 노동력시장 등이 고정적인 전문시장에 해당한다.[27] 정가둔의 경우 통강구나 철령 등 비교적 큰 규모의 식량시장 외에 토감土碱(천연 탄산나트륨)과 모피 전문시장이 있었다. 이 토감시장은 당시 중국에서 단일 상품인 토감을 다루는 가장 큰 시장이었다. 주로 북경, 천진, 강소, 절강 등과 거래했다. 이렇게 도매상의 수요와 주민의 취향에 따라 전문시장이 출현하면서 이 시장이 위치한 지역들은 상위 등급의 도시에 속하게 되었다. 신민, 창도, 해성 등 신흥 도시에서 이런 성격의 전문시장이 출현했다.

중급 시장은 고급 시장과 연결되어 있다. 고급 시장은 전국적인 상

---

26 日本外務省通商局 編, 『满洲事情』, 第3辑, 268頁.

27 『(民国)开原县志』, 第1册, 1965, 台湾成文出版社, 40頁.

품 교역 중심과 주요 수출입 항구로 상업 연결망이 집결된 곳에 위치했으며, 한 성省 또는 여러 성 범위 내에서 상품의 집산지 역할을 담당했다. 고급 시장은 인구가 밀집했기에 한 성의 주요 소비시장이기도 하다. 기능의 측면에서 보면 고급 시장은 농촌의 농산품이 국내에서 소비되는 종착 시장이면서 국제 및 개항지 사이에서 거래되는 전체 상품의 도매시장이기도 하다. 요하 유역 및 동북 지역에서 근대적인 첫 고급 시장은 영구였다. 국내 다른 지역의 고급 시장과 마찬가지로 이곳의 상업은 수출입 전문 외국 회사의 매판, 전문도매상, 구매 및 운반상, 중개인, 교역소 등의 사람과 기구들로 구성되었다. 영구 고급 시장은 경영의 측면에서 지역 중급 시장이나 초급 시장과는 달리 뚜렷한 근대적 색채를 띠었다. 예를 들어 선물, 현물 교역, 구매 및 판매 대행 등이 중급 및 초급 시장보다 번성했다.[28] 그 밖에 금융보험업이 잘 발달되어 있고 여관과 객잔 등이 여러 등급으로 구분되어 발전했을 뿐만아니라 정보 매체의 이용이 상대적으로 용이했다. 또한 서비스업과 이 산업들을 보완해주는 시설도 완벽에 가까웠다. 시장의 보완을 위해 설립한 영구의 노은업爐銀業은 전국적으로 유명한 지역 특색의 금융업이었다. 보험업 역시 동북 지역에서 비교적 큰 영향력을 행사했다. 영구를 경유하는 항운은 상항과 하항으로 나뉘었다. 상항은 호광湖廣, 운남, 귀주, 산동, 산서 등의 천, 주단, 면화, 약재, 도자기, 철기, 설탕, 소금 및 외국 상품이 부두를 통해 봉천, 길림, 흑룡강 및 내몽고 동부로 운송되는 항로이고, 하항은 대두, 두병, 두유, 수수, 잡곡, 소주, 담배, 길림인삼, 몽고 모피 등의 상품이 영구를 통해 천진, 상해, 영파寧波, 홍콩 등으로 운송되는 항로이다. 일부는 외국으로 운송되기도 했다. 1894년 영구는 상해, 천

---

28 侯峻의 석사학위논문 「试论清末东北南部地区的商品市场」(미간행), 15-23頁 참조.

진, 광주廣州, 산두汕頭, 하문廈門에 이어 여섯 번째로 큰 항구로 발전했다.

근대 요하 유역 초기 도시 벨트의 형성은 영구를 중심으로 한 시장체계의 형성 과정으로 볼 수 있다. 비록 이 시장체계의 부분적인 시장 영역들은 내용과 기능에서 다소 차이날 수 있지만 서로 아주 밀접한 관계를 유지하면서 완전한 시장을 구성했던 것이다. 위계적 시장체계의 형성으로 동북 원산지에서만 소비되었던 대량의 농산품이 자연경제의 범주를 넘어 수출입 상품이 되었고, 항구나 도읍에서 유통되었던 외국산 상품은 폐쇄적인 농촌지역으로 들어가게 되었다. 이와 같은 상품 유통의 발전으로 동북, 특히 동북 남부 지역의 화물 유통의 전통적 구조와 소비구조가 바뀌게 되었고, 요하 유역의 도시 벨트도 더욱 빠르게 발전할 수 있었다.

제3장

중동철도, 관내외 철도와 근대 동북 지역의 도시화

요하 항운이 발전하면서 동북 남부 지역에 도시 벨트가 출현했다. 하지만 이 지역은 지리적으로 변방에 위치하고 개발이 늦었기 때문에 관關(산해관)내 지역에 비해 사회경제적 발전이 더뎠다. 1800년대 말까지 동북 지역은 여전히 낮은 수준의 도시화 단계에 머물러 있었고 저발전 지역으로 분류되었다. 하지만 1900년대에 진입하면서 동북에는 근대화된 도시가 출현했다. 동북 지역의 지역 도시화 수준은 국내에서 앞자리를 차지하기 시작했고 이 지역은 세계적으로도 주목받는 급속한 도시화를 경험한 지역으로 부상했다. 1800년대와 1900년대의 교착점이 동북 도시 발전의 역사적 전환기가 될 수 있었던 것은 중동철도와 관내외 철도의 부설, 즉 근대화된 교통운송수단의 출현 때문이었다.

중동철도의 부설

역사적으로 동북 지역은 하천이 많고 수로가 밀집했지만, 상업용 항운으로 활용할 수 있는, 항로가 길고 수량이 풍부하면서 경제적 핵심 지역을 통과하는 하천은 요하와 송화강(지류인 눈강 포함)뿐이었다. 게다가 두 하천은 다른 방향으로 흐르고 있어 서로 연결되지도 교착되지도 않았다. 때문에 영구 개항 이후 요하 항운은 동북 중·남부 지역의 도시와 농촌을 연결하여 이 지역의 상품시장, 즉 요하 도시 벨트의 형성과 발전을 촉진했지만, 드넓은 동북 북부 지역의 경제에는 거의 영향을 미치지 못했다. 1890년까지도 북부 지역은 연해 항구도시와 연결되지 않았기에 외래 이민의 증가가 느렸다. 인구가 적다는 것은 도시가 발전하기 힘들다는 의미이기도 하다. 청 초기에 변방의 방어와 지방 통치의 필요에 의해 설립한 치치하얼, 영고탑, 삼성(현 이란), 아집하(현 아성) 등 몇 개의 고립된 군사도시와 송화강 항운도시를 제외하고 새로운 도시는 출현하지 않았다. 또한 북부 지역은 삼림과 습지가 많아 육로 운수도 어려웠다. 1800년대 말 황금 채굴업이 약간의 규모를 갖추었을 뿐 광물과 목재를 비롯한 풍부한 자원은 외부로 운반되지 못한 채 거의 모두 원시 자연 상태로 남아 있었다. 1900년대에 진입할 때 청 조정에는 하루 속히 육로 교통 조건을 개선하여 동북 북부 지역의 폐쇄된 자연경제 상태를 타파하여 지역경제를 발전시켜야 한다는 긴박한 문제가 대두되었다. 근대화된 중동철도의 부설은 객관적으로 동북 지역의 경제 및 사회 발전의 현실적 요구에 부응했던 것이다.[1]

근대 중국의 다른 철도와 마찬가지로, 중동철도 역시 열강들의 침략

---

1 단순히 시간의 선후순서로만 볼 때 근대 동북의 첫 번째 철도는 청 정부가 1891년에 기획하고 1894년에 착공한 관내외 철도(북경-영고탑 철도라고 부른다. 1900년대 초 실제 부설 상황에 근거하여 경봉선(京奉線)이라고 불렀다. 동북 지역에 속한 부분은 봉천-산해관 구간이었다)이다. 하지만 러시아 침략세력의 간섭과 러일전쟁의 파괴로 철도의 개통과 화물 운송은 계속 지연되었다. 따라서 필자는 지역경제의 발전과 도시화에 현실적으로 영향력을 행사한 동북의 첫번째 근대 철도를 중동철도로 보고 있다.

의 산물이었다. 중동철도의 기획과 건설은 1880년으로 거슬러 올라간
다. 중국 흑룡강 이북과 오소리강 이동 지역의 중국 영토를 찬탈한 러시
아는 동북아 지역에서의 전략적 우세를 확보하기 위해 체리야빈스카야
와 블라디보스토크를 잇는 시베리아대륙철도를 계획하고 있었다. 대외
침략을 주장했던 러시아 해군소장 코피토브庫皮托夫(Nikolay Kopytov)
는 철도가 이르쿠츠크를 경유한 후 남하하여 캬흐타를 거쳐 중국 외몽
고와 내몽고에 진입한 후 북경을 통과하여 중국 동북 지역으로 나아가,
흑룡강 치치하얼을 거쳐 영고탑, 수분하를 지나 러시아 우수리스크(중
국명, 쌍성자雙城子)까지 이어져야 한다고 했다.[2] 코피토브의 목적은 철
도 부설을 통해 중국 북부와 동북의 시장을 개방하는 것이었다. 하지만
러시아 당국은 중국 및 기타 열강의 반대를 우려하면서 이 계획을 통과
시키지 않았다. 오히려 1891년 5월 시베리아대륙철도가 착공되었을 때
철도 노선은 다른 방향으로 기획되었다. 즉, 이르쿠츠크를 지나 동쪽으
로 가다가 치타(중국명, 적탑赤塔)에 도착한 후 동남쪽으로 방향을 바꾸
어 중국과 러시아 접경의 흑룡강 북안을 거쳐 하바롭스크에 도착한 후
계속 남쪽으로 오소리강 동안을 따라 블라디보스토크까지 이어지도록
계획되었던 것이다. 하지만 1895년 초 철도가 베르흐네우딘스크(울란
우드라고도 한다)까지 부설된 후 러시아 정부 내에서 치타 동쪽 지역
의 철도 방향에 대한 의견이 엇갈리기 시작했다. 철도 부설 비용을 책임
진 재정대신 비테維特는 원안대로 추진할 경우 철도가 너무 많이 에둘러
가게 되고 철도 연선의 기후가 열악한데다가 인가가 적고 인력이 부족
하여 공사가 지연될 것이며 이는 나아가 부설 비용의 증가로 이어질 수
있다고 생각했다. 그는 오히려 철도를 치타에서 동남 방향으로 부설하

---

2 尼鲁斯, 1923, 『東省鉄路沿革史』(英文本), 中東鉄路公司, 5頁.

여 중국 동북의 북부 지역을 지나 바로 블라디보스토크까지 연결해야 한다고 주장했다. 이렇게 되면 철도의 길이가 짧아질 뿐만 아니라 흑룡강 항운과의 경쟁을 피할 수 있었다. 하지만 이보다 더 중요한 것은 철도 노선을 통해 청의 전략적 핵심 지역인 중국 동북 지역을 일거에 러시아의 세력 내에 편입시킬 수 있다는 점이었다. 비테의 생각은 극동 지역에서 세력을 확장하려는 러시아의 오랜 숙원이기도 했기에 러시아 당국은 비테의 방안을 채택했다.[3] 다른 한편으로 청일전쟁은 러시아에게 이 계획을 실행할 수 있는 절호의 기회를 제공했다.

청일전쟁에서 대패한 청 정부는 1895년 4월 일본의 강압으로 치욕적인 마관조약馬關條約(시모노세키조약)을 체결했다. 이 조약에 의해 청 정부는 일본에게 백은 2억 냥을 배상해야 할 뿐만 아니라 대만도台灣島, 팽호열도澎湖列島, 요동반도遼東半島 등을 할양해야 했다. 마관조약의 체결로 청 정부 및 중화민족은 전례 없는 존망의 위기 앞에 놓이게 되었다. 러시아는 청의 이 위기를 기회로 삼아 마관조약에 반대한다면서 독일과 프랑스와 함께 일본에 청의 영토주권을 훼손하지 말라고 압력을 넣었다. 이에 일본은 타협책으로 요동반도의 할양을 잠시 포기했다. 러시아가 연출한 '삼국 간섭으로 요동을 돌려준' 연극으로 인해 청 정부의 러시아에 대한 신뢰는 급상승했다. 이어 1896년 6월 러시아는 청 정부를 꼬드겨 '중아밀약中俄密約'을 체결했다. 밀약의 제4조에는 "중국은 러시아 화아도승은행華俄道勝銀行(Sino-Russian Righteousness Victory Bank)이 길림·흑룡강을 경유하는, 러시아 시베리아대륙철도인 중동철도를 부설하는 것을 윤허한다"고 명시되었다. 이렇게 러시아는 공식적으로 동북 지역에서의 철도 부설 특권을 획득하게 되었다. 중아밀약에

---

3 李兴耕, 1997, 『风雨漂萍-俄国侨民在中国(1917-1945)』, 中央翻译出版社, 251頁.

명시된 철도 부설 문제의 큰 틀에 따라 쌍방 대표(청의 대표는 주덕공사駐德公使 허경징許景澄이고, 러시아 대표는 화아도승은행 이사장 우크톰스키烏赫托姆斯基(Esper Ukhtomsky))는 같은 해 9월 8일 베를린에서 「중아합판동성철로공사장정中俄合辦東省鐵路公司章程」을 체결했다. 이 장정의 제1조에는 "중국 정부는 고평은庫平銀 5백만 냥으로 화아도승은행과 합작하고, 고股(지분)에 따라 득실을 나눈다"[4]고 명시되어 있다. 하지만 실제로 화아도승은행이 주식 발행을 독점하면서 중국의 철도에 대한 통제권은 배제되었다.

화아도승은행이 중동철도(동성철로東省鐵路라고도 부른다)의 독점 부설권을 획득한 후 1896년 12월 27일 블라디보스토크에 '중동철로공사中東鐵路公司'를 설립하고 영국 왕실공정학원을 졸업한 러시아인 유고비치尤格維奇를 철도 총공정사로 임명했다. 이듬해 8월 29일 철로공사는 중국 경내의 소수분하 인근의 삼차구三岔口에서 착공식을 열었다. 1898년 4월 철로공정국은 측량을 마무리한 후 선발대를 하얼빈 '전가소과田家燒鍋' 대차점大車店(현 향방香坊)에 파견하고 그곳을 철로공정국의 소재지로 결정했다. 3월 27일과 5월 7일 러시아와 청 정부가 '여대조지조약旅大租地條約'과 '여대조지속약旅大租地續約'을 체결하면서 러시아는 대련에 조차지를 설립하고 하얼빈에서 대련으로 이어지는 중동철도 지선의 부설권까지 획득했다. 이후 6월 9일 러시아 중동철로국이 블라디보스토크에서 하얼빈으로 옮겨온 후 중동철도는 하얼빈을 중심으로 동·서·남 세 갈래 노선(동쪽 노선은 하얼빈에서 우수리스크까지, 서쪽 노선은 하얼빈에서 바이칼까지, 남쪽 노선은 하얼빈에서 여순까지)의 여섯 곳을 시공 지역으로 정했다. 이에 따라 1898년 6월 9일은 '하얼빈 기초 설립 및

---

4 王铁崖, 1957, 『中外旧约章汇编』, 第1册, 三联试点, 671頁.

그림 1_1905년 당시의 중동철도 봉천(심양)역

동성철로 개공 건축 기념일'이 되었다.[5] 1901년 3월 3일 간선의 일부인 하얼빈부터 수분하 구간의 빈수선(544.5km) 궤도 부설이 완공되었고, 11월 14일에 시범운행을 시작했다. 같은 해 11월 3일 하얼빈부터 만주리滿洲里까지의 서간선-빈주선의 궤도 부설도 완공되었고, 이듬해 2월에 시범운행을 시작했다. 1902년 11월에는 하얼빈부터 여순까지의 남부지선 궤도 부설도 완공되었고, 이듬해 3월 8일에 시범운행을 시작했다. 1903년 7월 14일 중동철도의 모든 구간과 노선이 준공되면서 정식으로 개통하고 영업에 들어갔다. 철도의 총 길이는 2489.2km[6](러시아가 추가로 부설한 대석교大石橋부터 영구 우가둔까지의 21.4km, 등탑燈塔부터

---

5   东省铁路历史委员会 编, 1923, 「东省铁路25年成绩报告书」, 尼罗斯, 『东省铁路沿革史』, 中东铁路公司, 1頁. 하얼빈의 설립일은 1898년 5월 28일(양력)이라는 의견도 있다. 이에 대해서는 凌鸿勋, 『中国铁路志』, 「东省铁路开工日为1898年5月28日(公历)」, 271頁 참조. 1938년 5월 28일 하얼빈은 도시 건설 40주년 기념행사를 거행했다.

6   1905년 러일전쟁 이후 일본은 장춘부터 여순까지 762km에 달하는 철도 노선을 러시아로부터 조건 없이 양도받고 이 구간을 남만철도라고 불렀으므로 1906년부터 중동철도는 장춘 이북 1727km 구간의 철도를 말한다. 때문에 이 책에서도 1905년 이후 시기에 다루는 중동철도는 장춘 이북의 구간만 한정한 철도라는 점을 밝힌다.

매광煤礦까지의 15.6km, 무순부터 소가둔蘇家屯까지의 52.9km 등의 지선 철도는 제외)에 달했다.

중동철도는 제국주의 열강의 침략의 산물이었다. 이 철도의 건설을 통해 러시아는 중국 동북의 자원을 찬탈하는 통로를 확보할 수 있었고 나아가 근대 동북 지역에 대한 반식민지화를 가속화할 수 있었다. 실제로 러시아는 직접적으로 중동철도를 통해 동북 북부 지역에 대한 경제 명맥을 장악했다. 러시아는 러일전쟁 기간에 이 철도를 통해 군대와 전략물자를 수송했다. 1904년 2월부터 1905년 10월까지의 러일전쟁 기간 동안 러시아의 군수물자 중 85% 이상이 동청철도를 통해 운송되었던 것이다.[7] 또한 러시아는 철도를 부설하면서 많은 토지를 점령했고 철길 목침을 제조하기 위해 대면적의 삼림을 파괴했다.

근대화된 기계동력에 기초한 교통수단이자 운송 시스템인 철도는 자연스럽게 지역경제를 발전시키고 사회 진보를 촉진했다. 이는 철도 부설자들의 주관적 의지와 별개로 나타난 현상이었다. 중동철도는 동북의 전통적이고 자연 상태 그대로였던 구식 운송 모델과는 비교할 수 없을 정도의 선진적이고 효율적인 모습을 보여줬다.

첫째, 철도는 동북과 외부 지역을 연결시켰다. 중동철도는 동북 3성을 가로 및 세로 방향으로 연결시켰다. 대련-만주리-수분하 등을 연결하여 대련의 육해 운송과 러시아의 국제 운송을 이어주었고, 동북의 한가운데와 연해 항구(대련, 영구, 블라디보스토크)가 유기적인 완전체로 연결되면서 동북의 내륙 지역 도시와 농촌이 서로 고립되었던 관계는 물론이고 외부세계와 격리되었던 역사가 종식되었다.

둘째, 철도 운송은 속도가 빠르고 시간이 정확했다. 여객 운송이든

---

7 「明治43年日本駐哈尔滨总领事馆调查报告」, 1925, 日本外务省通商局 编, 『满洲事情』, 第4辑, 第3卷, 第5章, 221頁.

화물 운송이든 종종 운송 속도에서 문제가 발생했다. 특히 분초를 다투는 화물 운송의 경우 운송이 지연되면 화물주는 판매시기를 놓치게 되고 상품의 가치는 하락한다. 반대로 화물이 예정 시간 또는 예정 시간보다 먼저 목적지에 도착할 경우 화물주는 더 많은 판매 기회를 얻게 되고 동시에 더 많은 이윤을 창출할 수 있다. 철도가 부설되기 전 가장 빠르고 간편했던 요하 운송의 경우 영구에서 철령 인근의 마봉구까지 목선으로 17일, 마봉구에서 영구까지는 13일이 걸렸다. 만약 중간에 폭우가 내리면 운송은 지연될 수밖에 없었다. 하지만 기차의 경우 영구 인근 대석교부터 철령까지의 여객 수송 시간은 8시간(시속 35~40km)에 불과했고, 화물 운송 역시 24시간을 초과하지 않았다. 또한 날씨나 계절의 영향을 받지 않고 전천후로 서비스를 제공할 수 있었다.

셋째, 철도 운송은 1회 운송량이 많고 원가가 낮았다. 전통적인 요하와 송화강 항운에서 사용되는 선박은 20~60석급 중형 우선牛船과 80~120석급 대형 조선漕船 두 가지였다. 이는 가장 큰 선박이라 해도 최대 적재량이 30톤에 불과했다는 뜻이다. 그런데 기차는 한 번에 선박의 60~70배 규모인 2,000톤 정도의 화물을 실을 수 있었다. 적재량과 운송량이 증가하면 운송 원가는 당연히 낮아지게 된다.

이와 같은 특성으로 중동철도는 전면 개통된 이후 여객 및 화물 운송량이 수직 상승하여 단기간에 요하 항운을 추월할 수 있었다. 이렇게 중동철도는 일약 동북 지역 교통운송의 핵심적 지위를 차지하게 되었다. 철도가 전면 개통된 1903년, 중동철도를 통해 운송된 수출입 화물 규모는 동북 전역 화물 운송량의 40% 이상에 달했고, 여객 및 화물 운송액은 1,599만 루블을 기록했다.[8] 1908년 철도를 통해 운송된 화물의

8　『黑龙江省志·铁路志』, 1992, 黑龙江人民出版社, 28頁.

수출입 총액은 그해 전체 동북의 화물 운송 총액의 60%에 달했다. 동북 북부 화물 운송의 경우 농산품의 수출 총액이 2,250만 루블(528.2만 담擔)에 달했는데 그중 중동철도가 수출 총액의 56%에 달하는 1,400만 루블을 담당했다.[9] 1903~1905년에는 동북 중·북부 지역으로 이주한 전체 이주자의 70%인 150만 명 규모의 이민을 운송하기도 했다.[10] 러일전쟁 이후 중동철도의 높은 운송능력과 복합적인 역할로 인해 동북의 경제 중심이 기존의 요하 유역에서 중동철도 연선으로 옮겨지기 시작했다. 특히 경작지는 많지만 인가가 드물었던 북부 지역은 기차를 타고 유입된 대량의 이주민들로 북적였다. 만주리-하얼빈-수분하와 사평四平-장춘-하얼빈 구간 및 인근 지역은 인구밀집지역으로 변했다. 그중 만주리-하얼빈 구간에서만 70만 명의 인구가 급증했다.[11] 인구가 급증하면서 인적이 드물고 황량했던 동북 북부 초원과 늪지대에 촌락이 형성되기 시작했고, 이러한 촌락을 시작으로 중동철도 연선에 근대적인 도시군이 출현하게 되었다.

---

9 「明治43年日本驻哈尔滨总领事馆调查报告」, 1925, 日本外务省通商局 编, 『满洲事情』, 第4辑, 第3卷, 第5章, 214頁.

10 『黑龙江省志·铁路志』에 의하면, 1903년에서 1905년까지 중동철도가 운송한 여객의 전체 규모는 연 280만 명에 달했다. 1903년에는 175만 5천 명, 1904년에는 45만 5천 명, 1905년에는 62만 명이었다. 단기 및 다른 성격의 여객을 제외하면 중동철도가 운송한 관내의 이민은 약 150만 명에 달했다.

11 汤尔和 译, 1930, 『东省丛刊之一:黑龙江』, 中东铁路局 참조. 이 자료에 의하면 1903년 7월 중동철도가 개통될 당시 흑룡강성 인구는 40만 8천 명에 지나지 않았지만 1908년에는 145만 5,657명으로 급증했다. 증가된 인구의 대부분은 철도를 통해 이주했거나 철도 연선에 거주하는 이주민들이었다.

중동철도 부속지와 동북의 도시화

중동철도의 간선과 지선은 금주金州, 보란점普蘭店, 개주蓋州, 해성, 요양, 봉천성성심양, 철령, 개원, 봉화리수, 장춘, 쌍성, 치치하얼, 아집하, 영고탑 등 14개 도시를 연결했다. 이 도시들은 평균 190km 정도 거리를 두고 분포되었다. 봉화 이남의 9개 도시는 도시화 수준이 낮은 요하 유역과 요동반도에 위치했고 도시 사이의 거리는 90km 정도였다. 하지만 장춘 이북의 5개 도시는 1,727km 구간에 평균 350km 거리를 두고 분포해 있었다. 중동철도가 부설되면서 철도 연선에는 불과 몇 년 사이에 20여 개 신흥 도시가 출현했다. 그중 5개 도시에는 근대적 의미의 신도심이 형성되었다. 철도 연선 도시의 밀도가 증가하면서 이 지역은 도시화의 초급 단계에 진입하게 되었다. 물론 철도 연선에 도시가 급증한 것은 중동철도의 운송뿐만 아니라 러시아의 철도부속지제도의 영향도 컸다.

'철도부속지'는 러시아가 철도를 부설하는 과정에서 식민 지배를 위해 점령한 영토이다. 러시아는 「동성철로장정東省鐵路章程」의 제6조, "중동철로공사가 '철도를 부설, 경영, 보호함에 필요에 따라' 철도 연선에 가옥을 건설하고 전선 등 철도부속시설을 건설하는 과정에 대해 '자체 경영'할 수 있다"는 조항을 왜곡하여 철도 연선의 토지를 무상으로 획득하거나 저가로 구입한 후 중국의 지배권을 배제했다. 이와 같은 이유로 철도 연선에는 러시아인이 독점하고 러시아인이 거주하는, 조계지와 유사한 형태의 특수한 지역이 형성되었다. 이를 철도부속지라고 불렀다. 러시아는 조약 문구를 자의적으로 해석하여 철도부속지에서 사법, 경찰, 납세 등 정치적·경제적 특권을 행사했다. 때문에 철도부속지는 사실상 러시아가 중동철도의 부설을 통해 점령한 넓은 벨트 모양의 식민통치 지역인 셈이었다. 이 부속지와 같은 시기에 형성된 대련조차지까지 추가하면 근대 중국 동북에서 러시아가 실시한 식민통치의 모든 내용을 볼 수 있다.

중동철도 부속지는 두 부분으로 나눌 수 있다. 하나는 철도와 기차역이 점하고 있는 부속지이고, 다른 하나는 주요 기차역과 도시에서 점한 토지이다. 철도부속지의 침략적 성격에 대한 청 정부의 인식이 낮았기에 철도부속지의 전체 면적과 규모를 "제한하지 않았고 규정하지도 않았다."[12] 자료가 제한적이어서 1905년 이전 중동철도의 철도와 기차역이 점한 면적을 정확히 산출할 수는 없지만 도시에서 점한 토지의 면적은 추정할 수 있다. 1898년 말 중동철로국은 철도 연선에 30여 곳에 달하는 시가지를 건설했다. 이 시가지는 계획 면적에 따라 크게 세 등급으로 나눌 수 있다. 1급 시가지는 면적이 $5km^2$ 정도로 대련·하얼빈·심양·공주령公主嶺의 철도부속지가 해당한다. 2급 시가지는 면적이 $3{\sim}4km^2$로 장춘과 요양의 부속지가 속한다. 3급 시가지는 면적이 $1{\sim}2km^2$로 철령·해랍이·일면파一面坡의 부속지이다. 이 자료만 보더라도 중동철로국 설립 초기 계획 단계에 있던 도시 시가지의 부속지 면적은 최소 $120km^2$에 달했음을 알 수 있다.

1899년부터, 특히 1900년 의화단사건 이후 러시아가 동북에서 세력을 확장하면서 철도부속지 및 시가지 면적도 확대되었다. 하얼빈 철도부속지의 면적을 보면, 1898년에 $5km^2$였는데 1899년에는 단번에 $15km^2$가 확장되어 $19.6km^2$가 되었고, 1900년 8월에도 면적이 확장되어 전체 면적은 $98.32km^2$에 달했다. 1902년 청 정부 길림장군의 교섭으로 부속지 면적은 어느 정도 조정되었지만 여전히 $61.5km^2$의 규

---

12 光绪31年(1905)11月, 『奉天差委道钱嵊及候补道于泗兴呈文节略』, 苏崇民, 1990, 『满铁史』, 中华书局, 363頁에서 재인용.

모를 유지했다.[13] 1903년 말 중동철도 부속지와 대련조차지의 면적은 300km^{2}를 웃돌았다. 비록 1905년 장춘 이남의 철도부속지와 조차지 및 시가지를 중동철도의 양도와 함께 일본이 점령하게 되었지만, 러시아가 통제하는 중동철로총공사는 길림과 흑룡강 지방정부를 협박하여 1907년 '중동철로전지합동中東鐵路展地合同'을 체결하여 신규 철도부속지 180km^2(길림성 소수분하부터 아집하역 사이에 5.5만ha, 흑룡강성 만주리부터 하얼빈 사이 12.6만ha)[14]를 확보함으로써 중동철도 부속지의 총면적을 2,000km^{2}로 확대했다. 이렇게 증가한 철도부속지 중 상당 부분이 시가지 용지로 지정되면서 러일전쟁 이후 중동철도 부속지 및 시가지의 총면적은 오히려 증가하게 되었다. 만주리와 해랍이의 철도부속지는 각각 42.78km^{2}와 31.61km^{2}나 증가했다.[15]

러시아는 자신의 철도부속지에 대한 독점적 지위를 확보하기 위해 철도부속지의 시가지 위치와 면적이 확정되지 않았던 1897년부터 부속지들에 조직적으로 러시아인을 유입시켰다. 따라서 대량의 러시아 교민(일부 폴란드 교민도 있었다)이 중동철도 부속지에 거주하기 시작했다. 유입된 러시아인들은 철도 공정 및 기술 전문가, 철도 관리자 및 가족, 상인, 수공업자, 의사, 문화 및 오락 종사자, 자유직 종사자 등 다양한 직업으로 구성되었다. 1899년 말 만주리부터 수분하 구간의 부속지에는 이미 1만여 명에 달하는 러시아 교민이 살고 있었다.[16] 1901년 중동철

---

13 『哈尔滨市志·城市规划』, 1998, 黑龙江人民出版社, 58頁.

14 『光绪33年黑龙江省铁路展地合同』(抄本), 现存辽宁省档案馆藏盛京军都部堂档案第2028号卷.

15 「特区辖境面积表」, 『东省特别区市政月刊』, 1931, 第6卷, 第1号.

16 李兴耕, 1997, 『风雨漂萍-俄国侨民在中国(1917-1945)』, 中央翻译出版社, 9-10頁; 『黑龙江省志·人口志』, 1996, 黑龙江人民出版社, 122頁.

도 간선이 시범운행을 마친 후 러시아인은 급증하여, 1903년 장춘 이북 지역의 러시아인은 4만 명을 돌파했다. 그중 하얼빈 일대에만 2만 3천 명(그해 하얼빈 인구는 4만 4,756명)에 달했다. 같은 시기 대련의 러시 아인은 1만 4,464명이었다.[17] 1904년 러일전쟁 발발 후 중동철도 연선 이 러시아 군대의 후방 공급기지가 되면서 러시아 교민의 규모는 10만 명까지 치솟게 되었다. 또한 1898년부터 러시아는 '철로호로군鐵路護路軍' 이란 이름으로 중동철도 부속지에 정규군을 주둔시켰다. 1903년 철로 호로군의 규모는 7만여 명에 달했는데, 당시 호로군 사령부가 있던 하 얼빈에만 러시아군 2만 명이 주둔하고 있었다.

중동철도 부속지의 도시화와 식민화의 첫 번째 단계는 러시아 교민 이 대량으로 유입되면서 인가가 한적했던 철도부속지가 인구 집거지로 변화한 것을 특징으로 한다. 두 번째 단계의 특징은 중동철도의 주요 기 차역 및 관련 시설과 항운 부두의 건설이다. 근대적 기차역과 항운 부 두를 건설하는 것은 중동철도의 효율성을 극대화하고 철도 연선 도시 와 외부 세계를 밀접하게 연결하는 가장 기초적인 작업이었기에 철도 부속지 당국은 기차역과 부두의 건설을 발전전략의 최우선순위에 놓았 던 것이다. 철도부속지 당국은 중동철도의 간선에 54개, 지선에 38개, 총 92개의 기차역을 건설하고자 계획했다.[18] 동시에 지역의 개발 상황 을 고려하여 기차역을 중점기차역, 보통기차역, 간이기차역 등 세 가지 유형으로 나누었다. 1900~1904년에 건설된 대부분의 중점기차역과 보 통기차역은 지역 도시화에 직접적인 영향을 미쳤다. 이 기차역에는 플 랫폼, 화물 하치장, 매표소, 행정청사, 상수탑, 역전광장, 여행객을 위한

---

17 그해 대련의 인구는 4만 1,260명이었다. 日本南满铁道株式会社调查课 編, 1991, 『露 (俄)国占领前后的大连及旅顺』(日文版), 12頁.

18 杨余练 等, 1991, 『清代东北史』, 辽宁教育出版社, 425頁.

그림 2_ 창도름圖기차역 옛터

식당과 여관 등 기초 시설이 들어섰다. 대련, 요양, 봉천(심양), 철령, 사평, 공주령, 장춘, 하얼빈, 만주리, 수분하 등 중점기차역들에 이러한 기초 시설이 갖추어지면서 평균 1~2km²에 달하는 근대 건물 밀집지역이 형성되었다. 개원, 창도, 해랍이, 일면파 등 보통기차역에도 기초 시설을 포함한 0.5~1km² 정도의 근대 건물 밀집지역이 형성되었다.

러시아는 대련과 하얼빈에 근대적 부두를 건설하기 시작했다. 러시아는 대련을 국제적인 자유무역항이자 중동철도의 출구로 만들어 대련 이남 지역으로 세력을 확장하기 위한 전초기지로 삼고자 했다. 1899년 7월 1일 러시아는 대련(러시아는 이곳을 달역니達力尼[19]로 명명)을 자유항으로 선포하고 전 세계에 개방했다. 대련시의 설립일은 러시아 황제

---

19 '达力尼(중국어 발음은 "다리니"이다.옮긴이주)'는 러시아 황제 니콜라이 2세가 직접 작명하고 하사한 이름으로 '먼 곳의 도시'라는 뜻이다.

가 대련에 시市를 설립한 날인 1899년 8월 29일이다.[20] 9월 28일 대련
항 1기 공정이 착공되어 1902년에 준공되었다. 러시아는 전후로 1,080
만 루블을 투자하여 수심 4.6~5.5m, 길이 400m에 달하는 선착장을 건
설했다. 이 선착장에는 1,000톤급 선박 25척이 동시에 정박할 수 있
었고 항구의 연간 물동량은 130만 톤에 달했다. 1901년부터 이 항구
에 상선이 입항하기 시작했다. 1902년 대련항에는 기선 717척과 범선
1,418척이 정박했었다. 1903년에 시작된 대련항 2기 공정의 예상 투자
액은 3,000만 원에 달했다. 하지만 이 공정은 1904년 러일전쟁의 발발
로 중단되었다. 그러나 러시아는 두 번의 공정을 통해 순안부두順岸碼頭
(wharf) 1곳, 돌출부두突擊碼頭 2곳을 건설했고 선착장 길이도 1,686m까
지 확장했으며 연간 물동량도 250만 톤까지 끌어올렸다. 또한 동쪽과
북쪽 방향으로 2,560m에 달하는 방파제 2곳을 건설했다.[21] 이렇게 대련
은 항구도시로서 갖춰야 할 기초 요소들을 구비하게 되었다.

철도 건설에 필요한 건설 물자의 조달문제를 해결하고 북만주 지역
항운업을 개발하기 위해 러시아는 중동철로국이 하얼빈으로 옮겨지자
마자 송화강 항운 부두와 향방 기차역의 건설에 착수했다. 1901년 철로
공정국은 송화강 부두와 향방역 사이의 진가강秦家崗에 '송화강신성新城'
을 건설하여 하얼빈의 중심으로 만들고자 했다. 1903년 하얼빈은 목재,
식량, 석탄 등을 운송할 수 있는 전문 부두를 둔 대형 하천 부두도시의
골격을 갖추게 되었다. 중동철로국은 이곳을 하얼빈신성으로 명명했다.
당시 하얼빈 도시는 면적이 8km² 정도였고 부두, 향방기차역(하얼빈가

---

20 러시아 식민주의자들은 1902년 5월 30일부터 대련에 특별시제도를 도입했다. 시 산
하에 시가구(市街區), 노호탄구(老虎灘區), 사하구구(沙河口區)를 설치했다. 당시 대련
인구는 3만 5천 명이었다.

21 刘连岗 等 编, 1988, 『大连港口纪事』, 大连海运学院出版社, 68-71頁.

哈尔滨街), 하얼빈신성 등 지역으로 나뉘었다.

중동철도 부속지의 도시화의 세 번째 단계는 중동철로국의 주도하에 추진된 근대화 시정 건설 사업을 특징으로 한다. 외래 교민이 지속적으로 증가하면서 1899년부터 중동철로총국은 하얼빈, 대련, 요양, 수분하 등의 철도부속지와 조차지에 있는 러시아 교민 집거지에서 대규모적인 시정 건설 사업을 추진했다. 전통적이고 자연적인 단일한 구조의 동북 도시들과 판이하게, 중동철로국은 도시의 구역별 기능에 따라 철도부속지에 대한 세밀한 계획안을 만들었다.[22] 예를 들어 하얼빈신성을 진가강(또는 남강南岗)철도관리국 및 러시아 국적 직원 생활구, 향방호로군 주둔구, 도리道里 상업부두구 등 세 부분으로 나누고 이 구역을 철도로 구분했다. 대련도 이와 비슷했는데, $10km^2$ 정도 되는 도시를 러시아인이 거주하는 유럽구, 중국인거주구, 행정기관구로 나누었다. 그 중 유럽인거주구를 다시 상업구, 고급주택구, 보통시민주택구 등 세 부분으로 나누었다.[23] 이런 구분을 통해 식민주의자들은 인종차별적 본질을 노골적으로 드러냈다. 구역 구분을 통해 도시 건물의 분포는 양극화되었다. 외국인이 사는 곳은 녹지가 많고 건물은 밀도가 낮게 분포된 데다가 우아한 유럽식 외형을 갖춰 유럽 도시를 방불케 했다. 하지만 중국인 거주지는 건물 밀도가 높고(75%에 달함), 건축 양식도 낮은 수준이었으며 부대시설도 적었다. 인위적으로 만들어진 중국인과 외국인 주민의 생활환경의 불평등은 러시아 교민과 식민지배자의 우월감을 충족시

22　중동철도 하얼빈 철도부속지의 수석 기획설계사는 중동철로건축공정국 초대 총공정사인 러시아인 레브체예브(列夫捷耶夫)이다. 중동철도 대련신성의 수석 설계사는 러시아인 사하로프(沙哈羅夫)(블라디보스토크의 최초 설계자)와 독일인 케르베츠(蓋爾貝茨)이다.

23　浅野虎三郎 編, 1936, 『大连市史』, 第3编, 第1章, 第3节, 伪满大连市役所, 115頁.

그림 3_하얼빈 도리道裡 송화강 부두

그림 4_대련 건설 초기 러시아인 거주지

키기에 안성맞춤이었다.

철도부속지의 시정 건설은 다음과 같은 내용으로 이루어졌다.

① 도로 건설. 철도부속지 도로는 동심원 광장, 방사형 도로와 수직 교차식 도로 구조를 위주로 설계되었다. 대련과 하얼빈은 러시아의 상트페테르부르그와 파리의 영향을 받은, 동심원 광장과 방사형 도로 위

주로 설계된 전형적인 도시다. 도로 폭이 213m인 대련의 니콜라이광
장尼古拉廣場(중산광장中山廣場)은 10갈래 도로가 외부로 뻗은 방사형 구
조였다. 니콜라이광장을 중심으로 도시의 주요 도로가 이어졌다. 1903
년 말 140만 루블이 투입된 1기 도로(교량)공정이 마무리되면서 대련
철도부속지에 24~32m 너비의 일반 가로수길과 고급 돌바닥도로 30갈
래가 건설되었다. 여기에 같은 시기에 건설된 너비 12.8m인 100여 갈
래 항로巷路(지선도로)를 추가할 경우 대련철도부속지의 도로 총길이
는 4만 6,730m에 달한다. 하얼빈 철도부속지의 도로 건설은 1899년부
터 시작되었다. 그해 남강(진가강) 지역의 간선도로인 호르바트대가霍爾
瓦特大街(홍군가紅軍街)와 차참가車站街(중산로中山路), 대직가大直街, 해성가海
城街가 건설되었고, 1901년 말에는 병원가病院街(이원가頤園街), 화원가花園
街, 우정가郵政街, 임음대가林蔭大街(현 민익가民益街), 의주가義洲街(현 분투로
奮鬥路)의 건설이 완공되었다. 이렇게 1904년까지 하얼빈 철도부속지에
는 너비 11~28m의 자갈과 토사로 된 간선도로 20갈래, 총 4만 1,571m,
이보다 한 단계 낮은 너비 7~12m의 간선도로 21갈래, 총 31,018m, 너
비 4~9m의 지선도로 125갈래가 건설되었다.[24] 이런 도로들의 완공은
대련과 하얼빈의 도시 교통 골격이 완성되었음을 의미한다. 1903년 말
장춘 철도부속지에도 추림가秋林街(일광가一匡街)와 파책가巴柵街(이유가二
酉街) 등 두 갈래 간선도로가 건설되었다.

　② 공원 건설, 가로등 설치, 공수창供水廠(수돗물저장소)과 학교 건설.
1904년 대련의 유럽인거주구에는 소형 공원 2곳, 공수창 2곳이 건설되
고 2,000개의 가로등이 설치되었으며, 운영 중에 있는 학교는 4곳에 달

24　이 시기 하얼빈의 도로 통계는 『哈尔滨市志·市政公用建设志』, 第1篇의 수치로 계산
한 것이다.

했다. 하얼빈·장춘·봉천의 철도부속지에도 순차적으로 공원과 공수창이 건설되었다.

③ 공공 및 민간 부동산 개발. 공공의 성격을 띤 건물에는 중동철로국과 1902년 이후 러시아가 대련과 하얼빈에 불법으로 설립한 '시정국'을 중심으로 한 관공서 건물이 있었고, 민간 건물로는 주택, 상점, 공장, 묘지 등이 있었다.

1898년 7월 28일 중동철로국이 하얼빈 신시가지(남강)에 철로국 직원 기숙사를 건설하면서 대규모 토목건설의 서막이 열렸다.[25] 같은 해 폴란드, 체코 등 7개국의 교민이 하얼빈에 첫 국제묘지(7국교민 묘지)를 건설했다. 1904년 중동철로국은 하얼빈에서 3,000만 루블을 투자하여 1,600ha의 부지에 200여 채의 건물이 들어선 유럽식 주택구를 건설했다. 당시의 건물 설계는 연구가치가 높았다. 건물은 러시아에서 유행했던 유럽 고전식, 바로크식,[26] 신예술운동[27]양식 등을 따랐다. 건물의

---

25 『(哈尔滨)南岗区志』, 10-15頁.

26 바로크(Baroque)는 프랑스어에서 기원한 용어로 16세기에 출현하고 17세기에 풍미했던 유럽의 건축예술 양식이다. 이 양식은 건물의 정면에 다양한 색채와 세부적인 장식을 입힌 것을 특징으로 하는데 문예부흥시기의 평면적이고 단조로운 양식을 대체한 것으로 평가받는다. 풍부한 응집과 발산 및 곡선형 구조 등 상이한 변종 설계들은 최소한의 질서와 논리를 유지하고 있다. 바로크식 양식은 낭만적이고 현란하며 과장되고 조각적이어서 강렬한 장식성과 '기상천외'한 특징을 띠고 있다.

27 신예술운동 양식은 러시아에서 출현했다. 1875년 모스크바 인근에서 출현한 이 운동은 예술품은 아름다움과 실용성이 결부되어야 한다고 주장하는 민간 예술품을 수집하고 연구하는 것을 특징으로 한 설계사, 화가 및 건축가들에 의해 주도되었다. 이들은 자연식물을 모방하여 건축물을 포함한 간결하고 생명력이 있는 예술품을 창작하기 시작했다. 이들의 작품과 설계 양식은 당시 러시아의 문화와 예술에 큰 영향을 미쳤다. 이런 양식은 러시아에서 광범위하게 전파되었다. 刘松茯, 1998,「哈尔滨新艺术运动的特征和历史地位」, 汪坦 等 编,『第5次中国近代建筑史研究讨论会论文集』, 中国建筑工业出版社, 41-43頁.

높이는 2~3층, 4~5m로 하고 벽면은 옅은 초록색이나 우윳빛 담황색을 입혔다. 특히 신예술운동양식을 따른 건물이 많았는데, 대표적인 건물로는 1898년 5월 8일에 건축된 하얼빈 향방기상참香坊氣象站(지방 차원의 기상관측소. 하얼빈의 첫 신예술운동양식 건물), 1903년에 세워진 하얼빈 기차역(基特維奇 설계, 2,100m²), 1904년 2월에 세워진 중동철로관리국청사(德尼索夫 설계, 1902년 5월 12일 착공, 면적은 16,580m²),[28] 하얼빈 막사과(모스크바)백화점莫斯科商場, 하얼빈 철도의원 등이 포함된다.[29] 이런 건물들 때문에 하얼빈은 근대 중국에서 신예술운동 양식 및 근대적 건물이 가장 많은 도시로 꼽힌다. 유럽식 건물은 공간 배치가 합리적이어서 하얼빈을 "건물들이 다채롭고 성대하여 장관을 이룬 곳"[30]으로 만들었다. 때문에 1900년대 초 하얼빈은 홍콩, 상해와 함께 중국 3대 유럽풍 도시 중 하나로 선정되었다.[31] 한편 1904년 대련의 유럽인 구역과 행정구역에는 사무청사와 일반 주택, 상점 건물 161동 등 건물 면적 9.4m²와 전체 부지면적 4.25km²에 달하는 도시 구역이 건설되었다.[32]

초기 중동철도 부속지의 건물에는 시민의 종교활동에 필요한 건물도 포함되었다. 가장 전형적인 것은 하얼빈 동정교東正教(동방정교회)의 성니콜라이대성당聖尼古拉大教堂(라마대喇嘛台라고 부르기도 한다)이다. 이

---

28 汪坦 等 編, 1998, 『第5次中国近代建筑史研究讨论会论文集』, 中国建筑工业出版社, 43頁.

29 러시아 식민주의자들이 하얼빈에 건설한 대표적인 건물에는 화아도승은행(현 흑룡강성 정치협상회의 청사, 1902년 5월 28일 착공), 추림공사(秋林公司, 1904년 10월 20일 착공) 등이 있다.

30 方外生, 「哈尔滨事情」, 载『满州日报』, 1906年 10月 23日.

31 方外生, 「哈尔滨事情」, 载『满州日报』, 1906年 10月 23日.

32 『大连市志·房地产志』, 1987, 大连出版社, 73頁.

성당은 러시아 상트페테르부르그 건축설계전에서 1등상을 수상한 건축가가 설계한 것으로 1899년 10월 13일 착공하여 1900년 12월 28일에 준공되었다. 이 건물은 풍부한 상상력이 돋보이는 외형, 팔면 모두를 나무로 결구한 구조, 호화롭고 우아한 외벽, 대형 유화로 장식된 내부로 많은 사람들의 이목을 끌었다. 이 교회당은 중국 근대사, 나아가 세계 교회당 건축 예술의 정수로 인정받고 있다.[33]

　기차역, 부두 및 부대 건물들의 건설은 도시 상공업의 발전을 촉진했다. 철도부속지에서는 러시아 교민과 일부 폴란드 교민에 의해 근대 상공업과 미디어산업이 발전했다. 당시 하얼빈에서는 제분업이 중요한 위치에 있었다. 1900년 하얼빈에는 러시아 '만주제일면분창滿洲第一麵粉廠'이 가동 중에 있었다(38만 4천 루블 투자). 그 밖에도 1902년에 설립된

그림 5_ 하얼빈 철로의원

<hr>

33　이 교회당은 1966년 8월 26일 홍위병에 의해 훼손되었다. 董实, 1997, 「尼古拉教堂被毁纪实」, 载『老照片』, 第4辑, 山东画报社, pp.50. 金双平, 1989, 「南岗区早期部分建筑风格琐谈」, 『南岗文史』, 第1辑, 122頁.

그림 6_ 하얼빈 성니콜라이대성당

중동철로공사의 하얼빈송화강제분공사哈爾濱松花江製粉公司, 하얼빈과와이사기면분창哈爾濱科瓦爾斯基麵粉廠, 1903년에 설립된 하얼빈아라사제분공사哈爾濱俄羅斯製粉公司, 포라금면분창鮑羅金麵粉廠(40만 원 투자), 하얼빈아국동방면분공사哈爾濱俄國東方麵粉公司, 하얼빈아국인동양제분소哈爾濱俄國人東洋製粉所, 일면파면분공사一面坡麵粉公司, 1904년 프랑스인이 세운 하얼빈영승공사哈爾濱永勝公司, 하얼빈아국인의살예부면분창哈爾濱俄國人依薩耶夫麵粉廠, 1905년에 설립된 쌍성보면분공사雙城堡麵粉公司, 하얼빈여방면분공사哈爾濱麗坊麵粉公司 등이 있었다.[34] 양조업에서는 1900년에 설립된 삼차구오로포열부사기제일비주창三岔口烏魯布列夫斯基第一啤酒廠, 1901년에 설립된 러시아와

---

34 李兴耕, 1997, 『风雨漂萍-俄国侨民在中国(1917-1945)』, 中央翻译出版社, 251頁.

독일 합자 회사인 하얼빈합개매예이비주창哈爾濱哈蓋邁耶爾啤酒廠, 그리스인 안기파스安基巴斯가 설립한 하얼빈비주창哈爾濱啤酒廠, 1902년에 설립된 체코 동파벌리아비주창東巴伐利亞啤酒廠이 있었다. 기관차 제조업에는 1903년에 설립된 중동철로하얼빈총공창中東鐵路哈爾濱總工廠이 있었고 담배제조업에는 1904년에 설립된 하얼빈아국노파도연창哈爾濱俄國老把刀煙廠이 있었다. 상업의 경우 1898년 8월 12일에 개업한 하얼빈아국라서안화장품공사哈爾濱俄國羅西安化妝品公司, 1900년에 설립된 하얼빈추림공사哈爾濱秋林公司, 1900년에 설립된 하얼빈아기협보형제공사哈爾濱阿其協甫兄弟公司, 1902년 러시아계 중국인 기봉대紀鳳臺가 설립한 하얼빈합성공상호哈爾濱合成工商號가 있었다. 미디어의 경우 1903년 6월 10일에 창간된 『신문보新聞報』, 1906년 3월 1일에 창간된 『원동보遠東報』, 1908년에 창설된 하얼빈전보국哈爾濱電報局 등이 있었다.

근대적 도로, 건축 및 상공업 기업의 출현으로 중동철도 부속지의 시가지 건설계획 대상 지역은 러일전쟁 이전에 이미 농촌에서 도시로의 근대적 전환을 경험할 수 있었다. 이 도시들을 규모와 기능에 따라 지역 핵심도시, 지역 중심도시, 철도중추 및 기차역도시 등으로 분류할 수 있다. 지역 핵심도시는 봉천, 하얼빈(1903년 2월 하얼빈의 인구는 4만 4천 명이었으나 연말에는 6만 명으로 증가),[35] 대련(1904년 대련 인구는 8만 5천 명, 도시 면적은 8km², 여순의 인구는 4만 2,100명, 도시 면적은 4km²) 등이고,[36] 지역 중심도시는 장춘, 길림, 치치하얼 등이다. 대련이나 하얼빈신도시와 달리 이 세 도시에 대한 러시아의 도시화 전략은 구시가지를 중심으로 도시를 확장하는 것이었다. 따라서 이 지역

---

35 「俄国经营哈尔滨之现状」, 载『大公报』, 1904年 9月 7日.

36 「旅顺户口统计」, 载『大公报』, 1903年 8月 10日.

에서는 도시 숫자는 증가하지 않았지만 도시의 규모가 커졌다.

중동철도의 영향으로 러일전쟁 전에 일정 규모를 갖춘 철도중추와 기차역도시에는 다음과 같은 13곳이 포함된다.

① 수분하綏芬河. 하얼빈에서 546km 떨어진 중국과 러시아의 접경 지역에 위치한 중동철도 동쪽 선로의 2등 기차역이다. 1898년 중동철도가 착공될 당시 러시아 철도공정 종사자와 산동 쿨리(처음에는 500명 이주)에 의해 촌락이 형성되었다. 1902년부터 기차역과 해관을 중심으로 도시의 초기 형태가 출현했다. 1904년 수분하의 상주인구는 400호, 2,000명에 이르고 시내에는 중국·러시아·일본 3국 상인이 세운 점포 100곳이 있었다. 수분하는 상당한 발전을 이룬 국경 무역도시로 변모했다.[37]

② 일면파一面坡. 하얼빈에서 161km 떨어진 중동철도 동쪽 선로의 3등 기차역이다. 계획 면적은 22.29km^{2}로 1901년 이후 도시의 모습을 갖추기 시작했다. 러일전쟁 시기인 1904년, 인구는 2,500명이었고 대로변에는 '높고 웅장하며 아름다운' 러시아식 건물들이 세워져 있었다. 이 건물들에는 러시아지방사무소(도시관리기관), 중동철로의원, 철도제4구수비대사령부, 러시아교민소학교 등의 기관과 일면파비주창一面坡啤酒廠 등 근대 기업이 입주해 있었다.

③ 횡도하자橫道河子. 중동철도 동쪽 선로의 3등 기차역으로 일면파와 수분하 사이에 있다. 1902년부터 도시의 모습을 갖추기 시작한 곳이다.

④ 아집하阿什河(아성阿城). 하얼빈에서 동남쪽으로 41km 떨어진 곳에 위치한 중동철도 동쪽 선로의 2등 기차역이다. 이곳은 고성으로

37　智善太郎,『昭和9年绥芬河地方调查报告』(抄本), 原件存辽宁省档案馆史地类第744号卷; 满铁调查员枝存荣, 1935,『国境商业城市绥芬河』, 满铁调查课, 2頁.

1880년대 이미 인구가 2만 명에 달했다. 그러나 1900년 의화단사건 당시 러시아 군대가 이곳에 침입하여 시내의 상업지역에 방화하는 바람에 도시 전체가 파괴되었다. 1902년 중동철도가 아집하까지 부설된 후 하얼빈에 거주하던 러시아와 폴란드계 상인들이 하얼빈과 가깝고 자원도 풍부한 이곳으로 이주하여 제분업과 제당업을 시작했다. 이후 아집하의 산업은 생기를 되찾게 되고 아집하는 공업도시로 발전했다. 1905년 폴란드 상인이 설립한 아집하당창阿什河糖廠은 근대 중국의 첫 번째 제당공장이었다. 이렇게 아집하는 근대 중국의 제당업의 요람이 되었다. 1905년 당시 아집하의 인구는 3만 명에 육박했다.

⑤ 만주리滿洲里. 중동철도 서쪽 선로에 위치한 중국과 러시아의 변경지역에 있는 1등 기차역으로 하얼빈에서 935km 떨어져 있다. 이곳은 중동철로서선호로군사령부 소재지이기도 하다. 1898년 철도부속지의 면적은 6,000ha에 달했다. 시가지는 1900년부터 발전하기 시작했다. 1905년의 인구는 3,000명이었는데 1910년 상주인구는 8,000명이 넘었다. 그중 러시아 이민자가 7,000명이었다.[38] 만주리는 국제화물운송과 국경무역을 경제적 기반으로 삼았기에 다른 지역에 비해 상대적으로 높은 경제성장률을 기록했다. 동시에 이런 산업 기반으로 인해 도시의 공간적 규모도 급속하게 확장되었다. 이미 청 말에 상업구에만 가로 세로의 다섯 갈래 대로가 있었다. 만주리는 중동철도 서쪽 선로에서 가장 큰 도시이다.[39]

⑥ 해랍이海拉爾. 하얼빈에서 서쪽으로 749km 떨어진 곳으로 1900년 이전에는 후룬베이얼 몽고왕공 주재지였다. 중동철도가 개통되면서 2

---

38 『北满州报』, 1911年 2月 21日.

39 『满蒙全书』(日文本), 1920, 第7卷, 310頁.

등 기차역이 설치되었다. 부속지 면적은 31.61km²로 계획되었다. 1903
년 이후 시가지가 발전하기 시작했다. 이곳은 중동철도 연선에서 규모
가 가장 큰 양모·가죽 제품 시장이자 수출 통상구이다.

⑦ 박극도博克图. 중동철도의 서쪽 노선이 부설되기 전까지 이곳은 몽
고족 유목민의 유목지역이었다. 1902년 중동철도 당국이 이곳에 2등
기차역을 설치하고 부속지 면적을 23.72km²로 계획하면서,[40] 인구가 증
가하기 시작했다. 1905년 상주인구가 3,000명 정도 되면서 도시의 모습
이 나타나기 시작했다.

⑧ 앙앙계昂昂溪. 평범한 촌락이었으나, 중동철도 서쪽 노선을 건설할
당시 기차가 들어가지 못하는 흑룡강성의 수부 치치하얼과 가장 가까
운 곳이라는 이유만으로 핵심 기차역으로 선정되었다. 당시 계획 면적
은 44.21km² 였다. 1908년 인구가 2,000명 정도 되면서 도시의 기본 요
소들이 보이기 시작했다.

⑨ 안달安達. 하얼빈에서 서쪽으로 127km 떨어진, 앙앙계와 하얼
빈 사이에 있는 중동철도 서쪽 선로의 1등 기차역이다. 계획 면적은
43.22km²이다. 안달은 치치하얼과 가까워 지리적으로도 중요한 곳이었
다. 빠르게 인구가 늘면서 1906년 1만 명을 초과했다.

⑩ 요문窯門(후에 장가만張家灣으로 불렀다. 지금의 덕혜德惠). 장춘과
하얼빈 사이에 위치한 곳이다. 장춘에서 북쪽으로 80km, 하얼빈에서
남쪽으로 162km 거리에 있다. 1900년 이전까지 평범한 촌락이었으나
1903년 중동철도 지선이 이곳을 경유하면서 2등 기차역으로 확정되었
다. 상업이 발전하면서 인근의 대방신大房身·농안農安을 제치고 동북 중
부 지역의 중요한 식량 수출기지로 발전했다.

40　『东省特别区市政月刊』, 1931年(第1期), 第6卷, 第1号.

⑪ 삼차하三岔河. 장춘과 하얼빈 사이에 위치한, 송화강과 중동철도 지선이 만나는 곳이다. 주변이 동북 대두의 주요 생산지이기 때문에 중동철도와 송화강 여객운송부두의 식량 수출 기차역으로 지정되었다. 1902년 이후부터 발전하기 시작했다.

⑫ 공주령公主嶺. 북위 43도, 남만과 북만의 경계에 위치한 작은 촌락이었다. 중동철도 1등 기차역으로 지정되면서 도시의 모습을 갖추기 시작했다. 1905년 도시 면적은 3km², 인구는 4,500명 정도였다.

⑬ 대석교大石橋. 안산鞍山과 영구 사이 중동철도 남만 지선과 영구 지선이 만나는 곳에 있는 작은 촌락이었다. 중동철도가 부설된 이후 요동 반도의 교통 중추 역할을 담당했다. 2년 사이에 100동에 달하는 철도 직원 기숙사와 객잔이 건설되는 등 발전 속도가 아주 빨랐다. 1905년 인구가 1,000명 정도 되면서 도시의 모습을 갖추기 시작했다.

중동철도 연선의 도시들은 인구의 증가와 함께 발전했다. 동북의 도시는 1898년 이전 45개에서 1908년 75개로 증가했다. 동북의 전체 인구는 1900년 이전에는 1,200만 명 정도였고 그중 도시 인구는 70만 명[41]으로 전체 인구의 6%에 불과했다. 그러나 1908년 이후 도시 인구는 15만 명 이상으로 급증했다. 단일 도시로는 봉천이 20만 명으로 인구가 가장 많았다. 봉천 다음으로 길림, 장춘, 하얼빈, 대련 등 4개 도시의 인구가 각각 10만 명 이상이었다. 치치하얼, 영구, 금주 등 3개 도시의 인구는 5만 명 이상이었고, 인구가 2만 5천 명 이상인 도시는 15개로 안동, 무순, 본계, 신민, 법고, 철령, 창도, 개원, 도록 등이었다. 도시 인구의 비율은 전체 1,400만 인구의 11%로 증가했는데,[42] 이 수치는 같은 시기

---

41 守田利远, 1906, 『満州地志』(上), 东京丸善株式会社, 17頁.

42 1909~1911년 동북 각지의 일본 영사관의 조사보고 통계와 만철 통계를 참조. 이 자료들은 日本外务省通商局 编, 1923, 『満州事情』, 第1~4辑에 있다.

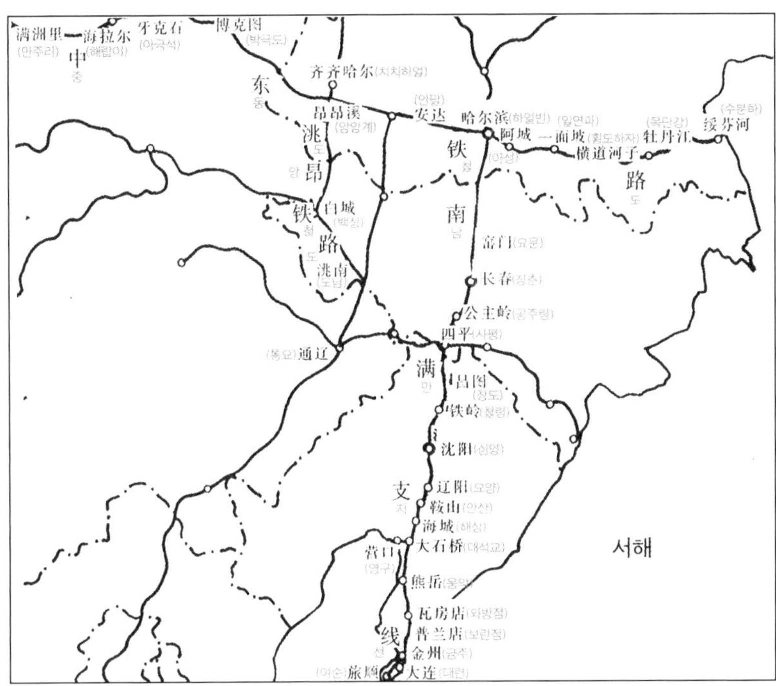

그림 7_중동철도 연선 도시 분포

세계 도시 인구 비율인 13%에 근접하는 수치였으며, 중국 국내 및 세계 저개발지역의 도시 인구 비율인 6.5%보다 훨씬 높은 수치였다.[43] 동북의 도시들은 인구가 증가하고 규모가 확대되는 동시에 지리적·공간적 분포도 조정되고 개선되었다. 1900년 이전의 동북 도시는 주로 요하 유역에 분포했는데, 중동철도 부설 이후 중부 지역의 도시들이 성장하면서 남에서 북으로 확대되었다. 근대 동북 도시들의 도시화 지표가 바로 이런 부분이 아닌가 싶다. 따라서 필자는 당시 러시아 식민주의자들의 주관적 목적에 연연하지 않고자 한다. 또한 이들이 건설한 중동철도 및

---

43 周一星, 1997, 『城市地理学』, 商务印书馆, 78頁.

부속지의 도시가 동북 지역 도시화의 역사에 발전적이고 긍정적인 영향을 미친 것을 부정하고 싶지 않다. 이와 같은 역사적 사실은 교통운송이 도시화의 원동력이라는 것을 다시 한 번 증명했다.

분명히 짚고 넘어가야 할 것은, 비록 러시아 식민주의자들이 이 도시들을 설계하고 도시화를 추진했지만 투입된 대부분의 자본은 러시아에서 조달된 것이 아니라 식민주의자들의 자원 약탈과 인민에 대한 착취를 통해 축적 및 현지화한 자본이라는 점이다. 이 자본은 구체적으로 아래와 같은 두 가지 방식으로 조달되었다.

첫째, 불법적인 토지 투기를 통해 조달되었다. 중동철로공사는 '중아밀약'에 명시된 "철로공사가 80년 동안 경영하는 과정에 부속지는 공사가 자체로 경영하고 그 이윤은 전부 공사에 속한다"는 조항을 이용하여, 1901년부터 철도부속지의 일부 토지에 대한 사용권을 부분적으로 경매를 통해 대외에 매각했다. 중동철로국 지묘처地畝處의 당안檔案에 근거하면, 1902~1905년간 중동철로국은 하얼빈에서 경매의 방식으로 1,060괴塊, 총면적 25만 8,700평방사승平方沙繩에 달하는 토지를 외부에 임대했다.[44] 임대 계약에 의하면 토지 임차인은 계약 당일부터 2년 이내에 건물을 짓는 등 토지를 사용할 경우 1평방사승당 6루블의 건설 비용을 지불해야 했다.[45] 이러한 방식으로 중동철로국은 러일전쟁 이전의 몇 년 사이에 하얼빈에서만 650만 루블에 달하는 '시정 건설비'를 조달했을 뿐만 아니라 대련에서 1902년 11월 14일, 1903년 3월 14일, 1903년 5월 14일 세 차례 경매를 통해 유럽인거주구의 토지를 외부에 임대해

44　平方沙繩은 러시아의 면적 단위로 러시아 방장(方丈)이라고도 한다. 1평방사승은 약 30.34m²이다.

45　『哈尔滨市志·土地志』, 1998, 黑龙江人民出版社, 430頁.

150만 루블에 달하는 이윤을 남겼다.[46]

둘째, 삼림 벌목과 판매를 통해 조달되었다. 1903년 러시아는 청 정부의 하얼빈철로교섭국 책임자 주면週冕을 꼬드겨 사사로이 '벌목협의伐木協議'를 체결하여 불법으로 중동철도 성길사한(징기스칸)역成吉思汗站부터 아극산역雅克山站까지 철도 양측의 너비 30km, 길이 300km에 달하는 삼림에 대한 채벌권을 획득했다. 또한 호란하呼蘭河와 눌민하訥敏河부터 상류 발원지까지 길이 150km, 너비 50km에 달하는 수로와 매림하玫琳河와 농농우하濃濃雨河부터 발원지까지 길이 85km, 너비 35km 수로의 삼림에 대한 채벌권을 획득했다. 비록 1906년 이후 흑룡강장군 정덕전程德全과 길림장군 달계達桂가 이 협의를 법적 효력이 없다는 이유로 폐기했지만, 1908년 4월 5일 빈강도濱江道 두학영杜學瀛이 길림·흑룡강장군을 대표하여 러시아와 '동성철로벌목합동東省鐵路伐木合同'을 체결하면서 러시아는 여전히 광활한 면적에 대한 삼림 채벌권을 확보할 수 있었다. 이 계약에 의하면 중동철로공사가 채벌할 수 있는 길림성 석두하자石頭河子와 고령자高嶺子 일대의 삼림 규모는 길이 42.5km, 너비 12.5km나 되었고, 일면파에서는 길이와 너비가 각각 12.5km에 달하는 구역을 채벌할 수 있었다. 흑룡강성의 경우 채벌 가능한 곳은 384번 분기점의 화요구火燎溝와 피로皮路 2곳이었는데, 각각 길이 15km, 너비 5km 구역이었다. 그 밖에도 매림하 유역의 길이 25km, 너비 17.5km에 달하는 구간도 포함되었다.[47] 이 구역들은 모두 나무가 빼곡한, 목재 면적이 75억m³에 달하는 원시 자연 상태의 삼림이었다. 채벌 규모를 통제한다 하더라도 중

---

46 日本南满铁道株式会社调查课 编, 1991, 『露(俄)国占领前后的大连及旅顺』(日文版), 12頁.

47 『东省铁路伐木合同』(抄本), 原件收藏于辽宁省档案馆盛京军督部堂档案全宗2028号卷.

동철로공사는 매년 최소 1억 원(은)에 달하는 이윤을 남길 수 있었다.

1910년 이후 중동철도의 경영이윤이 지속적으로 증가하면서 이윤의 일부가 부속지의 도시 건설에 투입되기도 했다.

이와 같은 방식으로 도시 건설에 필요한 자본이 동북에서 조달되었다. 건설노동자도 중국인이었다. 러일전쟁 이전 중동철도 연선 도시의 연평균 중국인 건설노동자 수는 15만 명 정도였다. 1902년 하얼빈의 중국인 건설노동자만 2만 명에 달했다. 따라서 중동철도 부속지 도시의 형성과 발전은 중국인의 피와 땀으로 이룩한 것이라고 보아야 한다. 도시 공간의 모든 물질적 성과는 동북의 자연자원과 인적 자원에 기초했던 것이다.

관내외 철도 부설과 요서 지역 도시의 근대화

중동철도의 전 구간이 개통된 후 약 10년에 걸쳐 건설된 관내외 철도인 산해관-신민 철도(구방자-영구 지선 포함)가 1903년에 정식 개통되었다. 이 철도는 중동철도 다음으로 동북 지역의 도시화에 중요한 영향을 미친 철도이다.

중동철도와 달리 산해관-신민 철도는 민족자본에 의해 부설되었다. 관내외 철도의 역사는 광서 16년(1890)부터 시작된다. 1890년 환발해 지역의 군사 방어를 책임졌던 직예총독直隸總督 이홍장李鴻章은 동북을 관리하고 국방을 튼튼히 하기 위해 한창 건설 중이던 천진-당산唐山 철도를 관외까지 확대하는 방안을 구상했다. 이 관내외 철도는 관내 구간과 관외 구간으로 나뉘는데, 관내 구간은 당산부터 산해관까지, 관외 구간은 산해관에서 금주·신민을 경유하여 요하를 건너 봉천에 도착한 후 철령·개원·길림영고탑을 지나 훈춘까지였다.[48] 같은 해 청은 이홍장의 계획에 따라 정부예산官款으로 백은 200만 냥을 마련하여 사업을 추진하게 했고 이홍장을 관내외철도 독판督辦으로 임명했다. 이홍장은 산해관에 '북양관철로국北洋官鐵路局'을 설치하고 영국인 킨더金達를 총공정사로 임명하여 그를 중심으로 관내 구간 건설과 관외 구간 측량을 시작했다. 1894년 산해관까지 철도가 부설되고 관외 구간이 착공되었지만, 봉천 중후소中后所(요녕 수중)에서 65km 떨어진 곳까지 공사가 진행되었을 때 청일전쟁이 발발하면서 철도 부설은 중단되었다. 1896년 청 정부는 관내외 철도의 부설 사업을 재개하라고 명했지만 동북에 대한 러시아의 간섭으로 먼저 관내 구간을 부설하는 것으로 전략을 바꾸었다. 1897년 7월 천진부터 북경까지 구간이 완공되었다. 이와 동시에 청 정부는 외교적 노력을 통해 러시아로부터 양해를 얻어내어 1898년부터 관외 구간을 부설하기 시작했다. 하지만 청 정부의 철도 부설에 필요한 자본은 고갈된 상태였다. 영국으로부터 지속적으로 정치적 압력을 받고 있던 이홍장은 관내외철로독판대신 호율분胡燏棻에게 관외 철도의 부설에 필요한 자본 유치사업의 협상권을 위임하여 영국 회풍은행匯豐銀行(HSBC)과 흡화양행恰和洋行이 공동 출자하여 설립한 중영공사中英公司와 차관 협상을 추진하도록 했다. 이 협상은 1898년 8월 25일에 성공적으로 타결되었고, 청은 '계약'을 통해 영국으로부터 230만 파운드(약 백은 1,600만 냥) 규모의 차관을 받게 되었다. 이 차관은 구체적으로, 진유津榆·진로津蘆 도로를 건설할 당시 발생한 빚을 갚는 것과 천진부터 산해관까지의 철도를 부설하는 비용으로 450만 냥이 사용될 수 있었다. 나머지는 중후소부터 신민까지의 철도와 영구 지선 철도 부설에 사용

48　『(民国)奉天通志』, 卷164, 交通4, 东北文史丛书编委会, 1983, (据民国23年铅印本), 影印本第4册, 3813頁, 官款.

될 수 있었다. 이 차관은 45년 만기로 정해졌다.[49] 차관 계약이 체결된 후 중후소-신민 구간은 즉시 착공에 들어갔다. 1899년 금주까지 철도가 부설되었고 이듬해 여름에는 금현錦縣 구방자溝帮子까지 부설되었다. 그해 말에는 구방자부터 영구까지 91km 지선이 완공되었고 대호산大虎山까지의 구간은 1899년 6월에 완공되었다. 하지만 철도 부설이 한창이던 때 의화단운동과 8국연합군의 화북·동북 점령 등의 사건이 잇달아 발발하면서 철도 부설은 다시 한 번 위기를 맞게 되었다. 특히 의화단사건으로 관내외 철도 부설 작업은 중단되었고, 심지어 이미 부설된 철도는 영국과 러시아에 의해 강제 점령되었다. 1902년 9월 5일 영국과 러시아는 '신축조약辛丑條約'을 통해 자신이 점령했던 관내외 철도를 청에 반환했다. 하지만 러시아 군대가 관내외 철도 연선을 점령하고 있을 때 차량과 기자재를 도둑질하는 바람에 청 정부는 러시아로부터 관내외 철도를 돌려받은 후 한편으로 파괴된 구간인 대호산-수중 철도를 보수하는 동시에 다른 한편으로 대호산-신민 철도는 신설할 수밖에 없었다. 때문에 이 구간 철도는 1903년 12월이 되어서야 겨우 완공되었다.[50]

비록 산해관-신민 철도는 길이가 360km에 불과하고 경유하는 지역이 요서 지역에 국한되었지만, 이 철도는 동북에서 민족자본으로 부

---

49 凌鸿勋,『中国铁路志』, 台湾文海出版社, 近代中国史料丛刊续编第93辑(影印本), 173頁.

50 1904년 러일전쟁 발발 후 일본은 군대 및 군수물자 운송에서 우세를 점하기 위하여 사사로이 신민부터 봉천성청(심양)까지 협궤경편철도(狹軌輕便鐵路)를 부설했다. 1907년 4월 청 정부는 "일본 남만철도에서 차관을 빌려 길장로를 건설한다"는 조건으로 이 구간 철도를 회수하고 표준궤도로 개조했다. 이렇게 심양부터 북경까지 철도가 개통되었던 것이다. 그런데 동북을 가로지르는 중동철도가 이미 1903년에 완공되었고 이 철도를 통제하는 일본과 러시아가 혼신의 힘을 다해 청 정부가 영고탑까지의 직행 철도를 부설하는 것을 막고 있었기 때문에 청 정부는 원래의 계획인 봉천성청부터 영고탑까지의 철도 부설 계획을 잠시 포기하기에 이른다. 그리고 1907년 8월 12일 이미 완공된 관내외철도를 경봉(京奉)철도라고 명명했다.

설한 첫 번째 철도였다. 이 철도가 동북과 화북을 잇는 핵심 지역에 부설되었다는 것만으로도 철도의 정치적·경제적 의미는 매우 컸다. 정치적 의미에서 보면, 관내외 철도는 열강들의 동북 지역에서의 경제적 약탈을 막고 민족의 이익과 권리를 수호하는 데 큰 역할을 했다. 지역경제 발전의 측면에서 보면, 철도를 통해 동북과 화북 지역이 연결됨으로써 지리적 연결고리인 요서 지역은 빠른 경제 발전을 이룩할 수 있게 되었다. 요서는 그 전까지만 하더라도 생산되는 것이라곤 식량, 과일, 약재뿐인 곳이었는데, 철도가 개통되면서 광산자원 개발이 이 지역의 주요 산업으로 부상했다. 광산 중에서도 금서錦西 대요구大窯溝와 흑산黑山 팔달전八達田의 석탄 생산량이 가장 많았다.[51] 그 밖에도 금현 백양목구白楊木溝와 잡수구雜樹溝, 의현義縣 북대평北大坪과 항요구缸窯溝, 흥성, 첨산자尖山子 등의 탄광과 대릉하大凌河의 금석錦石 광산이 유명했다. 요서의 지역경제가 발전하면서 도시의 규모도 확대되었다.

당시 산해관-신민 철도의 영향을 받아 발전한 도시는 다음과 같다.

① 수중綏中(중후소中後所). 명은 선덕제 시기(1425~1435)에 산해관 요새를 지키기 위해 이곳에 군사를 주둔시켜 전둔위중후천호소前屯衛中後千戶所를 설치했다. 주변에 해자가 만들어지고 중후소라고 불리기 시작했다. 수중은 군사적 요충지였기 때문에 근대까지 인구가 적었다. 산해관-신민 철도가 개통된 후 이곳이 관내에서 동북으로 이주하는 사람들의 필수 경유지가 되면서 인구가 급증했다.

② 신민新民. 신민은 요하 항운의 발전으로 청 가경제·함풍제 때 도시로 발전하기 시작했지만 1800년대 말까지도 규모가 아주 작은 곳이

51　『(民国)奉天通志』, 卷164, 交通4, 东北文史丛书编委会, 1983, (据民国23年铅印本), 影印本第4册, 3820页.

었다. 당시 요하 연안에는 영구·요양이 있었고 철령·창도 등의 도시도 있었기에 신민은 요하 유역의 3등 도시에 불과했다. 1903년 산해관-신민 철도가 개통된 후 동북의 식량이 외부로 운송되기 위해서는 신민을 경유해야 했다.

③ 대안臺安. 요하 하류의 늪지대에 위치한 곳으로 본래 이름은 팔각대八角臺이다. 광서제 중기에 도시로 발전했다. 대안은 지세가 낮아 요하의 범람에 의해 수차례 파괴되었다. 관외 철도 및 지선이 개통되고 요하 하류의 자원이 개발되면서 철도의 간선과 지선 사이에 위치한 대안은 빠른 경제성장을 경험하게 되었다.

제2부

도시화, 도시 근대화, 반식민지화와 식민지화의 동시적 진행
– 1906~1931년의 동북 도시

일본과 러시아가 중국 동북의 지배권을 둘러싸고 벌였던 전쟁은 1905년 9월 포츠머스화약이 체결되면서 종식되었다. 이 조약에 의해 패전국인 러시아는 침략을 통해 찬탈한 '장춘부터 여순까지의 철도 및 모든 지선과 부속지 탄광', '여순부터 대련만 및 인근 영토와 영해의 조차권' 등의 특권을 일본에 양도하게 되었다. 1905년 11월 17일부터 12월 22일까지, 일본 대표 고무라 주타로小村壽太郎는 청의 대표 역광奕劻·구홍기瞿鴻機·원세개袁世凱 등과 함께 북경에서 동3성 관련 사안을 논의했다. 이 회의에서 일본은 청 정부가 포츠머스화약을 인정하도록 강요했다. 동북은 장춘을 경계로 남부는 일본에, 북부는 러시아에 점령된, 러시아의 독점 통치에서 러시아와 일본이 공동으로 통치하는 분할 통치의 국면에 놓이게 되었다.

동북 지역에서의 열강들의 영향력은 지속적으로 팽창했다. 1906년부터 일본과 러시아는 자신의 세력 범위 내에서 꾸준히 확장하고 있는 철도부속지를 기지로 삼아 근대화된 교통수단과 도시를 건설하기 시작했다. 열강들의 이러한 팽창은 더 큰 규모의 식민과 자본투입으로 이어졌다.[1] 제국주의 열강의 경제적 침략은 한편으로 동북의 사회·경제 발전과 도시의 식민지화를 가속화했고, 다른 한편으로 지역경제의 중심과 인구가 철도 연선 및 이 연선의 도시로 이동하는 것을 촉진했다. 남만철도, 안봉철도, 중동철도 등의 연선에 새로운 도시와 시가지가 형성되기 시작했던 것이다. 그뿐만 아니라 열강들이 철도부속지에 거액의 자본을 투자하면서 부속지 도시는 공간 구조의 근대 전환을 경험하기 시작한다. 이는 철도부속지 도시들이 간접적으로 동북 도시의 근대 전환의 징표가 되었다는 것을 의미했다.

중국 당국은 상부지商埠地에 대한 개방과 개발, 구도시 개조, 근대화된 시정 관리체계 도입, 근대 공업 발전 등을 골자로 한 도시 근대화운동을 조직했다. 동북의 중심 도시들, 특히 연해 지역의 통상구 도시에는 중국인이 독립적으로 개발하고 건설할 수 있는 근대화된 구역이 새로 출현하기 시작했다. 이는 동북 도시 발전의 또 하나의 역사적 전환점이었다. 이런 변화와 맞물려 동북 지방 당국은 관내 사람들의 동북 이주를 촉진하는 차원에서 근대 교통수단을 발전시키는 정책도 펼쳤다. 이런 정책은 도시를 더욱 근대적인 모습으로 변화시키는 한편, 열강들의 경제적·문화적 침략에 저항함으로써 동북 도시의 식민지화의 진행을 지연시키기도 했다. 민국 초기 장작림張作霖을 통령으로 한 동북 지방 당국

---

1 러시아의 동북 북부 지역에 대한 식민지 약탈은 1920년을 전후하여 중단되었다. 1917년 10월혁명 이후 러시아 왕권의 몰락으로 중동철도 연선의 러시아 세력은 급격히 쇠퇴했다. 중국 정부는 이 기회를 이용하여 일거에 중동철도 지역의 지묘권(地畝權), 행정권, 우정권, 경찰권 등을 회수했다. 이때부터 중동철도 연선의 러시아 교민은 일반적인 상업활동에만 종사하게 되었다.

은 민족의 이익과 권리를 보호하기 위해 적극적으로 독자 또는 합자의 방식으로 철도를 부설하고 광공업 기업을 설립했다. 1930년대 초 동북에는 일정한 규모를 갖춘 민족독자 철도망과 영향력 있는 공업기지가 형성되었다. 이 민족독자 철도와 광공업은 도시 기능을 모두 갖춘 중소도시의 출현을 촉진하여 지역 도시화의 수준을 한 단계 끌어올리는 데 일조했다. 동북의 도시는 전형적인 다원적 모습을 띠기 시작했다. 그 외에 전국적 범위에서 진행된 도시화의 영향으로 공식적인 체계를 갖춘 도시들이 출현하기도 했다. 이 도시들에는 전문적으로 도시 관리와 건설을 책임지는 시정공소市政公所가 설립되었다. 시정공소의 설립으로 동북 지역 도시는 정규화와 제도화의 서막을 열 수 있었다.

이 시기의 도시 발전은 다음과 같은 특징이 있었다. 도시화와 도시 근대화는 동시적으로 평행과 교착 관계를 통해 전개되었다. 도시화의 역사적 진보에 동북 지방정부, 철도부속지 당국의 역할이 컸다. 동북 지방 당국이 주도한 도시 근대화는 지역 도시화와 도시 근대화의 기본 방향을 제시했다. 철도부속지 내에서 일본과 러시아에 의해 추진된 도시화와 근대화는 식민지화를 심화시켰다.

1931년 만주사변으로 동북의 도시들은 또 다른 전환기에 직면하게 되었다. 만주사변 이전까지 동북 지역의 핵심도시는 봉천(심양), 하얼빈, 대련이었다.

제4장

만철 부속지의 도시화, 식민지화와 근대화

　　동북의 도시화와 도시 근대화는 만철 부속지에서 가장 먼저 시작되었다. 만철 부속지는 1905년 러일전쟁이 끝나고 일본이 포츠머스화약에 근거하여 러시아가 점령했던 장춘부터 대련까지의 중동철도 및 부속지를 승계하고 접수한 기초에서 '남만주철도주식회사南滿洲鐵道株式會社'에 속한 남만철도를 보호·관리한다는 명분으로 협박, 강점, 합병, 조차 등의 수단으로 장춘 이남의 철도 연선에 설치한, 중동철도 부속지 및 조계지와 유사하게 중국의 주권을 완전히 배제한 식민지 성격을 띤 특수한 지역을 말한다. 이 부속지는 출현부터 소멸까지 30여 년 동안 영위되었다.[1] 만철 부속지의 출현으로 동북 지역은 더욱 깊숙이 반식민지화의 수렁에 빠져들었다. 러시아의 중동철도 부속지 및 근대 중국 도시에 설치된 조계지와 마찬가지로 만철 부속지도 일본의 동북 침략의 전방기지이자 동북에서 저지른 중대 범죄의 증거였다. 하지만 외국인의 대량 이주와 열강의 만철 부속지에 대한 거액의 투자로 이 지역에 자본주의 성격의 도시 기초시설, 시정 관리방법 및 새로운 과학기술과 지식

1　만철 부속지의 행정 조직은 1937년 12월까지 유지되었다.

이 도입되고 전파되었다는 것은 부정할 수 없다. 만철 부속지의 각 도시들은 공간구조와 사회구조의 급속한 근대적 전환을 경험했고, 도시의 외형은 전형적인 다원적 특징을 갖추게 되었다. 때문에 만철 부속지는 동북 남부 철도 연선 도시의 근대 전환의 징표이기도 하다.

만철 부속지의 형성과 확장

일본은 무력으로 장춘 이남의 모든 지역을 찬탈하여 식민 지배를 추진하고자 했다. 이를 위해 동북에 주둔했던 일본 점령군은 청이 동북 지역에 대한 주권 행사를 회복하기 이전인 1905년 11월 17일 요양에 동북 남부의 군정사무를 총괄하는 식민지 권력기관인 관동총독부關東總督府를 설립했다. 이어 여순, 영구, 심양, 안동, 요양 등에 순차적으로 식민지 성격의 도시 통치기관인 군정서軍政署를 설립했다. 일본은 이들 기관을 통해 동북 남부 지역을 완전히 자신의 식민지로 만들고자 했다. 하지만 청 정부는 1905년 겨울 호부상서戶部尚書 조이손趙爾巽을 성경장군 신분으로 봉천에 파견하여 동북 관련 사무를 정돈하게 하면서 러일전쟁에 대해 '중립을 유지'하는 태도를 취하고 유명무실해진 성경군독부 당 및 동북 각급 지방정부를 차례로 회복시켰다. 다른 한편 일본은 러시아와 체결한 조약과 1905년에 체결한 '중일회의동삼성사의정약中日會議東三省事宜正約'에서 명시한대로 러시아로부터 받은 중동철도 남만 구간을 경영할 때 "동성철로공사의 모델을 참조하여 공사를 설립함"[2]이라는 제한적 조건이 따랐기 때문에, 모든 지역을 점령할 경우 청 정부 및 기

---

2 「満洲铁道纪要」, 苏宗民, 1990, 『満铁史』, 中华书局, 14頁에서 재인용.

타 열강들이 반발하고 연합하여 간섭할 것이라고 생각했다. 따라서 일본은 중국동북점령구 군사관제 참모장 고다마 겐타로児玉源太郎 및 그가 이끄는 '만주경영조사위원회滿洲經營調查委員會'의 제안을 받아들여 전쟁 전 러시아의 동북 통치 모델을 참조하기에 이른다. 일본은 여순 군정서를 관동도독부로 개명하고, 행정장관 관동도독 및 산하에 육군부·경무부와 민정부를 설치하여 보란점普蘭店 이남부터 대련 사이 철도부속지 이외의 3,400km² 지역에 대해 직접적인 식민 지배를 실시했다. 또한 남만철도, 안봉철도 및 그 부속지에 대해서는 형식적으로 '남만주철도주식회사(이하 만철)'를 통한 민영기업 관리 모델을 도입했다. 이는 관동도독부 산하의 시 파출기관인 민정서, 경찰서, 만철지방사무소가 공동으로 통치하는 식민체제였다. 철도부속지의 식민체제는 네 부분으로 나뉜다. 군은 관동도독부의 관동군사령부 소속이고, 경찰은 관동도독부 경무부 소속이며, 외교 및 교민 사무는 철도부속지에 설립한 일본 외무성의 영사관 소관이다. 만철은 오로지 철도 운송과 건설 및 시가지 경영만 책임졌다.

만철은 공식적으로는 1907년 4월 1일에 설립(본부는 대련에 설치)되었지만 1년 전인 1906년 6월 7일 일본 정부는 만철 설립에 관한 제142호 칙령을 반포했다.[3] 만철은 설립 초기에 총무부, 조사부, 운수부, 광업부, 지방부를 두었는데, 도시의 발전과 밀접한 관계가 있었던 부서는 운수부, 광업부, 지방부 등이었다. 특히 지방부는 각 지역의 부속지 산하에 지방사무소를 설치하여 도시의 모든 토목 및 건설을 계획하고 시공 및 도시 일상에 대한 관리를 직접 책임졌다.[4] 1906년 만철이 러시

---

3   日本满史会 編, 东北沦陷14年史辽宁编写组 译, 『满洲开发40年史』, 上卷, 95-97頁; 南满铁道株式会社 編, 1937, 『南满洲铁道株式会社30年略史』, 大连满铁总部, 1-10頁.

4   만철 지방부 산하의 지방사무소가 부속지 시정건설에 대한 관리 권한을 인수받은 것은 1907년 7월이지만 1907년 10월 14일이 되어서 공식화 되었다. 大连南满铁道株式会社, 1919, 『南满洲铁道株式会社10年史』, 698頁.

아로부터 인수한 철도의 총 길이는 1,129.1km였다. 주요 구간별로 보면 대련부터 장춘까지 704.3km, 안동부터 봉천까지 260.2km, 여순 지선 50.8km, 영구 지선 22.4km, 요중 인근의 연대煙台 지선 15.6km, 무순선 52.9km였다. 철도 및 부속지 총면적은 149.71km^2(일본이 직접 통치한 대련조차지의 면적은 제외)에 달했다. 만철은 점거, 합병, 매점, 조차 등의 방법으로 영역을 확장해나갔다. 1908년 7월 만철 부속지의 면적은 182.76km^{2}로 증가했다. 1912년 이후부터 만철은 철도 매입과 신축을 통해 철도 부속지의 면적을 확장해나갔다. 이러한 과정으로 철도 부속지 규모는 매 10년마다 100%의 증가율을 기록했다. 1931년 만주사변 이전 만철 부속지의 면적은 482.9km^{2}에 달했다.

중동철도 부속지와 대체로 비슷하게 만철 부속지도 시가지(광구를 포함)와 철도용지로 구분된다. 철도용지의 증가폭은 그리 크지 않았다. 만철의 야만적인 확장은 주로 장춘, 공주령, 봉천, 안동, 무순, 안산, 영구 등의 부속지 신설을 통해 이루어졌다. 장춘 철도부속지의 경우, 러시아는 이미 1900년에 총면적 5km^{2}에 달하는 시가지 철도부속지를 확보했고 포츠머스화약에 의해 장춘이 남만철도와 중동철도의 합류점이 된 후에도 장춘 철도부속지를 유지하고 있었다. 일본은 이미 획득한 철도용지 0.338km^{2}를 기반으로 1907년 두도구頭道溝 일대의, 러시아 관성자 철도부속지와 비슷한 면적의 최상급 토지 4.7km^{2}를 강제로 점거하거나 저가로 매입하여 시가지 철도부속지로 만들었다.

무순 철도부속지는 원래 중국과 러시아 상인이 공동으로 경영하던 탄광구였는데 석탄 매장량이 많다는 것이 알려지면서 일본인의 관심을 끌었다. 결국 일본은 중국의 주권을 무시하고 러일전쟁의 기회를 틈타 무순 광구를 점령하면서 이 지역은 만철의 경영권 안에 편입되었다. 1907년까지만 해도 무순 철도부속지의 규모는 작은 편이었다. 천금

채, 양백보楊柏堡, 노호대 등 3곳 탄광의 1일 생산량은 300여 톤에 불과했다. 만철은 1912년부터 무순탄광의 1일 생산량을 5,000톤, 연간 생산량을 160만 톤으로 증산하는 목표를 실현하기 위해 1908년에 920만 엔을 투자하는 1기 개발 계획을 세웠다. 1908년 말 만철은 계획대로 30만 1,532평[5]에 달하는 무순 철도부속지의 제1차 매입을 통해 시가지 면적을 0.79km²로 확장했다. 그 뒤 면적은 해마다 증가하여 1916년 시가지와 광산을 포함한 철도부속지의 면적은 100.15km²에 달했다. 1917년부터 무순탄광용지는 매년 3km² 이상씩 증가했다. 1931년 무순광구 철도부속지 총면적은 60.16km²로 만철 부속지 중 면적이 가장 큰 철도부속지가 되었다.[6]

무순 부속지 다음으로 큰 부속지는 새로 건설된 안산 철도부속지였다. 이 부속지는 1916년 만철이 중일합판진흥철광공사中日合辦振興鐵礦公司의 명의를 빌려 안산철광 채굴권을 사취한 후 남만철도 연선의 안산부터 입산立山 사이의 대규모 민간 토지를 매입하여 설립한 것이다.[7] 일본

---

5 1평은 3.306m².

6 「年滿铁抚顺煤矿收买土地面积表」, 解学诗 主编, 1987, 『满铁史资料』, 第4卷, 第1分册, 中华书局, 157頁.

7 일본의 안산 지역에 대한 탈취와 점령은 1909년부터 시작되었다. 그해 3월 16일부터 만철지질조사소장 기도 주타로(木戸忠太郎) 등은 불법으로 안산 서쪽의 철광산에서 시추작업을 시작하여 안산철광과 안산 인근의 소령자(小嶺子), 궁장령(弓長嶺) 철광을 발견했다. 중국으로부터 채굴권을 따내기 위하여 만철은 '중일합판청화공사(中日合辦淸和公司)'의 명의를 도용하여 광산을 매입했다가 현지 주민의 거친 항의를 유발했다. 1912년 만철은 직접 나서 봉천성과 교섭했지만 봉천 당국은 민중의 항의가 걱정되어 허가를 계속 미루었다. 한편 만철은 한간(漢奸: 친일파) 우충한(於衝漢)이 설립한 '중일합판진흥철광유한공사(中日合辦振興鐵礦有限公司)'와 결탁하여 1914년 세 번째로 봉천성과 중앙정부에 보고를 올렸다. 하지만 중앙정부는 일본이 이를 빌미로 침략을 확대할까봐 허가하지 않았다. 1915년 초 만철은 원세개가 군주제를 복벽하고 대외적인 타협을 모색

은 이곳에 안산강철공사鞍山鋼鐵公司를 설립했다. 강철공사의 규모가 확대되면서 철도부속지의 면적도 꾸준히 증가되었다. 1926년에는 안산역을 중심으로 남쪽으로 진수산鎭守山(열사산烈士山), 북쪽으로 팔괘구八卦溝, 서쪽으로 도관둔陶官屯에 이르는 19.70km²의 토지가 만철 부속지로 편입되었다. 그중 공장용지는 6.80km², 수로용지는 1.42km², 시가지는 11.48km²였다.[8]

안동은 러일전쟁 시기 일본이 부설한 안봉철도의 시발점이었지만 철도부속지는 없었다. 1907년 안봉철도가 만철 관할로 편입된 후 만철은 러일전쟁 기간 일본 육군이 안동에서 구입한 2,000ha 규모의 민간 토지를 안동 철도부속지로 변경하고 기존 철도용지까지 추가하여 안동 철도부속지로 정했다. 이 부속지의 총면적은 4,186,370m²에 달했다. 1923년 안동 철도부속지는 4,997,890m²로 증가했다.

봉천은 남만철도·경봉철도·봉해철도·안봉철도가 합류하는 곳이었기에 만철은 특별히 봉천 철도부속지의 발전에 신경을 썼다. 초기 봉천 철도부속지의 면적은 595만m²에 불과했다.[9] 봉천 지방정부가 부속지 건설에 반대했기 때문에 10년 동안 부속지 면적은 거의 변하지 않았다. 하지만 만철은 1917년부터 부속지 대규모 확장 계획을 세우기 시작했고 계획 목표를 달성하기 위해 1925년까지 150만m²에 달하는 토지를 매입했다. 1926년 봉천 철도부속지의 총면적은 10.44km²로 증가했

하는 상황을 기회로 삼아 북양정부에 네 번째 보고를 올렸다. 한간들이 중앙정부 관리에게 뇌물을 주는 동시에 수차례 협박과 기만 공작을 벌여 1916년 3월 15일 드디어 북양정부로부터 안산 인근 철광의 채굴권을 얻어냈다.

8   苏宗民, 1990, 『满铁史』, 中华书局, 366頁; 『南满洲铁道株式会社第2次10年史』, 745頁.

9   大连南满洲铁道株式会社编印本, 昭和14年(1939), 『满铁附属地经营沿革全史』, 第3部, 818頁.

다. 그중 시가지 면적은 9.09km²였다. 같은 해 만철은 기존 만철 부속지의 동남쪽에 인접한 1.72km²의 토지를 매입하여 남쪽으로 부속지를 확장했다.[10]

1907년 영구 철도부속지는 112만 2,097평으로 시가지와 철도용지 두 부분으로 구성되었다. 1923년 만철은 일본 육군이 점거하고 있던 토지의 일부인 652,923m²와 일본 거류민(교민)회가 관할하던 645,649m²의 신시가지를 편입했다. 1926년 부속지 총면적은 5,513,036m²에 달했다.[11]

표 1_만철 부속지 초기 주요 시가지 면적 (단위: km²)

부속지	면적	부속지	면적
영구부속지	5.025	봉천부속지	12.772
안산부속지	18.41	철령부속지	6.350
요양부속지	6.828	개원부속지	6.630
사평가부속지	6.713	안동부속지	9.589
공주령부속지	6.847	무순부속지	61.839
장춘부속지	6.763		

출처: 日本満史会 編, 『満洲开发40年史』, 下卷, 365頁.

대련 철도부속지는 러시아가 건설한 관아구와 상업구 사이의 철도 공터, 부두부터 사아구寺兒溝 사이의 해안 지역 2곳으로 전체 면적은 3,176,186m²였다.[12] 대련 철도부속지는 다른 철도부속지와 달리 주로 기차역과 부두로 구성되어 있었다. 만철 본부의 여러 기관과 호텔 등은

---

10 大连南满洲铁道株式会社编印本, 昭和14年(1939), 『满铁附属地经营沿革全史』, 第3部, 298~299頁.

11 『第60回(日本)帝国议会说明资料』, 昭和6年(1931)版, 248-249頁.

12 大连南满铁道株式会社, 1919, 『南满洲铁道株式会社10年史』, 704頁.

시내의 여러 곳에 분산되었다. 당시 대련은 관동주關東州에 속한 일본의 식민 지배를 받는 곳이었기 때문에 만철부속지는 영향을 상대적으로 적게 받았다. 오히려 부속지와 다른 지역의 성격이 대체로 일치하여 공간적으로 중첩된 것이나 다름없었다. 필자는 제7장에서 별도로 대련 만철부속지를 다룰 것이다.

만철 부속지의 시가지 계획과 건설

1907년 초 만철은 철도부속지의 면적을 결정하면서 남만철도 연선의 와방점瓦房店, 개평, 웅악熊岳, 대석교, 해성, 요양, 봉천, 철령, 장춘 등의 주요 기차역과 관동주 소재지 대련을 1기 건설 대상 도시로 선정(나중에 공주령, 사평가, 개원, 안산, 무순, 본계 등 추가)하고 구체적인 도시 계획을 세웠다.[13] 만철의 도시 계획과 도시 건설은 시작부터 다음과 같은 식민지 특징을 나타냈다.

　① 질적인 측면에서 높은 수준의 식민지 시설을 건설하고자 했다.

13　만철이 작성한 첫 번째 철도부속지 계획은 장춘 철도부속지에 대한 계획이었다. 만철은 1907년 3월 장춘 부속지가 남만철도의 최북단에 있고 일본·중국·러시아 3국과 접한 중요한 지역이라는 점을 감안하여 부속지 부지 선정 계획을 세웠다. 그리고 장춘의 상황에 익숙한 사토 야스노스케(佐藤安之助), 가마타 야스케(鎌田彌助), 任藤井十四三과 육군소장 모리타 도시토오(守田利遠) 등에게 미쓰이양행 상인으로 위장하여 장춘 현지를 조사하게 했다. 3월 18일부터 8월까지 사토 등은 6개월 정도의 조사를 통해 구도시와 러시아 중동철도 기차역 사이의 두도구 일부 지역을 만철 장춘 부속지로 선정했다. 그 뒤 중국인 경강(慶康)의 협조로 미쓰이물산 장춘출장소의 명의로 이곳을 저가에(최상급 토지는 1ha당 1,000조, 2등급 토지는 1ha당 500조) 매입했다. 이렇게 부속지 매입의 첫 번째 단계에 토지 1,423,448평(1평은 3.306m², 총 4.5km²)을 매입하고 348,800엔을 지불했다.

이는 만철에서 근무하는 일본인의 동북생활을 안심시키고 동북으로의 일본 이민을 촉진하여 만철 부속지를 명실상부한 일본 동북 지배의 전 초기지로 만들기 위한 계획이었다. 때문에 일본의 만철 부속지에 대한 계획과 건설은 시작부터 다른 열강이 중국 남부 도시에 설립한 조계지 및 교민거주지와는 완전히 다른 양상을 띠었다. 일본은 이곳을 동아시아 최고 수준의 도시로 만들기 위해 일본 국가가 투자의 주체가 되는 방식을 채택했기에 예상 투자 규모도 매우 컸다. 실제로 1907~1911년 만철은 약 5,477만 엔을 지출했다.[14] 1912년 중·일 양국의 정치관계가 악화되어 투자가 다소 감소되기도 했지만 전반적으로 증가 추세였다. 만철이 1931까지 20년간 투자한 총액은 1억 2,662만 9,138엔에 달했다. 연평균 투자액이 633만 1,456엔인 셈이었다.[15] 도시 시설의 증가는 꾸준히 동북의 자본과 자원을 부속지로 유입하고 일본의 자원 약탈을 더욱 용이하게 하는 데 일조했다. 또한 도시 '건설의 성과'는 중국인을 농락하고 정신을 마비시키는 역할을 하기도 했다.

② 남만철도와 안봉철도를 부속지 건설의 핵심에 두었다. 만철은 기차역을 중심으로 직사각형의 주택구역, 상업구역, 양잔구역, 공장구역, 오락시설구역, 행정기관구역 등을 부채형 구조로 배치했다. 각 구역이 전체 면적에서 차지하는 비율을 보면, 주택지 15%, 상업지 33%, 양잔 31%, 여가 및 오락시설 9%, 공공시설(일본군 주둔구역 포함) 12%였다.[16] 이런 구역들은 모두 기차역의 원활한 운영을 위해 기능했다. 특히

14　大连南满铁道株式会社, 1919, 『南满洲铁道株式会社10年史』, 704頁.

15　「地方收支表统计」, 1937, 『南满洲铁道株式会社30年略史』, 大连南满铁道株式会社, 473-474, 481頁.

16　大连南满洲铁道株式会社编印本, 昭和14年(1939), 『满铁附属地经营沿革全史』, 第11部, 下册, 379頁.

양잔은 기차역의 식량 운송, 저장, 화물 운송에서 핵심적 역할을 담당했고, 공장은 철도에 필요한 기계 및 부품과 상품 가공을 위해 존재했으며, 주택은 만철 사원을 위한 고급주택들이었다.

③ 군경시설의 규모가 매우 컸다. 만철은 중국의 행정권을 근본적으로 배제한 상태에서 일본의 만철 부속지에 대한 군사적 점령을 보장하고 강압적인 식민정책을 추진하기 위해 중국의 사법 및 경찰제도와 분리된 독립적인 군경제도를 만들고자 했다. 만철은 부속지에서의 군경시설에 각별히 신경을 썼다. 장춘 철도부속지를 예로 들면, 건설 초기 전체 면적은 4.56km²였고 그중 시가지 면적은 3.967km²였는데, 크지 않은 시가지 내에 일본은 철도독립수비대, 헌병대, 경찰서 및 산하 18개 파출소 등 군사 및 경찰기구를 설치했다.[17]

만철은 우선적으로 부속지의 도로체계를 확립하고 시정 건설을 추진했다. 도로의 너비는 철도부속지 소재지의 등급과 구역의 특징에 따라 설계했다. 봉천·장춘 등 핵심도시의 중앙대가中央大街의 너비는 36m 또는 27m, 철령·사평 등의 중앙대가 너비는 27m 또는 21.6m로 설계했다. 기타 상업구의 도로 너비는 10.8~36m, 주택구의 도로 너비는 10.8~14.4m, 양잔구역의 도로 너비는 14.4~25.2m였다. 도로의 배치는 두 가지 방향으로 설계되었다. 하나는 직사각형에 중심 광장을 추가하는 방안이었다. 공주령·요양·대석교 철도부속지가 이에 해당한다. 이런 구조는 중국의 전통적 도시체계와 대체로 일치한다. 바둑판처럼 종횡으로 뻗은 도로에 중앙 광장이 추가되어 도시는 시각적으로 아주 질서 정연했다. 다른 하나는 러시아가 대련과 하얼빈을 설계할 때 채택했던 유럽 모델로 간선도로와 원형 광장, 중앙대로와 방사형 도로를 중

---

17 伊原幸之助 著, 邹元植 译, 1986, 「长春发展史」, 『长春史志』, 第1期, 61頁.

심으로 하면서 지선을 직사각형 구조로 설계했다. 이런 설계는 만철 부속지에서 대대적으로 구현되었다. 봉천·장춘·안산 철도부속지가 여기에 속한다.

도로 착공은 먼저 봉천 철도부속지에서 시작되었다. 만철 설립 및 만철 부속지 계획안이 나오기 전인 1906년, 심양을 점령한 일본군 만주군정부滿洲軍政府와 일본거류민회는 일본인의 생활구역을 건설하기 위해 기차역에서 수직 방향으로 노화장부터 소서변문 사이의 십간방대가十間房大街[18]를 새로 건설했다.[19] 만철 설립 후 만철이 봉천 철도부속지에서 진행한 첫 도로 건설 사업은 러시아 점령기에 건설되었던 기차역 광장과 평행되는 남북방향 대로鐵道大街[20]를 보수한 것이었다.[21] 1910년 역전 광장부터 구도시로 향하는 세 갈래 방사형 간선도로 중 하나인 심양대가瀋陽大街[22]가 건설되었다. 이 길은 나중에 상부지의 십일위로十一緯路와 이어져 대서관마로大西關馬路까지 통하는, 만철 부속지의 상부지와 구도시를 잇는 동서 방향의 가장 중요한 간선도로가 되었다. 1912년과 1914

18 1906년 완공되었고 길이 1,900m이다. 1907년 이 도로의 한가운데 마차철도(馬車鐵道)를 부설하면서 마차철도라고 부르기도 했다. 후에 상해대가(上海大街)로 개칭되었다가 1957년 이후 시부대로(市府大路)로 불리면서 지금까지 유지되고 있다.

19 赵智喜市,「奉天附属地的发展景域」, 载『南满铁道株式会社教育研究所研究要报』, 第10辑, 72-73頁;『瀋陽城建志』(瀋陽出版社, 1994), 159頁에는 "시부대로는 1907년 건설되었다"라고 서술되어 있는데, 오류로 판단된다.

20 지금의 심양역 앞 승리대가(勝利大街). 1902년에 건설된 길이 1,100m의 도로로 건설 당시 흙길이었으나 1909년에 자갈도로로 보수했다. 1919년 1월 이후 세 구간으로 나뉘어 각각 궁도정(宮島町)·일길정(日吉町)·약송정(若松町)이라 명명되었다.

21 『南满铁道株式会社教育研究所研究要报』, 第10辑, 48頁.

22 1919년 1월 천대전통(千代田通)으로 이름이 바뀌었고, 다시 1957년 중화로(中华路)로 명명되어 지금까지 이어져오고 있다. 길이는 1,400m, 너비는 36m이다. 건설 초기에는 자갈길이었으나 1927년 아스팔트로 포장했다.

년에는 역전광장부터 구도시로 향하는 또 다른 두 갈래의 간선도로가 건설되었다. 하나는 동북 방향으로 향하는 너비 27m의 소덕대가昭德大街[23]이고, 다른 하나는 동남 방향으로 향하는 너비 22m의 남사가南斜街[24]였다. 세 갈래의 간선도로가 건설되는 동시에 이 도로와 교차되고 기차역 및 철도대가와 평행되는 중앙대가中央大街,[25] 협화대가協和大街,[26] 서사도가西四道街[27] 등 남북 방향 간선도로와 중앙광장中央廣場(현 중산광장中山廣場), 평안광장平安廣場(현 화평광장和平廣場)이 건설되면서 가로, 세로, 대각선 방향으로 연결된 도로망이 구축되었다.[28] 또한 이 도로망 사이에 북일조北一條부터 북구조北九條까지 상업구와 주택구를 잇는 지선도로가 건설되었다. 1917년까지 심양대가(중화로) 북쪽 지역의 지선도로가 모두 건설되었다. 1918년 이후부터 민권가民權街(현 태원가太原街 남단), 동택가同澤街(당시 이름은 도엽가稻葉街), 민족남가民族南街(당시 이름은 미생가彌生街), 민복가民富街(당시 이름은 규가葵街) 등 심양대가 남쪽의 간선과 지선도로 건설이 시작되었다. 1931년까지 봉천 만철 부속지에는 동서 방향 도로 25갈래와 남북 방향 도로 36갈래가 건설되었다.

　　장춘 철도부속지 공사는 1907년부터 시작되었다. 만철의 장춘 부속지와 러시아의 장춘 철도부속지가 한 도시에 병존했으므로 만철은 장

23　1919년에 낭속통(浪速通), 1946년에 중산로(中山路)로 이름이 바뀌었다.

24　1919년에 평안통(平安通)으로 이름이 바뀌었다. 지금의 민주로(民主路).

25　지금의 남경가(南京街). 1912년에 건설되었다. 1919년 이 도로는 북에서 남으로 구간을 나누어 가무정(加茂町), 부사정(富士町), 적정(荻町)이라고 불렀다.

26　현재의 화평대가(和平大街). 1917년에 건설되었다. 이곳은 만철 부속지의 동쪽 경계였기에 초기에 동오조정(東五條町)이라고 불렀다가 나중에는 통상적으로 국제마로(国际马路)라고 불렀다.

27　후에 춘일정(春日町)이라 불렀다. 지금의 태원가(太原街)이다.

28　『沈阳市志 · 城建志』, 1994, 沈阳出版社, 138-139頁.

그림 1_만철 봉천 부속지의 상업가 춘일정春日町(현재의 太原街)

춘에 별도의 기차역을 건설하고자 했다. 이에 따라 만철은 부속지 도로 공사를 시작하기 전에 장춘 두도구 기차역과 플랫폼을 건설했다. 이 공사는 1907년 8월 31일에 시작되어 11월에 완공되었다. 이어 만철은 부속지 토지 중 80만 평을 시가지 용도로 편성했다. 만철 장춘 경리주임 다나베 도시유키田邊敏行, 토목주임 가토 요노스키加藤與之吉, 건설사무소장 쓰루미 오사무鶴見鎭 등은 만철 시가 설계 통례와 장춘시의 특징에 근거하여 제2차 도로 설계 사업을 주관하면서 전체 도로 건설 계획을 구체화했다. 장춘 만철 부속지를 설계한 사람이 바로 이 세 사람이다. 장춘 철도부속지 시정 도로 건설은 1908년부터 전면적으로 시작되었다. 첫 해에 역전광장, 역전광장에서 수직인 중앙대가中央大街,[29] 역전광장과

---

29 나중에 중앙통(中央通)으로 변경되었다. 지금의 인민대가(人民大街) 승리공원(勝利公園) 북단에 있다.

동광장東廣場 사이 철도 남쪽에 있는 양잔지역인 일출정日出町(현 장백로長白路)·부사정富士町(현 흑수로黑水路) 등의 기초공사와 일부 구간의 자갈도로 공사(아래에 삼합토를 펴고 그 위에는 자갈을 깔았다)가 완공되었다. 이듬해 7월까지 1.6만m²의 도로가 건설되었다. 또한 1908년 두도구를 지나는 동오조東五條 등의 거리에 2개의 다리(일본교日本橋, 장농교長農橋)가 건설되었는데[30] 이 다리는 근대 장춘에서 자갈콘크리트로 된 첫 번째 신식 다리였다. 1909년 기차역부터 구도시 사이의 동사가東斜街(현 승리대가勝利大街), 기차역광장에서 서광장西廣場을 거쳐 만철수비대(용강로龍江路 서쪽 끝)에 이르는 서사가西斜街(현 한구로汉口路), 중앙대가 동쪽 상업구의 삼입정三笠町(현 황하로黃河路), 길야정吉野町(현 장강로長江路), 축정祝町(현 주강로珠江路), 동오조가東五條街 등이 건설되었다. 1913년에는 중앙대가 동쪽의 보정寶町(현 천진로天津路), 낭속정浪速町(현 지강로芷江路), 미생정彌生町(현 청도로青島路), 서정曙町(현 오송로吳淞路), 입선정入船町(현 영파로宁波路), 매식정梅植町(현 하문로廈门路), 영락정永樂町(현 광주로廣州路), 지송정志松町(현 향항로香港路) 등이, 그리고 중앙대가 서쪽의 횡가橫街와 천정泉町(현 요녕로辽宁路), 노월정露月町(현 단동로丹东路), 우의정羽衣町(현 항주로杭州路), 금정錦町(현 사평로四平路), 봉래정蓬萊町(현 절강로浙江路), 평안정平安町(현 송강로松江路), 상반정常盤町(현 용강로龍江路), 천도정千島町(현 눈강로嫩江路) 등이, 그리고 철도 북쪽 중앙대도中央大道 및 횡가 주길정住吉町(현 철북일로鐵北一路), 미상정尾上町(현 철북삼로鐵北三路), 춘일정春日町(현 철북사로鐵北四路) 등이 건설되었다.

만철 안산 부속지 도로 건설은 1918년부터 시공되었다. 그해 3월 만

30　满铁地方部长春地方事务所,『地方沿革史资料』, 原件收藏于辽宁省档案馆地理资料第627号.

철은 대외 입찰을 통해 입산역 인근의 만철 부속지의 도로 기초공사를 시작하여 철동鐵東과 철서鐵西를 잇는 주길정住吉町(현 환강로環鋼路)을 건설했다. 1919년부터 1920년까지 만철은 구보舊堡와 천산千山 사이의 역전통驛前通(현 건국로建國路), 남쪽의 진수산(현 열사산烈士山)과 북쪽의 사하교沙河橋를 잇는 대궁통大宮通(현 승리로勝利路), 동쪽의 홍교서紅橋西와 이대자二台子를 잇는 명치도明治道(현 인민로人民路), 도심부터 안산강철공사까지 이어지는 부사통富士通(현 오일로五一路) 등을 건설했다.[31] 같은 해 안산 철도부속지의 철동 지역에는 대정台町(현 동풍가東風街), 대정통大正通(현 일이구로一二九路), 적성정赤城町(현 청년가靑年街) 등 상업거리가 조성되었고, 철서 지역에는 영락가永樂街(현 계명가啟明街), 천세가千歲街(현 번영가繁榮街) 등 20여 갈래 도로가 건설되면서 안산에서 초기 형태의 도로망이 형성되었다.

1927년까지 만철 각 부속지의 도로 건설 사업에 투입된 자본은 540만 2천 엔이었고, 건설된 도로는 39만 5,478m였다.[32] 1935년까지 대석교에 2만 1,680m, 와방점에 1만 3,066.2m, 영구에 10만 4,709m, 장춘에 10만 6,366m, 사평에 15,439m의 도로가 건설되었다.

비록 시작부터 만철은 근대화된 기준으로 도로를 건설했지만 투자 자본의 제한과 전반적인 사회발전 수준의 제약으로 건설 후반으로 갈수록 도로면 건설의 질이 떨어졌다. 도로 건설의 시기는 크게 세 단계로 나눌 수 있다. 첫 번째 단계는 1906~1915년으로 주로 흙과 자갈로 도로를 건설했다. 이 시기에 건설된 간선도로는 얼마 지나지 않아 파손되었다. 운송 차량이 증가하면서 1916년부터 만철은 도로를 새로 건

---

31 刘景玉·智喜君 主编, 1994, 『鞍山城市史』, 社会科学文献出版社, 127-128頁.

32 「商工都市奉天」, 載 『盛京时报』, 1936年9月25日.

설하는 동시에 이미 건설된 도로를 원래의 기준에 따라 개·보수했다. 1920년대 초까지 자갈 도로는 만철 부속지 및 부속지 도시의 주요 도로 유형이었다. 두 번째 단계부터 화강암 도로가 건설되었다. 이 도로는 예술적 유럽풍의 화강암을 바닥에 까는 것을 특징으로 했다. 이런 도로는 먼저 1921년 장춘의 역전광장(203m)에 등장했다. 1930년까지 장춘 동오조와 일출정 등에서 화강암 바닥 도로 공사가 마무리되었다.[33] 세 번째 단계는 아스팔트 도로 건설을 특징으로 한다. 아스팔트 도로는 1920년대 초 대련에서 가장 먼저 출현했지만 대량 건설은 1925년 이후부터 이루어졌다. 아스팔트 도로가 증가하면서 옛 자갈길은 점차 사라졌다. 이 시기 부속지의 도로는 주로 화강암 도로와 아스팔트 도로였다.

만철이 건설한 도로는 구도시의 도로와 달리 질적 수준이 높을 뿐만 아니라 도로 옆 경관도 아주 인상적으로 설계되었다. 나무를 심고 가로등을 설치하는 것은 기본이었다. 장춘 만철 부속지 도로 옆의 식수작업은 1913년부터 시작되었다. 그해 4월 장춘 경리부는 다나베 도시유키의 제안에 따라 주요 간선도로 양측에 백양나무 7,000그루를 심었다.[34] 이것은 근대 장춘에서 추진한 조직적이고 대규모적인 첫 번째 도로 녹화사업이었다. 만철 봉천 부속지 도로 양측의 식수 사업은 장춘에 비해 조금 늦게 추진되었다. 봉천에서는 1916년 봄 춘일정(현 태원가)의 식수 사업을 시작으로 1919년까지 천대전통(현 중화로), 낭속정(현 중산로) 등 10여 갈래 도로 양측의 식수 사업을 마무리했다. 그중 녹화사업이 가장 잘된 곳은 봉천 국제대로였다. 도로 양측뿐만 아니라 한가운데 있는 중앙분리대에도 크고 작은 나무를 심었기에 이 도로로 인하여 시

33　大连南满洲铁道株式会社编印本, 昭和14年(1939), 『满铁附属地经营沿革全史』, 第11部, 新京(长春)管内篇, 下册, 383頁.

34　「长春日租界栽种树木」, 『盛景时报』, 1913年 4月 18日.

중심은 제법 정취가 느껴지는 녹색 회랑이 될 수 있었다. 만철 장춘 부속지의 첫 가로등은 1911년 중앙대가[35]에서 출현했다. 1925년에 이르러 장춘 만철 부속지에는 총 586개의 가로등이 설치되었다.[36]

도로체계는 물질문명의 매개체로서 계급적·민족적 속성을 지니지 않지만, 만철이 건설한 도로들은 침략적 성격이 짙은 '국가 속의 국가'에 건설된 것이었기에 식민주의자들의 의도가 반영될 수밖에 없었다. 이들의 의도와 식민지 특징은 구체적으로 만철이 지은 도로명으로도 알 수 있다. 만철 설립 초기 일본은 중국인의 반일감정을 우려하여 대련을 제외한 곳의 신규 도로명을 모두 중국어로 지었다. 예를 들어, 1912년 이전 장춘 철도부속지에서 건설한 20갈래 도로 중 10갈래 이름은 동서일조東西一條, 이조二條, 삼조三條 등이었고 나머지 도로도 장춘 주변의 도시명을 이용하여 농안가·회덕가 등으로 지었다. 또 일부는 도로의 방향과 주향에 근거하여 서사가·동사가로 지었다. 하지만 동북에서의 일본 세력이 확장되면서 1919년부터 만철 부속지 도로는 대부분 일본 이름으로 바뀌었다.[37] 도로명은 한편으로 평안平安·미생彌生 등 일본 역대 왕조 이름으로 변경되거나, 궁도宮島, 교립橋立, 송도松島, 강도江島, 춘일春日, 주길住吉, 금평琴平, 팔번八幡 등 일본 명승지 이름이나 신사 이름으로 바뀌었다. 또한 부사富士, 천간淺間, 신고新高, 백근白根, 축파筑波, 무도霧島 등 일본의 산천 이름으로 명명했거나 견설見雪, 죽원竹園, 홍엽紅

---

35 당시에는 장춘대가로 불렀고, 지금은 인민대가 북단에 위치했다.

36 满铁地方部长春地方事务所,『地方沿革史资料』, 原件收藏于辽宁省档案馆地理资料第627号.

37 만철 도로명의 특징은, 기차역전광장과 수직되는 세로 방향의 도로는 '통(通)'으로, 기차역 및 역 인근 철도와 평행되는 도로는 '정(町)'으로 지은 점이다. 만철 장춘 부속지 도로 개명 시기는 1921년이다.

葉, 계정桂町, 규정葵町, 하정霞町, 홍매紅梅, 도엽稲葉, 청엽青葉, 승랑藤浪, 약송若松 등 사계절의 경치로 명명했다.[38] 만철 부속지 도로명의 일본화는 이곳이 철저하게 식민지화의 수렁에 빠지게 되었음을 의미한다.

만철 부속지 도시 건설의 두 번째 내용은 상하수도 건설과 공원 건설이었다. 만철 부속지가 형성되기 전, 러시아는 중동철도를 부설하면서 기차 공수와 배수를 위해 대련, 하얼빈, 장춘, 요양, 봉천, 대석교 등의 도시에 부분적으로 공수탑과 송수관 및 간이 하수도관을 건설했을 뿐 상하수도 시설은 건설하지 않았다. 러시아가 건설한 하수도는 합류 시스템을 이용한 것으로 오물이 처리가 안 된 상태에서 4곳으로 분산되어 강과 바다에 흘러들게 하는 것이었다. 새로 건설한 도로들이 제 기능을 잘하도록 함과 동시에 도시의 위생과 환경을 위하여 1907년부터 철도부속지에서는 건설 중에 있는 도로에 하수도 공정을 설계하고 시공에 착수했다. 초기 하수도는 목판겉도랑과 타일겉도랑明渠[39]이었지만 몇 년 뒤에는 덮개가 있는 목판도랑, 타일도랑, 콘크리트배수도랑 등으로 발전했다. 장춘 만철 부속지에서는 먼저 주간선인 일본교통日本橋通(현 승리대가)에 목판겉도랑이 설치되었다. 일본교통 북단(남광장부터 기차역 사이)의 하수도 공사는 1909년 초에 완공되었고 해를 넘기지 않고 일본교통 남단 414m 구간의 하수도 공사도 완공되었다.[40] 1910년 일본정日本町(현 장백로)부터 동광장과 동오조통 사이에 1,584m에 달하는 목판겉도랑 배수구가 설치되었고, 길야정(현 장강로)과 축정(현 주

---

38 赵智喜市,「奉天附属地的发展景域」, 载『南满铁道株式会社教育研究所研究要报』, 第10辑, 340-350頁.

39 명거(明渠).겉도랑, 땅 위로 설치한 배수용 도랑.

40 大连南满洲铁道株式会社编印本, 昭和14年(1939),『满铁附属地经营沿革全史』, 第11部, 新京(长春)管内篇, 下册, 384, 399~400頁.

강로) 구간에는 직경 0.67m, 길이 270m의 콘크리트하수도와 목판도랑 48m를 묻고 배수겉도랑 288m를 건설했다. 동시에 일본교통에 설치했던 목판겉도랑을 타일 소재로 된 지하 배수구로 교체했다. 같은 해 8월에는 동오조통에 너비 2m, 깊이 1.33~3m의 목판 배수구 484m를 건설했다.[41] 이 해에 만철은 장춘의 작은 골목에도 덮개가 설치된 목판측면 도랑을 설치했다. 1913년까지, 장춘 만철부속지에는 각종 배수구와 배수관 3,700m가 건설되었다. 만철 와방점 부속지 배수구는 총 3,616m, 만철 대석교 부속지의 간이배수구는 8,808m, 만철 봉천 부속지의 목판겉도랑은 4,000m, 석조도랑은 960m, 콘크리트 배수관은 979m에 달했다. 1913년 이후 장춘 철도부속지 하수도 공정은 철북 양잔구역에서 추진되었다. 2년 동안의 하수도 공사를 통해 북사조, 팔조, 구조 등의 거리에 하수도시설이 들어설 수 있었다. 1920년 만철 봉천 부속지의 하수도 길이는 7,000m에 달했다.[42] 1930년 만철의 장춘·봉천·안산 부속지의 하수도 건설 사업은 거의 완성 단계에 이르렀다.

만철 부속지의 상수도는 하수도보다 조금 늦게 출현했다. 부속지의 수돗물 공정이 시작된 것은 1907~1913년 사이의 일이었다. 그전까지만 하더라도 만철 부속지 주민은 구도시의 중국 주민과 마찬가지로 그어떤 처리 과정을 거치지 않은 인공 우물이나 하천의 물을 마셨다. 이런 취수 방법은 불편했고 비위생적이었다. 또한 철도부속지의 인구가 증가하면서 우물의 공수능력도 한계에 부딪혔다. 만철 부속지 건설 초

41　大连南满洲铁道株式会社编印本, 昭和14年(1939), 『满铁附属地经营沿革全史』, 第11部, 新京(长春)管内篇, 下册, 384, 399~400頁.

42　大连南满洲铁道株式会社编印本, 昭和14年(1939), 『满铁附属地经营沿革全史』, 第11部, 新景(长春)管内篇, 下册, 388頁; 같은 자료, 第1部, 22頁; 같은 자료, 第2部, 179頁; 같은 자료. 第6部. 778-780頁.

기 일본인 거주자들은 만철에 수돗물 공정에 착수할 것을 요구했다. 만철은 1907년 6월 24일 영구에서 이 공정을 먼저 시작했다. 1909년 5월 10일 1기 공정이 완공되면서 매일 평균 2,270m³ 수돗물이 공급되었다. 1910년 초 영구의 수돗물 판매량은 19만 갤런에 달했다.[43] 바로 이 시기에 동북 지역에서 전무후무한 페스트가 발생하여 우물과 하천이 대량으로 오염되면서 심각한 물 부족 사태가 발생했다. 이에 만철은 1910년부터 남만 철도부속지에서 10여 개 수돗물 공정을 동시에 시작했다. 그중 만철 장춘 부속지는 1911년에 공원을 건설하기로 계획했던 이도구와 서공원 2곳이 수원지라는 점을 감안하여 그곳에 4개의 대형 추수정抽水井을 건설했고, 철도부속지의 중심에 있는 서광장에 대형 수탑을 건설했다. 1913년 1기 공정의 완공으로 시민들은 1일 2,700톤에 달하는 수돗물을 공급받을 수 있게 되었다. 만철 봉천 부속지의 수돗물 공정은 1912년에 시작되었다. 1914년 천대전공원千代田公園(현 중산공원)에 설치한 취수용 우물 공정이 마무리되었다. 1일 물 공급량은 7,000m³로 수혜자는 5만 명에 달했다.[44] 1913년 말까지 모든 만철 부속지의 1기 수돗물 공정이 마무리되면서 50% 이상 주민이 수돗물을 사용할 수 있게 되었다.

상하수도의 건설로 철도부속지의 환경은 크게 개선되었다. 맑은 날에도 흙먼지가 날리고 비 오는 날이면 흙탕물 바다가 되는 구도시의 더러운 모습과는 대조적이었다.

만철 부속지의 시정 건설은 부분적으로 영국의 도시학 전문가 하워

43　『盛京时报』, 1910年 5月 28일; 『盛京时报』, 1936年 5月 16日. 1갤런은 약 0.0744m³이다.

44　大连南满洲铁道株式会社编印本, 昭和14年(1939), 『满铁附属地经营沿革全史』, 第6部, 奉天管内篇, 下卷, 677頁.

그림 2 _ 만철 장춘 부속지에 세운 공수탑(현 장춘서광장)

드E. Howard의 '전원도시' 이론의 영향을 받았다. 공원 건설이 이를 뒷받침한다. 만철 시가지의 공원은 두 가지 유형으로 나뉘는데, 첫 번째 유형은 종합적인 동식물공원이고, 두 번째 유형은 어린이 전문 유원지였다. 1910년 만철 봉천 부속지 4.2만m²에 건설한 춘일공원春日公園[45]을 시작으로 1926년까지 만철은 심양에 종합공원 3곳을 조성했다. 공원의 전체 면적은 30만m²였고 그중 가장 큰 공원은 1926년에 건설한 20만m²의 천대전공원(현 중산공원)이었다. 장춘 철도부속지의 첫 번째 공원은 1910년에 건설한 1만 4,500m²의 동공원東公園이었다. 이 공원에 이어 1915년 4월에는 34만 1,044m²에 달하는 서공원西公園(현 승리공원勝利公園)이 건설되었다. 1924년 만철 장춘 경리부는 2만 400m² 규모의 세

---

45 일본인 시라사와 야스미(白澤保美)가 설계한 공원이다. 이미 없어졌고, 심양철로국과 심양군구후근부지에 있었다.

번째 공원인 일본교공원日本橋公園을 건설했다.[46] 이 세 공원을 합한 면적은 장춘 철도부속지 시가지 총면적의 30%를 차지했다. 그 밖에 비교적 유명한 공원으로는 안동의 진강산공원鎭江山公園(면적은 약 30만m²이고, 벚꽃으로 유명했다), 대석교의 반룡산공원盤龍山公園 등이 있었다. 만철의 어린이유원지는 일본인 학교 인근에 건설되었다. 공원에는 운동장과 놀이기구 등이 있었다. 때문에 이 유원지는 공원뿐만 아니라 초등학교와 유치원의 운동장으로 사용되기도 했다. 봉천 철도부속지에는 춘일春日·미생彌生 등 11개 어린이유원지가 있었는데 철도부속지 중 어린이유원지를 가장 많이 보유한 곳이었다.

만철 부속지 도시 건설의 세 번째 내용은 전력과 천연가스 등 에너지 사업에 대한 투자와 개발이었다. 만철 부속지가 추진하고자 했던 전력공업은 도시 건설의 핵심 기초 공업으로서 러시아의 중동철도 전력산업에 기초하여 발전했다. 1906년 11월에 세운 영구 수도전기주식회사水道電器株式會社는 만철 부속지에서 출현한 첫 번째 전력회사였다. 1908년 만철은 철도 연선 부속지에 대한 전력 계획을 세우고 안동, 봉천, 무순, 장춘 등 부속지에 전력회사를 연달아 설립했다. 1912년 만철 대련 부속지의 발전량은 4,875kW에 달했다. 이렇게 전력 공급이 가능했기 때문에 대련은 동북에서 가장 먼저 궤도전차를 보유한 도시가 될 수 있었다. 제1차 세계대전은 동북아 지역에 경제적 번영을 가져다줬다. 경제 발전에 따라 만철 부속지의 전력공업도 급격하게 확대되었다. 1922년에는 봉천-무순 사이에 동북의 첫 번째 장거리 송전선이 설치되어 3,000W의 전기를 수송하기 시작했다. 같은 해 장춘 시내의 송전량은

46　满铁地方部长春地方事务所,『长春地方经营沿革史资料』(抄本), 原件收藏于辽宁省档案馆史地类资料第627号. 이 공원은 지금 존재하지 않는다.

3,250W, 안동은 8,500W였다. 이 세 개 도시의 발전량과 1922년 대련의 발전량을 합치면 3,745만 도度[47]에 달한다. 모든 만철 부속지에 전기가 들어가면서 철도 연선 각 지역의 전력기업을 집중적으로 관리하기 위해 만철은 1926년 6월 1일 독특한 경영방식의 남만주전기주식회사南滿洲電器株式會社를 설립했다. 이 회사의 본부는 대련에, 지사는 봉천, 장춘, 안동, 안산 등에 있었다. 이 회사는 주로 전기 공급, 전차, 버스, 전등 등과 관련된 사업을 했다. 1929년 9월 남만주전기회사의 발전량은 4만 975kVA, 송전선 길이는 270km, 전등은 43만 개, 전차 운행 길이는 61,53km에 달했다. 시민생활과 직결된 가스사업 역시 대련에서 먼저 시작되었다. 1908년 12월 15일 만철대련매기소滿鐵大連煤氣所가 설립되고 1910년 3월 10일부터 대외 가스 수송이 시작되면서 동북 지역에 도시가스가 들어오게 되었다. 1920년 이후 만철은 무순, 안산(1920), 봉천(1922), 장춘(1925), 안동(1923) 부속지에 가스공장을 건설했다. 당시 봉천의 1일 가스 생산량은 30만m^3, 안동은 10만m^3로 두 곳 모두 전국에서 앞자리를 차지했다.

만철 부속지 도시 건설의 네 번째 내용은 공공 및 민간용 건물의 건설과 관련된다. 1907년 만철 설립 당시 일본이 남만주 지역에서 점령한 건물은 4,981동, 총면적 708,416m^2에 달했다. 이 건물은 주로 세 가지 경로를 통해 일본의 수중에 들어갔다. 첫 번째는 러시아로부터 인계받은 것으로 전체 건물 중 가장 큰 비중을 차지했다. 두 번째는 러일전쟁 시기 일본이 불법으로 건설한 군사시설이고, 세 번째는 전후 중국인의 부동산을 저가로 강매하여 얻어낸 것이었다. 이 건물은 만철, 관동도독부민정부, 일본 육군 등 세 개 식민기구에 분산적으로 소속되어 있었다.

---

47 1度는 1kWh이다.

그중 만철이 보유한 건물은 4,110동, 535,082m²에 달했다.[48] 만철은 대규모의 부동산을 점령하고 있었지만 '만주 경영'과 동북 통치의 야욕을 만족시키기에는 역부족이었다. 때문에 만철은 설립되자마자 철도부속지에 대한 대규모 투자를 통해 러시아의 뒤를 이어 제2차 대규모 토목 건축공사를 시작했다. 공사의 질을 보장하기 위해, 또한 일본의 동북 지역에 대한 자본 수출 확대를 위해 만철은 일본 국내에서 건설업자와 설계사를 초빙하여 각 부속지의 건설 현장에 투입했다. 1907~1910년 이이즈카공정국飯冢工程局, 시키조志岐組, 메이지조明治組, 하시모토조橋本組 등 100여 개 건설기업이 동북에 진출했다. 1910년 이후 만철 장춘 부속지에만 신규 건물 486동이 건설되었다.[49] 만주사변을 전후하여 만철이 투자하여 건설한 건물은 총 1만 7,599동, 397만 9,392m²에 달했다.[50] 이렇게 건축된 건물에는 다음과 같은 것들이 포함된다.

① 만철 직영의 철도 관련 서비스를 제공하는 기차역사, 여관, 병원, 우체국 등 공공시설. 만철 설립 초기 기차역은 중동철도가 사용했던 구식 역사이거나 임시로 세운 역사들이었다. 1909년 이후부터 만철은 질적 수준이 높은 기차역 청사를 건설하기 시작했다. 그중 가장 먼저 완공된 기차역 청사는 만철의 야심작이기도 한 심양(봉천) 기차역이다. 이 기차역은 일본 사법성 및 대장성 기사技師이자 만철 건축과 기사였던 오다 다케시太田毅가 설계했다. 역사의 부지 면적은 1,273m², 건축 면적은 1,785m²였다. 이 기차역은 1910년 7월 2일에 완공되었고 10월 1

48　大连南满铁道株式会社, 1919, 『南满洲铁道株式会社10年史』, 742頁.

49　「明治43年(1910)长春日本领事馆调查报告」, 1920, 日本外务省通商局 编, 『满洲事情』, 第3辑, 日本外务省通商局, 481頁.

50　『南满洲铁道株式会社30年略史』, 481頁.

일부터 사용했다.[51] 이 건물의 내부 홀은 원형으로 된 천장과 인조 대리석 및 모자이크로 장식된 바닥으로 구성되었다. 외벽은 빨간색을 바탕으로 구조물의 모서리 부분은 하얀색을 올렸으며 지붕은 녹색으로 되어 있어 홍·녹·백 3색이 조화를 이룬 장엄하고 우아한 동서양 문화가 어우러진 걸작으로 평가받고 있다.[52] 만철이 건설한 두 번째 대형기차역은 장춘역이었다. 이 기차역사는 두 건물로 구성되었는데, 하나는 기차역 본청사이고, 다른 하나는 그 맞은편에 있는 만철 장춘 사무소 청사였다(현 심양철도국 장춘분국 청사). 이 건물은 만철 건축과 과장 이치다 기쿠지로市田菊次郎가 설계하고 일본 이이즈카공정국이 시공했다. 1911년 사무청사가 먼저 완공되었고, 기차역사는 1921년에 완공되었다. 후자는 유럽 문예부흥시기의 건축양식과 근대 미국의 건축양식을 융합시킨 건축물이었다. 이 건물은 아주 오랫동안 장춘시의 대표적 건물로 꼽혔다. 그 밖에도 만철은 사평역(설계 오카 오지岡大路), 공주령역, 요양역, 철령역 등을 건설했다.

1907년 8월 1일 만철은 만철 부속지에서의 일본인, 특히 서양인의 상공업 종사를 장려하고 일본인과 서양인의 생활 수요를 충족시키기 위해 대련에 서구식 야마토호텔大和旅館을 세웠다. 개업 직후부터 호텔의 경영 실적이 아주 좋았기에 이에 고무된 만철은 야마토호텔을 개

---

51 大连南满洲铁道株式会社编印本, 昭和14年(1939), 『满铁附属地经营沿革全史』, 第6部, 奉天管内篇, 上卷, 612頁; 『沈阳市志·建筑志』, 1995, 沈阳出版社, 450-451頁.

52 이 건물의 건축 양식은 일본 '다츠노(辰野)식'에 속한다. 이 건축 양식은 근대 일본의 건축가 다츠노 킨코(辰野金吾, 1854~1919)가 1800년대 영국의 건축가 쇼(Richard Norman Show)가 창립하여 한동안 세계 건축계를 주름잡았던 '자유고전' 건축 스타일에 기초한 것이다. 이 양식은 빨간색 외벽에 가로 세로로 하얀색 화강암을 올림으로써 빨간색 바탕에 수평을 이루는 하얀색 벨트를 그 특징으로 한다. 西泽泰彦, 1988, 「草创时期的满铁建筑课」, 载『中华建筑』, 第3期.

업한 해에 같은 유형의 호텔을 다른 부속지에도 보급하고자 했다. 이렇게 1908년 3월 22일에 여순 야마토호텔이 개업했고, 1910년 2월 1일에는 26만 엔을 투자한 3,000m²에 달하는 장춘 야마토호텔(현 춘의빈관春誼賓館, 설계 이치다 기쿠지로, 신예술운동양식의 건물)이 개업했다. 이 호텔은 근대 장춘에서 출현한 첫 번째 서양식 호텔이다. 같은 해 10월 1일에는 봉천야마토호텔, 10월 15일일에는 무순야마토호텔이 순차적으로 준공되었다.[53] 만철은 1911년까지 호텔 건설에 107만 엔을 투자했다. 1926년 봉천 철도부속지에 야마토호텔이 추가로 건설되었다. 이 호텔 신관의 설계자는 요코이 겐스케横井謙介와 오타 소타로太田宗太郎이었다. 1929년 5월에 완공된 신관 본청사는 총면적이 1만 2,736m²인 지상 4층, 지하 1층의 건물이었다. 외형은 문예부흥시기의 양식을 따랐고 내부 장식 또한 눈부시게 화려해 당시 아시아에서 최상급 호텔로 꼽혔다. 이 건물은 동북에서 대련 야마토호텔에 버금가는 유명한 호텔 건물이 되었다. 만철은 유럽식 야마토호텔을 경영했을 뿐만 아니라 대출을 받아 일본식 호텔도 건설했다. 이렇게 건설된 일본식 호텔은 봉천의 심양호텔瀋陽旅館(1913), 요양의 요탑호텔遼塔旅館(1915), 영구의 청림호텔清林旅館(1919), 안산의 근강옥호텔近江屋旅館(1921), 개원의 이엽호텔二葉旅館(1922), 철령의 송화호텔松花旅館(1922), 사평가의 식반호텔植半旅館(1923), 장춘의 나고야호텔名古屋旅館과 열래잔悅來棧, 길림의 나고야호텔(1924), 안동의 요동호텔遼東旅館(1924), 본계호本溪湖의 삼길호텔三吉旅館(1924), 웅악熊岳과 탕강자湯崗子의 온천호텔 등이었다.[54]

만철의 병원건물 역시 대련에서 가장 먼저 출현했다. 이 병원에 기초해서 다른 지역에 분원이 설립되었다. 심양 만철병원은 1908년 지금

---

53 『明治43年満鉄統计年报』, 459頁.

54 『南満洲铁道株式会社30年略史』, 161-163頁; 苏崇民, 1990, 『満铁史』, 中华书局, 118頁.

그림 3_ 만철 장춘 야마토호텔(현 장춘춘의빈관)

의 중산광장 남쪽에서 착공식을 가졌고 이듬해 남만의학당南滿醫學堂(후에 만주의과대학滿洲醫科大學으로 승격)과 함께 준공되었다. 당시 이 일대에는 비슷한 유형의 건물이 많았기 때문에 이 지역은 심양의 병원건물 집거지로 불렸다. 1925년에 이르면 만철 부속지 시가지 전체에 걸쳐 현대화된 병원은 16개에 달했다. 이는 만철 부속지 시가지마다 병원이 최소 하나씩 있다는 뜻이기도 했다. 이 병원들 중 상대적으로 큰 병원으로는 장춘병원, 봉천병원, 요양병원, 철령병원, 영구병원, 안동병원, 공주령병원, 안산병원 등이었다.[55] 이 병원들은 모두 그 지역의 가장 현대적인 병원이었다.

1906년 9월부터 만철 부속지에서는 근대 우정郵政 건물이 건설되면

55　만철 봉천·요양·철령병원은 1904년 4월 1일에 개업했다. 공주령병원, 장춘병원, 본계호병원, 안동병원, 영구병원의 개업 시기는 각각 1907년 10월 15일, 11월 1일, 1910년 4월 1일, 1910년 8월 1일, 1913년 1월 1일이었다.

그림 4_만철 안동병원

서 우정 업무가 시작되었다. 1915년까지 만철 철도 연선에는 최소 30개의 우체국이 설립되었다. 그중 가장 근대적인 우체국은 1909년 3월 30일에 설립된 장춘 중앙통우편국中央通郵便局(현 관성구寬城區우체국)이었다.[56] 이어 봉천에 십간방十間房우편국(1911)과 봉천우편국(1915)이 설립되었다.

지금까지 살펴본 호텔, 병원, 우체국 건물은 대부분 벽돌과 콘크리트로 된 구조물이었고, 외관은 유럽 고전양식과 바로크양식 등을 따랐기 때문에 아름답고 견고하고 실용적이어서 도시의 독특한 경관을 연출하는 데 중요한 역할을 했다.

② 만철 사원주택. 만철 부속지의 주택 건물은 투자 주체에 따라 두 가지 유형으로 나눌 수 있다. 첫 번째 유형은 만철이나 관동청이 투자하여 세운 회사의 직원과 군인 가족의 주택이고, 두 번째 유형은 임대

56　满铁地方部长春地方事务所, 『长春地方经营沿革史资料』(抄本), 原件收藏于辽宁省档案馆史地类资料 第627号.

또는 중국과 일본 상인 개인이 투자하여 건설한 주택이다. 심양 만철 부속지의 주택 건설은 1908년부터 시작되었다. 당시 건설된 주택은 주로 일본식 목조주택이었다. 만철 사원이 가장 먼저 입주했던 40여 동의 사원주택[57]은 1909년 궁도정宮島町(현 승리북대가 북단)과 교립정橋立町(현 민족북가民族北街)에 세워졌는데, 그곳은 근대 심양의 첫 번째 도시계획에 의해 건설된 주택구에 속해 있었다. 그런데 이 건물들은 벽이 얇고, 보온성이 떨어져 동북 지역에 적합하지 않았다. 그리하여 만철은 1910년부터 본사를 건설하면서 오다 다케시의 설계에 따라 부속지에 표준화된 단독 고급주택과 2층에 4동으로 구성된 유럽식 건물을 대량으로 건설했다. 이로 인해 주택 유형이 표준화되기 시작했다. 직원을 직급과 소득의 차이에 근거하여 특갑, 갑, 을, 병, 정 등 다섯 개 등급으로 나누고, 특갑·갑·을 등급은 단독주택에, 병·정 등급은 연립식 주택에 입주시켰다. 같은 등급의 표준화된 주택이라 할지라도 가구별 식구 수에 따라 실내 구조와 크기가 달랐다. 주택 유형의 표준화에 이어 방 구조도 표준화되었다. 방은 공장에서 건설 재료를 대량 생산한 후 건설 현장에 운반하여 설치하는 방법으로 만들었다.[58] 주택 유형의 표준화와 낮은 밀도의 공간적 분포는 건축공간의 질서와 통일을 보장해주었다. 또한 이런 구조는 현대 도시 경관의 총체적 통합에 부합하는 동시에 건물 밀집지와 개별 건물의 개성을 돋보이게 했다. 방 구조의 표준화는 시공 기간을 단축하고 단가를 낮추어 경제적이고 실용적인 주택을 건설할 수 있게 했다. 만철의 표준화된 주택은 부속지에서 경치가 아름답

57　赵智喜市,「奉天附属地的发展景域」, 载『南满铁道株式会社教育研究所研究要报』, 第10辑, 334頁.

58　包慕平·沈欣荣, 1998,「30年代沈阳'满铁'住宅的现代规划」, 汪坦 等 编,『第5次中国近代建筑史研究讨论会论文集』, 中国建筑工业出版社, 116頁.

고 교통시설이 잘 구비된 지역에 건설되었다. 예를 들어 봉천의 오리하五里河와 남사가(현 민주로民主路) 양측, 대련 남산의 근강정近江町(현 칠칠가七七街), 장춘 서공원 외곽,[59] 무순 영안대永安臺 등은 전형적인 만철 주택가였다. 이런 지역은 녹지와 공공운동장으로 나뉘어진데다가 건물의 분포 밀도도 매우 낮았고 건물마다 정원식 화원을 보유하고 있었다. 또한 이 건물은 집집마다 벽난로가 설치되었거나 중앙난방 시스템을 도입한 건물이었다. 1917년 3월까지 만철은 1,000만 엔을 투자하여 3,656동, 81,629m²에 달하는 주택을 지었다.[60] 1920년 만철은 대련에서만 2,115동, 544,882m²에 달하는 주택을 건설했다. 중국과 일본의 상인들이 만철 부속지에 투자하여 지은 건물은 만철 사원주택보다 조금 작은 규모였다.

③ 문화·교육시설. 만철은 일본 교민의 문화생활 요구를 충족시키

그림 5_ 무순 만철 사원주택구

---

59 만철 직원 아가와 고이치(阿川甲一)는 장춘 부속지의 첫 설계사이자 방 구조 건축가이다.

60 『大正6年(1917)满铁统计年报』.

고 문화 침략을 통한 일본의 '만몽문화'를 만들기 위하여 각 지역 부속지에 거액을 투자하여 여러 종류의 문화 및 교육시설을 설립했다. 이런 시설은 주로 신문사, 도서관, 박물관이었다. 신문사에는 심양의 봉천일일신문사奉天日日新聞社, 성경시보사盛京時報社, 영구의 만주신보사滿洲新報社, 장춘의 북만일보사北滿日報社, 장춘시보사長春時報社, 안동의 동변일보사東邊日報社, 시사신보사時事新報社 등이 있었다. 만철이 설립한 도서관은 20여 개에 달했다. 그중 규모가 큰 도서관으로는 대련도서관(1907년 설립, 면적 2,760m², 장서 20만 책), 봉천도서관(건물 면적 1,150m²), 무순도서관, 장춘도서관(1922년 설립, 현 장춘시전영발행방영공사長春市電影發行放映公司 부지) 등이었다.

만철 부속지에서 출현한 첫 번째 학교는 1906년에 설립된 일본교민회가 운영하는 학교였다. 이 학교는 설립 이듬해인 1907년부터 일본인 소학교, 중학교, 고등학교 등 체계를 갖추기 시작했다. 1931년까지 만철 부속지에는 일본인 학생만 모집하는 소학교 22개, 중학교 4개, 여자

그림 6_ 만철무순도서관

고등학교 4개, 실업학교 6개가 설립되었다. 그중 규모가 상대적으로 큰 소학교는 영구의 일본심상소학日本尋常小學(1906년 설립), 장춘의 사정심상소학事町尋常小學(현 천진로소학교, 1908년 설립), 장춘의 서광장소학西廣場小學(1925년 설립), 봉천의 춘일소학春日小學(현 태원가소학교, 1908년 설립) 등이었다. 중학교로는 봉천 남만중학당南滿中學堂(1919년 설립), 안산중학鞍山中學(1923년 설립), 무순중학撫順中學(1923년 설립), 안동중학安東中學(1925년 설립), 장춘부도고등여자중학長春敷島高等女子中學(1923년 설립, 현 장춘 서광장에 위치), 장춘상업학교長春商業學校(1920년 설립, 현 장춘시실험중학교), 봉천낭속여자고중奉天浪速女子高中(1920년 설립, 현 심양20중학교), 대련미생여자고등중학大連彌生女子高等中學, 안동고등여자중학安東高等女子中學(1923년 설립), 여순고등여자중학旅順高等女子中學(1910년 설립) 등이 있었다. 1920년대 이후 만철은 여순과 봉천에 순차적으로 여순공과대학旅順工科大學(1922년 설립)과 만주의과대학滿洲醫科大學(1922년 설립)을 설립했다. 또한 만철 부속지에는 상당수의 중국인이 거주했기에 만철은 식민 교육을 실시하는 차원에서 철도부속지마다 중국인 학생만을 위한 소학교(공학당公學堂), 중학당, 사범학당, 실업학당을 설립했다. 이런 성격의 학교에는 영구상업학교營口商業學校(1906년 설립), 요양상교遼陽商校(1923년 설립), 무순광산학교撫順礦山學校(1921년 설립), 웅악성농업학교熊岳城農業學校(1923년 설립), 금주농업학교金州農業學校(1923년 설립), 공주령농업학교公主嶺農業學校(1923년 설립) 등이 있었다. 그 밖에 일본어 복습학교, 성인업여학교成人業餘學校, 맹농아학교盲聾啞學校도 있었다. 이런 문화·교육기관이 출현하면서 만철 부속지에는 교육 전문 구역이 형성되기도 했다.

④ 상공업·금융업 관련 건물. 근대화된 시정 시설, 편리한 철도 교통, 낮은 토지 임대료는 만철 부속지의 근대 상공업의 발전을 촉진했

다. 1910년을 전후하여 만철은 주요 시가지에서 상공업 기초시설에 대한 투자를 시작했다. 1915년 이전까지 이런 부속지의 공업 시설은 주로 동북의 자연자원을 활용한 착유, 제분, 소사, 면방직, 성냥제조 등과 관련된 중소 경공업 그리고 이들 산업의 기초인 전력산업과 관련된 시설이었다. 만철 부속지에서 출현한 첫 번째 기계착유공장은 1906년 일본인 오데라 소키치小寺莊吉가 영구에서 설립한 수압기계유방이다. 1907년 일본 미쓰이물산은 같은 곳에서 규모가 더 큰 산타이유방三泰油坊을 설립했다. 착유업은 영구, 대련, 안동, 개원, 요양의 철도부속지에서 빠르게 발전했다. 1919년까지 남만 철도부속지에는 130여 개의 유방이 있었는데[61] 그중 규모가 비교적 큰 유방은 1908년에 설립된 닛신두박주식회사日淸豆粕株式會社 대련제조소, 안동의 닛코유방日興油坊과 아베유방安部油坊, 1910~1911년에 설립된 대련의 산타이리유방三大利油坊과 사이토유방齋藤油坊 등이었다. 제분업은 철령, 공주령, 장춘 등을 중심으로 발전했다. 그중 규모가 가장 큰 것은 1906년에 설립된 철령 만주제분주식회사滿洲製粉株式會社로, 1일 밀가루 생산량은 1,600포대에 달했다. 소사업 공장은 요동과 요남의 누에 산지인 안동, 개평, 해성 등에 집중되었고 면방직업은 봉천, 영구, 안동 등에 주로 분포되었다. 1930년까지 만철 부속지에 설립된 방직공장은 27개에 달했고 봉천 만몽모직공사滿蒙毛織公司와 장춘 만주제직회사滿洲制織會社가 가장 컸다. 그중 만주제직회사 한 곳이 전체 북만주 지역 방직품 수요의 30%를 충족시켰다. 성냥공장은 주로 장춘, 봉천, 안동, 영구 등에 분포되었다. 1907년에 설립된 장춘의 닛신인촌주식회사日淸磷寸株式會社가 동북의 첫 번째 성냥공장이었고, 영구의 동아화시공사東亞火柴公司도 비교적 큰 규모의 성냥공장이었다. 1915년까지

---

61 「満洲工業概況」, 1923, 『満蒙全书』, 第4卷, 第4章, 大连満蒙文化协会.

만철 부속지에서 가동 중에 있었던 공장은 71개에 달했다. 1915년 이후부터 만철 부속지에는 대련모직주식회사大連毛織株式會社, 만몽모직주식회사滿蒙毛織株式會社, 대련유지주식회사大連油脂株式會社, 동양척식회사東洋拓殖會社, 남만주철도공장南滿洲鐵道工廠 등과 같은 독점 성격의 기업집단이 출현했다. 이런 독점 기업들은 보통 본부를 대련에 두고 철도 연선의 도시에 자회사를 설립했다. 만철의 대출 보증과 낮은 철도·석탄·전기 사용료의 혜택으로 이런 기업들은 빠르게 성장할 수 있었다. 1921년 기준 만철 부속지 및 관동주에 설립된 공장은 256개였고 이들이 만철에 납부한 자본금은 6,408만 엔이었다. 1931년 만철 부속지의 공장은 473개로 증가했고 만철에 납부한 자본금은 12,067만 엔으로 증가했는데[62] 이는 1910년의 10배에 달하는 규모였다. 만주사변 이후 일본의 동북 침략이 가속화되면서 만철 부속지의 공업 규모 또한 빠르게 확대되었다. 1934년 말 기준으로 가동 중인 공장은 1,244개였고 투자 총액은 2억 3천만 원에 달했다. 그중 대련, 안동, 봉천의 공장은 각각 543개, 107개, 162개였다.[63]

만철 부속지의 공업이 철도역, 철도역 인근 지역 또는 부속지의 변두리에 분포되었던 것과 달리 상업은 만철 사원주택의 주변에 분포되었다. 만철 부속지의 번화한 상업구는 이렇게 형성되었던 것이다. 봉천 철도부속지의 경우 1908년 이전까지 만철 사원주택은 서탑 인근에 있었다. 따라서 서탑 옆에 건설된 십간방대가(현 시부대가)의 서단이 봉천 철도부속지의 첫 번째 상업건축물 집중지역이 되었다. 1909년 이후 만철 사원주택은 도시의 발전에 부응하여 남부의 궁도정(현 승리대가)

62　「1907~1931年关东州及各满铁附属地各业种公司数及投入资本演变表」, 『满洲开发四十年史』, 259頁.

63　『盛京时报』, 1936年 5月 16日.

과 강도정(현 난주가兰州街 북단)까지 확장되었다. 이에 따라 인근의 춘일정(현 태원가 북단), 청엽정(현 태원가 남단), 적정(현 남경가 남단), 가무정(현 남경가 북단)이 봉천 만철 부속지의 두 번째와 세 번째 상업지역으로 발전했다. 춘일정과 청엽정 두 곳에만 100여 개의 상호가 있었다. 1920년 이후 봉천 만철 사원주택구가 홍매정(현 서일조가), 등낭정藤浪町, 도엽정(현 동택가) 등으로 확장되면서 평안통(현 민주로), 천대전통(현 중화로) 등 철도부속지를 관통하는 새로운 상업구가 형성되었고 주택구와 상업구가 공간적으로 교차하고 감싸는 구조가 만들어졌다. 상업구에서 규모가 큰 상호로는 칠복옥백화점七福屋百貨店,[64] 만몽모직주식회사백화점滿蒙毛織株式會社百貨店,[65] 대화옥백화점大和屋百貨店(현 태원가 신화서점), 기구옥幾久屋(현 화평상장和平商場), 춘일옥상장春日屋商場(현 심원춘상장점沈園春商場, 1927년 설립), 춘일정채장春日町菜場(현 화평부식품상점和平副食品商店)등이 있었다.[66] 1925년을 전후하여 20km² 에 달하는 봉천 만철 부속지의 60% 이상이 상업건물 집중지역으로 변모했다. 이 상업건물들 중 일본인이 설립한 상호는 약 80%에 달했다. 1914년의 통계에 의하면, 당시 만철 부속지에는 약 600호의 상호가 있었는데, 그중 일본인 상호는 95개 업종, 479개였고 나머지는 영국, 미국, 러시아, 프랑스, 그리스, 폴란드 등 10여 개 국가의 상인이 경영하는 업체였다. 만철 장춘 부속지의 경우 초기 상업구는 백화점과 식당을 위주로 한 부사정(현 흑수로)과 곡물시장을 중심으로 한 일출정(현 장백로)이었다. 1915

---

64   현 요녕경공상점(遼寧輕工商店). 1906년 착공. 콘크리트 구조물, 지상 5층, 지하 1층. 심양에서 가장 먼저 건설된 상업건축물.

65   현 심양제일백화점(瀋陽第一百貨店). 1932년 설립. 콘크리트 구조물, 지상 6층, 지하 1층, 4,300m². 근대 심양에서 규모가 가장 큰 상업건축물.

66   『沈阳市志·建筑志』, 1995, 沈阳出版社, 450-451頁.

년 이후부터 상업구는 길야정(현 장강로)으로 이동하기 시작했다. 당시 이 거리에는 금태양행金泰洋行(후에 장춘삼이공사長春參茸公司로 변경), 만 태양행滿泰洋行(후에 장춘춘풍상점長春春風商店으로 변경), 평본양행平本洋行 (현 추림공사秋林公司), 건사진관乾寫真館(후에 시광조상관時光照相館으로 변 경),[67] 환평양행丸平洋行(후에 장강반점長江飯店으로 변경), 근등복장점近藤 服裝店(후에 홍광이발관紅光理髮館으로 변경), 등야서점藤野書店(후에 오소 리서찬관烏蘇里西餐館으로 변경), 은좌전영원銀座電影院(후에 장강전영원長江 電影院으로 변경),[68] 빈연루반점賓宴樓飯店 등 수십 개의 유명 상호가 있었 다.[69] 다른 철도부속지 상업건축물도 대체로 비슷한 구조로 분포되었다.

철도부속지의 상업이 발전하고 자본 유동 규모가 확대되면서 대 형 금융기업 건물들도 출현했다. 봉천에 요코하마정금은행봉천지점 橫濱正金銀行奉天支店(현 공상은행 심양중산광장 지점, 1925년 설립, 총면 적 2,346m^2), 동양척식회사봉천지점東洋拓殖會社奉天支店(현 심양총공회 청 사, 1926년 설립, 총면적 3,337m^2), 조선은행봉천지점朝鮮銀行奉天支店(현 심양경공산품 경리부) 등이 건설되었다. 장춘의 남광장에는 요코하마 정금은행장춘지점橫濱正金銀行長春支店과 조선은행장춘지점朝鮮銀行長春支店 (1925년 설립)[70]이 있었다.

⑤ 종교 건물. 일본의 종교단체는 만철 설립 이전부터 동북에서 활 동하고 있었다. 만철 부속지가 건설되면서 이들 종교조직은 부속지를 기지로 삼아 세력을 확장해갔다. 만주사변 이전 정토진종대곡파淨土真宗

---

67 조상관은 사진관이다.

68 전영원은 영화관이다.

69 『長春史志』, 1992年, 第1期. 장춘 장강로에 위치했던 유명 상호들 중 현재 추림공사가 원래의 모습을 보존하고 있을 뿐 다른 건물들은 모두 1991~1992년 사이에 철거되었다.

70 벽면과 모서리가 붉은색과 하얀색으로 된 서양식 건물이었다. 2000년 6월 철거.

大谷派, 정토진종본원사파淨土眞宗本願寺派, 조동종曹洞宗, 일련종日蓮宗, 고의진언종古義眞言宗, 천대종天台宗, 임제종臨濟宗, 신의진종지산파新義眞宗智山派, 일본산묘법사파日本山妙法寺派 등 10여 종파가 만철 부속지 도시에서 67개에 달하는 종교기관을 설립했다. 장춘에만 20여 개 일본불교기관이 설립되었고, 그중 10개는 서정(현 오송로)에 있었다. 이 건물들은 철도부속지의 대표적인 건물들로 건축 규모가 크고 부지 면적이 넓었다.

근대 건축들이 대규모로 건설되면서 만철 부속지는 빠른 도시화와 근대화를 경험하게 되었다. 만철 부속지의 공간 구조의 도시화는 동북 남부지역 도시의 발전에 다음과 같은 영향을 미쳤다.

첫째, 동북 중·남부 철도 연선 도시의 외적 규모의 확대를 촉진했다. 1905년 이전까지 동북 중·남부 도시 중 봉천과 장춘, 후금정권의 도성, 또는 지역경제 중심에 위치했거나 중동철도의 특급·1급 기차역 설립으로 도시 규모가 확대된 곳을 제외하고 신흥 도시를 포함한 철도 연선 도시나 요하 연안 도시의 규모는 대체로 2~5km^{2}로 작은 편이었다. 만철 부속지의 도시화로 인해 중·남부의 일부 도시의 외곽 농촌들이 신도시가 되었다. 이 도시들은 이원 또는 다원적인 형태를 띠면서 자연스럽게 외곽으로 확장되었다. 그중 철령, 개원, 공주령 등은 면적이 최소 배로 증가하면서 근대 도시의 모습을 갖추기 시작했다. 봉천과 장춘의 경우 만철 부속지의 대규모 도시화와 중동철도 부속지의 동시적 개발은 분리되고 격리되었던 구도시와 신도시를 연결하고 도시의 공간 구조를 통합하는 데 핵심적 역할을 했다.

둘째, 철도부속지 도시에 근대적 건축물이 출현하면서 중·남부 도시들도 서양의 선진적인 물질문명을 향수할 수 있게 되었다. 만철 부속지의 건축 및 보조시설이 일본의 식민지 침략의 산물이라는 점은 불변의 사실이다. 하지만 이 건물은 물질문화의 매개체일 뿐만 아니라 서구적 건축양식과 시공기술이 이식된, 문화의 전파와 흡수를 보여주는 매개체이기도 하다. 왜냐하면 이런 건물의 설계와 건축 기술은 완전한 서양 문화(문예부흥, 신고전주의, 바로크 등)의 구체적 반영이기 때문이다. 만철 부속지에서의 근대식 건물의 출현은 동북 도시의 전통적인 왜소하고 남루했던 건축 윤곽을 개변시켰다. 동시에 동북 도시들은 기존의 러시아 양식에 중국 문화와 전혀 다른 일본 절충주의 양식을 추가하면서 독특한 다중적인 도시 경관을 연출할 수 있었다.

만철 부속지의 인구와 생활

건물 및 관련 시설이 도시 공간의 핵심 구성 요소라면, 인구는 도시 사회의 핵심 구성 요소다. 인구의 증가속도와 규모는 도시화 수준을 가늠하는 중요한 지표이다. 만철 부속지의 우수한 물질적 조건과 생활환경은 외래 이민 특히 국제 이주를 유발하는 강력한 흡인 요인으로 작용했다.

1906년 만철 부속지의 전체 거주민은 8,542호, 26,852명(대련 철도부속지의 인구 제외)이었다. 인구가 상대적으로 많은 철도부속지의 시가지 인구를 보면 와방점 989명, 웅악성 735명, 영구 371명, 대석교 1,057명, 요양 4,874명, 심양 3,418명, 철령 771명, 개원 266명, 사평 658명, 공주령 2,157명, 장춘 1,255명, 무순 5,669명이었다. 1916년 이들 도시의 인구는 각각 2,691명, 1,127명, 2,029명, 3,921명, 8,007명, 1,847명, 9,608명, 6,169명, 5,727명, 1만 4,269명, 2만 3,957명으로 증가했고, 전체 인구는 10만 9,653 명에 달했다.[71] 인구는 지속적으로 증

---

71 『南满洲铁道株式会社10年史』, 大连满洲日日新闻社, 1919(大正8年), 760~784頁.

연도	심양 부속지			장춘 부속지			공주령 부속지		사평 부속지	
	일본인	중국인	전체	일본인	중국인	전체	일본인	전체	일본인	전체
1907	907	939	1,846	687	566	1,255	1,354	2,157	206	658
1908	1,426	1,992	3,418	1,513	1,300	2,816	1,279	2,509	183	872
1909	1,670	1,220	2,890	1,688	3,284	4,986	1,388	3,126	233	1,201
1910	1,998	1,535	3,535	2,348	1,360	3,714	1,581	3,229	387	1,931
1911	3,182	1,012	4,195	2,708	4,293	7,001	1,707	4,301	385	3,005
1912	3,550	1,391	4,943	2,728	5,052	7,809	1,661	4,487	507	3,927
1913	3,781	1,630	5,420	3,274	5,926	9,243	1,761	4,967	616	4,850
1914	4,146	2,054	6,200	3,378	6,832	10,353	1,800	4,788	691	5,613
1915	4,490	2,407	6,897	3,465	7,920	11,540	1,817	5,185	629	5,741
1916	4,879	3,120	8,007	3,947	10,143	14,269	1,261	5,727	979	6,169

가하여 1926년에는 30만 3,629명, 1931년에는 36만 8,074명에 달했다.

만철 부속지의 인구는 국내 및 국제 이동을 통해 증가했다. 국내 이주민은 주로 산서, 산동, 하북, 강소, 광동 등지에서 유입된 사람들이었다. 이들은 전체 만철 부속지 이주민의 50~60%를 차지했다. 국내 이주민은 자발적으로 또한 분산적으로 동북으로 이주하여 상업에 종사하거나 허드렛일을 했다. 국제 이주는 주로 일본인의 이주를 말한다. 일본인의 이주는 거대한 규모의 만철주식회사 직원의 이주와 같이 정부 주도로 이루어진 조직적 식민과, 상업 종사자와 같은 산발적이고 분산적이고 자발적인 이주로 나뉜다. 만철 부속지의 일본인 규모는 35~40% 정도였다. 그 밖에 5% 정도의 조선 이주민도 있었다. 일본 이주민은 주로 만철 직원과 상사商社의 중·하급 직원이었다. 1916년 만철주식회사의 통계에는 그해 만철 부속지 내 일본 교민은 4만 3,841명이라고 기록되어 있다. 직업 또는 직급별 인구를 보면, 만철주식회사 직원 9,988명, 기타 회사 피고용자 1만 5,218명, 행정관원 2,296명, 교사 571명, 상인

4,980명이었다. 그리고 다른 업종에 고용된 근로자[72]와 기타 업종 종사자도 있었다. 철도부속지 거주자의 대부분이 일본인이었기에 이곳의 주민생활은 다른 지역과 확연히 달랐고 중국인이 거주하는 신흥 상부지와도 판이했다.

근대 도시의 문화생활에서 신문과 간행물 등 매체의 역할이 매우 크다. 만철 부속지에서 일본 식민지 문화의 전파를 위해 설립된 신문사에는 1906년 스에나가 준이치로末永純一郎가 설립하여 일본어와 중국어 이중 언어로 간행된 대련의 『요동신보遼東新報』, 나카지마 마사오中島真雄가 창간한 봉천의 중문판 『성경시보盛京時報』와 영구의 일본어판 『만주일보滿洲日報』가 있었다. 1907년 이후부터 철도부속지의 일본어 신문과 잡지의 출판량이 급증하기 시작했다. 1930년에 이르면 일본인이 설립한 신문은 27종에 달한다. 그중 『성경시보』와 『봉천일일신문』은 지면 매수나 발행부수에서 국내의 대형 신문 반열에 올라 있었다. 잡지는 1912년부터 출현했다. 1931년에 이르러 부속지의 외부 시장을 대상으로 발행하는 잡지는 243종으로 증가했다. 그중 뉴스·시사 잡지만 45종이었는데 국내 어느 지역에도 이와 같은 규모의 잡지출판산업을 갖춘 곳이 없었다. 여러 잡지 중 영향력이 있는 잡지는 만철회사에서 출판한 『협화協和』(반월간), 『만주평론滿洲評論』, 『만주공론滿洲公論』, 『만철통계일보滿鐵統計日報』, 『조사시보調査時報』 등이었다.

만철 부속지의 음식문화 또한 무시할 수 없을 정도로 발전했다. 단일 업종별 소비 규모를 보면 요식업 소비가 가장 컸다는 것을 한눈에 알 수 있었다. 1905년부터 일본인이 대규모로 동북 지역에 이주하면서 일본 요리점이 대련, 영구, 봉천 등 남만철도 기차역 부근에서 출현했

72　「(1916年)満铁附属地居住者职业别表」, 『南满洲铁道株式会社10年史』, 大连满洲日日新闻社, 1919(大正8年), 726-733頁.

다. 그해 11월 7일 봉천의 첫 번째 일식집인 소서관홍엽관小西關紅葉館이
개업했다. 봉천 만철 부속지의 일본인 규모가 증가하면서 일식집도 늘
어났다. 1906년 9월 봉천의 일식집은 35개에 달했고, 여성 상점주와 여
종업원은 636명이었다. 봉천 철도부속지의 일본인은 470호에 불과했지
만 일식집 및 관련 종사자가 이렇게 많다는 것은 이 산업의 규모가 상
당한 수준으로 확장되었음을 의미했다.[73] 1907년 이후부터 일본 요리집
은 남만철도 연선까지 확장되었다. 1916년 기준 남만 철도부속지의 일
식집은 135개에 달했는데 이는 중국 식당의 수보다 많은 규모였다. 부
속지 사람들에게 있어 일본 요리를 먹는 것은 유행이나 다름없었다.

요식업과 직결된 산업은 호텔업과 오락산업이다. 민국 초기 봉천,
대련, 영구, 안동 등 철도부속지에는 시민을 상대로 한 일본 및 서양 영
화를 방영하는 영화관과 노천극장이 출현했다. 그중 일부 영화관은 주
간뿐만 아니라 야간 상영 서비스도 제공했다. 동시에 서커스, 마술 등도
철도부속지 시가지에서 흔히 볼 수 있는 공연이 되었다. 1920년을 전후
하여 요양·대련·봉천 철도부속지 공원과 광장 인근에는 전문적인 서
커스 공연장이 들어섰다. 외국인 조련사와 마술사가 공연하는 날이면
공연장은 사람들로 꽉 차 발 들일 틈이 없었다.

만철 부속지의 체육·문화는 다른 문화에 비해 일본적인 요소가 짙
었다. 전통적인 동북 도시에는 체육시설이 전무했지만, 만철 부속지 시
가지에는 중·소학교와 공원을 활용한 운동장이 건설되었다. 이런 운동
장과 체육시설에는 근대 서구에서 흔히 볼 수 있었던 테니스장, 축구장,
육상 트랙, (경)마장, 헬스장, 수영장은 물론 일본인 전용의 스모장과

---

73 赵智喜市,「奉天附属地的发展景域」, 载『南满铁道株式会社教育研究所研究要报』, 第
10辑, 282頁.

야구장도 있었다. 매년 봄과 가을이면 만철 부속지 학교와 회사들은 운동장에서 운동회, 스포츠 쇼를 조직했고 날씨가 좋으면 교외 소풍을 조직하는 등 여가 스포츠를 즐겼다.

만철 부속지 일본인은 1906년부터 이동의 편리를 위해 시내 교통수단으로 인력거(동양차東洋車)와 서구식 마차를 도입했다. 이들 교통수단은 사람의 이동뿐만 아니라 우편 및 기타 물건의 운송에도 사용되면서 시민의 열렬한 환영을 받았다. 심지어 일부 청춘남녀 사이에서는 '인력거에 앉아 드라이브하는 것은 유행'으로 인식되었다. 1900년대 초 봉천의 '동양차'는 6,000대에 달했다. 1915년을 전후하여 만철 부속지에 일본과 미국으로부터 수입된 자전거와 버스가 출현하면서 도시 교통은 더욱 편리해졌다. 근대적 교통수단, 특히 자동차를 이용하기 위해서는 굉장히 많은 비용을 지불해야 했지만 10년이 지난 1924년 6월 기준으로 봉천 철도부속지에서는 일본의 호패虎牌·부사패富士牌 같은 유명 브랜드 자전거 1,340대와 버스 38대가 거리를 달리고 있었다. 근대적 교통수단의 도입으로 정부 관료와 부유한 상인들이 가마를 타던 전통적 모습은 사라지고 일반인의 보행 방식도 변화했다. 도시에는 활기가 넘쳤고 사람들의 생활 리듬은 빨라졌다.

정보통신업의 근대화 역시 근대 도시에서 빼놓을 수 없는 부분이었다. 1906년부터 만철 부속지에는 근대적 우체국과 전신국이 출현했다. 이듬해부터 주민들은 우전과 전신 등 근대적 통신수단을 접할 수 있었다. 1919년 영구 철도부속지에서 가정용 유선전화기를 설치한 가구는 577호에 달했다. 우체국에 가서 편지를 부치고 전보를 보내는 것은 시민생활의 일부가 되었다.

이질적 인구의 대량 유입과 근대적 기술의 도입으로 철도부속지는 식민지화, 국제화, 근대화를 동시적으로 경험하고 있었다. 이 경험들은 동북 도시의 전면적 근대 전환을 자극하고 인도했다.

만철 부속지는 새로운 문명을 창출함과 동시에 기녀·조폭 등 자본주의 사회의 추악한 모습도 고스란히 담고 있었다. 만철 부속지의 기녀는 일본 요식업과 거의 같은 시기에 출현했다. 1906년 초 봉천의 류정柳町(서탑 인근)에는 일본인이 운영하는 서풍관瑞風館, 심양관瀋陽館 등의 기원妓院이 있었다. 당시 동북에 이주한 일본 기녀의 신분은 다양했다. 한 부류는 일본군 위안부의 성격을 띤, 강압적으로 서비스를 제공하게 된 여성이고, 두 번째 부류는 기녀로 위장한 일본 정보원이었고, 세 번째 부류는 돈을 벌기 위한 직업 기녀였다. 만철 부속지가 확장됨에 따라 기녀의 규모도 지속적으로 증가했다. 1916년에 이르면 만철 부속지의 직업 예기芸妓(게이샤)는 314명에 달한다. 기녀와 기원의 수가 증가하면서 철도부속지마다 하나 이상의 큰 규모의 홍등가(기원가)가 출현했다. 일본 기원의 범람으로 동북의 도시 경관은 심각하게 훼손되고 파괴되었다. 철도부속지의 범죄조직(흑사회黑社會)은 1920년대부터 형성된 것으로 볼 수 있다. 철도부속지가 중국의 행정체계와 판이한 특수한 혼합형 행정체계를 표방하면서 두 체계의 틈새에서 범죄조직이 출현했던 것이다. 앞에서 언급했듯이 철도부속지는 형식적으로 만철 독점경영인 듯했지만, 실제로 만철, 관동군, 관동주 주재 남만 지역 각 도시의 총영사관이 함께 통치하는 구조였다. 관동군과 관동주는 잔혹한 식민지 군경 통치를, 만철은 '기업화 경영'을 통한 자본주의 통치를 표방했다. 상이한 통치 방식은 범죄조직의 형성과 번식에 비옥한 토양을 제공했다. 중국 남방의 조계지 도시와 마찬가지로 만철 부속지의 범죄조직은 매우 심각한 수준이었다.

제5장

동북 지방당국의 도시 근대화운동과 지역 도시의 변화
– 심양을 중심으로

　　도시 근대화는 도시가 단일한 상품경제 사회에서 복잡한 공업경제 사회로 전환되는 역사적 변천 과정으로 정의된다. 이 역사적 변천 과정을 설명하기 위해서는 도시 사회의 모든 영역에서 일어난 변혁과 국내외 경제·정치·문화 등 거시적 측면의 영향을 함께 고려해야 한다. 외부의 자극이나 도시 자체의 정상적인 경제 발전의 경로만으로 이 역사적 전환을 설명하기에는 역부족이다. 더 나아가 두 가지 측면뿐만 아니라 광범위하고 심층적인 사회운동과 사회개혁운동에 관한 내용이 추가되어야 한다. 왜냐하면 사회 각 계층의 민중이 도시 근대화 과정에 참여함으로 인해 관과 민, 그리고 사회와 경제가 서로 영향을 주고받을 수 있기 때문이다. 이 상호작용은 사회구조의 전환을 가속화하여 도시 근대화의 최종 목표를 쟁취하게 한다. 조이손趙爾巽, 장작림張作霖 등이 중심이 된, 청말민초(청 말기부터 중화민국 초기) 시기에 동북 지방당국이 주도한 도시 근대화운동이 바로 이런 역사적 발전 과정을 보여주는 사회운동과 사회변혁운동이었다. 이와 같은 동북 지방당국의 도시 근대화운동의 역사는

1905년 말 청 정부가 동북 지역에서 실시한 '신정新政'에서 시작된다.

동북 '신정'과 구도시의 회생

의화단사건 이후 청 정부는 통치 기능을 회복하고 쇠망의 벼랑 끝에서 탈출하기 위하여 전국적 범위에서 정치, 경제, 군사, 교육 등 모든 영역에 대한 근대적 개혁운동을 실시했다. 이 개혁운동을 '신정'이라고 한다. '신정'은 1901년에 시작되어 1903년에 전국적으로 확장되었다. 하지만 당시 동북 지역은 러시아가 점령하고 있었다. 청 정부가 동북 지역에 대한 주권을 행사할 능력이 없었기 때문에 신정을 펼칠 가능성은 거의 없었다. 심지어 러시아가 철수하기도 전에 일본과 러시아가 동북을 분할하는 침략전쟁을 벌이는 바람에 신정은 계속 빛을 볼 수 없었다.

러일전쟁이 끝나자마자 청 정부는 1905년 7월 호부 시랑侍郎 조이손을 성경장군 신분으로 동북에 파견하여 동북 3성 사무를 관리하게 함으로써 동북에 대한 통치권을 되찾고자 했다. 조이손은 부임[1] 직후부터 한편으로 일본과 러시아에 철군을 요구했고, 다른 한편으로 핵심도시에 대한 통치를 회복하고자 했다. 당시 동북의 행정체계는 팔기八旗를 중심으로 주와 현이 서로 교차한 준군사적 기민이중제도旗民二重制度와 성경배도제도盛京陪都制度[2]였다. 폐쇄적이고 전통적인 제도는 여러 가지 노

1　조이손은 1905년 7월 21일 북경을 떠나 7월 25일 봉천에 도착하여 관인을 받고 부임했다. 『大公報』, 1905年 8月 1日.

2　성경배도제도는 1644년 청이 수도를 북경으로 옮긴 후 동북 '용흥지지'를 보호하기 위하여 실시한 특수한 행정체계이다. 이 제도는 장군이 3성을 총괄하는 동시에 성경(심양)을 배도(제2의 수도)로 하고 5부 시랑을 설치하여 장군과 권력을 분할하여 행사하는 동시에 봉천 부윤(府尹)을 설치하여 배도 학무(學務)와 정령(政令)을 관리하는 제도였다.

력을 통해 회복할 수 있을지 모르나 이 행정체계는 이미 동북에서 정당성을 잃은 상태였다. 전통적인 행정체계가 회복된다 하더라도 '단일하지 않아' 행정 통합 능력을 발휘할 수 없었을 것이다. 당시 동북의 여러 도시들은 1900년 러시아의 침입과 뒤이은 러일전쟁의 여파로 곳곳이 파괴와 불황으로 시름하고 있었다. 이런 상황에서 동북의 지방행정체제를 회복하고 도시의 활력을 되찾는 것이 조이손이 해야 할 일이었다. 그는 "낡은 제도를 버리고 새로운 제도를 도입하지 않으면 통치는 물론이고 생존도 불가능하다"[3]고 생각했다. 청 정부의 동의를 얻은 후 조이손은 봉천성성(심양)에서 먼저 '신정'을 가동하고 이어 다른 지역으로 확대했다. 신정은 주로 도시의 정치체제를 개혁하고 도시의 경제·문화·교육을 발전시키는 데 주안점을 두었다. 이러한 신정으로 동북의 많은 도시들, 특히 핵심도시의 행정 기능이 회복되기 시작했다. 당시 동북에서 펼친 신정의 내용은 다음과 같다.

① 새로운 행정체계를 도입하여 기존의 성경배도 행정제도를 유명무실하게 했다. 이는 장군군부제도를 폐지하고 근대적 도시 행정체계를 수립하기 위한 기초 작업이기도 했다. 기존의 성경배도 행정제도와 장군체계는 서로 중첩되고 모순적이었다. 새로운 제도를 도입하는 과정에 비록 성경배도체계를 폐지한다고 선포한 것은 아니었지만 이 제도하의 5부 인원 편제에 대해 대대적인 감원을 실시하는 동시에 남은 관직에 대해서도 실질적인 권력을 부여하지 않았다. 이는 기존의 두 행정체계의 폐지 수순이 시작되었음을 의미했다.[4] 이와 동시에 시대적 상황에 맞춰 귀국 유학생들 중에서 우수한 인재를 선발하고(봉천 교섭국

---

3 『清德宗实录』, 卷57, 2頁, 总5387~5388頁.

4 『大公报』, 1905年 8月 2日.

交涉局의 부강傅疆, 길림장군부 농공상국의 호종영胡宗瀛은 모두 일본 유학파이다), 외국인 전문가를 고문으로 초빙하여 교섭·사법 등 새로운 행정부서를 맡게 했다. 1907년 동북에서 정규적인 행정체계가 설립된 후 교육청, 심판청, 경찰청 등 신규 부서가 추가되었다. 이 신규 부서는 전적으로 일본을 비롯한 선진국의 유사한 기구와 제도를 참조하여 설립된 것이었기에 근대 행정관리체계에 생소한 전통적 봉건 사신上紳들은 하나둘씩 지방 행정부에서 퇴출될 수밖에 없었다. 신세대 지식인이 이들을 대신하여 지방행정의 주도세력이 되기 시작했다. 신세대에 의해 주도된 행정체계는 운영 절차를 간소화하고 정부의 사무 효율을 제고시켰다. 이와 같이 도시 사회구조의 핵심 요소인 정치권력의 매개체(행정기관)는 전면적인 근대화 단계에 진입했다. 특히 주목할 것은 근대 지식엘리트(부르주아지 지식인)가 사회·정치구조의 주변부에서 지방정치의 핵심 위치로 진입하면서 근대화의 주력으로 기능한 점이다. 동북 도시의 전면적인 근대화는 바로 이런 인적 자원이 보장되었기에 가능했다.

② 실업 및 근대 신흥 산업을 도입하고 우선적으로 발전시켰다. 도시 근대화는 공업화, 상업화, 교통 및 생활조건의 근대화로 표현되기도 한다. 그중에서 공업화의 위상이 가장 중요하다. 신정 시기 동북 지역에서는 대규모적인 공업 발전 장려정책이 펼쳐졌다. 1906년 봉천 상무국은 직포, 성냥제조, 비누제조, 유리제조 등에 관한 책을 편찬하여 전 성에 배포했고, 사업가들이 경영활동을 진행함에 법을 준수할 것을 요구했다.[5] 이듬해 7월 봉천성성은 상품진열관을 설립하여 교육, 천산天産, 공예 등에 관한 상품을 14개 구역으로 나누어 전시했다. 동시에 군軍·

---

5 「复州工房档案」, 卷43639号, 孔经纬 主编, 1990, 『清代东北地区经济史』, 第1卷, 黑龙江人民出版社, 399頁.

경警·학계에 지방 상품을 구매하도록 하는 관령을 내려 지역 산업을 발전시키고자 했다. 이어 관에서 지원하고 상인이 투자하는 방식으로 길림성성보화전등유한공사吉林省城寶華電燈有限公司(1906), 봉천전등창奉天電燈廠, 동삼성호란제당창東三省呼蘭製糖廠(1908), 흑룡강성화마공사黑龍江城火磨公司(1907년 치치하얼에 설립, 관은 4만 냥 투자), 길림성성지강조지고빈공사吉林省城志強造紙股份公司와 관서쇄인국官書刷印局(1907), 길림증기화거공사吉林蒸汽火鋸公司, 길림흥화파리창吉林興華玻璃廠(1907), 봉천과 길림성성의 강남농업시험창江南農業試驗廠 등을 설립했다. 이런 근대 기업의 출현으로 전통적 소비형 도시의 근대 전환(공업화, 상업화)이 시작되었고 도시 공간도 확장되었다. 예를 들어 길림성청에 강남농업시험장(현 강남공원)과 지강조지고빈공사가 설립된 후 구도시의 모습이 바뀌었을 뿐만 아니라 도시가 남쪽으로 발전하는 동시에 동쪽으로도 기존 면적의 1/2이나 확장되었다.[6]

③ 근대적 문화·교육사업을 시작했다. 1906년 이전까지 동북의 근대적 신문은 영구에 거주하는 일본인이 창간한 『만주보滿洲報』 하나뿐이었다. 조이손은 억눌린 민중의 각성에 "신문이 가장 간편하면서도 날카로운 무기"이고 동시에 신문은 외국 문화의 침략을 저지하고 국가의 주권을 옹호하는 중요한 수단이라고 생각했다. 1906년 초 그의 주도하에 『봉천민보奉天民報』와 『성시보醒時報』가 창간되었다. 길림성에서도 『길림일보吉林日報』와 『길림백화보吉林白話報』가 창간되었다. 같은 해 영구에서는 『성시보醒時報』, 해성에서는 『백화보白話報』가 창간되는 등 봉천과 길림성성 등 다섯 개 도시에 중국인이 관리하는 근대 신문매체가 연이어 출현했다. 1907년 봉천에는 도서관과 통신사도 출현했다.

---

6 『滿洲日報』(缩微胶片), 1907年 3月 22日.

근대적 사업을 발전시키려면 당연히 근대 기술·문화적 소양을 갖춘 새로운 인재가 필요했다. 동북은 경자년(러시아의 침략)과 갑진년(러일전쟁)의 두 차례 "전란으로 기물이 파손되고 민심이 냉랭하여 속히 회복되어야 할 부분이 많았지만 그중에서도 인재 부족이 다른 어느 곳보다도 심각했다."[7] 따라서 신정 초반부터 조이손은 신식 교육을 적극적으로 추진했다. 먼저 1906년 1월 그는 봉천 제학사提學使 장학령張鶴齡에게 위탁하여 봉천 기기마방機器磨坊의 빈 공간에 봉천공업학당奉天工業學堂을 개설하게 했다. 같은 해 여자학당, 간이사범학당, 법정학당, 무비학당 등의 학교를 창설했다. 조이손이 "교육에 열의를 갖고 학무를 진흥시키고자" 했기에 봉천성성의 신식 교육은 "학당이 즐비하고 학생이 날로 많아지는" 등 빠르게 발전할 수 있었다. 1년 뒤 학당은 43개, 선강소宣講所는 3개, 학생은 3,513명에 달했고, 그중 여학생이 351명이나 되었다.[8] 봉천에서 신식 교육이 실시됨에 따라 1906년부터 길림성성, 장춘, 영구, 안동 등지에도 장춘중학당, 장춘법정학당, 길림법정학당, 영구상무학당 등 신식 교육기관이 설립되었다.[9] 이와 동시에 지방 당국은 외국 유학을 적극적으로 장려했다. 1906년 봉천성의 관비 일본 유학생은 40여 명이었다. 1907년에는 추가로 20여 명 유학생을 일본에 파견했다. 일본에 파견된 유학생 중에는 여학생 25명이 포함되었다.[10] 한 번에 이렇게 많은 여학생을 일본에 유학 보낸 사례는 중국 내 다른 곳에서 찾아보기 어려웠다. 같은 해 흑룡강성에서도 유학생 20명이 처음으로 일

---

7 『大公报』, 1906年 2月 11日.

8 『满洲日报』, 1907年 6月 9日.

9 『满洲日报』, 1907年 3月 28日.

10 『满洲日报』, 1907年 3月 28日.

본에 파견되었다.[11] 또한 봉천성이 유학생 '본성우선조용本省優先調用'정책을 실시하자 자비 유학생도 급증했다. 동3성의 유학 붐은 이렇게 시작되었다. 또한 이들 도시에서는 성인 단기학습반도 개설되었다. 신식 학당 창설, 유학생 파견, 성인 단기학습반 개설 등은 도시 근대화 사업에 필요한 우수 인재 육성이라는 목표에서 추진된 사업이었다.

④ 재정·세수제도를 개혁하고 도시의 건설 자본을 축적했다. 1900년대 초까지 동북의 지방 세수 항목은 소금이나 밭에 부과하는 몇 가지 세금에 불과했다. 부족한 지방 재정으로 각급 정부 관료들의 녹봉은 물론이고 지방의 군사적 방어에 필요한 자원 조달마저도 여의치 않았으므로 다른 사업을 펼친다는 것은 현실적으로 불가능한 일이었다. 도시 건설은 충분한 자본이 뒷받침되어야 한다. 외채와 중앙정부의 예산은 일시적으로 문제를 해결할 수 있으나 장기적인 대책은 아니었다. 이에 조이손은 세수제도를 개혁하여 재정 수입을 늘이고자 했다. 1906년 초 그는 먼저 봉천성 재정총국을 설립하여 세수 과정에서 지방정부의 존재를 분명히 각인시키고자 했다. 두 번째는 각급 세수 부문에 관료들을 임명하여 전통적인 세수 항목의 정돈, 전쟁으로 폐기되었던 세관의 회복, 부패한 관리의 조사와 처벌, 세수의 목표치 달성 등을 독려했다. 세 번째는 세수 항목을 늘였다. 1905년 7월부터 1906년 6월까지 봉천성에서는 상품경제의 회복 수준에 맞춰 담배, 술, 건물, 소, 말 등에 대해 여러 가지 교역세가 신설되었다. 따라서 재정 소득은 "어떤 곳은 전년의 3~4배에 달했고, 어떤 곳은 1~2배에 달했다." 당시 성 전체에서 거둔 세목별 세수액을 보면, 칭세秤稅 은 91만 냥, 이연厘捐 은 32만 냥, 동변세東邊稅 은 35만 냥, 목식세木植稅 은 4만 냥, 요하선세遼河船稅 4만 냥, 기량

---

11 『大公报』, 1906年 2月 11日.

연期糧捐 은 7만 냥, 영구선세營口船稅 13만 냥, 연주세煙酒稅 40만 냥, 지묘세地畝稅 31만 냥, 염리鹽厘 119만 냥에 달해 "총 징수액은 382만 5천 냥으로 예년보다 200만 냥이 증가했다."[12] 세금의 대폭 상승으로 상인 등의 불만이 커지면서 사회적 불안 요소가 증가했지만 긍정적인 면이 부정적인 면보다 훨씬 많았다. 바로 이러한 지방정부 차원에서의 자본 축적이 있었기 때문에 1906년 이후 동북에서 대규모 근대적 시정 건설 사업이 가능했던 것이다.

⑤ 사신士紳과 민중을 적극 동원하여 시정 건설에 참여하게 했다. 대규모 시정 건설은 관방이나 지식엘리트의 참여뿐만 아니라 사신과 상인계층을 포함한 광대한 민중의 지지를 필요로 한다. 사회 각계 인사들의 참여를 동원하기 위하여 동북 지방정부는 시정 건설권과 사용권을 연결시키고 관방이 장악했던 시정 권력을 사신과 민간 사회단체[13]에 이양했다. 사신은 관으로부터 현지의 도로 계획과 건설, 환경위생과 정비 사업에 대한 결정권을 얻었다. 사신들은 상당히 고무되어 적극적으로 자신의 돈을 시정 공정사업에 보탰다. 이렇게 시정 건설사업은 전체 시민의 사업으로 수행되었던 것이다. 시정 건설사업에 크게 공헌한 사신은 다음과 같다.

이항춘李恒春. 산동 황현黃縣 사람으로 1880년 영구에서 민족공업인 서의순유방西義順油坊을 설립했다. 이항춘의 영향으로 다른 상인들도 착유업을 시작하면서 영구는 동북, 나아가 전국에서 가장 큰 두유 생산기지로 발전할 수 있었다. 1906년 식수 문제를 개선하기 위해 그는 동영무東永茂 사장 반달구潘達球와 함께 동북 최초의 민족수돗물회사를 설립했

---

12 『大公报』, 1906年 11月 25日; 『盛京时报』, 1907年 1月 9日.

13 민간사회단체는 주로 동북 각 도시에서 형성된 이민동향회와 1906년 이후 성립된 상회, 공회, 농회 등의 단체를 말한다.

다. 또한 민족의 이익과 권리를 되찾기 위해 1911년 그는 강병해康炳海와 함께 영구 조흥윤선공사肇興輪船公司를 설립하여 영구-상해-용구龍口 구간에서 항운사업을 시작했다. 치열한 경쟁 속에서도 이들은 회사의 규모를 꾸준히 확장하여 자본금 100만 원에 달하는 기업으로 발전시켰다. 이 회사는 당시 동북에서 가장 큰 민족항운기업이었다.

필유원畢維垣. 장춘의 소상인 출신으로, 1906년 이후 도시 개발의 기회를 활용하여 장춘욱동조이공사長春旭東皂胰公司, 장춘인쇄소長春印刷所 등 20여 개 기업을 설립했다. 또한 본인이 발기하여 『장춘일보長春日報』를 창간하고 중·소학교를 설립하는 등 현지의 문화·교육사업의 발전을 위해 많은 노력을 기울였다. 1910년에 이르러 장춘 사람들은 그를 장춘에서 가장 영향력 있는 민영 기업가라고 불렀다.

송육松毓. 길림성성에 거주하는 만주 정황기인正黃旗人으로 성은 혁사리赫舍里이다. 신정 시기에 그는 길림성성에서 방화회防火會, 동관목식공사東關木植公司 등을 설립했고, 1906년 이후 길림상회회장과 길림자치회 회장을 역임했다.

손백곡孫百斛. 자는 정신鼎臣이며, 진사進士 출신으로 한림원 편수編修를 역임했다. 1902년 봉천에서 동북 최초의 대학당大學堂을 설립했다. 1906년 이후 근대 교육사업에 헌신했고, 1907년부터 봉천상회회장과 자의국諮議局 의장을 역임했다.

그 밖에도 '신정' 시기[14]에 동북 도시들에 경찰 조직이 출현하면서 도시에 대한 관의 통제 능력이 강화되었고, 근대 공원의 건설[15]로 도시

14　1907년 조이손이 동북을 떠난 후 후임 동삼성총독 서세창(徐世昌), 석량(錫良) 등은 계속하여 '신정'을 펼쳤다.

15　1907년 조이손은 공주령에 있던 일본 임학자 미토 아키히로(三戶章造)를 초빙하여 봉천공원의 설계와 건설을 맡겼다.

의 공공생활 영역이 확대되었다.

상부지의 자체 개발과 건설

동북 지방정부가 1900년대 초의 '신정' 시기부터 민국 시기까지 추진했던 중요한 사업은 바로 도시 상부지商埠地의 자체 개발과 건설 사업이었다. 이것은 청 말~민국 초에 이르는 기간 동안 동북 도시 근대화운동의 또 다른 핵심 사업이었다.

동북 도시에서의 첫 번째 자체 개발 상부지는 1903년 중국과 미국이 상해에서 체결한 '속의통상행선조약續議通商行船條約'에 근거하여 출현했다. 이 조약의 제12항에는 "봉천부(심양), 안동현 두 곳에서 중국인이 자체적으로 개항하고 통상할 수 있고" 이 2곳의 상부지 내에 외국인이 거주할 수 있는 '적합한 지계地界'를 확정해야 한다고 명시되어 있다. 이 조약으로 근대 동북 도시에서의 상부지 개방·개발과 건설의 서막이 열렸던 것이다. 이어 중국과 일본이 체결한 '속정통상행선조약續訂通商行船條約'에서도 "봉천부와 대동구 두 곳에서 중국이 상부지를 자체적으로 개발하고 통상할 수 있다"고 규정했다. 청 정부와 동북 지방당국이 봉천과 대동구 및 안동을 개방하려고 할 때 동북을 주요 전장으로 한 러일전쟁이 발발했다. 이로 인해 중국과 미국, 중국과 일본은 이 세 지역에 대한 개항을 미룰 수밖에 없었다. 러일전쟁이 끝나고 1905년 11월 중국과 일본은 전후 동3성에서의 일본의 지위 문제에 관한 '동삼성사의부약십삼관東三省事宜附約十三款'에 서명했다. 이 부약의 제1항에는 중국 정부는 일본과 러시아 양국 군대가 철수한 후 봉천성의 봉황성, 요양, 신민둔, 철령, 통강자(현 통강구), 법고문, 길림성의 성성 영길(현 길림시), 하얼빈, 영고탑, 훈춘, 삼성(현 이란), 흑룡강성의 치치하얼, 후룬베이얼(해 랍이), 애혼, 만주리 등 16개 도시에서 "자체적으로 개부開埠·통상通商할 수 있다"고 명시되어 있다. 1906년 6월 1일 성경장군 조이손은 여러 지역 중 봉천성성을 가장 먼저 대외에 개방하기로 했다. 같은 달 안동과 대동구도 개방했다. 몇 달 동안의 시범 개방을 통해 경험을 쌓은 동북 지방당국은 경내 다른 도시를 개방하기 시작했다. 1907년 1월 14일(광서 32년 12월 초하루) 나머지 13개 도시가 동시에 개방되었다. 1909년 청 정부는 길림성 연변의 국자가局子街(현 연길延吉), 용정龍井, 백초구白草溝(현 왕청汪清), 봉천의 도남洮南, 정가둔, 호로도를 개방했다. 이렇게 청 정부가 자체적으로 개방한 지역은 22곳에 달했다.

청 정부와 동북 지방당국은 기존의 개항장을 참조하여 핵심도시 또는 변경 주요 지역에서 10~20km² 정도의 토지를 정한 다음 일괄적으로 근대 도시 발전의 요구에 맞게 계획하고 건설했다. 그리고 이 토지를 나누어 대외에 임대했다. 상부지에서 국내외 상인의 임대, 건설, 상업 등 경제활동을 허락했을 뿐만 아니라 세금을 감면하고 이윤의 일부를 돌려줌으로써 이 지역들이 도시 근대화의 선행 지역이 되게 하고자 했다. '자체적으로 개방'한 상부지는 이렇게 운용되었다. 동북 지역에서 먼저 개방한 16개 상부지는 약개상부約開商埠(조약에 의해 개방한 상부지)와 비슷한 것 같지만 실제로는 큰 차이가 있다.

첫째, 약개상부는 열강이 강압적으로 지정하고 설립한 곳이다. 하지만 자체 개방 상부지는 조약에 의해 개방한 것이지만 상부지의 위치 선정과 면적은 전적으로 중국이 자체적으로 결정하고 외국인의 간섭을 불허하는 등 담판 과정에 중국의 입장이 많이 반영되었다.

둘째, 약개상부의 모든 권리는 열강에 의해 규정되었다. 하지만 자체 개방 상부지에서는 "부지 내 공정, 순찰, 위생 등의 사무는 중국 정부가 자체적으로 처리하고 관련 규정은 중국이 정했다." 세금 징수와 세금 우대 역시 중국이 결정했다. 어쨌든 중국이 상부지 내에서 모든 주권을 행사했다.[16]

셋째, 약개상부의 조계지는 열강이 동의하지 않으면 중국이 회수할 수 없는 영조권永租權의 성격을 띠고 있었다. 하지만 자체 개방 상부지 내에서의 임대는 기한이 있었고 임대료는 토지가격의 변화에 따라 매년 조정되었으며, 이 조정권도 중국 측에 있었다. 이 상부지 내의 토지에서 영조제永租制를 실시할 수 있었지만 보통 "40년을 기한으로 정하고 기한이 만료될 경우 토지에 대한 임대를 중지하거나 연장함에 본국이 고려하여 결정했다."[17] 동시에 1인이 임대할 수 있는 토지를 최대 2ha로 설정하는 등 임대 규정을 명확히 했다.[18]

청 정부와 동북 지방당국이 주동적으로 개항장을 개발한 이유는 다음과 같다.

첫째, 영구가 개방되면서 경제가 발전했기 때문이다. 1861년 이전까지 동북의 정치 중심은 봉천(성경)이었고, 영구는 인적이 드문 갈대밭에 불과했다. 하지만 영구는 1862년에 개항하고 30년의 발전을 거쳐 동북에서 가장 큰 항구도시로 변모했다. 1890년대 영구의 경제 규모는 봉천성성을 추월하여 동북의 경제 중심지나 다름없는 위치에 있었다. 영구의 사례는 의화단사건과 러일전쟁을 경험한 동북 지방당국에게 사회질서와 지역경제를 회복시키는 방안으로 큰 시사점을 제공했다. 지방당국은 영구의 발전 모델을 전체 동북으로 확대시키기 위해 자체적

16　杨天宏, 1998, 「清季东北自开商埠述论」, 『长白学刊』, 第1期.

17　「吉林自开商埠要领」, 『盛京时报』, 1907年 3月 2日, 吉林通信栏.

18　「奉天自开商埠简章」, 『奉天开埠局报告书』, 1928, 奉天开埠局(印行本).

으로 상부지를 개발했던 것이다.

둘째, 러일전쟁 이후 동북에 대한 열강의 침략을 억제하고자 했기 때문이다. 1800년대 말부터 시작된 일본과 러시아의 동북 지역에서의 각축은 미국 등 다른 열강들의 동북 지역에 대한 관심을 유발했다. 러일전쟁이 끝나기도 전에 미국은 청 정부에 동북을 개방하고 중국과 미국이 합작하여 철도를 건설하고 합자회사를 설립하자는 의사를 전달했다. 만약 미국의 '호의'에 대해 청 정부가 아무런 반응을 보이지 않을 경우 미국의 불만을 야기할 수 있고 나아가 미국이 더 까다로운 요구를 해올 수도 있었다. 반대로 완전히 굴복하여 미국에게 러시아와 일본과 마찬가지로 동북에서의 철도 부설권과 부속지 건설권을 준다면 동북 지역에 대한 주권의 행사는 더욱 어려워질 수 있었다. 또한 동북 지역에서 열강들 사이의 모순과 마찰이 심해지면서 동북 점령을 둘러싼 그들의 각축이 더욱 치열해질 수도 있었다. 그러나 청 정부가 자체적으로 도시를 개방하면 수동적인 상황을 능동적인 상황으로 전환시키고 협상과 담판을 통해 상업 쟁탈을 목적으로 한 미국 등 서구 열강의 동북 진입 욕망을 부분적으로 만족시켜주는 동시에 동북에 대한 주권을 어느 정도 지킴으로써 동북이 완전히 분할되는 국면을 막을 수 있었다.

셋째, 도시 근대화를 통해 전통적인 구도시의 쇠락을 막아야 한다는 현실적 요구에 부응하려는 이유에서였다. 철도부속지는 근대화 수준이 상대적으로 높고 철도 중추 인근에 분포했기 때문에 외래 이민과 외국 투자 및 상업무역에 상대적으로 높은 흡인력과 응집력을 발휘했다. 때문에 모든 부문에서 부속지는 구도시보다 빠르게 발전할 수 있었다. 심지어 일부 도시에서는 부속지가 구도시의 지위와 역할을 대체하기도 했다. 철도부속지가 발전하면서 구도시는 정체되기 시작했다. 특히 구도시의 상인과 자본이 부속지로 옮겨가면서 구도시의 상업은 명맥을 이어갈 수 없었다.[19] 그러나 상부지를 건설한다면 외국인에게 중국 구도시가 누추하지 않다는 인상을 심어줄 수 있었다. 더 중요한 점은 이 상부지가 막강한 자본력과 인적 자원 및 특수한 공간적 위치를 확보하여 철도부속지와 경쟁한다면 철도부속지의 무차별적인 확장을 억제하고 구도시에 대한 철도부속지의 공간적 포위 상태를 완화시키면서도 구도시의 근대화를 추진할 수 있다고 생각했다는 것이다.

넷째, 분리된 도시 공간구조를 통합할 수 있다는 이유에서였다. 1800년대 중반에 형성된 동북의 구도시는 식수와 배수 때문에 강 연안에 위치해 있었던 반면, 철도부속지는 철도 운송의 편의를 위해 기차역을 중심으로 발전했다. 이처럼 부지 위치의 차이로 인해 철도 신도시와 강 연안의 구도시는 점점 연결고리를 상실해갔다. 하지만 자체 개발 상부지는 철도부속지와 구도시 사이에 위치했기에 이곳을 개발하여 구도시 농촌지역의 도시화를 촉진하는 동시에 신도시와의 연결고리를 만들어 도시를 하나의 통합된 공간으로 만들 수 있었다.

자체 개발 상부지는 다음과 같은 세 개 시기를 통해 발전했다.

첫 번째 시기(1906~1911년). 이 시기에는 주로 시정기관이 설립되고 개발용 토지가 확정되었으며, 도로 및 부속시설이 건설되고 일부 토지는 경쟁 입찰의 방식으로 대외에 임대되었다. 이 사업들은 조이손, 서세창(1907년 이후 임명된 동삼성 총독), 길림장군 달계達桂, 흑룡강 장군 정덕전程德全 등의 주도하에 추진되었다.

1906년 이전까지 시정부와 유사한 기구는 러시아가 건설한 대련과 하얼빈에만 있었다. 상부지의 건설과 관리를 위해 성경장군 조이손, 길

---

19 伊原幸之助 著, 邹元植 译, 1986, 「长春发展志」, 第3章, 『长春史志』, 第2期, 59頁.

림장군 달계 등은 1907년부터 3년여에 거쳐 개방 예정 도시에 개부국開埠局, 교섭국, 청사방지국淸査房地局, 세관, 해관 등의 기구를 설립했다. 이런 기구들은 부府·도道급 관료들이 관리했다. 예를 들어 안동 개부국에는 총판 2명이 있었는데, 한 명은 후보도候補道 전영錢嶸이고 다른 한 명은 동변도東邊道 장석란張錫鑾이었다. 각 국에 청장과淸丈課,[20] 세무징수과, 부정埠政건설과(사법, 경찰, 부지 내 교통, 도로, 시장 및 공원 계획 업무), 공정과(시정 공정 설계) 등의 부서를 설치했다. 이들 부서 중 개부국과 교섭국은 사실상 1900년대 초 동북 도시의 시정, 건설, 상업 및 공업 기구의 초기 형태이고 나중에 출현한 공식적인 시부 또는 시정기구의 주춧돌이었다.

상부국商埠局은 설립되자마자 가장 먼저 상부지 개발 용지를 정했다. 상부지는 장춘이나 봉천처럼 구도시와 철도부속지 사이 또는 하얼빈이나 치치하얼처럼 강을 따라 항구를 건설할 수 있는 곳으로 정했다. 하얼빈 개부국은 마가하馬家河와 송화강이 합류하는 곳에, 치치하얼 개부국은 서남 방향으로 5리 떨어진 선투자만船套子灣과 요강腰岡 사이의 수륙교통 요지에 세워졌다. 자본과 인력 상황에 따라 상부지 건설은 단계별로 추진되었다. 개부국은 개발 예정지를 정계(正界: 현재 또는 가까운 시일 내에 개발), 부계(副界: 미래 5~10년 사이에 개발), 예비계(預備界: 장기적 개발 계획) 등으로 나누어 개발 계획을 수립했다. 그중 정계의 규모를 철도부속지와 비슷하거나 조금 크게 설정하여 철도부속지와 경쟁하고자 했다. 예를 들어 '동북 제1무역시장'인 봉천 상부지 정계는 21km², 장춘 상부지는 5.39km², 하얼빈 상부지는 7.82km²(1921년

---

20 청장(淸丈)은 국가가 토지를 측량하여 과칙(科則)을 정하고 과세의 대상으로 삼는 것을 말한다.

삼과수三棵樹, 태평太平 등의 16.67km²를 추가 편입)에 달했는데, 당시 이 지역의 철도부속지 면적은 각각 12.7km², 6.7km², 10km²였다.

상부국은 이어 땅을 고르게 하여 도로를 건설하고 도시 건설에 필요한 벽돌공장과 석회공장을 건설했다. "인구가 많아야 상부지가 발전"[21]할 수 있었는데, 인구의 증가는 외부로부터 이민을 받아들여야만 가능했다. 상부지에 우수한 투자 환경을 조성하기 위해 상부국은 자금을 대출받아 철도부속지와 비슷한 유형의 돌바닥 도로와 흙길을 건설했다. 1907년 말까지 봉천 상부지에는 철도부속지와 구도시를 잇는 동서 방향 도로 다섯 갈래가 건설되었다. 1910년 장춘 철도부속지에도 상부지와 만철 부속지를 잇는 대경로大經路와 대마로大馬路 등 간선도로 3km가 건설되었다. 특히 주목해야 할 부분은, 장춘 상부지의 북대가와 흑룡강 성성 상부지의 성내 간선도로를 건설할 때, 두 도시의 상부국은 옛 성문과 성벽 일부를 허물고 도로를 건설했다는 점이다. 물론 성문과 성벽은 다른 방식으로 복원되었지만 근대적 도시의 미래상을 위해 이런 결정을 내렸다는 것은 당시의 기준으로 보았을 때 아주 파격적인 일이었다. 철령 상부지에서는 성곽 전체를 철거하고 순환도로를 건설하자는 제안도 나왔다.[22] 폐쇄적이고 굳게 닫힌 성곽을 철거하고 근대적 도로를 건설하는 것은 단순한 개발의 문제가 아니었다. 이는 상부국의 관료와 일부 시민에게 근대화를 위한 개방적 의식이 확고하게 형성되어 있음을 의미한다. 1911년 여름까지 길림성성, 개원, 철령, 신민 등에서 상부지의 제1기 도로공사가 마무리되었다.

상부지 도로공사 중 가장 큰 공정은 봉천 마차철도의 건설이었다.

---

21 「依兰整顿商埠」, 『盛京时报』, 1923年 5月 2日.

22 『盛京时报』, 1911年 9月 7日.

상부지 개발이 시작될 1906년부터 효율적인 도로망을 구축하기 위해 성경장군 조이손은 외국으로부터 빠르고 편리한 도시 교통수단을 도입하고자 했다. 하지만 자금과 기술의 제약으로 조이손은 외국에서는 이미 도태되었지만 국내에서는 여전히 선진적인 시설인 마차철도 시설을 일본으로부터 상대적으로 저렴한 가격에 도입하기로 결정하고 봉천에 시내마차철도공사市內馬車鐵道公司를 설립했다. 이 회사는 일본으로부터 19만 원을 투자받아 설립된 합자 형식의 주식회사였다. 4km에 달하는 도로의 부설 공정은 1907년 9월 1일부터 1908년 1월 4일까지 진행되었다. 경편철도의 부설은 동북 도시의 교통수단 근대화의 서막이 열렸음을 의미했다. 상부지 건설 사업을 원활하게 추진하기 위하여 당국은 도로를 건설하는 동시에 벽돌공장과 석료공장을 설립하는 등 건축자재산업을 발전시켰다. 하얼빈·장춘·봉천 상부국은 도시 근교에 벽돌공장과 채석장 10여 개를 건설했다.

도로 건설이 거의 완성단계에 이르자 각 상부지는 국제적 관례에 따라 경쟁 입찰의 방식으로 대외에 임대했다. 당국은 상부지의 경쟁력을 높이고 만철 부속지와 임차인 유치 경쟁을 벌이기 위해 상부지의 임대료를 인근 철도부속지보다 조금 낮게 책정했다. 장춘 상부공사가 1907년 4월에 발표한 첫 번째 임대차 공시에 의하면 "두도구頭道溝, 이도구二道溝, 삼도구三道溝, 성후보城後堡, 동서둔東西屯의 토지를 구매할 경우 최상급 토지는 1경에 500조吊, 2등급 토지는 1경에 400조, 3등급 토지는 1경에 300조"였다.[23] 이는 만철 부속지 토지 임대가격보다 등급별로 100조씩 싼 가격이었다. 가격이 상대적으로 낮았기에 봉천·철령·장춘 상부지의 첫 단계 개발지역은 1908년에 전부 경쟁 입찰의 방식으로 임대

---

23 『盛京时报』, 1907年 4月 7日.

되었다.

상부지의 임대는 대규모 농지가 상품이 되어 지역 시장경제에 편입되었음을 의미한다. 도시화의 기본 특징은 농업용지가 꾸준히 공업용지로 변경되고, 농촌 인구가 지속적으로 도시로 이동하는 것이다. 도시화를 추동하는 토지의 상품화와 인구의 이동은 자본 및 자본 증식에 대한 욕망이 없다면 불가능한 것이다. 다시 말해서, 농촌의 도시화는 인구·토지·자본이라는 긴밀하게 연결된 3각 구조의 상호작용에 의해 추진된다. 한 조각의 토지에 높은 밀도의 인구와 자본(기타 물질적 조건 포함)이 집중되었을 때 비로소 도시화가 시작된다. 인구에 대한 토지의 흡인력은 공간적 물질생활의 질적 향상을 의미하고, 생활의 질적 향상은 인간의 창조성과 대규모 자본의 결집 및 이동에 의존하며, 대규모 자본의 집결은 토지 자체의 높은 효율성과 가치를 전제로 한다. 때문에 상부지는 토지에 대한 경쟁 임대를 통해 짧은 기간에 도시 건설에 필요한 자본을 확보할 수 있었다, 더 중요한 것은 토지의 가치 증식 속도가 빨라지면서 일거에 도시 토지시장이 형성되었다는 점이다. 이에 따라 토지 투기, 토지의 한계효익을 추구하는 상인이 상부지에 몰려들게 되었다. 또한 토지 개발 속도가 가속화되면서 토지 가격도 꾸준히 올라갔다. 부동산 개발업자들은 임대받은 토지를 효율적으로 사용하고 제한된 토지 내에서 보다 높은 경제적 수익을 창출하기 위해 더 높고 더 고급스러운 건물을 짓기 시작했다. 1920년대 동북 도시의 대표적 건물들은 바로 이런 배경에서 건축되었다. 고층 건물의 증가로 도시의 공간 구조는 현대적 외투를 입게 되었다.

상부지의 건설은 도시 관리체계의 개혁과 재건에도 커다란 영향을 미쳤다. 당국은 기존의 체계를 초보적 수준에서의 신형 도시 관리체계로 개혁했다. 먼저 관련 법규를 제정·반포하여 기존의 유연한 관리를 법제화된 관리로 전환했다. 1907년 8월 봉천 상부지는 '도로통행관리규칙'을 반포했고[24] 장춘 철도부속지는 '건축규칙'을 반포했다. 다음 정부의 권위를 강화할 수 있는 기구를 보완하고 시민의 일탈·위법 행위를 막아 도시의 안전을 보장하고자 했다. 각 상부지는 1906년부터 전통적인 보갑제에 기반한 소방조직을 수회(자발적 민간 소방 조직)로 개혁하고, 일본 경찰과 천진에서 설립된 순경 모델을 참조하여 순찰국을 설립하는 등 정규적인 순찰대와 소방대를 조직했다. 대규모 상부지마다 최소 200명에 달하는 순찰과 소방경찰이 있었고, 민간 예비경찰도 있었다. 경찰은 도시의 치안을 유지하는 역할뿐만 아니라 도로 공정 등 시정 건설에 직접 참여하거나 그 과정을 감독하기도 했다. 철령과 장춘 상부지 도로 공정사업의 50% 이상은 순찰국의 조직과 감독하에서 이루어졌다. 이와 같이 상부지의 경찰제도는 당국의 도시에 대한 통제 능력을 제고했을 뿐만 아니라 시정 건설을 촉진하는 역할도 수행했다. 그다음으로는 환경·위생기구를 설립하여 도시의 환경·위생을 개선하고자 했다. 전통 구도시에는 전문적인 환경·위생기구가 없었기 때문에 도시의 청결 작업은 전적으로 민중의 자발적 의지에 따라 이루어졌다. 통일된 관리체계의 부재로 구도시의 위생·환경은 항상 열악했다. 도시마다 "길바닥은 먼지와 모래가 휘날리고, 골목은 쓰레기와 분뇨로 뒤덮였으며, 행인은 경악하여 입과 코를 막고 지나갔다." 상부지의 위생·환경을 개선하고 구도시의 열악하고 낙후한 모습을 개변하기 위해 상부지는 철도부속지의 위생 관리 경험을 참조하여 위생대衛生隊를 조직하여 시가지 위생을 관리하게 했다. 이렇게 상부지의 환경은 철도부속지의 수준에 근접해갔고, 도시의 환경도 전반적으로 개선되기 시작했다.

---

24 『満洲日報』, 1907年 8月 31日.

물론 상부지 건설이 모두 계획대로 추진되었던 것은 아니다. 계획이
엄밀하지 못해 자본 조달에 문제가 생기거나 정치적 변동으로 인해 상
부지 건설 사업이 중도에 중단되기도 했다. 호로도 상부지 건설이 한동
안 중단되었던 것도 바로 이런 원인 때문이었다. 호로도 상부지 개발은
1908년부터 시작되었다. 그해 개발 사업을 책임졌던 봉천 순무巡撫 당
소의唐紹儀는 영국 수리학자 스웨이스秀思에게 상부지 조사와 개발 계획
수립을 위임했다. 1909년 개발 계획이 나온 후 동3성 총독 석량錫良은
민간 모금을 통해 섬 전체를 매입했다. 1910년 9월 기초공사가 시작되
었지만 이듬해부터 자금 조달에 문제가 생겼다. 설상가상으로 무창봉기
武昌起義가 발발하면서 이 공사는 부득이 중단될 수밖에 없었다. 그 뒤 10
년 동안 지방정부는 여러 차례 사업을 재개하고자 시도했지만 모두 실패
했다.[25]

두 번째 시기(1912~1919년). 상부지 개발은 청 말 상부국을 중심으
로 추진되었지만 청의 멸망과 해체로 이 사업은 동북 군벌 장작림, 맹
사원孟思遠 등을 수장으로 하는 새로운 지방당국에 접수되었다. 그러나
군벌 당국은 심각한 사회적 혼란과 정치 및 군사적 분쟁으로 상부지 건
설에 신경 쓸 겨를이 없었다. 이후 10년 여 동안 상부지는 더디지만 상
회 등 사회단체의 주도로 발전해갔다.[26] 민간단체의 정치적·경제적 역
량은 정부와 비교도 안되었다. 봉천과 장춘 등 핵심도시의 상부지 개발
은 거의 중단 상태였고,[27] 통강구와 법고 등의 상부지 건설은 완전히 중

---

25   吳在章, 「调查葫芦岛, 洮南, 辽源县三商埠报告书」, 『农商公报』, 第1卷, 第5期, 1-13頁.

26   『盛京时报』, 1914年 8月 1日.

27   다른 사업과 대조적으로 상부지 교육사업은 획기적으로 발전했다. 1915년 상부지
를 포함한 봉천성의 학생 수는 23만 명으로 전국 8위, 졸업생 수는 5만 4천 명으로 전국
1위, 대학교 수는 전국 9위, 중학교 수는 전국 10위였다.『满蒙全书』, 第1卷.

단되었다. 개원, 사평, 하얼빈 등 상대적으로 늦게 개방한 상부지만 일정 정도 발전했을 뿐이었다.[28]

　　세 번째 시기(1920~1930년). 상부지가 전면 개방되고, 도시 관리체계가 완벽해지고, 도시 건설사업이 제도화되면서 상부지는 지역경제를 이끄는 역할을 하기 시작했다. 비록 상부지 면적은 거의 증가하지 않았지만 상부지 내의 상공업 기업의 규모는 꾸준히 증가하여 외국계기업과 경쟁할 수 있는 민족공업으로 성장했다. 봉천성성 상부지에는 제한적이지만 영향력을 행사할 수 있는 근대 기업이 대규모로 건설되었다. 그 기업들은 다음과 같다.

　　① 봉천방사창奉天紡紗廠. 1920년에 설립되어 1923년부터 생산을 시작했다. 관상합판官商合辦 기업으로 상부지 북시장에 위치했고 부지 면적은 28ha에 달했다. 공장의 설비와 규모는 방적기 2만 대, 직기 200대, 양말기 5대였고, 모두 미국에서 구입한 것이었다. 공장에는 조사粗絲, 세사細絲, 요사搖絲, 병조倂條, 염색 등 부문이 있고 직원은 1,300명에 달했다. 1일 생산량은 16지사支絲 1만 9,800파운드, 직평포 1만 9,800마일495필, 양말 30타였다. 연간 총생산량은 방사 1만 5,000포(1포는 42파운드), 정부합고사正副合股紗 797포, 직포 15만 7,000필, 양말 11만 4,800쌍이었다.[29]

　　② 순익소사공사純益繰絲公司. 1918년 상인 유상청劉尚清이 설립했다. 초기 자본금은 25만 원이었고 회사에는 조면기 40대가 설치되었다. 현지의 야생 누에에서 실을 뽑아 일본 등에 수출했으며, 상해 등에 지사가 있었다. 1923년 해성에 지사를 세우면서 빠르게 성장했는데, 연간

28　『盛京时报』, 1916年11月15日.

29　『(民国)奉天通志』, 卷114, 1983, 东北文史丛书编委会(影印本), 2559-2560頁.

생산량은 회사灰絲 2,000상(10여만kg), 약수순사藥水純絲 300상(1.5만 kg), 봉주奉綢 8,000필에 달했다. 1927년 이 기업의 경영은 동3성관은호東三省官銀號가 맡았다.

③ 동흥색직방직공사東興色織紡織公司. 1924년 일본 유학파 출신 염색전문가 진유측陳維則이 발기하고, 장혜림張惠琳이 협찬하여 설립한 상판고빈공사商辦股份公司[30]다. 자본금은 18만 원이었고, 공장은 소동변문小東邊門에 위치했다. 공장에는 직기 300대, 염색기 7대가 가동하고 있었고, 1일 생산량은 포 300필, 연포 800필에 달했다. 1920년대 말 이 공장은 영구에 자회사를 설립했다.

④ 조신요업공사肇新窯業公司. 1923년에 설립되어 구식 청색벽돌 가마 2개로 생산을 시작했다. 1924년 홍색벽돌 가마 18실, 일본식 기와 가마 5개를 신설했다. 1925년까지 벽돌 1,000만 개, 기와 70만 장을 생산했다. 후에 도자기를 굽는 가마를 증설하면서 제품 종류가 꾸준히 증가하고 해외 시장까지 진출했다.

⑤ 혜림화시공사惠琳火柴公司. 1922년 장혜림이 창업한 회사로 초기 자본은 18만 원이었다. 이 회사는 황사皇寺 부근에 설립되었는데 1924년 일본 기업 봉천인촌(화시)주식회사奉天磷寸(火柴)株式會社를 인수하면서 본부를 대서관大西關으로 옮겼다. 매일 기린패麒麟牌·쌍학패雙鶴牌 안전단목 성냥 100여 상자(1상자는 240포)를 생산했다. 1928년 이후 외국 기업과 경쟁하기 위해 이 공장을 중심으로 영구, 장춘, 치치하얼 등 10여 개 민족화시기업들과 동업공회를 구성하여 연 생산량을 50만 상자로 끌어올렸다.

그 밖에 상부지에는 대규모 밀가루 가공공장이 있었다. 대표적인 기

---

30 고빈공사(股份公司)=주식회사.

업으로는 봉천구방자장성면분공사奉天溝幫子長城麵粉公司[31]와 천증복연쇄면분공사天增福連鎖麵粉公司[32] 등이었다.

이 시기에 상부지에는 도로가 건설되고 시장이 출현했다. 상부지 건설 초기에 부설된 도로들은 대부분 1920년대에 훼손되었다. 당시 부설된 도로들은 자본과 기술의 제한으로 너비도 16~20m 정도에 불과해 철도부속지의 도로와 비교도 안 되었다. 이러한 이유로 상부지 당국은 상당한 규모의 자본을 도로 건설에 투입했다. 봉천 철도부속지 당국은 민국 12년(1923)에 십일위로十一緯路 2,370m, 삼위로三緯路와 오위로五緯路 1,953.33m를 보수하는 데 4만 8,562원을 투입했다. 그리고 민국 13년(1924)에는 흙길과 자갈길 건설에 3만 3,613원, 민국 14년(1925)년에는 17만 3,384원을 투입했다. 민국 15년(1926)에는 자갈길 9갈래를 개·보수하면서 61만 5,516원을 투입했고, 민국 16년(1927)에는 6만 5,840원을 투자했다.[33] 1931년에 이르러 봉천 상부지에는 경로經路(남북 방향) 35갈래, 위로緯路(동서 방향) 31갈래가 건설되었다. 동시에 남시장 인근에 팔괘 모양의 도로를 건설하여 팔괘로八卦路라고 불렀다. 상부지 당국은 도로를 증설하거나 개·보수하는 동시에 도로 미화작업과 위생·환경사업도 중요시했다. 장춘 상부지의 사오마로四五馬路·대마로大馬路에 나무를 심었고,[34] 봉천 상부지는 80명으로 구성된 청소대淸掃隊를

---

31 이수전(李守田) 등이 1930년에 설립한 공장이다. 1일 생산량은 밀가루 600포대이며, 한때는 철령 등에서 일본인이 독점한 제분업에 도전장을 던지기도 했다.

32 대련의 소(邵)씨 가족이 설립한 기업으로 장춘천증복제일제분창(長春天增福第一製粉廠)은 1918년에, 하얼빈천증복제이제분창(哈爾濱天增福第二製粉廠)은 1921년에, 개원천증복제삼제분창(開原天增福第三製粉廠)은 1921년에 설립되었다. 세 공장의 1일 생산량은 1만 1,500포대에 달했다.

33 『奉天开埠局报告书』, 1928, 奉天开埠局(印行本).

34 『盛京时报』, 1923年 4月 20日.

설립하여 전동살수차 등 근대화된 도구로 길거리를 청소했다.[35] 그리고 도남과 안동의 상부지에는 가로등이 설치되기도 했다.

민국 초기 동북의 도시에서 상공업이 발전하고, 지역 시장들 사이에 위계구조가 만들어지고, 상품 집산지로서 도시의 기능이 확대되면서 상부지에서 형성된 초기의 소규모 종합적인 도매·소매시장이 경제 발전의 수준을 따라가지 못하는 현상이 발생했다. 당국은 상부지에 적극적으로 전문시장을 건설하고자 했다. 봉천 상부지에만 대형 시장이 4개나 건설되었다.

상부국이 추진한 또 다른 중요한 사업은 바로 건물에 대한 기준을 통일하는 것이었다. 도시 스카이라인의 미관을 보장하면서도 도시의 공간적 수용 능력을 확대하기 위해 상부지는 엄격한 건축 높이와 건축 분포 기준을 제정하여 토지 임차인이 이 규정을 반드시 준수하도록 했

그림 1_봉천 상부지의 한 부분(현 심양 중산로)

---

35 『盛京时报』, 1923年 6月 3日.

다. 규정에 의하면 주요 거리 양측의 건물은 3층보다 낮을 수 없고 외벽은 동일한 양식을 따라야 했다. 장춘 상부지의 도대아문道台衙門 건물 집거지, 봉천 상부지 일·이·삼가의 서양식 별장과 상업용 객잔 모두 이런 배경에서 출현한 것이다.

이렇게 시정 근대화운동이 지속적으로 추진되면서 도시는 꾸준히 개방되고 확대되었다. 상부지와 구도시의 격차는 점차 줄어들었다. 1920년대 말에 이르러 당국은 상부지를 독립적인 행정구역으로 설정할 필요가 없다고 생각했다. 따라서 1930년 말~1931년 초 상부지를 시정공소市政公所가 통일적으로 관리하는 시정체계에 편입시켰다.

시정공소의 설립과 시정 근대화운동

신정의 실시와 상부지의 개방·개발이 근대 동북 지방당국이 추진한 도시 근대화운동의 첫 번째와 두 번째 단계라면, 시정공소의 설립과 시정 근대화운동은 도시 근대화운동의 세 번째 단계라고 할 수 있다. 세 번째 단계의 근대화를 통해 동북 도시의 기능과 공간적 분포는 한층 더 발전하고 확대되었다. 동북의 여러 도시에 공식적인 시정기관인 시정공소가 설립된 이유는 다음과 같다.

① 민국 초기 동북 지방당국이 상부지를 개방하고 건설한 주요 목적은 자본과 물자를 도시 건설에 집중시킴으로써 근대화된 신도시가 구도시의 발전을 이끌어 종국적으로 도시 전체의 발전을 이룩하는 것이었다. 10년여의 건설을 통해 구도시에서 많은 변화가 나타났다. 구도시의 주민은 보수적인 관념을 포기하고 구도시를 신도시처럼 개조하여 생활환경을 개선해야 한다고 목소리를 높였다. 도시의 건설은 역사적

으로 상업국, 경찰국, 건축국, 공용국 등의 몫이었다. 그러나 이 부서들은 서로 평행적·수평적 관계였지 상하 또는 소속관계가 아니었기 때문에 통일적인 정책을 펼칠 수 없었음으로 도시 건설 과정에서 정책 집행의 비효율성이 여실히 드러났다. 따라서 시정 기능을 전담하는 독립적이고 전문적인 조직의 주도로 도시 건설이 추진되어야 한다는 주장이 제기되었다.

② 광주 등 남방 도시의 시정 근대화운동으로부터 영향을 받았다. 1921년 중화민국 군정부 광동성 정부는 '광주시잠행조례廣州市暫行條例'를 반포하고 광주시 참사회와 시장을 수장으로 하는 시정위원회를 설립했다. 시정위원회는 산하에 재정국, 공무국, 공안국, 위생국, 공용국, 교육국 등 6국을 설치했다. 이것이 중국에서 처음 출현한, 시 산하에 국을 설치하여 도시를 직접 관리하는 시정체계였다. 이 시정체계의 가장 큰 장점은 도시 개발과 건설을 신속하고 효율적으로 추진할 수 있다는 것이었다. 남방의 다른 도시들도 이를 도입하여 새로운 시정체계를 만들었다. 시정체계의 대규모적인 근대화운동은 이렇게 시작되었던 것이다. 『성경시보』 등 동북 지역 언론들은 지역적 특성에 맞게 펼쳐진 시정운동을 대대적으로 보도했고, 동시에 시정운동을 긍정적으로 평가하는 사설을 게재하기도 했다. 도시 건설의 방안을 모색하고 있던 동북 지역 사람들에게 시정운동에 관한 보도와 사설은 소중한 선행 사례로 인식되었다.

③ 동북의 식민지 도시 시정체계의 간접적 영향을 받았다. 민국 초기 러시아와 일본의 지배하에 있던 대련과 하얼빈은 공식적으로 시정제도를 도입했다. 이 체계는 시장, 시장 직속 시정청, 시참사회, 경찰서, 법원 등으로 구성되었고, 삼권분립도 일정한 수준에서 보장되었다. 분업이 명확하고 상호 감독체계가 갖추어졌기에 행정 집행의 효율성이 아주 높았다. 따라서 이런 시정체계 역시 동북 지방당국에 일정한 영향

을 미쳤던 것이다.

당시 동북의 시정 근대화운동을 주도했던 사람은 동3성 순열사巡閱使(보안총사령) 장작림이었다. 1919년 봉천성장공서奉天省長公署는 장작림의 뜻에 따라 정무청 제4과를 설립하여 도로, 교량 및 토목·건축 사업을 담당하게 했고, 같은 해 봉천성 밖에 근대 동북의 첫 번째 민족공업구인 대동공업구大東工業區를 건설했다. 1921년에는 호로도항과 상부지의 복원을 제기한 데 이어 호로도의 개부국 설립을 허가했고 주조상周肇祥을 호로도 건설 사업의 총 책임자로 임명했다.[36] 장작림이 추진한 이런 운동은 봉천성 시정건설의 핵심 사업으로 부상했다. 동북 지역의 도시화운동이 봉천에서 가장 먼저 일어날 수 있었던 것은 바로 이런 이유때문이었다.

1923년 5월 3일 봉천 시정공소 주비처가 성립된 데 이어 8월 4일에는 봉천 시정공소가 정식으로 성립되었고 시장(총판)에는 봉천전등창奉天電燈廠 공장장 증유익曾有翼이 임명되었다. 이 조직은 장작림이 임명한 '열심히 공부한' 귀국 유학생 5명으로 구성되었다.[37] 이 기관은 동북에서 출현한 첫 번째 시정기관이다. 이 기관의 출현은 동북에서의 지역 도시화운동이 세 번째 단계(시정 관리체계의 근대화)에 진입했음을 말해준다. 봉천 시정공소는 산하에 공정과와 사업과를 설치했다. 그중 공정과는 도시계획, 도로, 교량, 도랑, 수도, 토목공정, 공원, 녹화사업 등 공공시설의 건설 사업을 전담했다. 공정과는 과거 봉천성 당국의 성건국, 건축국, 원림국에 해당했다. 사업과는 모든 사업에 대한 총괄 관리를 담당했다. 봉천 다음으로 길림(1923년 9월 11일), 영구시(1923년 11월 1

---

36 『盛京时报』, 1920年 3月 14日.

37 『盛京时报』, 1923年 5月 30日.

일), 안동시(1924년 6월), 도남(1927년 5월 22일) 등에서 시정기관이 출현했다.[38] 1928년까지 대부분의 중등 이상 도시에 시정공소가 세워졌다.

근대적 시정공소는 그전의 시정기구에 비해 다음과 같은 특징이 있었다. 첫째, 민주적 과정을 통해 정책이 결정되고 시행되었다. 모든 정책은 시정회의의 토론을 거쳐 결정된 후 시장에 의해 집행되었다. 매주마다 시장이 각 부문 책임자를 소집하여 상무회의를 열어 시의회에서 통과된 도시 건설 관련 안건을 논의한 후 최종 집행안을 결정했다. 둘째, 전문적 지식을 구비한 사람을 등용했고 각 부서별 업무가 분명했다. 봉건제하에서 지방 관리는 과거제를 통해 등용되었거나 다른 아문에서 전근한 사람들이었지만, 새로 설립된 시정공소의 등용 기준은 현대적 도시 관리에 적합한지 여부였다. 따라서 인재 등용 과정에서 귀국 유학생을 선호했고 선진적 전문지식을 공부한 인재들이 우선적으로 행정기관에 진입하게 되었다. 이 직원들이 전문적인 지식을 겸비한데다 각 부문의 업무가 분명해졌기 때문에 정책 집행 과정의 방치, 태만, 책임회피, 자원중복 등의 문제가 많이 줄어들 수 있었다.

시정공서는 다음과 같은 활동을 추진했다.

① 시정 선전·교육활동을 전개했다. 시정공소는 과거 도시 건설 과정에 투자만 중요시하고 시민의식을 제고시키기 않음으로 인해 도시가 건설과 함께 파괴되었던 교훈을 숙지하여 시민에 대한 선전과 교육 사업을 추진했다. 먼저 도시마다 지역 신문과 잡지에 시정과 관련된 교육 성격의 글을 게재했다. 예를 들어, 봉천 시정공소는 1923년 11월 시정 소식 발표를 목적으로 하는 『시정공보市政公報』를 창간하여 시정공독市政公牘, 시민논단, 시정전론市政專論, 각 성의 시정 소식 등의 지면을 통해

"독자의 관심을 불러일으켰다."[39] 봉천 시정공소는 설립 후 1년 사이에 『성경시보』와 자체 창간 신문에 수백 편에 달하는 시정 건설 관련 소식을 게재했다. 『성경시보』는 편집장 목육여穆六如(유개儒丐라고도 부름)의 이름으로 신문사 논평을 지속적으로 게재하여 시정에 대한 시민의 관심을 불러일으켰다.[40] 「시민지훈련市民之訓練」이라는 논평에서는 "시민으로서 공중도덕을 알아야 할 뿐만 아니라 공중도덕을 지키고 향유해야 한다. 시민 교양이 형성되면 시정은 자연스럽게 발전한다. 공중화장실이 있으면 노상 방뇨를 멈춰야 하고 쓰레기통이 설치되면 도로에 쓰레기를 버리지 말아야 한다. 공중도덕 관념이 있으면 자기 관리가 자연스럽게 이루어진다. 때문에 시민 훈련은 지극히 필요한 것이다"라고 했다. 이런 기사와 논평은 시민이 시정을 이해하고 시정에 관심을 가지며 시정의 성과를 지지하도록 인도했다. 두 번째는 영화 선전이다. 시민에게 여름철 공중위생을 선전하고 "시민의 위생 관념을 제고"[41]하기 위해 봉천과 보란점 시정 당국은 시민의 저녁 산책 기회를 활용하여 광장과 공원 등 시민이 많이 모이는 곳에서 외국의 환경·위생과 관련된 교육 영화를 무료로 방영했다. 영화 내용이 참신하고 생동하며 직관적이어서 시민으로부터 큰 환영을 받았다.[42] 이렇게 시민들은 유쾌하고 가벼운 분위기 속에서 공중위생과 관련된 지식을 습득할 수 있었던 것이다. 세

39　『盛京时报』, 1923年 9月 30日.

40　『盛京时报』, 1923年 5月 9日 논평 「论商埠地养猪」, 5月 30日 논평 「市政小言」, 6月 7日 논평 「夏令卫生」, 8月 1日 논평 「市民之训练」, 9月 11日 논평 「市政论」, 1924年 5月 2日 논평 「论农村运动-倡田园城市」, 5月 3日 논평 「物质文明」, 6月 8日 논평 「公共卫生」, 6月 22日 논평 「市场的公园」, 7月 16日 논평 「奉恒娱乐场」, 8月 9日 논평 「市政刍言」, 8月 17日 논평 「去奢崇朴」 등 참조.

41　『盛京时报』, 1923年 7月 13日.

42　『盛京时报』, 1927年 5月 7日.

번째는 전단지 배포와 조직적인 강연이다. 봉천 시정공소는 경찰을 동원하여 교통 안전에 관한 전단을 배포했다. 동시에 강연자를 도시 번화가에 파견하여 공중도덕과 관련된 내용을 강연하게 했는데 이런 시도들은 "시민으로부터 큰 환영을 받았다."[43]

　② 구 성곽을 철거하고 순환도로를 건설했다. 민국 초기까지 동북의 많은 도시에는 여전히 높은 성곽이 남아 있었다. '배도'인 봉천도 예외가 아니었다. 과거 도시와 농촌을 구분하고 시민의 안전을 보장했던 성벽은 근대에 이르러 도시 면적이 확장되고 근교 지역이 도시에 편입되면서 그 기능이 점차 사라져갔을 뿐만 아니라 교통, 위생, 나아가 전체 도시의 발전을 저해하는 장애물로 전락되었다. 시정 당국은 성곽을 전부 또는 부분적으로 철거하는 계획을 수립했다. 1923년 봉천 성벽 측면의 주요 부분이 철거되었고 1930년 여름에는 남은 부분도 모두 철거되었다.[44] 장춘도 성벽 북문을 철거한데 이어 남문인 영안문을 철거했다.[45] 서안西安(요원)은 "사람이 붐비고 상업을 발전"시키기 위해 서문을 철거하는 동시에 도시를 성의 "바깥으로 반 리여를 확장"했다.[46] 성벽이 철거된 후 그 공터에 도로나 전차도로를 건설했다. 봉천 시정공소는 성벽부지에 순환전차도로를 건설했고, 장춘은 영안문을 성내와 남령을 잇는 도로의 시발점으로 설정했다. 물론 성벽 철거의 가장 중요한 의미는 성 밖과 격리되었던 성 안의 여러 구역을 통합하여 완전한 형태의 도시로 만들 수 있었다는 것이다.

　③ 도시 공공사업을 발전시키고 공공시설을 건설했다. 구도시의 보

43　『盛京时报』, 1924年 5月 27日.

44　『盛京时报』, 1923年 2月 28日; 1930年 4月 28日.

45　『盛京时报』, 1925年 5月 19日.

46　『盛京时报』, 1925年 6月 19日.

편적인 특징은 공식적 의미에서의 공공사업이 거의 없었다는 것이다. 구도시의 낙후한 상태를 개선하기 위해 봉천 시정공소는 자동차회사를 설립하여 시내버스사업을 시작했다.[47] 또한 "대·소북변문 밖과 신개하新開河 북쪽 기슭에 공원을 건설"[48]하여 시민의 여가공간을 조성했다. 하얼빈 시정소는 "도로 개·보수"[49]사업을 추진하는 동시에 도리道里 공원을 개방했고, 안동 시정소는 "교량 보수",[50] 장춘 시정국은 "전동살수차 추가 도입",[51] 영구는 신문읽기모임閱報社을 만들기도 했다. "요양에서는 공원을 확장하고 분수대를 설치"[52]했으며, 길림 시정공소는 세 단계에 거쳐 시 중심부터 용담산龍潭山과 강남江南풍경구를 잇는 도로를 건설했다.[53] "연길시는 공원을 확장하고, 도서관을 건설할 준비를 했다."[54] 그 밖에 각 시정국은 전등과 수돗물 공사를 추진하는 동시에 공중화장실 등 공공시설을 건립했다. 특히 각 도시마다 전원도시 개념을 도입하여 시정계획을 수립했다. 따라서 도시의 녹화사업과 건물의 공간 분포도 이 개념에 따라 설계되기 시작했다.

④ 법규와 규정을 제정하고 반포했다. 지방 행정기관은 도시 전체를 대상으로 관리자 역할을 수행한다. 따라서 도시 전체가 질서 있고 시민과 시정기관이 모순되지 않게 하려면 시정 절차는 법과 규정을 따라야

---

47 『盛京时报』, 1923年 6月 23日.

48 『盛京时报』, 1925年 8月 18日.

49 『盛京时报』, 1926年 5月 22日.

50 『盛京时报』, 1926年 7月 17日.

51 『盛京时报』, 1926年 6月 6日.

52 『盛京时报』, 1927年 7月 13日.

53 『盛京时报』, 1930年 8月 24日.

54 『盛京时报』, 1930年 6月 25日.

한다. 법과 규정은 시정기관의 존재의 정당성을 제공하는 동시에 시정기관이 도시를 관리하는 과정에 효율성과 공정성을 보장한다. 봉천 시정공소는 1923년 7월부터 1930년 말까지 건설만천하공원장정建設万泉河公園章程, 가도·구거·교량 및 일체 토목공정 통일 관리장정街道, 溝渠, 橋樑及一切土木工程統一管理章程, 관리비료장정管理肥料章程, 위생청결법칙衛生清潔法則, 전차장규칙電車廠規則, 북능공원수표잠행장정北陵公園售票暫行章程, 고핵건축기술인원판법考核建築技術人員辦法, 한제재중차통행마로통고限制載重車通行馬路通告, 북능잠행취체판법北陵暫行取締辦法, 관리삼능장정管理三陵章程, 관리공측장정管理公廁章程, 규정노측상호타소도로잠행장정規定路廁商戶打掃道路暫行章程, 서북공업구한제건축기간판법西北工業區限制建築期間辦法, 번수마로시공판법翻修馬路施工辦法, 동삼성병공장시정관리잠행간장東三省兵工廠市政管理暫行簡章 등 100여 개에 달하는 규정을 반포했다.[55] 이렇게 동북의 도시는 법제화 시대에 진입하게 되었다.

　⑤ 도시 근교에 공업단지를 건설했다. 동북 민족공업 특히 군사공업에 대한 외국 자본의 독점과 억압 구조를 깨는 한편, 상부지가 상업의 발전을 위해 개발되었다는 점 등을 고려하여 봉천을 비롯한 여러 도시의 시정공소는 설립 초기부터 공업단지 건설을 핵심 사업 중 하나로 간주했다. 봉천 시정공소는 대동大東공업구, 혜공惠工공업구, 교군장教軍廠공업구 등 공업단지를 건설했다. 대동공업구의 건설은 시정공소가 설립되기 전인 1919년부터 추진되었다. 1920년부터 공업구의 대동관·소동관을 관통하는 주요 도로의 건설이 시작되었지만 예산부족 등 원인으로 공사가 지지부진했다. 시정공소가 설립되면서 공업구의 건설은 생기를 되찾기 시작했다. 1926년에는 장안가長安街(대동변문부터 동탑東塔

55　沈阳城建局编, 1994, 『沈阳城建志』, 大事记·法规卷, 沈阳出版社, 22-25, 757頁; 『奉天市政公所章程』, 1926, 第2辑, 奉天市政公所.

사이 도로, 현 대동로大东路), 1927년에는 흑룡강가, 길림가 및 공인유원
工人遊園(현 대동공원)과 동탑가東塔街 등 남북을 이어주는 도로와 공원이
건설되었다. 1929년에는 시민에게 동능 유람의 편의를 제공하기 위해
동능가東陵街를 건설하기도 했다. 도로 건설과 동시에 병기공장도 설립
되었다. 1930년에 이르러 7km² 규모의 대동공업구가 거의 완성되었다.
혜공공업구(서북공업구)의 건설 계획은 1923년 말에 제정되었고 1924
년부터 공사가 시작되었다. 1927년까지 공업구의 간선과 지선 도로 37
갈래가 모두 건설되었다.

　⑥ 도시의 문화·교육사업을 추진했다. 봉천성과 길림성의 핵심도
시들은 소학교부터 대학교에 이르는 교육체계를 모두 완비했다. 이 교
육사업 중 가장 영향력이 컸던 것은 심양의 동북대학교東北大學의 설립이
었다. 1922년 장작림·장학량 부자의 적극적인 추진과 봉천성장공서의
결정으로 길림과 흑룡강 두 성이 연합하여 공동으로 "미래 백년을 위한
인재 양성 계획"을 실행하기 위해 동북대학을 설립하기로 했다. 봉천성
은 심양문학전문학교 부지에 동북대학 문법과를 설립하고, 심양고등사
범학교 부지에 동북대학 이공과를 설립했다. 동북대학은 1922년 10월
24일에 정식으로 개교했고, 봉천성 성장 왕영강王永江이 총장을 맡았다.
개교 초기 동북대학은 문과, 이과, 법과, 공과 등 8개 학과를 설치했다.
1기 입학생은 480명이었다. 1924년 유럽식 북능 캠퍼스가 신설되었다.
같은 해 대학공장大學工廠이 확대되고 부속중학교가 설립되었다. 동북대
학의 부지 면적은 160ha(북능 본부 100ha, 대학공장 40ha, 대남관부
속중학교 10ha, 십리마두식물원 10ha)로 확장되었다.[56] 1928년에 이르
러 동북대학은 5개 단과대학에 23개 학과로 발전했고 재학생은 1,868

56　『(民国)奉天通志』, 卷152. 教育4·近代上篇, 东北文史丛书编委会, 1983, (据民国23
年铅印本), 影印本第4册, 总第3517-3518頁.

명으로 증가했다. 단과대학 중 문학대학에는 중문과, 철학과, 영문과, 아문과, 사학과가 있었고, 법학대학에는 법률과, 경제과, 정치과가 설치되었다. 이학대학에는 물리과, 화학과, 산학과, 천문과, 생물과가 있었고, 공학대학에는 기계과, 토목과, 채야과, 건축과, 방직과가 설치되었다. 교육대학에는 교육심리학과, 교육행정학과, 농예학과, 원림학과가 있었다.

1928년에 이르면 봉천성의 공립 및 사립 초급중학교는 89개, 고급중학교는 15개, 사범학교는 98개, 소학교는 1만 115개(초급소학교는 9,147개, 고급소학교는 456개, 완전소학교는 493개, 기타 소학교 9개)로 전체 교육기관은 1만 404개에 달했고, 재학생은 64만 1,343명으로 봉천성 인구의 5%를 차지했다.[57] 1920년 이전까지 봉천성의 고급중학

그림 2_ 장작림 · 장학량의 저택

---

57 『(民国)奉天通志』, 卷152, 教育4 · 近代上篇, 东北文史丛书编委会, 1983, (据民国23年铅印本), 影印本第4册, 总第3534-3535頁.

교는 3개에 불과했지만 1921년부터 성립제1여중, 성립제1농과고중, 성립안동동변임업고중, 성립영구수산고중, 성립심양동북대학부중, 성립심양제2공과고중 등의 고등학교가 설립되었다. 장춘사립자강학교를 설립한 왕형산王荊山처럼 교육에 관심을 갖고 투자를 아끼지 않은 민족자본가도 있었다. 봉천성에서 시작된 도시 근대화운동은 25년의 발전을 거쳐 도시의 경관을 바꾸고 도시의 기능을 혁신했다.

첫째, 상부지 및 공업구의 개발과 구도시의 개조로 인해 대면적의 근교 및 농촌 지역이 도시에 편입되면서 도시의 규모가 확장되었다. 장춘은 1908년 당시 도시 면적이 13km²(중동철도 부속지 4km², 남만철도 부속지 4km², 구도시 5km²)에 불과했지만 1930년에는 21km²로 확장되었다. 만철 철도부속지 면적이 1km² 증가한 것을 제외하고 나머지는 모두 상부지 개발과 구도시 개조를 통해 증가했다.

둘째, 근대화운동 과정에서 도시들은 많든 적든 외국의 선진적인 물질문명의 성과를 도입했다. 이러한 성과의 도입과 전시를 통해 낙후한 전통적 모습과 어두운 도시의 경관이 오색찬란한 근대적 경관으로 변모하고 도시민의 생활의 질이 대대적으로 제고되었다. 장춘, 사평, 봉천 등의 변화가 가장 컸다. 장춘 상부지는 "개항하고 나서 극장을 제외하고 찻집, 식당, 설서장說書場, 서커스 공연장 등이 하늘의 별처럼 빼곡하게 들어섰다. 매일 이곳에는 엄청난 인파가 몰려 비 오듯이 땀을 흘리며 구경하고 있었다. 2년 전과는 천양지차였다."[58] 봉천에는 "철령 다원茶園이 부활했다."[59] 만천하万泉河 주변에만 동응향사東凝香榭와 서응향사西凝香榭 등 찻집이 7개나 있어 식후에 차를 마시는 문화가 유행이 되었다.

---

58 『盛京时报』, 1911年 6月 29日.

59 『盛京时报』, 1923年 6月 6日.

사회의 변화는 여성의 복장과 치장에서 더욱 두드러졌다. "여성들은 특이한 옷을 즐겨 입었는데, 유행하는 옷을 입는가 하면 서양 옷을 입기도 했다. 일부는 머리를 짧게 자르고, 일부는 파마를 하기도 했으며, 심지어 어떤 여성은 중국식 옷을 입고 서양식 모자를 쓰기도 했다."[60] 외출할 때에는 "양산을 쓰고, 인도 사리를 입고, 하이힐을 신고, 사향수를 뿌리고 다녔다. 서양 요리를 먹고 춤도 배웠다."[61] 또한 "특이한 현상이 많았는데, 한 사람이 선도하면 모든 사람이 따라했다. 옷은 갈수록 이상해졌다."[62] 남성의 생활 역시 유행에 민감하게 변해갔다. 영국, 일본 등지에서 수입된 호패·부사패 자전거를 타고 드라이브하는 것은 더 이상 뉴스거리가 아니었다. 당구 치고, 곡마를 관람하고, 양담배를 피우고, 경극을 보는 것은 청년 사이에서 아주 보편적인 일이었다. 여유로운 도시생활은 전통적 결혼 관념도 변화시켰다. 치욕으로 받아들였던 이혼 문제에 대해서도 비난이 아닌 동정, 나아가 찬양의 목소리가 등장했다. 「이혼에 대한 소견」이라는 글을 보면, 이혼은 "우리나라 사람들의 사상이 발전한 결과이다. 혼인관계는 한 사람이 일생 동안 겪는 고락인 바, 형식적으로는 윤리적 결합을 중요시하지만 실제로 현실에서는 성적인 조화가 중요하기에 윤리적으로 경직된 관계를 유지하다보면 문제가 발생하지 않을 수 없다. 오늘날 과학이 발전하고 신권神權이 쇠약해지면서 사상 해방의 꽃이 만개했다. 우리가 인류의 사상이 발전한 것이 나쁜 일이라고 생각하지 않는다면, 이혼 사례가 증가한 것에 대해 반대

60　『盛京时报』, 1926年 7月 31日.

61　冷拂, 「再说重婚罪」, 载『盛京时报』, 1930年 7月 8日.

62　『盛京时报』, 1926年 7月 31日.

할 수 없을 뿐만 아니라 오히려 이해하고 지원해줘야 한다"[63]고 주장하고 있다. 바로 이런 포용적인 사회적 분위기의 영향으로 도시마다 "이혼 사건이 끊임없이 출현"[64]했고 "여성이 법정에서 소송하는 일이 흔해졌다."[65]

셋째, 시내 및 시외 교통이 더욱 원활해졌고 위생조건이 크게 개선되었으며 도시의 건물들도 획기적으로 변화했다. 전통적인 청와방靑瓦房은 화려하게 장식된 수준 높은 서양 정원식 건물로 대체되었다. 공공시설은 점점 나무랄 데가 없을 정도가 되었고 전체 도시 환경이 크게 개선되었다. 상업도 크게 발전했는데 그중에서도 민족상업·유통업의 발전에 눈에 띈다. 1905년 봉천의 중국인 점포는 1,803개에 불과했지만 1924년 6,598개, 1931년 8,000개로 증가했다.[66] 이 점포들 중 일부만 만철 부속지 내에 있었을 뿐이고 대다수는 상부지와 구도시에 위치했다. 예를 들어 북시장의 민족 점포는 1,400개, 40개 직종에 달했다. 공업의 경우 과거 거의 모든 구도시에 근대 공업이 없었다. 하지만 개항 이후 공장의 수가 급증하면서 일부 도시에는 독특한 지방 공업체계가 형성되기도 했다. 이런 공장들에서는 비교적 경쟁력 있는 제품들을 생산했다. 예를 들어 장춘 상부지의 외자성냥공업, 민족제분공업, 하얼빈의 제분공업, 맥주공업, 봉천의 방직공업, 영구의 제유공업 등이 여기에 해당한다.

넷째, 상부지의 개발로 인해 도시 환경이 개선되고 도시의 공간 규

63　『盛京时报』, 1926年 7月 31日.

64　『盛京时报』, 1923年 11月 14日.

65　『盛京时报』, 1923年 7月 7日.

66　『沈阳商业志』, 24頁.

모가 확장되면서 대규모 농촌 인구의 도시 유입이 촉발되었다. 도시화
의 속도는 두 가지 지표로 가늠할 수 있다. 하나는 물질적 구성의 측면
에서 공간의 규모를 고찰하는 것이고, 다른 하나는 사회구조의 측면에
서 도시 인구의 규모를 살펴보는 것이다. 보통 도시의 인구는 자연성장
률과 외래 이민을 통해 증가한다. 서구에서는 대규모 외래 이민의 유입
으로 도시 규모가 증대되었는데, 이와 같은 대규모 인구 이동은 농업에
서 유리된 잉여인구가 도시 상공업의 수요와 맞물리면서 나타난 현상
이었다. 하지만 근대 중국에서의 이민은 주로 농업 이민으로 전쟁과 기
근에 의한 생계형 이민의 성격이 강했다. 즉, 수동적 이민이었다. 그럼
에도 불구하고 대규모 이주, 특히 이질적인 청·장년의 유입으로 동북
도시의 근대 산업은 끊임없이 노동력을 공급받으며 발전했다. 나아가
이민자의 유입은 도시 문화의 다원화를 촉진하고 도시를 더욱 개방적
이고 역동적인 근대적 공간으로 변화시켰다.

제6장

1906~1931년의 하얼빈

러일전쟁에서 패한 러시아는 장춘 이남의 중동철도를 일본에게 양도했지만 장춘 이북의 중동철도 연선에 대한 통제권은 유지하고 있었다. 일본과 러시아의 중동철도에 대한 분할 통치로 인해 이미 형성되어 있던 통일된 상품시장이 남과 북으로 나뉘게 되었다. 이런 상황에서 동북 북부의 중추 도시인 하얼빈이 지역 핵심도시로 부상했다. 하얼빈이 중동철도를 따라 늘어선 철도도시의 경제 발전을 이끌면서 동북 북부 도시 벨트의 성격은 남부와 판이한 양상으로 변해갔다.

러일전쟁 이후 하얼빈 도시 공간의 변화

1906초 청 정부가 1902년에 중동철로공사로부터 회수한 하얼빈 중동철도 부속지 밖의 부가점傅家店[1]에 빈강관도濱江關道와 빈강청강방동지행

---

1 1902년에 회수한 부가점 및 인근 지역의 면적은 11.45km²였다. 1908년 부가점은 부가전(傅家甸)으로 이름을 변경했다. 이름이 바뀔 당시 부가전 시가지 면적은 0.45km²였다.

정건제濱江廳江防同知行政建制를 설립[2]하고 시가지를 건설하면서, 하얼빈의 도시 공간은 지속적으로 확장되는 동시에 독립적으로 발전하는 두 지역으로 나뉘게 되었다. 또한 1906년 중동철로공사는 러시아 관할구인 중동철도 부속지에 민정부民政部를 설립하여 부속지의 관리와 부속지 내 건설 사업을 책임지게 했으며, 1907년 11월 부두구역(공부가工部街에서 일면가一面街까지)과 신도시구역(서대교西大橋에서 철령가鐵嶺街까지)에서 7.83km² 부지를 분리하여 하얼빈자치시를 설립했다. 1908년 3월부터 러시아아인으로 구성된 이사회가 하얼빈자치시의 행정관리기구로 기능하기 시작하면서 하얼빈은 하나의 도시에 세 개의 도시체계가 동시적으로 작동하는 도시가 되었다.

1907년부터 하얼빈자치시와 중동철로국의 주도하에 하얼빈 러시아 관할구역에서는 도시 건설 붐이 시작되었다. 러시아아인으로 구성된 자치시는 먼저 '하얼빈급교구규획도哈爾濱及郊區規劃圖'를 만들어 철도부속지의 공간 분포를 조정한 다음 부두구역과 신도시구역을 국제적인 상부지로 건설하고자 했다. 동시에 '포수가도급인행도규칙鋪修街道及人行道規則'을 반포하여 도로망을 새롭게 설계했다. 이런 신규 사업들의 특징은 다음과 같다.

첫째, 신설 도로는 분산된 구조를 유지시켜 각 구역의 도로가 자체

2　부가전 및 인근 지역의 행정체계는 공간구조와 도시 규모의 변화에 따라 20년 동안 꾸준히 발전했다. 1909년 빈강청강방동지는 쌍성부(雙城府) 빈강청분방동지(濱江廳分防同知)였다. 1911년 쌍성부 동북부 61개 촌이 빈강청에 편입되었고 1913년 8월 빈강청 분방동지가 빈강현으로 변경되었다. 1919년 4월 빈강상부국이 성립되었고 아성현 권하(圈河)와 태평교(太平橋) 지역이 빈강현에 편입되었다. 1920년 이곳에 길림·흑룡강 강방사령부를 설치했고 동시에 빈강진수사서(濱江鎭守使署)도 증설했다. 1927년 12월 빈강 시정공소가 성립되었다. 1929년 시정공소가 없어지고 시정주비처(市政籌備處)라는 새 기구가 들어서면서 부가전, 사가자(四家子), 강탄지(江灘地), 권하, 태평교 등을 빈강현에서 분리하여 빈강시에 포함시켜 길림성의 관할지로 정했다.

적인 도로망을 구성할 수 있게 하되 전체적으로는 화원식 도로를 건설하는 것을 목표로 삼았다. 시가지 도로의 빨간 선(도로와 건물용지의 분계선) 너비는 등급에 따라 달랐다. 주요 도로의 중심 부분 너비는 21~42m로 정했다. 동시에 중심 도로 바깥쪽의 보조 지역이 너무 넓을 경우 공허한 느낌을 주기에, 주택구의 단층집을 중심으로 주민이 자신의 집과 인도 사이에 있는 도로용지를 임시적인 정원으로 사용하여 나무나 꽃을 심을 수 있게 했다. 정원과 인도 사이에는 폭 85cm 이내의 꽃무늬 담장을 만들어 "수목이 우거지고 꽃향기가 넘쳐나는"[3] 화원식 도시 경관을 연출했다.

둘째, 신도시구역을 동쪽으로 철령가(1913년에는 요양가)까지 확장했고, 대직가大直街 동쪽 끝에 새로운 묘지(현 문화공원)를 건설했으며, 마가구馬家溝 남쪽에 경마장을 건설했다. 그리고 왕조둔王兆屯 서쪽에 병원가病院街를 건설하여 서향방구西香坊區를 확장했고, 제2의 상업거리인 의주가義州街(현 분투로奮鬪路)를 건설했다.

셋째, 도시 공간을 합리적으로 배치하고 도시의 미화사업을 추진하기 위하여 공원의 규모를 확대했다. 남강南岡과 도리 2곳에 전체 면적이 20.6m²에 달하는 크고 작은 공원 10개를 건설했다.[4]

넷째, 상징적 건물의 건설 계획을 엄밀히 하고, 건물 양식은 완전한 유럽식으로 설계했다. 상징적 건물이란 도시의 스카이라인을 구성하고

---

3 「哈尔滨素描」, 「盛京时报」, 1938年 7月 7日.

4 10개 공원의 위치와 면적은 다음과 같다. 허공로(許公路)공원, 5,818m². 석두도가(石頭道街)공원, 6,545m². 관가(寬街)공원, 도리서(道里西) 십삼도가(13道街), 3,253m². 경찰가(警察街)공원, 4,518m². 화원가(花園街)공원, 12,597m². 송화강가(松花江街)공원, 9,004m². 협수가(夾樹街)공원, 59,179m². 십자가(十字街)공원, 마가구, 4,605m². 문명가(文明街)공원, 15,386m². 교당가(敎堂街)공원, 남강혁신로(南崗革新路), 15,243m². 伪满哈尔滨特别市公署 编, 1936, 『哈尔滨特别市政纲要』, 255頁.

도시의 외관에 핵심적 영향을 미치는 주요 건물을 말한다. 러시아 식민 당국은 상징적 건물의 설계에 각별히 신경 썼다. 고층 건물은 도시에서 해발이 높은 대직가와 기차역 앞(현 홍군가)에 짓게 했다. 식민 당국은 건물의 성격을 대체로 다음과 같이 분류했다. 첫째는 공공 성격의 건물로 하얼빈철도국의 신청사와 현 하얼빈공업대학 도서관 등이 포함된다. 둘째는 상업적 성격의 건물로 중앙대가의 마질이호텔馬迭爾旅館(모데른호텔)과 대직가의 추림공사 같은 건물이 포함된다. 셋째는 공업적 성격의 건물로 하얼빈차량창哈爾濱車輛廠 신청사가 대표적이다. 넷째는 정원식 주택 건물로 남강 병원가(현 이원가頤園街)의 폴란드 상인 코바리스키格瓦里斯基(Kovalisky) 주택이 전형적인 건물이다. 다섯째는 종교 건물로, 동방정교회와 유대교 이민이 건설한 약 25개의 교회당이 포함된다.[5] 대표적인 교회당에는 1907년에 건설된 도리의 성소피아성당聖索菲亞教堂과 남강 대직가의 슈에크포클로브성당修可鮑克羅夫教堂, 1908년에 건설된 성이베론성당聖伊維爾教堂, 1912년에 건설된 알렉셰예브성당阿列克謝耶

5　교회당의 이름과 위치는 다음과 같다. 波斯羅夫斯卡雅教堂(대직가 54호), 烏斯別恩斯卡雅教堂(대직가 1호), 伊瓦爾斯卡雅教堂(제홍가霽虹街 16호), 聖索菲亞教堂(조린가 91호, 1907년 준공), 洛夫斯卡雅教堂(안평가安平街 1호), 喀贊斯庫伯高羅斯基修道院(마가구십자가馬家溝十字街 2호, 1924년 준공), 阿列科夫斯卡雅教堂(혁신로 45호, 1920년), 拉吉米爾斯卡亞教堂(남강우정가南崗郵政街 62호, 1924년 준공), 坡列德節斯基教堂(민흥가民興街 8호), 斯庫爾別西恩斯卡亞教堂(영부가營部街 34호), 聖尼古拉耶夫斯卡亞教堂(강북동교가江北東橋街 1호), 伊約爾斯卡亞教堂(문경가文景街 9호), 香坊聖尼古拉教堂(향방보병가香坊步兵街 5호), 聖阿列克謝夫斯卡亞教堂(난강곡선가南崗曲線街 76호), 伊林斯卡亞教堂(북안가北安街 19호, 1924년 준공), 普列沃拉斯卡亞教堂(남강목란가南崗木蘭街, 1920년), 伊諾包果斯洛夫卡亞教堂(문예가文藝街 15호), 聖伯利索夫斯卡亞教堂(하청가河清街 20호, 1923년), 聖彼得羅教堂(요양가遼陽街 10호), 耶萬格羅斯基督福音堂(안국가安國街 57호, 1915년), 基督教路德信義會(우양가雨陽街 1호, 1914년), 猶太總教堂(통강가通江街 56호, 1915년), 猶太教新堂(사문가斜紋街 5호), 聖約慕法堂(신화가新華街 2호). 이들 종교 건물의 주소는 1950년대의 번지수를 기준으로 한 것이다. 『哈爾濱外僑社團表』, 東北人民政府民政局, 1950, 6-2-54號檔案.

그림 1_ 하얼빈 성 소피아 성당聖索菲亞敎堂

夫敎堂 등이 있다. 이런 건물들은 공간적 위치나 건축양식에서 다음과 같은 특징이 있었다.

① 도로와 주변 환경의 조화를 고려하여 건물 부지를 선정했다. 하얼빈 철도국 신청사는 도로 빨간 선에서 64m 떨어진 곳에 세워졌는데, 건물 앞에 반원 모양의 광장이 건설되어 건물을 번잡한 도로로부터 해방시킴과 동시에 사람들에게 건물을 감상할 수 있는 공간을 제공했다.

② 건물은 유럽의 주요 양식을 참조하여 설계했기 때문에 우아하고 신기한 외관을 연출할 수 있었다. 단일 건물의 외형은 물론이고 건물들의 총체적 조화와 미관의 통일에도 신경을 썼다. 신축 건물은 외관상에서 유럽 바로크, 문예부흥, 고전, 신운동낭만주의, 절충주의, 일본 흥아식興亞式 등 양식을 참조했기에 참신하고 근대적이었다. 예를 들어 하얼빈 철도국 신청사는 전체 건물이 십자형으로 5개의 서로 연결되는 부분으로 구성되었다. 그중 도로와 인접한 면의 길이는 182m이고 세 개 부분으로 나뉘었다. 가운데 부분에 포인트를 두어 네 개의 기둥으로 일곱 등분을 나누어 건물에 리듬을 주었다. 벽면은 녹색 화강암을 사용하여 재료의 질감을 강조했다. 이 건물은 전체적으로 웅장하고 정교했다. 중앙대가의 모데른호텔은 프랑스 및 신예술운동양식이 복합적으로 반영된 고급 호텔이었다. 3층 벽돌콘크리트 구조물인데, 건물의 아랫부분을

바위 모양의 벽면처럼 연출하여 건물의 안정감을 강조했다. 2층과 3층
은 일관된 설계를 선보였는데, 그중 3층 창문의 상부를 곡선형으로 설
계함으로써 2층과 3층의 창문이 하나로 이어진 듯한 느낌을 주었다. 처
마에는 부분적으로 곡선을 두고 꽃 장식을 함으로써 창문과 조화시켜
아름다움을 강조했다. 그리고 인접한 건물들은 아무 의미 없이 설계된
것이 아니라 하나의 양식이 다른 양식으로 옮겨지는, 즉 양식의 과도적
이고 점진적인 모습을 연출했다. 동시에 일정한 구역 내에서는 교회당
의 첨탑을 기준 물체로 삼아 전체 건물의 리듬과 운율을 설계했던 것이
다. 거시적 측면에서 건물의 총체적 통일성을 보장하기 위하여 러시아
식 건물은 기둥, 창문 및 건물 꼭대기 상징물에 대한 규정에 근거하여
외벽을 설계하게 했다. 기둥은 코린트식과 이오니아식을 위주로 하고,
창문은 직각 방액창方額窗, 반원 액창, 복합창 등으로 설계하도록 규정했
고, 인접한 건물의 창은 동일한 양식으로 설계하고 건물 꼭대기는 보통
'양파'나 '텐트' 모양을 표현하도록 했다. 이런 규정을 두었기에 도로 옆
에 서로 인접한 건물들은 각각의 특징과 개성을 살리면서도 사람들에
게 서로 이어진 듯한 모습을 보여줄 수 있었다.[6]

③ 내부 장식이 화려하고 색채가 찬란했다. 남강 동대직가東大直街에
있는 교회당의 경우 창문은 꽃무늬와 홍·황·남 등 5색 유리로 구성되
었다. 때문에 햇볕이 비추면 사람들은 반짝이는 채색으로 인하여 정신
적 승화 같은 신비한 상상을 하게 된다. 이원가의 코바리스키 주택은
내부의 고급 분수대, 추목으로 된 담장과 꽃이 조각된 지붕이 아주 조
화롭게 어우러져 있다. 바로 이렇게 운율과 질서를 겸비한 다양하고 웅
장한 근대 건물이 있었기에 하얼빈은 '동방의 모스크바' 또는 '리틀 파

---

6 刘松茯, 1992, 「哈尔滨近代建筑的风格与文脉(续)」, 华中建筑, 第2期.

그림 2_하얼빈 모데른호텔馬迭爾旅館

리'와 같은 아름다운 별명으로 불릴 수 있었다.

그 밖에도 소규모 건물군이 건설되었다. 호군가護軍街의 아목이阿穆爾군구철도병여단사령부, 병원가의 군구병원軍區病院 건물군, 도리와 도외 사이의 팔참八站에 신설된 상부지, 사만둔沙曼屯(현 송명가松明街 일대)에 건설된 철도사원촌과 백계 러시아인 난민촌 등이다. 1922년 하얼빈자치시는 마가구와 고향둔顧鄕屯까지 편입하면서 전체 면적이 10~15km^{2}로 증가했다.

1918년 러시아가 붕괴된 후 북경의 중화민국 중앙정부는 길림독군에게 중동철도경비사령부와 하얼빈 철도구역 내에 임시경찰총국을 설립하도록 중동철도국을 압박하라고 지시했다.[7] 하얼빈에서 러시아의

---

7 하얼빈 임시경찰총국은 1918년 2월 25일에 설립되었다. 이 기구는 근대 중국 정부가 동북 지역 철도부속지에 설립한 첫 번째 주권기구이다.

세력은 약화되기 시작했다. 1919년 8월 29일 중국 정부가 조직한 중동철로호로군사령부가 하얼빈에 설립되었고, 철도 연선에는 중국 군대와 경찰이 경비를 서기 시작했다. 1920년 10월 31일 중국 정부는 중동철도 부속지의 공식 명칭을 동성東省특별구로 명명했다. 1921년 2월 5일 동성특별구시정관리국이 설립되어 러시아인 호르바트[8]를 수장으로 하는 잔존 세력과 공동으로 중동철도 부속지의 시정 건설 사업을 관리하기 시작했다. 1924년 9월 소련과 중국의 대표가 하얼빈에서 중동철도 이사회를 설립했고, 중국은 추가로 중동철도와 행정 업무에 대한 관할권까지 인양받았다. 중동철도에 대한 공동 관리는 만주사변까지 유지되었다.

러시아가 통치하는 하얼빈자치시 체제는 1926년에 종결되었다. 그해 3월 동성특별구시정관리국은 러시아인으로 구성된 자치시공의회를 해산하고 4월에 자치임시위원회를 설립했다. 6월 14일 하얼빈특별시자치시판장정哈爾濱特別市自治試辦章程을 공포하고 참사회와 자치회를 새로운 시정기관으로 정했다. 자치회는 의사결정기관이고 참사회는 시정 집행기관이었다. 하얼빈의 외국 교민단은 7명의 대표를 자치회에 가입할 수 있도록 추천했다. 그해 9월 하얼빈특별시가 설립되면서[9] 하얼빈자치시에 대한 러시아 관할권의 인계 작업이 마무리되었다. 1928년 중국 정부는 하얼빈특별시와 동성특별구하얼빈시를 하나로 합쳐 6개 구로 구성된 동성특별구하얼빈시로 만들었다.

빈강청의 도시 건설은 1907년 하얼빈이 청 정부에 의해 개방 상부지로 지정된 후 부가전 중심지의 농촌 지역을 개발하면서 시작되었다. 빈강청의 건설은 강 연안 황무지를 개발하면서 추진되었기에 초반에는

---

8 호르바트(Dmitri L. Horvat, 한자명 霍爾瓦特)는 러시아의 중동철도 관리국장이었다.

9 「哈埠市制之经纬」, 「盛京时报」, 1926年 7月 13日.

자갈길 건설 등 기초시설 건설만 계획되었다. 1911년 빈강청의 면적은 약 400km²으로 그중 도시 면적은 현재의 승덕가承德街, 경양가景陽街를 중심으로 1.76km²에 불과했다.[10] 비슷한 시기에 하얼빈 최대의 전력기업인 빈강요빈전등공사濱江耀濱電燈公司도 설립되었다(1907). 1913년 이후부터 시가지는 부가전을 중심으로 동쪽으로 확장되었고, 육도가六道街·칠도가七道街·십삼도가十三道街·십칠도가十七道街 등에 민족공업이 출현했다. 무백상武百祥의 동기공장同記工廠(1913, 도외 남두도가南頭道街에 설립), 덕창철공장德昌鐵工廠(1914), 빈강흥아여자공장濱江興亞女子工廠(1916), 안유화마按裕火磨(1915) 등의 기업이 유명했다. 빈강은 중동철도의 동쪽 도리 상업구 밖에 있었기에 하얼빈 사람들은 이곳을 '도외'라고 불렀다. 1916년부터 빈강현은 동사가자東四家子(십사도가十四道街에서 진강가鎮江街까지)의 1.54km² 구역과 강 연안 0.7km²를 메워 상부지로 개발하기 시작했다. 이로 인해 1918년 빈강현의 도시 면적은 4km²로 확장되었다. 1921년부터 빈강현은 전면적인 행정구역 개편을 추진했다. 이후 아성현의 권하·태평교·삼과수의 16.67km² 구역이 빈강 상부지에 편입되면서 1923년에 이르러 빈강현의 도시 면적은 5km²로 확대된다. 도시 면적이 확대되면서 대규모 민족 중소자본이 도외에 둥지를 틀기 시작했다. 1929년 도외(빈강)에는 철공, 인쇄, 착유, 침직 등의 산업이 들어섰고 관련 공장은 331개에 달했다.[11] 1929년 5월 빈강현 내에는 빈강 시정주비처가 설립되었고 부가전·사가자·강탄지·권하·태평교 등 기존 빈강현의 관할구역을 길림성의 관할로 변경했다.

남강이나 도리구의 "도로가 가지런하고, 수목이 우거지고, 공기가

---

10 「近代哈尔滨金融机构一览表」, 载哈尔滨市档案馆 编, 「哈尔滨金融资料文集」, 第4册, 147-150頁; 「哈尔滨市志 城市规划志」, 1998, 黑龙江人民出版社, 58頁.

11 鲁生, 「滨江工业之调查」, 「中东经济月刊」, 第6卷, 7-12頁.

상쾌한"[12] 환경과는 대조적으로 민국 시기의 도외(빈강구)는 공간 면적이 좁고 도시 계획이 정립되지 않은데다가 시민의 위생·청결의식까지 결여되어 총체적으로 더럽고 지저분했다. 도외에서 가장 번화한 정양가正陽街도 "비좁고 붐비는데다 질서도 없고 더럽기까지 했다." 일단 "비가 오면 도로는 흙탕물 바다가 되었고" 사람들은 "이럴 때마다 구토가 유발되어 빨리 이곳을 벗어나려고 했다."[13] 도외는 당시 하얼빈에서 환경이 가장 열악한 곳이었다.

하얼빈의 송화강 북안은 원래 흑룡강성 호란부 관할이었다. 1911년 호란부가 마선구馬船口에서 상부지를 자체적으로 개발한 후 그곳에 호란당창呼蘭糖廠을 건설하면서 1km² 정도의 도시가 형성되기 시작했다. 1919년 이곳에 흑룡강성 마선구 시정국이 설립되었다. 1920년 이 시정국은 송북松北 시정국으로 이름이 바뀌었고 상부지는 3km²로 확장되었다. 1922년부터 송북진 상부지 건설사업이 시작되었다. 1925년 9월 송북 시정국은 호해철도呼海鐵路 관할의 송포松浦 시정관리처로 변경되었고, 동시에 송포 기차역과 호해철로총공장呼海鐵路總工廠 등 6km² 부지가 개발되면서 송포진이 형성되었다. 1929년 송포 시정국이 설립되면서 이곳은 흑룡강성 송포시가 되었다. 송포시 관할 지역은 37.78km²이며 그중 도시 면적은 6.5km²였다.[14]

1931년 하얼빈시는 흑룡강성 송포시, 길림성 빈강시, 동성특별구 하얼빈시(하얼빈특별시 포함), 빈강현, 호란, 조동肇东, 쌍성, 아성현 등의 지역으로 구성되었다. 각 지역이 독립적으로 건설되었고 도로망도 제각각이어서 하나의 도시가 되기 위해서는 통일된 도시계획에 기초한

---

12 「哈尔滨素描」,「盛京时报」, 1938年 7月 7日.

13 「哈尔滨素描」,「盛京时报」, 1938年 7月 7日.

14 哈尔滨市地方志编委会,「哈尔滨市志 城市规划」, 1998, 黑龙江人民出版社, 61頁.

도로 건설사업이 필요했다.

지역 핵심도시 및 국제 대도시로서 하얼빈

하얼빈은 중동철도와 송화강 수로가 교차하는 지점에 위치한데다가 러시아가 중점적으로 건설한 도시였기에 외국 자본은 러일전쟁 직후부터 밀물처럼 하얼빈에 몰려들었다. 1906~1928년 40여 개 외국 은행이 하얼빈에 지점을 설립하고, 화폐 발행 및 외환 업무를 시작했다. 이런 은행들에는 관판官辦은행 9곳(동삼성관은호하얼빈분호東三省官銀号哈爾濱分号, 중국은행中國銀行, 교통은행交通銀行, 변업은행邊業銀行, 동삼성은행東三省銀行 등), 다른 지역에서 하얼빈에 설립한 민영 은행 11곳(식변은행殖邊銀行, 대륙은행大陸銀行, 우장은행牛莊銀行, 익발은행益發銀行 등), 이 지역의 민영 은행 18곳(빈강상업은행濱江商業銀行, 신부은행信孚銀行, 빈강농상은행濱江農商銀行, 빈강공상은행濱江工商銀行 등), 외자은행 34곳[15]이 포함되었다.[16] 전당포와 같은 금융기관까지 합치면 그 규모는 더 커진다. 이런 은행들은

---

15   러시아 화아도승은행(華俄道勝銀行), 백계 러시아인의 하얼빈방산은행(哈爾濱房産銀行), 막사과(모스크바)국민은행사무소(莫斯科國民銀行事務所), 서백리아(시베리아)상업은행(西伯利亞商業銀行), 원동은행(遠東銀行), 유대국민은행(猶太國民銀行), 하얼빈교외은행(哈爾濱郊外銀行), 협화은행(協和銀行) 등 12곳, 일본의 요코하마정금은행橫濱正金銀行, 정륭은행(正隆銀行), 용구은행(龍口銀行), 송화은행(松花銀行), 조선은행, 하얼빈사업은행(哈爾濱事業銀行), 영국의 회풍은행하얼빈분행(匯豐銀行哈爾濱分行), 맥가리은행하얼빈지행(麥加利銀行哈爾濱支行), 미국의 화기은행하얼빈지행(花旗銀行哈爾濱支行), 통상은행하얼빈지행(通商銀行哈爾濱支行), 중미자업은행하얼빈분행(中美慈業銀行哈爾濱分行), 안리수화보험공사(安利水火保險公司), 화기합군보험공사(花旗合群保險公司), 신제은행(信濟銀行), 프랑스의 법국은행하얼빈분행(法國銀行哈爾濱分行) 등.

16   石方, 1994, 「哈尔滨-北满经济中心及国际都市成因探讨」, 载 「学习与探索」, 第6期.

장춘, 심양, 대련 등 동북의 주요 개항 도시들과 밀접한 관계를 유지했을 뿐만 아니라 북경, 천진, 상해, 절강성, 광동성 등 지역 및 모스크바, 상트페테르부르그, 도쿄, 오사카, 파리, 뉴욕 등 국내외 금융도시들과 직접적인 업무 및 거래관계를 유지하고 있었다. 하얼빈에 유입된 금융자본의 규모는 같은 시기 전체 동북 지역 도시들 중 가장 컸다. 심지어 전체 동북 금융자본의 40%까지 치솟은 적도 있다. 하얼빈 금융자본의 흐름은 동북, 나아가 전체 극동 지역 금융자본의 흐름에 중요한 영향을 미쳤던 것이다.

교통이 편리하고 금융업이 막강했기에 하얼빈은 짧은 기간 내에 동북 북부에서 가장 큰 상품 집산지로 발전할 수 있었다. 1907년 하얼빈 거래소가 설립되었다. 같은 해 일본 미쓰이물산주식회사가 처음으로 콩 4,000톤을 하얼빈에서 철도로 우수리스크·블라디보스토크로 수송한 후 그곳에서 해운으로 유럽에 수출했다. 이렇게 "동북 북부 콩이 적극적으로 해외에 수출되는 해외 무역의 서막이 열렸던 것이다." 그뿐만 아니라 이는 "지엽적이고 특수한 동북 북부의 시장이, 기량을 한껏 뽐내고 있는 세계 경제 무대와 연결된 것을 의미하기도 했다."[17] 역시 같은 해에 '중아북만관세장정中俄北滿稅關章程'이 정식으로 반포되었다. 이 규정에 의해 중국과 러시아가 하얼빈을 중심으로 반경 20km 구역을 화물운수감세구로 지정하면서 하얼빈 상부지의 투자 환경이 더욱 좋아지게 되었다. 외국 자본가들이 하얼빈에서 각종 상회와 양행을 조직하여 경쟁적으로 농산품을 외부로 수출하면서 하얼빈은 급격하게 "상인이 집결하고 화물이 운집하여 무역이 흥성"한 번화한 도시로 발전하게 되었다. 민족자본에 의해 설립된 비교적 큰 점포로는 공화리公和利, 홍성수洪

---

17 长谷川, 1990, 「哈尔滨经济概况」, 哈尔滨人政府地方志办公室(译本), 53~69頁.

그림 3__하얼빈 마쓰우라양행松浦洋行 옛터(현 교육서점)

盛水, 동발륭同發隆 등의 잡화점과 의창신주포점義昌信綢布店, 덕신창오금점德信昌五金店, 천성차장天成茶莊 등이 있었다. 외국 기업에는 일본의 미쓰이물산주식회사, 다케우치양행竹内洋行, 마쓰우라양행松浦洋行, 식량 판매를 위주로 하는 덴마크 보륭양행寶隆洋行 등이 있었다. 1905년 하얼빈에는 크고 작은 기업이 100여 개에 불과했지만 1909년에는 889개로 급증했다. 요식업 상호도 378개로 증가했다. 국가별 상호는 러시아와 일본이 각각 50여 개와 30여 개로 가장 많았고, 영국, 미국, 프랑스, 호주, 조선 등에서 온 상인도 500여 명에 달했다. 당시 하얼빈의 연간 수출입 총액은 2,800만 루블이었다. 곡물 수출액이 1,700만 루블로 가장 많았는데 이는 당시 북만주 지역 수출입 무역 총액의 50%에 해당하는 규모였다. 1909년 북만주 전체의 수출 규모는 131만 톤이었는데 하얼빈은 50만 톤으로 전체의 38%를 차지했다.

제1차 세계대전이 발발하면서 하얼빈에 대한 러시아의 영향력이 일시적으로 약화되자 다른 열강들은 이 기회를 이용하여 하얼빈을 자신들의 이익을 극대화하기 위한 각축과 쟁탈의 장으로 만들었다. 1914년 12월 러시아와 영국은 중동철도 부속지 행정권에 관한 '아영협약俄英協約'을 체결하여 중동철도 부속지 내에서 영국인과 러시아인은 동등한 자치권을 향수한다고 규정했다. 이어 일본, 프랑스, 이탈리아, 네덜란드, 벨기에, 스페인, 덴마크 등도 뒤질세라 이 협약에 동참하면서 러시아 및 영국과 동등한 대우를 받게 되었다. 이 협약으로 도리구와 남강구에 외국인이 대거 유입되었다. 1921년 기준 외국 상인이 경영하는 양행·상사·무역공사는 1,000개 이상이었으며, 상대적으로 규모가 크고 수입과 수출 사업을 동시에 진행하는 상행은 260개에 달했다. 1920년대 초 외국인 투자 규모는 2,000만 엔 이상으로 전체 북만주 지역 투자액의 90%를 차지했다. 1924년 이후 투자액은 1.76억 엔으로 증가했다. 하얼빈에서의 무역은 외국 상인들이 독점했다. 1914년 수출입 무역액은 7,049만 루블, 1925년에는 6,319만 해관냥(관평은關平銀 약 1.05억 루블), 1928년은 1.0898억 해관냥(약 1.8억 루블)이었다. 수출입 화물은 세계 30여 개 국가와 지역으로 나가고 들어왔다. 당시 하얼빈은 모스크바, 런던, 파리, 뉴욕, 바르샤바, 도쿄, 오사카 등 세계 대도시와 무역관계를 형성하고 있었다. 하얼빈에 주재하는 외국 기업의 지사는 1,809개에 달했다. 그중 러시아 1,336개. 일본 274개, 독일 25개, 영국 18개, 미국 33개, 프랑스 6개, 기타 144개 등이었다.[18] 이들 회사 중 규모가 상대적으로 큰 것으로는 도리 중앙대가의 러시아 추림공사秋林公司(1919), 송격리화장품상점松格麗化妝品商店(1902), 일본 마쓰우라양행(1909), 우메하라 양행梅原洋行, 모데른호텔(1911), 니고랍오금상점尼古拉五金商店(1920), 러시아 마이사고점차식점馬爾斯糕點茶食店(1926, 하얼빈시 최대의 서양식 레스토랑), 일본 이케다상행池田商行(1927), 지단가地段街의 일본 구마자와양행熊澤洋行(1906), 사가상점佐賀商店, 와토양행和登洋行,

---

18 哈尔滨档案馆 编辑, 1991, 「哈尔滨经济资料文集」, 第2分册, 哈尔滨档案馆内部出版本, 2頁.

투롱가透籠街의 일본 마루헤이양행丸平洋行, 세이쿠라양행盛倉洋行, 수도가水道街(현 조린대가兆麟大街)의 일본 미쓰이주식회사(1907), 석두도가石頭道街의 일본 켄타양행兼田洋行(1917), 신성대가新城大街(현 상지대가尚志大街)의 중국 항순창호恆順昌號 등이 있었다. 이러한 회사들에 의해 도리구의 중앙대가, 투롱가, 수도가, 신성대가 등은 중국에서 내로라하는 상업거리로 발전했다.

수출품의 90%는 농산품과 농산물 가공제품이었다. 그중에서도 콩제품(대두, 두유, 두병)의 수출 규모가 가장 컸다. 1908년 하얼빈에서 유럽과 일본, 그리고 관내로 수출한 콩은 424만 7,776푸드[19]였고 1909년에는 1,729만 4,800푸드에 달했다.[20] 수입 상품은 무기, 기차, 강재, 기계, 자동차, 건축자재, 석유, 면사, 면포, 인조사, 오금五金, 전기기재, 염료, 종이, 약품, 담배, 술, 식품 등 생산과 생활에 필요한 물품들이었다. 제1차 세계대전 이전에는 러시아 상품이 하얼빈 시장을 점령했지만 전후에는 일본 상품이 그 자리를 대신했다. 1921년 시중에서 유통되는 상품 중 일본제와 미국제가 60~70%를 차지했다. 당시 시중에서 인기 있는 식품은 영국과 일본 브랜드인 응패鷹牌와 삼영패森永牌 연유, 스위스·브라질·멕시코의 커피, 러시아와 미국의 소시지, 석란錫蘭(스리랑카)과 한구汉口의 홍차, 바이칼호의 연어와 송어, 프랑스의 샴페인과 위스키, 일본의 앵화패櫻花牌·기린패麒麟牌 맥주 등이었다. 방직품으로는 일본의 성접패星蝶牌 천과 쌍사패雙獅牌 고무창 운동화, 일본과 영국의 셔츠와 양복, 일상용품으로는 일본의 그릇, 알루미늄제품, 도자기, 축음기, 미국의 자전거와 만년필, 독일의 전등, 체육용품으로는 독일의 스케이

---

19 푸드는 러시아의 무게 단위이며, 1푸드는 16.38kg이다.

20 「盛京时报」, 1911年 6月 23日.

트와 하키, 미국의 테니스, 상해의 축구와 농구 용품 등이 인기가 있었다.[21] 하얼빈은 명실상부한 국제 상품집산지였다.

하얼빈의 민족상업은 외국 상품과의 경쟁을 통해 발전했다. 1921년 3월 시공의회 결의에 따라 도리 석두도가의 남쪽과 북쪽, 남강 의주가, 우정가, 전사가箭射街(현 건설가建設街) 등에 대형 상가가 건설되었다.[22] 1922년 이 지역의 상업 종사자는 965가구였으나 급증하여 1929년에는 상업 종사 민족자본가만 7,122가구(도외에 4,651가구, 도리와 남강에 2,471가구)에 달했다.[23] 하얼빈의 민족상업은 외국 상인의 틈새에서 생존방법을 터득하며 어렵게 살아남았다. 이들은 적극적으로 철도 연선과 도시 중심지 시장에서의 무역 연결망을 확대했다. 도시 중심지에 분점이나 상주 인원 또는 대리점을 설치하여 구매와 판매 연결망을 형성했다. 도시 중심지의 상호들은 보통 계절에 따라 하얼빈에 사람을 파견하거나 직원을 상주시켰는데, 파견 또는 상주 인원이 많을 때는 수천 명에 달했다. 이들은 중동철도, 호해呼海 철도, 송화강 항운, 지방 도로 등을 활용하여 북만주의 식량, 목재 및 기타 농산품을 하얼빈으로 운송한 다음 수출과 가공을 거쳐 다른 곳에서 소비할 수 있게 했다. 또한 수입품, 현지에서 생산된 경공업 방직품, 식품 등은 대규모로 하얼빈에서 북만주 각 지역으로 운송되었다. 1920년대 하얼빈 철도역의 연간 수화물

---

21   洁园,「以哈尔滨为中心之各种调查(1930)」, 载「中东半月刊」, 第1卷 第8·9·11号; 郭凤山,「哈尔滨玩具及体育用品之销售调查(1931年)」, 载「中东半月刊」, 第2卷 第14号; 李玉福,「哈尔滨一带饮料之供给(1931)」, 载「中东半月刊」, 第2卷 第14号.

22   후에 남시장, 북시장, 동시장이라 불렀다. 남시장은 현재의 도리시장이고, 북시장은 '연빈루'라고 불렀는데 현재의 하얼빈시 인민정부 부지에 있었으며, 동시장은 현재의 남강시장이다.

23   宇存,「哈尔滨商业经济调查」, 载 东省经济月刊, 第5卷, 第11号.

총량은 중동철도 전체 노선 화물 운송량의 절반에 달했다. 하얼빈 부두를 통해 하역한 화물은 전체 송화강 화물 운송량의 90%를 차지했다. 도로를 통한 마차 운송도 아주 활발하게 이루어졌다. 호란에서 하얼빈으로 가는 대차大車는 많은 경우 하루에 1만대 가까이 되기도 했다.

1928년 하얼빈의 연간 수출 총액이 6,238만 해관냥에 달하는 등 하얼빈의 대외 무역은 농산품의 대량 수출에 힘입어 항상 수출 경쟁에서 우위를 차지할 수 있었다. "수출입액을 기준으로 보면, 빈강해관은 전국 45개 해관 중 6대 해관에 속하는데 그중에서도 1위였다."[24]

상품경제가 발전하면 외지 또는 외국의 상공업 자본가들의 투자도 확대된다. 그중 제분, 제유, 양조, 연초 등 산업의 발전이 가장 빨랐다. 1913년 당시 러시아 자본에 의해 설립된 공장 13개를 포함하여 16개 제분공장이 있었다. 규모가 상대적으로 큰 공장으로는 납파절부면분창 拉巴切夫麵粉廠(1906), 송화강면분창松花江麵粉廠(1907), 이이고자극면분창 伊爾庫茨克麵粉廠, 도노카사고면분창圖路卡斯庫麵粉廠(1909), 마이극사면분창馬 爾克斯麵粉廠(1911) 등이 있었다. 이들 외자 공장의 연간 생산량은 426만 포, 가공 가능한 밀의 규모는 1.275억kg에 달했다. 민족자본으로 설립된 제분공장은 민국 초기에 출현했다. 그중 규모가 상대적으로 큰 공장은 쌍합성화마雙合盛火磨(1915, 러시아에서 귀국한 중국 상인 장정각張廷閣이 설립, 웅계패雄雞牌 밀가루 1일 생산량 7,000포, 연간 생산량 2,000만kg), 천흥복이창天興福二廠(1920, 소신정邵愼亭이 설립, 밀가루 1일 생산량 6,500포, 연간 생산량 5,100만kg), 천흥복사창天興福四廠(1927, 소건일邵乾一이 설립, 연간 밀가루 생산량 2,050만kg), 유창원화마裕昌源火磨(1928,

---

24 哈尔滨档案馆 編輯, 「哈尔滨经济资料文集」, 第1分册, 哈尔滨档案馆内部出版本, 239 頁.

왕형산王荊山이 설립, 연간 밀가루 생산량 1,350만kg), 안유화마安裕火磨 (연간 밀가루 생산량 1,350만kg) 등 8개였다. 제분업이 발전하면서 하 얼빈은 민국 시기 전국 최대의 밀가루 생산과 수출기지가 되었다.

하얼빈 인근에서 콩이 재배된데다 세계시장에서 두병비료豆餅肥料에 대한 수요가 급증하면서 하얼빈은 영구를 추월하여 대련 다음으로 큰 두유 생산기지가 되었다. 1920년 하얼빈에는 외자 유방 8개를 포함한 유방 40곳에서 착유기 1,600대가 작동하고 있었다. 당시 하얼빈에서는 하루에 두유 18.5만kg, 두병 6.5만 괴塊가 생산되었다.[25]

하얼빈의 양조업은 주로 양주업와 장업醬業이었다. 양주업은 맥주와 알코올 생산을 위주로 했다. 하얼빈에 외국인이 증가하면서 맥주와 알 코올 소비량이 급증했다. 1905년 당시 하얼빈에는 맥주공장 6곳이 가 동 중에 있었고, 추가로 동삼성비주창東三省啤酒廠(1909), 오주비주기수공 사五洲啤酒汽水公司(1914), 아주양주창亞洲洋酒廠(1922), 포나금고전양주고 빈공사鮑羅金高田釀酒股份公司(1922), 만주주정고빈유한공사滿洲酒精股份有限公司 (1923), 애이목리주정창埃爾木里酒精廠(1925)이 설립되었다. 이렇게 많은 주류업체 때문에 하얼빈은 당시 중국에서 가장 큰 맥주와 알코올 생산 기지가 되었다. 장업은 주로 간장 생산이었다. 대형 장업 기업에는 일본 자본으로 설립된 가토장유양조공사加藤醬油釀造公司(1909), 동흥남장원同興 南醬園, 혜통원덕기장원惠通元德記醬園 등이 있었다.

담배 회사는 일본인이 세운 하얼빈동아연초공사哈爾濱東亞煙草公司 (1906), 러시아 자본으로 설립된 추림양행 산하의 연초공장·노파도공 장老巴刀工廠·원동공장遠東工廠, 영미연초분공사英美煙草分公司 등 8곳이었다.

25　程绍景, 1933, 「1905-1931年哈尔滨制油业发展概况」, 载「中东半月刊」, 第3卷, 第 3~5号.

'대루大樓', '호두虎頭', '하덕문哈德門', '미인두美人頭', '쌍학雙鶴' 등 브랜드 담배의 연간 생산량은 9,550만 포에 달했고 관내 및 유럽 시장까지 수출되었다.[26]

제1차 세계대전 기간에도 일본, 영국, 미국 등은 하얼빈에 대한 투자 규모를 확대했다. 일본은 15년에 걸쳐 하얼빈에 4,000만 원을 투자했고 공장 160개를 건설했다. 영국은 2,700만 원을 투자하여 공장 30개를 건설했으며, 미국은 영국보다 적은 2,000만 원을 투자했다. 1917년 10월혁명 이후 백계 러시아 상인과 지주들이 대규모로 하얼빈의 러시아 이주민 집거지로 이주했다. 새로 유입된 백계 러시아인 부호들도 기업을 설립했다. 민족공업, 특히 제분업과 착유업을 중심으로 한 가공업은 전쟁 기간에 빠르게 발전했다. 기존 공장의 생산량도 몇 배 증가했다. 이 시기에 설립된 규모가 큰 공업기업은 43개에 달했다. 대표적인 기업으로 일본 자본으로 설립된 하얼빈조지창哈爾濱造紙廠(1917), 북만전기주식회사北滿電器株式會社(1918), 화교남양형제연초공사하시분공사華僑南洋兄弟煙草公司哈市分公司(1918), 소아하얼빈석유제품공사蘇俄哈爾濱石油製品公司(1921), 하얼빈목재주식회사哈爾濱木材株式會社(1922), 동북목재고빈공사東北木材股份公司(1922), 첩극사가달무기기계창捷克斯柯達武器機械廠(1925), 하얼빈교합판창哈爾濱膠合板廠(1925), 중일 합자 중동해림실업공사中東海林實業公司(1925), 미국공업공사아집하공장美國工業公司阿什河工廠(1926, 본부 하얼빈) 등을 꼽을 수 있다. 1930년까지 하얼빈의 근대 공업기업은 470개, 총 자산 규모는 1억 원에 달했다. 그중 조선업의 영향력이 가장 컸다. 당시 하얼빈에는 내륙 항운용 기선을 제조하는 동북항무국 소속 동

---

26 杨墨宣, 1991, 「哈尔滨的烟草业」, 载哈尔滨档案馆 编, 「哈尔滨经济资料文集」, 第3分册, 哈尔滨档案馆内部出版本, 235-236頁.

북조선소東北造船所와 외자 기업인 사가달斯柯達·도가보道可甫·내풍萊豐 등
의 조선소가 있었다.

하얼빈의 도시 교통과 국제 우전 및 통신산업도 신속하게 발전했다.
1917년 러시아 상인 비에레체예브維列捷夫가 버스를 구입하여 도리 십이
도가부터 도외를 잇는 여객운수사업을 시작하면서 하얼빈의 시내 교통
운수업이 출현했다. 이듬해 10월 17일 하얼빈 상인 부백천傅百川은 안태
기차공사安泰汽車公司를 설립하여 자동차 10대로 도리와 도외를 잇는 여
객운수업을 시작했다. 1921년 10월 26일 백계 러시아 상인이 도리부터
남강 마가구 사이의 여객운수업을 시작했고, 1922년 6월 28일에는 러
시아 이민자 단체 코비리스키상회庫比利斯基商會가 도리부터 향방하, 도리
부터 부가전 사이의 여객운수업을 시작했다. 같은 해 8월 14일 러시아
상인 이반노브伊万諾夫와 중국 상인이 유태고빈공사維泰股份公司를 합자 설
립하여 도리부터 마가구, 도리부터 남강까지 3갈래 여객운수 노선을 운
영했고, 1925년 11월 18일에는 시정관리국이 남강 신시가부터 사만가
사이의 도시 버스 노선을 개통했다. 1930년대 초 하얼빈의 도시 버스는
74대, 전체 노선은 8개로 증가했다. 시내 궤도전차는 1927년 10월 10
일에 출현했다. 초기 이 궤도전차는 전차 14대로 도리 경찰가부터 마가
구, 라마대(니콜라이성당尼古拉敎堂), 철로국까지 8km 구간에서 운영되
었다. 1931년에는 전차 30여 대, 노선 26km로 확대되었다.[27]

하얼빈의 우전 및 통신업은 1898년에 중동철도의 건설과 운영을 위
해 러시아아인들이 전화선을 설치하면서 시작되었다. 이듬해 첫 우체국
이 건설되었고 1905년 초에는 무선전신국이 설립되었다. 1907년 1월

27　哈尔滨档案馆 编辑, 1991, 『哈尔滨经济资料文集』, 第3分册, 哈尔滨档案馆内部出版
本, 287-289頁.

30일 러시아아인이 설립한 하얼빈중앙전화국이 남강 의원가醫院街에서 통신 업무를 시작했다. 같은 해 도외에 청 정부 관판 전보국 산하의 하얼빈 전보분국이 설립되어 하얼빈과 동북 대도시 사이의 관官·상商 전보 업무를 담당하기 시작했다. 1908년 빈강상무총회가 투자하고 경영하는 첫 번째 민영 전화국이 도외 북두도가에서 설립되었다. 1910년 이 전화국은 '빈강전화고빈유한공사濱江電話股份有限公司'로 이름을 고치고 전화 15대를 추가로 설치했다. 하얼빈과 러시아 사이의 우정업무량이 급증함에 따라 1908년 10월, 하얼빈기선공사는 송화강과 흑룡강의 우정 업무를 위주로 하는 우선총국郵船總局을 설립했다. 1920년 5월 하얼빈부터 장춘까지의 민용 직통 전화가 개통되었고, 1920년 8월 11일에는 하얼빈에 자동전화국이 설립되었다. 1923년 4월 1일 하얼빈부터 상해·천진까지 통하는 직통 전화가 개통되었고, 같은 해 하얼빈부터 대련까지의 장거리 전보 업무도 시작되었다. 또한 1924년 12월 도외에 하얼빈부터 치치하얼까지 통하는 장거리 전화국이 설립되었고 1926년 10월 1일에는 하얼빈 라디오 방송국이 첫 방송을 시작했다. 1928년 5월 21일 하얼빈 기차역에서는 하얼빈에서 유럽 각 도시로 가는 여객 기차표가 판매되기 시작했다. 1928년 11월 1일 하얼빈부터 블라디보스토크·하바롭스크까지 통하는 장거리 전화가 개통되었고, 1930년 6월 26일 중동철로국은 하얼빈부터 치치하얼까지의 직통 전화를 설치했다. 시내 대중교통, 국제 우정 및 통신업의 출현과 발전으로 하얼빈은 국제화된 대도시의 반열에 한 걸음 더 다가가게 되었다.

하얼빈 도시 문화는 경제보다 더욱 빨리 발전했다. 러시아 문화가 하얼빈에서 만개할 수 있었던 것은 중동철도 연선에서 러시아아인이 누리고 있던 특권적 지위 때문이었다. 1900년대에 진입하면서 하얼빈 도시 문화의 러시아적 요소는 더욱 짙어져갔다. 러시아 이주민의 요구에 따라 1901년 8월 1일에 레반스키羅文斯基가 편집을 맡은 러시아어 신문 『하얼빈매일전신보哈爾濱每日電訊報』가 발행되기 시작했다. 하지만 이 신문은 1902년 6월 10일자 신문을 발행하고 폐간되었다. 1903년 『하얼빈신문哈爾濱新聞』이 창간되는데 이 신문은 이후 20년 동안 하얼빈에서 가장 영향력 있는 지위를 누렸다. 1906년 2월 4일 러시아 임업 자본가 파파부波波夫가 정치, 경제, 문화 종합신문 『하얼빈시보哈爾濱時報』를 창간했다. 또한 1907년 8월 14일 케이리오린科里奧林이 편집하여 출판한 문학잡지 『구급랑九級浪』은 초기 발행부수가 3,000부였지만 이후 9,000부까지 빠르게 증가했다. 1909년 2월 러시아 동방학자학회는 『아시아시보잡지亞細亞時報雜誌』를 출간하기도 했다. 러시아 학자 스트로우체예크斯特留切柯의 통계에 의하면, 1901년부터 1917년 사이 러시아인이 중동철도 연선에서 창간한 신문과 잡지는 71종에 달했는데, 그중 하얼빈에서만 66종이 발행되었다. 러시아어 간행물 외에 러시아인이 창간한 중국어 신문도 있었다. 1906년 3월 14일에 창간된, 중동철도 연선에서 규모가 가장 큰 중동철도 중문판 기관지 『원동보遠東報』가 대표적이다. 이 신문은 종합신문으로서 정치, 군사, 경제, 상업, 문화 등을 모두 다루고 있을 뿐만 아니라 15년 동안 중동철로국 및 러시아 극동정책의 대변인 역할을 수행하기도 했다.

하얼빈의 근대 교육은 1903년 6월 23일 중동철로국이 러시아 학생을 위해 향방에 첫 번째 소학교를 설립하면서 시작되었다. 이듬해 10월 하얼빈 남강에 송화강소학松花江小學이 설립되었고, 제일신하얼빈소학第一新哈爾濱小學과 선오소학船塢小學이 연이어 설립되었다. 러일전쟁 이후 하얼빈의 상공업과 중동철도 운송업이 많은 인재를 필요로 했기 때문에 이 수요에 발맞춰 중동철로국은 1906년 3월 남강에 남자상무학당男子商務學堂, 그해 가을에 여자상무학당女子商務學堂과 전신학교電信學校를 설립했다.

1907년 8월에는 중동철로국 국장 호르바트의 이름을 따서 지은 호르바트중학霍爾瓦特中學이 남강에 설립되었다. 이 학교는 규모가 클 뿐만 아니라 교육 수준도 높아 개교 초기부터 재학생이 500명 이상에 달했다. 1917년에는 제일고등학교第一高等學校 등 3개 학교가 추가로 설립되었다. 1918년 러시아인이 설립한 공립 중학교와 소학교는 20여 개에 달했다.

이들 공립학교 외에 러시아인이 설립한 사립학교도 많았다. 가장 먼저 설립된 사립학교는 1903년 8월 하얼빈 도리의 6년제 중등예비학교와 개날나좌와제일여교蓋涅羅佐娃第一女校이다. 1905년에는 상무가商務街에 격와자부기(재회)전습소格瓦慈簿記(財會)傳習所가 설립되었는데 이 학교는 러시아인이 중동철도 연선에 설립한 첫 번째 사립전문학교였다. 1906년 8월 하얼빈 남강 신시가에 오극사활부사카아여자중학奧克薩闊夫斯卡雅女子中學이 설립되었고, 1912년에도 남강 신시가에 덕립족중학교德立足中學校가 세워졌다. 1916년에는 남강 해관가海關街에 제일실업중학第一實業中學이 설립되었다. 철도 연선 기차역에도 사립학교들이 설립되었다. 1935년에 출판된 『만주교육사』에 의하면 1935년 당시 하얼빈에는 러시아인이 설립한 공립학교 14개와 1924년 철도 연선에 설립된 아극석초고급소학牙克石初高級小學, 박극도사립중학博克圖私立中學, 일면파사립중학一面破私立中學을 포함한 여러 유형의 사립학교 60개가 있었다. 공립 및 사립학교 중에서 영향력이 가장 컸던 학교는 1920년 남강 대직가에 설립된 부지 면적이 64만m²에 달하는 하얼빈중아공업학교哈爾濱中俄工業學校(하얼빈공업대학 전신)이다. 이 학교는 기계제조와 건축공정 등 학문을 특화한 근대 하얼빈의 첫 번째 정규 대학교였다.

간행물을 발간하고 학교를 설립한 것 외에도 러시아인들은 철도 연선에서 다양한 문화시설과 문예단체를 설립했다. 1901년 하얼빈철로 총공장은 도서관과 클럽을 설립했고, 같은 해 3월 14일 중동철로국 역시 남강 대직가에 도서관과 클럽을 설립했다. 그해 12월 15일 러시아인은 도리구 상무가에 대형 상업 클럽을 설립하기도 했다. 역시 같은 해에 러시아인 코프체예브考布切夫는 하얼빈에 외국인 중 처음으로 영화관을 설립하여 무성영화를 방영했다. 1903년 6월 14일 중동철도가 전면 개통되기 전 중동철로국 직원 시에르코브希爾科夫 등은 도리구에 하얼빈 최초의 영리 목적의 극장을 설립했다. 그해 8월에는 러시아인이 코미디 극장을 설립했고, 이반노브依万諾夫는 연극단을 창설했다. 1905년에는 북만경마협회가 설립되었다. 1908년 알렉세예브阿列克謝耶夫는 남강에 708석을 보유한 대형 영화관을 설립했다(후에 이 영화관은 이름을 오연특敖連特영화관으로 변경하고 1949년까지 영업했다. 지금의 화평전영원和平電影院이다). 1909년에는 도리구에 톨스토이전영원托爾斯泰電影院이 설립되었다. 영화관을 찾는 관객이 증가하자 영화 시장의 중요성을 인식한 중국 상인도 영화관 설립에 나섰다. 1930년대 초 하얼빈에는 광명光明, 아주亞洲, 동북東北, 마질이馬迭爾, 파랍사巴拉斯, 광육光陸, 미국美國, 봉상鳳翔 등 12개 영화관에서 영화를 상영했는데,[28] 영화관과 관객 규모는 상해 다음으로 두 번째로 컸다. 하얼빈의 독특한 영화 문화는 이렇게 형성되었던 것이다.

하얼빈이 국제적인 대도시가 될 수 있었던 중요한 이유 중 하나는 인구구성이 다국적이고 다원적이었기 때문이다. 1930년대 이전까지 하얼빈에는 20여 개 나라의 이주민이 거주했다. 그중 러시아 이주민이 가장 많았는데, 1904에 이미 8만 9천 명을 헤아렸다. 하지만 러일전쟁 이후인 1912년에는 4만 3,091명으로 감소했다. 당시 하얼빈의 인구가 6만 8,549명인 것을 감안하면 러시아 이주민은 전체 인구의 63.7%에 달

---

28 『盛京时报』, 1935年 3月 8日.

했던 것이다.[29] 1916년 하얼빈의 러시아인 규모는 3만 4천 명으로 줄었는데, 이는 제1차 세계대전의 발발로 하얼빈의 러시아인이 러시아군에 입대했기 때문인 것으로 볼 수 있다. 그러나 1917년 이후 10월혁명의 영향으로 러시아 중산층이 가구 단위로 하얼빈에 이주하기 시작했고 동시에 극동 지역에서 발생한 내전으로 대규모 러시아 '피란민'이 유입되었다. 이에 따라 1922년 하얼빈의 러시아 이주민은 15만 5천 명으로 증가했다.[30] 1924년 중국과 소련이 수교하면서 하얼빈의 러시아인은 자동적으로 소련인이 되었다. 그해 등록된 소련 이주민은 5만 8,754명(등록을 하지 않은 사람들은 무국적자가 되었다)이었다. 1930년 하얼빈의 소련 교민은 2만 7,233명이었고 무국적 러시아인은 3만 619명이었다. 1932년 동북이 함락된 후 일부 무국적 러시아인은 유럽으로 떠났고, 1936년 소련이 일방적으로 중동철도를 일본에 양도하면서 소련 국적의 중동철도 직원 2만 명도 본국으로 돌아가게 되었다. 1936년 말 하얼빈의 소련교민은 6,561명, 무국적 러시아인은 2만 7,986명이었다.

소련 및 러시아 이주민 다음으로 큰 민족 집단은 다양한 국적으로 구성된 유대인 집단이었다. 유대인은 중동철도가 부설되면서부터 하얼빈에 이주했다. 또한 러시아 10월혁명의 영향도 간과할 수 없다. 1919년 하얼빈의 유대인은 7,500명이었다. 단기 거주자까지 포함할 경우 하얼빈의 유대인 규모는 2만 명까지 치솟기도 했다. 1900년대 초중반 유대인의 국제 이동에서 하얼빈은 서구의 주요 도시 못지않은 중요한 위치를 차지하고 있었다. 유대인은 상업과 경영에 능했다. 하얼빈에도 유명한 유대인 실업가들이 출현했다. 예를 들어 노파도담배공장 창시자

---

29 石方, 1986, 「黑龙江地区的外国移民」, 『学习与探索』, 第4期.

30 『哈尔滨市志·外事志』, 1998, 黑龙江人民出版社, 51頁.

이리야·아론노스크伊利亞·阿龍諾斯克, 송화강제분공장의 창시자 갱가甘加(프랑스 국적), 중국 첫 번째 제당공장인 아집하당창阿什河糖廠의 투자자 차이드와브柴德瓦夫(폴란드 국적), 하얼빈화영공사哈爾濱華英公司의 주요 투자자 폴로킨巴魯金(러시아 국적), 마이사호텔馬爾斯旅館(현 화매찬청華梅餐廳)을 세운 추킬맨初基爾曼 등이 있었다.[31] 1920년 이후 미국으로 이주하는 유대인이 많아지면서 하얼빈의 유대인 규모는 점차 줄어들었다.

세 번째로 많은 외국인은 일본인이었다. 1905년 러일전쟁 종전 이후 많은 일본인이 상인 신분으로 하얼빈에 유입되었다. 1917년 2,287명에 불과했던 일본인은 1918~1919년 사이에 1만 명으로 증가했다. 이후 신규 유입이 줄어들면서 1931년 만주사변 직전에는 다시 2,574명 수준으로 감소했다.

이주민 규모에서 4위와 5위는 조선인과 폴란드인이었다. 조선인은 1919년에 1,500명, 1928년에는 2,934명이었다. 폴란드인은 1800년대 말 러시아인과 함께 이주했는데, 1928년에 735명, 1931년에는 1,090명이었다. 하얼빈 폴란드인 집거지에는 폴란드인중학교와 폴란드어학교가 설립되기도 했다.

그 밖에도 하얼빈에는 많은 외국인이 살고 있었다. 1928년 통계에 의하면 당시 하얼빈에는 18개 국가에서 이주한 외국인 962명이 생활하고 있었다. 국가별로 보면 프랑스 140명, 영국 116명, 미국 72명, 독일 164명, 스웨덴 20명, 이탈리아 57명, 네덜란드 28명, 오스트리아 30명, 인도 8명, 덴마크 37명이었다. 다양한 국적의 외국인이 하얼빈에 유입되면서 1907년 이후 남강에는 외국 영사관이 경쟁적으로 설립되었다. 1924년까지 러시아, 일본, 미국, 프랑스, 스페인, 독일, 영국, 벨기

---

31 赵喜罡,「哈尔滨的犹太商人」,『哈尔滨文史资料』, 第19辑, 267頁.

에, 네덜란드, 덴마크, 스웨덴, 체코, 에스토니아, 라트비아, 리투아니아, 폴란드, 이탈리아, 포르투갈 등 18개 국가가 하얼빈에 영사관을 설립했다. 하얼빈의 외국인은 러시아인 집거지, 백계러시아인 집거지, 폴란드인 집거지, 유대인 집거지, 조선인 집거지, 일본인 집거지, 체코인 집거지, 그리스인 집거지 등 자기들만의 집거지를 형성했다. 일부 집거지의 외국인은 종교 및 종파에 근거하여 동방정교회 하얼빈시 교무회, 하얼빈시 유대교회, 하얼빈시 중화기독교회 등 교단에 소속되거나, 러시아교민공상회(1907년 5월 2일 설립), 러시아인방지산공회俄國人房地産工會(중앙대가 44호, 1912년 4월 5일 설립), 유대인협회(1903년 설립), 유대자선협회(1906년 설립), 폴란드인협회(1901년 설립), 그리스호조민회, 헝가리임시위원회, 유고슬라비아문화연합회, 일본인민회,[32] 우크라이나클럽(1918년 설립), 아르메니아인협회(1917년 설립) 등 민족과 직업에 근거하여 교민 자치단체를 설립하기도 했다. 다양한 문화적 배경의 이주민 단체는 자신의 문화를 최대한 활용하고 보존하는 동시에 자신의 문화가 하얼빈에 뿌리내리고 다른 문화들과 융합될 수 있도록 노력했다. 하얼빈의 다원적인 도시 문화는 이렇게 형성되었다. 이는 동북의 다른 도시에서 찾아보기 힘든 현상이었다.

다양한 외국인이 거주하면서 하얼빈 및 주변 지역의 문화와 경제생활도 큰 영향을 받았다. 러시아인의 영향을 받아 철도 연선의 중국 농민은 토마토와 양배추를 심기 시작했고 얼마 지나지 않아 하얼빈의 중국인이 이 채소를 먹기 시작했다. 그뿐만 아니라 중국인은 러시아식 빵, 소시지, 맥주, 사탕, 과자, 케이크 등도 좋아했다. 러시아의 무게 단위인

---

32 『哈尔滨外侨社团表』, 1950, 东北人民政府民政局, 6-2-54号档案.

보특(普特, 푸드), 길이 단위인 사승沙繩,[33] 아이신阿爾申[34] 등은 중동철도 연선의 중국인이 사용하는 계량 단위가 되었다. 러시아의 루블도 시중에서 유통되었다. 철도 직원의 월급이 루블로 지급되었을 뿐만 아니라 기차표 값이나 운송비도 루블로 계산되었고 상인들의 교역에서도 루블로 지불할 수 있었다. 러시아인과 소통할 때 하얼빈 및 동북 북부의 중국인은 러시아어의 일부 단어를 지역 방언처럼 사용했다. 이런 단어들은 지금도 이 지역에서 사용된다. 예를 들어 빵을 '열파列吧(레바-역자 주)', 소주를 '옥덕극沃德克(워더커)'나 '복특가伏特加(푸터지아)', 물통을 '외적나餵得羅(웨이더루어)', 원피스를 '포랍길布拉吉(뿌라지)'라고 부른다. 종교 문화의 영향도 있었다. 도방정교회 신도인 백계 러시아인이 성탄절에 '세례제'를 조직하여 송화강에서 냉수욕을 하는 것을 보고[35] 하얼빈 사람들도 겨울에 수영을 하기 시작했다. 이는 하얼빈의 유명한 지역 문화인 겨울 수영의 원형이다. 문화산업의 경우 유대인들이 경영했던 커피숍, 무도장, 성악학교, 경마장 등이 높은 이윤을 창출하자 1920년대부터 하얼빈의 중국 상인들도 문화산업과 체육산업에 뛰어들기 시작했다.

민국 초기 향방부터 도리까지 그리고 기차역에서 태양도太陽島 사이는 물론 하얼빈의 모든 영역에서 개방적인 서양 문화의 정취를 느낄 수 있었다. 특히 저녁이 되면 "길거리에는 파란 눈에 노란 머리인 서양 신사와 여사들이 삼삼오오 무리지어 베틀의 북처럼 분주히 오갔다." 길림의 저명한 서예가 성다녹成多祿이 쓴 「하얼빈죽지사십수哈爾濱竹枝詞十首」에

33　1사승은 2.134미터이다.

34　1아이신은 71센티미터이다.

35　「白俄的新春」, 『盛京时报』, 1940年 1月 16日.

는 당시 하얼빈의 모습이 잘 묘사되어 있다. "고급스런 차가 줄지어 오고, 성경 읽는 소리가 라마대에서 울려 퍼진다. 가로등이 켜진 길에서 사람들은 바다를 이루고 향기로운 술에 도취된다. 교회당의 종소리가 울려 퍼지고 공원 깊은 곳은 꽃봉오리로 가득하다. 곡마장에서는 팔을 흔들고 짧은 치마와 높은 구두는 풍류스럽다. 파리의 소리와 색깔은 무엇과 같은지, 마음이 취한 유럽풍은 아무도 모른다."[36]

하얼빈에 거주하는 외국인은 대부분 문화적 소양이 높고 좋은 직업을 가지고 있었다. 1922년의 통계를 보면 하얼빈 거주 외국인의 직업에는 엔지니어, 교사, 의사, 회계사, 사무원, 공장주, 목사, 철도직원 등이 있었다. 외국인이 기술적 수준이 높은데다 다양하고 전문적인 직업에 종사했기에 하얼빈의 국제화도 가능했던 것이다.

1900년대 초 하얼빈의 발전은 하얼빈의 번영뿐만 아니라 장춘 이북 중동철도 연선 도시의 발전에도 큰 영향을 미쳤다. 하얼빈은 중동철도와 송화강 항운을 통해 송화강 유역 도시 경제의 발전을 촉진했다. 송화강 항운업은 하얼빈을 중심으로 한 중동철도의 건설과 함께 개발되었다. 1989년 여름 중동철로공사가 철도 기자재를 운송하기 위해 하얼빈에 부두를 설립했고, 그해 8월 중동철도 1호선이 하바롭스크를 경유하여 송화강에서 첫 운항을 시작하면서 하얼빈-하바롭스크-블라디보스토크 항운이 시작되었던 것이다. 이어 하얼빈-노소구老少溝(제2송화강부두), 하얼빈-부랍이기富拉爾基(눈강 부두)를 잇는 비정기 화물운송 노선이 개통되었다. 1903년 중동철도의 개통과 1906년 하얼빈 부두의 개방 및 빈강청의 설립으로 하얼빈시에는 네 개 독립적인 행정구역과 상부지가 형성되었고 이에 힘입어 항운업의 발전도 최고봉에 이

---

36 翟立伟·成其昌 整理标点, 1988, 『成多禄集』, 吉林文史出版社, 302~303頁.

르게 되었다. 한 도시에 부두 4개가 건설되면서 송화강에는 기선과 범선의 운항이 끊이지 않았다. 항운과 철도 운송이 서로 보완적으로 작동하여 하얼빈과 주변의 경제를 지역 상품시장으로 엮어놓음으로써 하얼빈-만주리, 하얼빈-수분하, 하얼빈-장춘을 잇는 중동철도 연선의 여러 기차역을 도시로 변화시켰던 것이다. 만주리(1907년 4월 중동철로국 소속 자치시 성립), 해랍이(1907년 12월 자치시 성립), 앙앙계(1908년 5월 자치시 성립), 횡도하자橫道河子(1908년 8월 도시 성립), 박극도(1908년 9월 도시 성립), 수분하(1918년 5월 도시 성립), 흥안, 쌍성보, 장가만張家灣(현 덕혜德惠), 목릉穆棱, 백도하百渡河, 찰란둔扎蘭屯, 복랍이기, 안달安達, 위하葦河, 해림海林, 아극석牙克石, 아포력亞布力 등이 그곳들이다.

::: 제7장

일본 식민통치 시기의 대련

대련은 대련시 중심구, 여순구, 금주구로 구성된 요동반도 남단의 도시이다. 1900년대 초 장해현長海縣과 신금현新金縣의 대부분 지역도 대련의 관할 지역에 포함되었다. 대련은 3면이 바다이고 경제적·전략적 가치가 매우 높은 동북아 수륙교통의 중추 도시이다. 1905년 러일전쟁 종전 후 요동반도를 점령한 일본은 대련을 독립 지역으로 분할하고 일본 직할 식민지로 만들어 직접 통치했다. 1931년 만주사변 이후 동북 전체를 함락한 일본은 만주국을 세워 동북 지역에서의 식민통치를 시작했다. 하지만 대련에 대한 일본 직할 식민지 행정체계는 여전히 유지되었다. 일본 식민통치하에서 경험한 근대 대련의 도시화와 도시 근대화는 동북의 다른 지역과는 전혀 다른 특징을 나타냈다. 이 장에서는 1905~1945년의 대련을 소개한다.[1]

---

1 대련 지역에 대한 일본의 식민통치 행정체계는 1931년 만주사변 이후에도 만주국과 동시적으로 존재했기 때문에 대련의 도시 발전사는 만주국사에 포함시킬 수 없다. 서술의 편의를 위해 이 장에서는 대련의 역사를 두 시기로 나누어 1945년 이전까지 다룰 것이다.

대련에서의 일본 식민 군정 통치

1904년 4월 러일전쟁이 발발한 후 중국 동북 지역에 진입한 일본군은 점령지에서 식민지 성격의 군사관제위원제도軍事管制委員會制度를 실시하고자 했다. 같은 해 5월 26일 금주를 점령한 일본군은 이튿날 육군 중좌 사이토 큐지로齋藤休治郎를 군관위원으로 하는 금주 군정서를 설립했다. 금주 군정서의 설립은 일본이 대련에서 실시한 식민통치의 서막이었다. 대련 군관서에 이어 5월 31일에는 여순 군관서가 설립되었다. 일본은 점령구에 대한 통치를 공고히 하는 동시에 새로운 점령지를 확보하기 위하여 동북 남부 지역에 불법으로 군사관제기구를 설립했다.[2] 1904년 8월에는 금주(후에 대련으로 옮김)에 니시 간지로西寬二郎를 사령관으로 하는 요동수비군사령부를 설립하여, 그전에 설립된 대련, 금주, 여순 등의 군정서를 산하에 편입했다. 요동수비군은 대체로 러시아 조차지를 그대로 유지하는 전제에서 대련을 대련·여순·금주의 3구區로 나누고 각 구의 산하에 회會와 촌村 등을 설치했다. 구·회·촌으로 구성된 행정체계는 1940년대까지 유지되었다. 1905년 5월 일본 천황의 칙령에 따라 요동수비군사령부가 폐지되면서 대련 지역에 있던 3개의 군정서가 폐지되었다. 하지만 요동병참감부遼東兵站監部 산하에 관동주민정서關東州民政署를 신설하여 형식적인 민정 관리 업무를 담당하게 했다.

일본과 러시아가 포츠머스화약을 체결한 이후 1905년 11월 17일 일본 만주군사령부 산하에 관동총독부關東總督府가 설립되어 요동병참감

2　러일전쟁 시기에 일본은 요녕성에 20개의 '군관서'를 설립했다. 대련 지역의 3개 군관서 외에 안동, 봉성(鳳城), 대고산(大孤山), 복주(復州), 수암, 영구, 해성, 요양, 연대, 봉천, 철령, 법고, 창도, 개원, 와방점 등지에 군정서를 설립했다가 1906년 이후 모두 철거했다.

부의 기능을 대체했고, 관동주민정서도 관동총독부 산하에 편입되었다. 원래 요양에 세워졌던 관동총독부는 1906년 일본 만주군사령부가 일본으로 철수한 후 동경대본영의 직속기관이 되면서 직권이 확대되기 시작했다. 따라서 관동총독부는 대련조차지와 철도부속지(당시는 만철 설립 이전이었다) 관할을 책임지는 것 외에 일본이 동북에 설립한 군사 부서까지 관리하게 되었다. 이렇게 관동총독부는 일본이 동북에 설립한 최고 등급의 식민통치기관으로 되면서 요양에서 관동주 여러 기관이 모여 있던 여순으로 옮겨지게 된다. 그런데 청, 영국, 미국 등이 대련에서 실시하는 일본의 군사독재정책에 불만을 표출하자 일본은 청 정부 및 서구 열강들과의 긴장 완화를 위해 1906년 9월 1일 군정을 폐지하면서 관동총독부를 문관이 관리한다는 의미에서 관동도독부關東都督府로 이름을 변경했다.[3] 관동도독부 내에 민정부와 육군부를 설치했고, 민정부 산하에는 대련, 금주, 여순, 보란점, 비자와貔子窩 등의 민정서가 있었다. 그러나 관동도독은 명의상 문관 관직일 뿐 실제로는 일본 육군대장 또는 중장이 맡았으므로 관동도독은 민정장관이자 주둔군사령관인 셈이었다. 이렇게 관동도독부는 군정일체형의 관리체계를 갖추었다.

1919년 세계적 수준에서 반식민주의 민족해방운동이 활발해지면서 일본은 도독부를 관동청關東廳으로 대체하는 등 다시 한 번 대련의 식민통치 방식을 변경했다. 하지만 이런 변화는 형식적인 것일 뿐 내용은 하나도 변하지 않았다. 1934년 일본은 다시 대련의 식민통치기구를 관동주청關東州廳으로 변경하여 일본 주재 만주국대사관 관동국 산하에 두

---

3 일본 관동도독부 관할 지역은 3,462.45km²였다. 그중 대련 중심시 관할구 면적은 149.54km², 여순시 관할구 면적은 21.76km², 여순 민정서 관할구 면적은 765.71km², 금주 민정서 면적은 812.11km², 보란점 민정서 면적은 1,107.68km², 비자와 민정서 면적은 605.65km²였다.

었다. 이 구조는 1945년까지 유지되었다.

일본 통치 시기 대련의 도시 기초 건설

일본의 대련 점령 초기인 1905년 1월 대련의 도시 면적은 4.25km^2,[4] 인구는 4만 명이었다.[5] 1906년 일본은 점령기 최초의 도시계획인 '대련전관지설정급건축한제규칙大連專管地設定及建築限制規則'을 공포했다. 이 규정을 통해 일본 당국은 러시아가 설계한 도시 행정체계에 기초하여 군사구, 중국인 거주지, 일본인 거주지 등 세 구역을 추가로 설정했다. 1907년 1월, 공식적인 대련 식민지 당국인 관동도독부와 동북 남부 철도에 대한 독점적 지배권을 행사하는 만철대련총부가 설립된 후 관동청 민정부 토목과장 마쓰무로 시게미츠松室重光와 만철 지방부 건축과장 오노기 고지小野木孝治는 대련의 행정체계를 변경고자 했다. 그들은 1906년에 반포한 대련도시계획을 수정하여 대련중심구, 여순행정구(여순은 여순시라고도 불렀다) 두 부분으로 나누어 모자母子형 도시구조로 만들고자 했다. 여순은 관동도독부의 행정판공구와 군항구를 중심으로 기획했고, 대련중심구에 대해서는 기존의 항만, 상공업, 문화, 주거, 여행 등의 지구를 염두에 두고 공장구, 거주구, 상업구, 혼합구로 세분화했다.

4　1905년 1월 27일 대련을 점령하고 식민통치를 실시했던 일본 요동수비군사령부는 제3호령을 반포하여 1905년 2월 11일부터 이 도시의 중국 이름 '청니와(靑泥洼)', 러시아 이름 '달이니(達爾尼)'를 대련으로 고쳐 불렀다. 浅野虎三朗, 1936,『大连市史』, 伪大连市役所, 30頁.

5　柳中权,「关于大连未来形态的研究 结项报告, 大连市科技委员会 编,『软科学研究成果通报』, 30-40頁.

그중 주택구는 남산南山, 사하구沙河口와 서공원현 노동공원 서쪽 약 123만 7,500m² 부지에, 혼합구는 현 노동공원과 동물원 동쪽 및 남쪽의 주택구와 인접한 약 365만 6,500m² 부지에, 공업구는 사하구와 마란하馬蘭河 동쪽 약 89만 7,400m² 부지에, 상업구는 현 중산광장과 천진가 일대 약 435만 6천m² 부지에 건설하고자 했다.[6] 1919년 이후 대련시중심구 인구가 10만 명을 돌파하자 식민 당국은 제2기 도시계획을 세워 56.5km² 달하는 지역을 도시에 포함시키고자 했다.[7] 식민 당국은 기존의 러시아식 공간구조에서 벗어나 벨트형 공간 모델 이론에 따라 도시의 서부(서강西崗)에 별도의 구역을 만들었다. 새로운 구역에는 여순에서 대련으로 옮겨지게 될 관동청(후에 관동주로 변경), 관동청법원과 관동경찰청 등 식민 당국의 최고행정기구를 배치함으로써 대련의 행정 중심으로 만들고자 했다. 동시에 청니와교青泥洼橋 근처를 미래의 상업 중심으로 확정했다. 이 계획은 1916년 이후 뉴욕에서 흥기한 '지역용도제地域用途制' 이론에 기초하여 제정되었다. 즉, 도시 구역의 서로 다른 용도에 기반하여 건축물의 고도, 형태, 건축 밀도, 건축 범위, 도로체계를 정하는 방식이었다. 그 이유는 자동차 시대가 도래함에 따라 도시의 교통 및 운송 공간과 행인의 공간이 서로 기능적인 조화를 이루게 하기 위해서였다. 1930년 3월 대련 도시계획위원회가 설립되고 이 위원회가 기능주의적인 도시 계획안을 통과시켰다. 이 계획안에 따르면 대련의 도시 범위는 상반교常盤橋(청니와교)를 중심으로 415.96km²에 달했다. 1935년 이후 일본 식민 당국은 1940년대 대련의 인구가 123만 명에 달할 것으로 예상하고 도시 공간을 확대하는 동시에 사하구沙河口, 사아구寺兒溝 등 구도

---

6 伪大连市役所(市政府) 编, 1941, 『大连市政概要』, 大连市役所.

7 1925년 식민 당국은 이 계획 면적을 170km²로 확대했다.

시를 근대적 도시로 개조했다.

도로는 도시 공간에서 자원과 인구의 이동을 매개하는 핵심적 요소이므로 일본 식민 당국은 도로 공정을 우선순위에 놓고 대련을 건설했다. 일본 식민 당국의 첫 번째 도로 공정은 1906년에 시작된 중앙공원 동쪽 간선도로(당시에는 산현통山縣通이라고 불렀다. 현 중산로 동단과 인민로)의 건설이었다. 당시 특급도로로 지정되었던 이 도로는 너비가 32.7m로 '대광장(1905년 이전에는 니고랍광장尼古拉廣場, 현재는 중산광장)' 등 3개의 원형 광장과 연결되었다. 일본은 러시아가 건설한 기존의 '대광장'을 구심점으로 주변 공간구조의 대칭성을 개량하여 광장과 주변 건물이 보다 조화를 이루게 하고자 했다. 동시에 도로 양측과 경유지에 대한 녹화와 조경사업을 확대하여 이 도로가 대련시내에서 가장 아름다운 경관을 연출하도록 했다. 1907년 이후 여러 간선도로와 지선도로의 건설이 시작되었고 1914년에 이르러 러시아 점령기에 계획된 구도시의 도로가 모두 완공되었다. 그중 유명한 도로는 신농정信濃町(장강로長江路), 대산통大山通(상해로上海路), 이세정伊勢町(우호로友好路), 오정奧町(민생로民生路), 낭속정浪速町(천진로天津路), 상반정常盤町(오일가五一街), 우의정羽衣町(청니와가青泥窪街), 기이정紀伊町(세기가世紀街), 근강정近江町(칠칠가七七街) 등이었다. 이들 도로는 서광장(현 우호광장), 조일광장朝日廣場(현 38광장) 등 화원 광장에서 만나면서 전체적으로 방사형 구조를 이루었다. 1915년부터 서강신시구까지 이어지는 도로를 확장하기 위해 당국은 기존의 수직 도로 구조에 대각선 도로 구조를 추가하기도 했다. 1900년대 중반에 이르러 서강 지역의 간선도로망도 거의 완공되었다. 당시 건설된 유명한 광장은 12만m² 면적의 시부광장(당시에는 장자정광장長者町廣場), 유명한 도로는 고이기로高爾基路, 승리가勝利街, 중산로中山路 등이었다. 구도시와 달리 서강 지역의 지선도로는 모두 대련의 민족상공업자가 투자하여 건설한 것이었다. 민족상공업자의 경제력이 상대적으로 약했기 때문에 서강 지역의 도로들은 비교적 좁은 편이었다. 1945년까지 대련에는 3급[8] 아스팔트 도로 576km가 건설되었다. 당시 여순의 주요 도로는 대부분 완공된 상태였다. 대련 식민 당국이 건설한 도로의 이름만 놓고 보더라도 대련의 도로가 만철 부속지의 도로보다 침략적 성격을 더욱 짙게 띠고 있음을 알 수 있다. 예를 들어, 중산광장 근처의 주요 도로명은 청일전쟁과 러일전쟁을 일으킨 일본 침략군 총사령관의 이름을 따서 지었다. '산현통山縣通'은 러일전쟁시기 일본 육군참모총장 야마가타 아리토모山縣有朋의, '대산통大山通'은 러일전쟁 시기 일본 만주군 총사령 오야마 이와오大山岩의, '오정奧町'은 러일전쟁 시기 일본 주만주 제2군사령 오쿠 야스카타奧保鞏의 이름에서 딴 것이었다. 또한 '서통西通'과 '서광장西廣場'은 대련을 점령했던 요동수비사령관 니시 간지로西寬二郎의 이름에서, '아옥정兒玉町'은 관동도독 고다마 겐타로兒玉源太郎의 이름에서 따온 것이었다. 여순의 도로명은 청일해전과 러일전쟁 시기 여순을 점령한 일본 해군 지휘관과 군함의 이름을 따서 지었다. 일본 군함의 이름을 따서 지은 도로명은 '길야정吉野町', '추진주정秋津州町', '춘일정春日町', '송도정松島町' 등이었고, 일본 해군 지휘관의 이름으로 지은 도로명은 '동향정東鄉町(도고 헤이하치로東鄉平八郎)', '내목정乃木町(노기 마레스케乃木希典)' 등이었다.[9]

대련의 도시 기능을 확대하기 위해 일본은 대련에서 여순까지의 45.5km 특별도로, 대련-여순 간 북선·남선, 대련-금주-비자와를 연결하는 도로, 금주-성자동城子瞳 간 도로, 보란점-비자와 간 도

---

8 1급은 너비 29m, 2급은 너비 25m, 3급은 너비 21m이다.

9 西泽泰彦, 1999, 『图说大连都市物语』, 日本河出版社, 64-65頁.

로 등 321km를 건설했고, 대련과 심양을 잇는 도로와 여러 지선도로 1,852km를 건설했다. 1921년에는 135만 엔을 투자하여 46.8km에 달하는 대련-여순 간 아스팔트 해안도로의 건설을 시작했다. 이 도로는 1924년에 완공되었다. 도로를 건설하는 동시에 일본 당국은 자동차를 도입하여 운송사업을 시작하기도 했다. 대련 시내에서 운행된 첫 번째 자동차는 1910년에 출현했고, 1923년에 이르러 229대로 증가했다. 1914년부터 일본인은 대련에서 자동차임대사업을 시작했다. 1930년에 이르러 대련의 자동차는 1,112대, 운수업체는 69개, 운수업체 소속 자동차는 611대였고,[10] 자동차 운행 거리는 1,869km에 달했다. 당시 대련 및 관동주의 면적은 3,743km², 인구는 129만 명이었다. 이를 기준으로 계산하면 1km²당 자동차는 41대, 1만 명당 자동차 보유량은 9대 달한다. 이는 동북도시들 중에서 앞자리를 차지하는 규모였다. 그 밖에 일본 식민 당국은 1909년 시내공용교통계획을 제정했고, 같은 해 부두부터 동물원까지 2.45km 구간에 대련의 첫 번째 전차도로를 건설하고 운영을 시작했다. 1910년 이 전차도로는 사하구까지 확장되었다. 1911년 북사하구부터 성개포星個浦(현 성해공원星海公園) 사이에도 전차가 개통되면서 궤도전차를 중심으로 한 대련 초기의 대중교통체계가 만들어졌다.

도로 건설과 병행하여 공용 및 민용 건물도 세워졌다. 일본은 대련을 자신의 침략 '성과'로 과시하는 동시에 동북에서의 영구적 기지로 만들기 위해 1906년부터 거액을 투자하여 대표적인 공용건물과 화원주택을 건설하기 시작했다. 이 건설 사업은 건설 시기와 위치에 따라 두 시기로 나눌 수 있다. 첫 번째 시기는 1906~1925년이다. 이 시기에는 대련 중심지의 중산광장, 승리광장과 노신로魯迅路(동공원정東公園町), 세기

---

10 顧明义 等 主编, 1991, 『日本侵占旅大40年史』, 辽宁人民出版社, 438頁.

가世紀街와 여순의 관동도독부 및 인근 지역의 칠칠가를 건설했다. 20년간 일본 당국이 대련에 건설한 주택은 1.7만 동, 200만m²에 달했다. 두 번째 시기는 1925~1941년이다. 이 시기 일본 당국은 현재의 서강구 시부광장, 청니와 상업구, 성해, 노호탄老虎灘 등을 개발했다. 1925~1934년 일본 식민 당국이 지은 건물의 부지 면적은 130만m²에 달했는데[11] 그중 공용건물은 주로 행정기관, 금융과 상공업 관련 건물이었다.

첫 번째 시기에 가장 먼저 시작된 사업은 중산광장의 건물군 건설이었다. 당시 이 광장의 건축과 설계는 1900년대 초 만철 부속지의 대표적 건물 설계를 독점했던 남만철도주식회사 건축과의 오노기 고지, 오타 다케시, 요코이 겐스케, 이치다 기쿠지로市田菊次郎, 아오키 기쿠지로青木菊次郎, 마에다 쇼인前田松韻 등 일본인 건축 전문가들이 맡았다.[12] 이들은 대부분 1900년대 초 일본에서 대학을 졸업한 사람들이었다. 이들 모두 서양 건축과 관련된 교육을 받았고 서양과 동아시아의 전통 건축 양식을 융합하여 형태가 독특하면서도 조화로운 절충주의 양식의 건물을 설계했다. 이렇게 하여 아름다운 공간을 채운 건물로는 1907년에 건설된 유럽 문예부흥양식의 요코하마정금은행대련지행(오타 다케시 설계, 현 중국은행대련지행 청사), 1908년에 완공된 대련민정서(마에다 쇼인 설계, 현 요녕성외무국 청사), 1914년에 준공된 미국 문예부흥양식의 야마토호텔(외부 설계 오타 다케시, 내부 설계 이다飯田, 관리·감독 이치다 기쿠지로, 건설업체는 야마하양행山葉洋行과 오바조大庭組, 4층 강철 콘크리트 구조물로 총면적 1.13만m², 동북 제1의 현대적 기준의 서양식 고급 호텔), 1914년에 건설된 영국 주대련 영사관, 1915년에 완

11　大连市史志办公室 编, 1997, 『大连市志·房地产志』, 大连出版社, 第74, 7-9頁.

12　西泽泰彦, 1997, 「关于日本人在中国东北地区建筑活动之研究」, 『华中建筑』, 第2期.

공된 대련 시정청(일본 대련시역소, 마쓰무로 시게미츠 설계, 면적은 9,870m², 현 중국공상은행대련시분행 청사), 1918년에 건설된 조선은행(문예부흥양식, 나카무라 요시헤이中村與資平 설계, 면적 5,278m², 현 중국인민은행 대련지행 청사), 1925년에 건설된 대련체신국(마쓰무로 시게미츠 설계, 면적 2,556m², 현 대련우전국)과 대청은행대련분행(현 중국실업은행대련분행 청사) 등이 있었다. 이 건물들은 현재 대련시와 국가문물국이 지정한 중점보호문물이다.[13]

식민 당국은 중산광장에 이어 중산광장 동쪽의 인민로·세기가·노신로 양측을 행정금융구로 제정하여 만철본부, 대련세관, 문화교육 기관이 입주한 청사와 강의실 건물을 지었다. 이 건물들 중 대표적인 건물은 1907년에 건설된 만주일일신문청사(세기가, 현 대련일보

그림 1_요코하마 정금은행 청사

---

13 유감스러운 것은 중산광장의 영국 영사관이 철거된 것과, 이 건물의 가까운 곳에 초고층 국제호텔과 박람중심 등 건물이 세워져 광장의 옛 건물들과 전혀 어울리지 않다는 것이다.

사), 1910년에 준공된 문예부흥식 만철본부청사(노신로, 러시아 점령 시기 이 건물은 러시아인 학교였다. 5층 철근콘크리트 건물로 총면적 1.83만m², 오타 다케시 설계), 1910년에 준공된 만철대련성해호텔(요코이 겐스케 설계), 1911년에 완공된 만철도서관(노신로, 현 대련도서관아동분관), 1916년에 시공된 대련박애병원(면적 5,900m², 현 대련제1인민병원), 1917년에 설립된 신명고등여자학교(남산로, 1999년 이전까지 대련시공산당위원회청사), 1917년에 설립된 만철중앙실험소(12·9로와 중산로 근처, 야스이 다케오安井武雄 설계, 면적 6,600m², 현 중국과학원대련화학물리연구소)와 여순관동도독부만몽자산관(현 여순박물관, 면적 5,000m²), 1920년에 설립된 대련부두사무소청사(현 대련항무국 청사, 면적 1.6m²) 등이었다.[14]

두 번째 시기의 대표적 건물은 1926년에 완공된 남만철도병원(해방가解放街, 부지 면적 9만m², 건축 면적 45,671m², 현 대련철도병원), 1929년에 설립된 대련우편국 신청사(철근콘크리트 건물, 현 대련승리교우체국 청사), 1930년에 설립된 요동호텔(상해로, 7층 철근콘크리트 건물, 면적 1만m², 현 대련호텔)과 관동주 지방법원(시부광장, 면적 5,852m², 현 대련중급인민법원), 1931년에 설립된 공의전영원公議電影院(천진가, 현 홍예전영원紅霓電影院), 1932년에 완공된 하정소학霞町小學(흥공가興工街, 현 대련8중), 1935년에 설립된 동양척식회사(중산광장, 6층 철근콘크리트 건물, 현 교통은행대련지점)와 대련적십자병원청사(면적 9,105m², 장춘로, 현 대련의과대학제1부속병원), 1936년에 설립된 관동청 청사(시부광장, 건축 면적은 12,228m²)와 대련 기차역(면적 8,433m²) 등이었다. 이 건물들 중에서도 남만철도병원, 대련 기차역과

---

14 大连市史志办公室 编, 1997, 『大连市志·房地产志』, 大连出版社, 84-85頁 揷圖.

관동주 청사 등의 역할이 상대적으로 컸다. 1923년에 시공하여 1926년에 완공된 남만철도병원은 동북 지역에서 처음 건설된 다층多層의 여러 동으로 구성되어 각 동마다 서로 다른 용도로 사용할 수 있는 병원이었다. 이 병원은 한 분과가 건물 한 동에 있고 각 동이 복도로 이어진 구조였다. 이 건물은 일본인이 아닌 다른 나라 설계사가 설계했다. 건물 설계 초기 만철 건축과장 오노기 고지와 토야 긴자부로가 독일 피르호菲爾省병원 설계 도면을 참조하여 설계했고 후에 미국 파우러福勒회사의 설계사 파커 플랜트派克·普蘭特가 최종적으로 설계를 완성했다.[15] 대련 기차역은 동아시아 지역의 첫 번째 분리형 기차역으로 규모가 크고 설계도 독특했다. 관동청은 식민통치의 위용을 드러내기 위해 현대적 건물을 대량으로 건설했던 것이다. 1920년대 이후의 대련은 전통과 현대가 혼합된 도시 공간이었다.

주택단지 등 민용 건물은 시정부, 기업, 부동산개발업자, '주택조합'과 같은 시민조직 등 네 개 주체의 투자를 통해 건설되었다. 이 시기에 주로 개발된 지역은 현 노동공원(서공원) 근처의 남산 일대와 중산광장 북쪽의 승리교, 중산광장 동쪽의 3·8광장 근처 등이었다. 1908년 이전에 지은 주택은 영구적인 정원식 주택과 임시적인 간이주택이었다. 1907년 5월 이런 주택은 총 793동, 116,028m²였고, 그중 콘크리트 및 벽돌로 된 서양식 주택은 14동, 3,900m²였다.[16] 1908년 이후 간이주택 건설은 중단되었다. 대신 인구가 증가하면서 연배식聯排式(한 층에 여러 가구를 배치) 주택, 호건식戶建式(한 층에 2가구, 4가구 또는 8가

---

15   满史会, 『满洲开发40年史』, 东北沦陷40年史辽宁编写组译本, 614頁; 西泽泰彦, 1998, 「旧满铁大连医院本馆建设过程及历史评价」, 汪坦 等 主编, 『第5次中国近代建筑史研究讨论会论文集』, 中国建筑工业出版社, 144-150頁.

16   「大连杂谈」, 『满洲日报』, 1907年 6月 9日.

구를 배치) 주택, 집합식(한 층에 여러 가구가 살고 건물은 3층 이상이다) 주택이 연이어 출현하면서 대련의 민간 주택의 모양과 분포가 다양해졌다. 일본 당국은 또한 도시의 공간 분포와 가구의 생활수준에 근거하여 주택단지의 외형을 다르게 설계했다. 남산 근처의 성해 일대는 고급스러운 단독주택이 들어섰고, 노호탄 거리 양측에는 중산층 이상의 계층이 거주했으며, 고이기로 연선에는 연배식 또는 호건식 주택이 많았다. 1920년에 이르러 만철은 2,500만 엔을 투자하여 2,115동, 54만 4,882m²에 달하는 건물을 지었다. 1930년에 이르러 만철 가족주택은 4,200호였고, 독신기숙사도 14동이나 되었으며[17] 남산 지역과 현재의 대련기차공장 인근에 만철 주민구가 건설되었다. 1930년대 이후 대련 구도시에는 방치된 토지가 거의 없었고 토지가격이 상승하면서 민간 주택 지역은 서강의 고이기로, 승리가, 수선가水仙街 등으로 옮겨졌고 집합식 주택이 대거 건설되었다.[18] 이 시기 대련의 민용 건축의 평면은 주로 직사각형이었고 간혹 T자형이나 L자형도 있었다.[19] 또한 건물 사이는 일정하게 간격을 유지하여 초목을 심을 수 있게 했다. 이런 고급스러운 화원식 주택단지는 전국적으로도 보기 드물었다. 다행스러운 것은 이 주택단지가 100년의 거친 비바람에도 잘 견디어 원형 그대로 보존되어 있고 동시에 대련시 정부가 이 지역 전체를 보호하고 있다는 점이다. 일본 제국주의가 대련을 점령하고 있을 때 대부분의 화원식 주택은 일본인이나 소수 중국인 고위직 직원에게 제공되었다. 대다수 중국인은 사아구 등 도시 근교의 비좁고 남루한 건물에서 생활했다.

---

17 大连市史志办公室 编, 1997, 『大连市志 · 房地产志』, 大连出版社, 77頁.

18 沙永杰 等, 1998, 「近代大连城市住宅类型的集合化演进过程」, 汪坦 等 主编, 『第5次 中国近代建筑史研究讨论会论文集』, 中国建筑工业出版社, 107-110頁.

19 李翰臣 等 主编, 1993, 『大连城市规划研究』, 大连出版社, 45-51頁.

고급 주택은 첨단 상하수도 시설을 필요로 하기 때문에 대련 식민 당국이 추진했던 세 번째 시정 건설 사업은 바로 상수도와 하수도 건설이었다. 러시아 점령 시기에 대련 서교 마란하에 첫 번째 수돗물 수원지가 건설되고 시내에는 2만m에 달하는 수도관이 설치되어 러시아 행정구와 기차역에 하루 평균 1,000여m³의 수돗물을 공급했다. 일본이 점령한 후 인구가 증가하고 광업과 공업이 발전하면서 수돗물의 수요도 급증했다. 이에 식민 당국은 1910~1939년 왕가점王家店, 소고산小孤山, 능수사凌水寺, 노좌산老座山, 북대하北大河, 대사하大沙河, 금주 등에 저수지를 건설하여 하루 평균 6만m³의 수돗물을 공급했다. 대련의 하수도 건설 사업은 러일전쟁 종전 후인 1908년부터 시작되었다. 제1기 공정은 남산과 서강 일대에서 시작되었고 하수도관 6.2만m를 설치했다. 1939년까지 식민 당국은 71.6만 원을 투자하여 42만 3천m에 달하는 공용 하수도를 건설했고, 1940년에 추가로 500만 원을 투자하여 하수도를 확충했다. 이러한 하수도 공정은 상수도 시설과 마찬가지로 중산구, 서강구, 사하구구 남부의 일본인 집거지에 한해서 이루어졌고 중국인 집거지에서는 진행되지 않았다. 앞에서 언급했듯이 1907년부터 남만철도주식회사는 대련에 가스제조회사(가스제조소)를 설립하기 시작했다. 1908~1909년 제1기 공정을 통해 하루에 가스 8,500m³를 생산했고, 1910년 3월부터 정상 영업에 들어가면서 약 2,000가구에 가스를 공급했다. 1911년 이후 일본 당국은 만철의 자본으로 제2기 공정을 시작했는데, 1944년까지 모두 5개의 수평로를 건설하여 연간 가스 2,700만m³, 코크스 5.5만톤, 타르 3,000톤을 생산하게 되었고, 지하가스관을 36.75만m까지 확장하여 3.9만 호에 가정용 가스를 공급했다. 가정용 도시가스 사용은 당시 대련의 일본인 거주지와 상업구에서는 매우 보편적인 일이었다.

대련 식민 당국의 네 번째 공정은 풍경원림과 체육시설의 건설이었다. 러시아는 여대旅大를 조차한 후 서공원(현 노동공원), 북공원(현 북해공원), 여순공원을 건설했다. 일본은 러시아가 건설한 공원을 확충하는 동시에 중점적으로 서공원의 확장 공사를 추진하여 공원 내에 연못, 테니스장, 야구장, 경마장, 온실, 음악당, 화단을 추가하고 공원 이름을 중앙공원으로 변경했다. 1909년 만철은 전기공원(현 대련동물원)[20]을 건설하고, 마란하구에서 흑석초黑石礁 사이 구간에 해빈海濱 공원인 성개포星个浦(성해공원星海公園. 만철의 요코이 겐스케, 구보타 가츠미久保田勝美, 오노기 고지 설계)를 건설했다. 이 해빈 공원에는 내부에 발코니가 있는 건물, 호텔, 탈의실, 온실 등이 있었고 만철 총재 고토 신페이後藤新平의 동상이 설치되었으며 잔디를 깔고 사쿠라를 심었다. 1920년에는 남산공원(현 대련식물원)을 수리·정비하기도 했다. 1929년에는 여순동물원을 건설하고, 노호탄, 하가하자夏家河子, 부가장傅家莊, 황금산黃金山 등에 해수욕장을 조성했다. 이 해수욕장들로 인해 대련시의 여가와 관광의 기능이 확대되었다. 그 밖에도 대련에서 여순에 이르는 도로 양측에 흑석초, 소평도小平島, 능수사, 백은산白銀山 등 8개 관광지에 대한 안내표식을 설치하여 관광지를 본격적으로 개발하기 위한 준비 작업을 시작했다. 일본이 대련에 이렇게 많은 공원을 건설한 것은 한편으로 대련의 일본인에게 풍부한 여가생활 환경을 조성해주고, 다른 한편으로 대련에 대한 식민통치와 침략전쟁 과정에서 사망한 일본인의 '공적을 자랑'하기 위한 것이었다. 이 공원들은 식민주의를 고취시키는 장소이기도 했다.

---

20 1940년 공원 내에 러일전쟁 종전 당시 일본 측 대표 고무라 주타로(小村壽太郎)의 조각상을 세우면서 고무라공원으로 명칭을 변경했다.

대련의 일본 당국은 중국에 대한 침략 및 확장에 필요한 병력과 노동력을 공급받기 위하여 대규모 사회체육사업을 추진하기도 했다. 대련 당국은 시내 공원과 공공장소 및 일부 학교에 대대적으로 체육시설을 건설했다. 이로 인해 대련은 1945년 이전까지 동북에서 체육시설이 가장 많은 도시로 꼽혔다. 일본 식민 당국이 대련에 설립한 첫 번째 체육시설은 1907년에 세운 무도관武道館이다. 1912년 이후 일본은 대련시 중심과 사하구에 검도장, 유도장, 야구장, 테니스장 등을 건설했다. 1914년 성해공원 근처에 동북 지역 첫 번째 골프장을 건설했고, 1923년에는 주수자周水子경마장을 건설했다. 1925년 관동주는 여순 태양구太陽溝에 축구장, 야구장, 육상경기장, 해수수영장을 겸비한 종합운동장을 건설했다. 1926년에는 대련 담가둔譚家屯에도 종합운동장을 건설했다. 1933년에는 중앙공원(현 대련인민체육장)을 건설하여 내부에 양궁장, 테니스장, 야구장, 스모장 등을 설치했다. 또한 일본 식민 당국이 대련 1중·2중 캠퍼스 내에 건설한 운동시설의 규모도 매우 컸다. 1945년에 이르러 대련의 현대적 공공체육시설은 60개 이상에 달했다.[21]

다섯 번째 공정은 항만 건설 사업이다. 일본 식민주의자들은 전체 동북의 무역과 경제를 독점하고 관동주를 가장 큰 자유무역구로 건설하여 소위 '대련 중심주의' 방침을 추진하기 위해 만철의 철도 건설과 대련의 항만 건설을 대형 건설 계획에 넣고자 했다. 1906년 7월 28일 일본 공학박사 나카가와 히데사부로中川秀三郎가 대련 민정서장 이시즈카 에이조石塚英藏의 위탁을 받고 '대련항수축의견서大連港修築意見書'를 제출했다. 당시 아주 초보적인 구상만 담았던 이 의견서는 훗날 대련항 확장에 관한 구체적인 계획의 기초가 되었다. 1907년 만철이 대련항을 접수

---

21 顾明义 等 主编, 1991, 『日本帝国主义侵略旅大史』, 大连出版社, 446-447, 238頁.

하면서 대련항의 건설은 만철 사업의 일부가 되었다. 1908년 1월 만철의 우치다 도미키치内田富吉는 나카가와 히데사부로의 '의견서'와 러시아인의 '달력니항규획방안達力尼港規劃方案'을 참조하여 '대련축항건설방안大連築港建設方案'을 편집했다. 이 방안은 주로 방파제, 부두, 호안, 잔교, 준설 등에 관한 내용으로 러시아인이 작성한 방안과 거의 일치했다. 이 방안에 근거하여 1908~1918년 일본 당국과 만철은 대련부두 앞에 길이 3,978m, 총비용 576만 엔에 달하는 방파제를 건설했고, 1913~1926년에는 400만 엔을 투자하여 4대 부두에 대한 개·보수 작업을 완성했다. 이런 공정을 기반으로 1928년 6월 만철은 더 큰 규모의 대련항확장예정계획大連港擴張預定計劃을 마련하여 1945년에 추가로 부두 4곳과 석탄·석유 전용 부두를 건설하여 연간 물동량을 기존의 2배로 증가시키고자 했다. 1937년 이후 이 계획에 따라 일본 당국은 제3·제4부두와 사아구 방파제 공정을 시작했다. 1941년 태평양전쟁의 발발로 항만 공정은 축소되었다가 중단되었다. 1908~1942년 대련항에 1억 원을 투입하여 343만 4천m²를 간척하고 560만m³를 준설했으며 창고 82동(44만 m³)과 화물하치장 155곳(70만m³)을 건설했다. 1940년 대련항의 방파제는 5,880m로 늘어났고, 4~12m 깊이의 부두는 10개, 화물하치장은 2,002m, 잔교는 3개, 창고는 70개, 노천 야적장은 155곳, 저탄장은 62곳으로 증가하여 전체 화물 수용량이 125만 톤으로 증가했다. 연간 물동량이 1,330만 톤에 달하는 대련항은 저장·운송·저축·금융보조 시설이 완벽하게 구비된 국제적인 항구이자 당시 중국에서 두 번째로 큰 항구였다. 1934~1939년 대련항의 연평균 수출입 규모는 9,500만 톤으로 일본 통치 시기 중 화물 수출입 규모가 가장 컸던 시기이다. 단일 연도를 보면 1934년의 물동량이 1,073만 3천 톤으로 가장 많았다.[22] (대련항

22　刘连岗 等 编, 1988, 『大连港口纪事』, 大连海运学院出版社, 114頁.

역사상 수출과 수입 규모가 가장 컸던 해는 1934년과 1939년으로 그 규모는 각각 7,660만 톤과 5,338만 톤이었다.)

여섯 번째 공정은 문화·교육시설의 건설이었다. 식민지의 문화·교육과 과학 연구는 식민통치 과정의 주요 구성 부분이었다. 대련에 대한 식민통치체계가 자리 잡히면서 일본 당국은 문화·교육과 과학연구기관을 대거 설립했다. 1906년 3월 일본 당국은 일본인 자녀의 의무교육에 관한 '관동주소학교규칙關東州小學校規則'을 반포했다. 5월 1일 이 규칙에 근거하여 일본인 학생을 받는 첫 번째 학교인 대련심상소학大連尋常小學이 설립되었다. 1938년 대련에는 이런 유형의 학교가 27개 있었고, 학생 수는 2만 1,676명에 달했다. 그중 일본인 학생은 전체의 99%를 차지했다. 1909년 대련의 첫 번째 중학교인 여순1중이 설립되었다. 1938년까지 대련에는 남중 5개교에 재학생은 4,452명이었다. 또한 1910년에 첫 번째 여중인 여순여중이 설립되었고, 1914년에는 사립 여고가 설립되었으며, 1928년에는 관립신명여고官立神明女高가 설립되었다. 1928년 당시 대련에는 여고 6개교에 재학생은 5,000여 명이었다. 1922년에는 첫 번째 전문대 성격의 일본인 학교인 남만주공업전문학교가 설립되었고, 같은 해 여순공과대학이 설립되었다. 일본인 인재 양성을 위한 일본 식민 지당국의 교육체계는 이렇게 형성되었다.

대련의 중국인 노예 교육을 위해 설립된 학교들은 모든 면에서 일본인 학교와 비교가 안 되었다. 식민 당국은 1906년 첫 번째 학교인 대련공학당과 여순공학당을 설립했다. 일본인이 설립한 중국인 학교는 꾸준히 증가하여 1945년 소학교는 21개, 중학교는 2개에 달했다. 그러나 중국인 학교는 설비가 낙후하고 규모가 작아서 학생 수는 일본인 학교보다 훨씬 적었다.

식민 당국은 대련에서 일본 문화의 독점적 지위를 유지하고 사상에 대한 지속적인 통제를 유지하기 위하여 신문을 비롯한 언론기관을 대대적으로 창설하여 '국책을 관철하는 선봉' 역할을 담당하게 했다. 1905년 10월 25일 일본군 요동수비사령부가 비준하여 설립한 일본어 신문 『요동신보遼東新報』는 러일전쟁 이후 대련에서 출현한 첫 번째 신문이었다(창간인 스에나가 준이치로). 1907년 11월 3일 만철이 대부분의 지분을 보유한 『만주일일신문滿洲日日新聞』이 창간되었는데, 이 신문은 대련에서 영향력이 두 번째로 큰 일본어 신문이었다.[23] 1908년 11월 3일 대련의 첫 번째 중국어 신문 『태동일보泰東日報』가 창간되었는데, 이 신문의 대주주는 대련 화상공의회에서 얼마 지나지 않아 일본 상인 가네코 헤이키치金子平吉로 바뀌었다. 초기 이 신문의 주필은 중국인 부립어傅立漁였기에 한동안 진보적이고 긍정적인 기사를 많이 실었지만, 1920년대 말 일본 당국이 신문에 대한 통제를 강화하면서 완전히 일본의 '일만친선日滿親善'을 선전하고 노예화 교육을 추동하는 도구로 전락했다.[24] 대련에서 세 번째로 큰 일본어 신문은 1920년에 창간된, 시정 뉴스 전달을 위주로 하는 『대련신문大連新聞』이었다. 1926년에 이르면 대련에서 일본어·한어로 발행되는 신문과 간행물은 212종에 달했다. 근대 동북의 첫 번째 중국어 잡지는 1911년 일본의 문화침략기구인 '중일문화협회'가 창간한 『동북문화월간東北文化月刊』이었다. 1933년 대련의 간행물은 256종으로 증가했다. 이렇게 대련은 동북 지역에서 가장 먼저 신문업과 간

---

23 『만주일일신문』은 발행 초기 중국어와 영어 면을 설치했다. 1910년 영어 부분이 독립하여 별도로 영자 『만주매일신문』이 되었다. 이 신문은 근대 대련의 첫 번째 영자 신문이었다. 1922년 7월 24일 『만주일일신문』의 중문판도 독립하여 별도의 중국어 신문 『만주보』가 되었다. 1927년 『만주매일신문』은 『요동신보』를 인수하면서 『만주일보』로 개칭했다.

24 大连史志办公室 编, 1998, 『大连市志·报业志』, 大连人民出版社, 25頁.

행물이 출현한 도시이자 신문과 간행물이 가장 번성한 도시이기도 했다. 1925년에 설립된 대련중앙방송국은 동북 최초의 방송국으로 매일 일본어, 중국어, 러시아어, 조선어, 영어로 방송했다.

일본이 대련에 설립한 가장 큰 공공도서관은 1907년에 설립한 만철대련도서관이다. 이 도서관은 만철 조사 자료를 집중적으로 소장하는 외에 중국 고대소설, 지방지, 명·청 시기의 문서明淸档案, 근대 신문 등도 보유하고 있었다. 당시 만철도서관에 소장된 중국어 고적은 20만 책이었는데 그중 희귀본은 1,600종 2만 책에 달했다. 또한 일본어 자료는 9만 종, 15만 책, 일본어 신문은 160종, 오래된 잡지 2,200종, 2만 5천 책에 달했다. 만철도서관의 장서량은 동북 도서관 중에서 두 번째로 많았다. 일본 점령기 대련의 관방 출판기관으로는 만철 소속 만철조사과, 만몽문화협회, 만철사원회출판부, 만주일일신문사출판부 등이 있었다. 이 기관들은 일본 식민 당국의 대폭적인 지지와 막강한 자본력 및 대련의 선진적인 인쇄공업의 도움으로 일본 침략 사상과 침략 사실을 선전하고, 동시에 중국 동북과 소련 극동 지역의 군사·경제·문화 등을 조사하고 연구하여 일본의 중국 침략에 도움을 주는 도서를 대량으로 출판했다. 특히 만몽문화협회가 1920~1943년에 출판한, 동북 물산자원에 대한 조사와 식민 문화의 선전과 관련된 도서는 1,036종에 달했다.

대련에서의 일본 상공업 투자와 도시 공간의 변화

도시 규모가 확대되고 기초시설이 발전하면서 대련의 상공업도 신속하게 발전했다. 러시아 통치 시기 대련의 인구는 4만 5천 명, 상업·서비스업 상호는 700개, 그중 중국인 상호는 295개였다. 1906년 대련이 자유무역항이 되면서 일본 상인들은 대련에 진출하기 시작했다. 1909년 말 일본인이 투자하여 설립한 상호는 1,178개에 달했다. 1920년 중국인 상호도 1,258개에 달했지만 일본인 상호의 증가는 더욱 두드러졌다. 1925년 일본인 상호는 2,566개였고 일본 국내의 거의 모든 대형 기업이 대련에 지사를 설립했다.

상업이 발전하면서 일본 식민 당국은 1906년부터 1909년까지 낭속정(현 천진가)을 상업거리로 건설했다. 천진가와 청니와교 근처의 연쇄가連鎖街(현 진보가進步街) 일대는 원래 울퉁불퉁한 공터였다. 1923년 일본인 40여 명이 이곳에 조합을 만들면서 서서히 상업거리로 변화해갔다. 1929년 이곳에 21,615m²에 달하는 상업가가 형성되었다. 이 연쇄 상업가는 도로를 따라 8구간으로 나뉘고 200개 사업체가 들어선 나름 규모가 있는 상업가였다. 천진가와 진보가가 연결되면서 이곳은 대련의 상업 중심지로 발전했다. 1930년대 전차를 중심으로 한 교통수단의 발전과 신기차역의 건설로 청니와 지역은 다시 한 번 경제적 비약을 경험했다. 일부 상호는 경영 규모를 확대하기 위해 고층 상가를 건설하기 시작했다. 얼마 지나지 않아 도로 양측에는 상업용 고층 건물이 즐비하게 늘어섰다. 대형 상가로는 미쓰코시양행三越洋行(1935년 설립, 현 추림공사), 기린비주대루麒麟啤酒大樓(1926년 건설, 현 공인문화궁), 상반교시장常盤橋市場(1937년 설립, 현 대련상장), 기구옥幾久屋(현 천진가 백화대루), 낭화양행浪花洋行 등이 있었다. 이와 같은 상가는 중국인 사업체에 비해 규모가 크고 건물도 높아 고급스러워 보였고 서비스도 좋았다. 또한 낮이면 사람과 차들로 붐볐고 밤이면 오색찬란한 전등 빛으로 인해 대낮처럼 밝았다. 이들 상가는 근대 도시의 번화한 풍광을 드러내고 있었다. 당시 대련의 구도시에는 신농정시장信濃町市場(현 대련상장), 산현통시장山縣通市場(현 민수상장民壽商場), 천대전시장千代田市場(현 사아구춘화

시장寺兒溝春和市場), 사하구시장沙河口市場(현 민용시장民勇市場) 등 대형 상품 도매·소매시장 5곳이 있었다. 소매시장은 백화점과 달리 일상용품과 식품을 판매했고, 백화점은 보통 독립 경영의 형태를 취했으며, 도매시장은 여러 사업체에 의해 분산적으로 경영되었다. 때문에 이곳의 경영자는 대부분 소규모 자본을 보유한 중국인이었다. 이들 상가 중 규모가 가장 큰 것은 신농정시장으로, 1938년 말 기준 경영 면적은 5,855m², 종사 인원은 400여 명, 일일 판매액은 2만 엔에 달했다. 1920년대 말 중국인 집거지인 서강 지역의 상업도 크게 발전했다. 당시 서강의 상업 중심은 현재의 북경가와 구수가久壽街 일대였다. 1930년대 중엽 서강의 상업구는 북경가에서 대동가大同街·불로가不老街·일신가日新街까지 확장되었다. 그중 가장 번화한 곳은 구수가와 일신가였다.

일본이 여대를 점령하기 전, 대련에는 러시아 동청철로공사 소속의 조선공장, 제재공장, 발전공장, 맥주공장, 기차제조공장 등 공장 29개만 있었을 뿐 다른 공업시설은 전무했다. 일본 점령 후 대련이 일본의 전쟁 확대기지와 전략적 후방기지로 변하면서 공업 투자가 급증했다. 1912년까지 대련의 공장은 204개, 총 자본 투자액 2,242만 원으로 증가했고, 1920년에는 공장 368개, 연간 생산액 5,722만 엔이었다. 1927년에 이르러 공장은 400개 이상이었고 연간 생산액은 1만 2,283만 엔에 달했다.[25] 당시 일본이 새로 건설한 공장의 경우 중공업은 제조업을 위주로 건설했고, 경공업은 제유, 식품, 일용화학공업을 중심으로 건설했다. 1908년 8월 7일 러시아 대련 기차제조소의 기초에서 대련철도공장大連鐵道工廠(현 대련기차공장大連機車工廠)이 건설되었다. 이 공장은 당시 건설된 첫 번째 중공업 공장이었다. 1911년 8월 9일 완공 당시 공장의

---

25 「关东州的工业事情」, 9-11頁; 『日本侵占旅大40年史』, 286-287頁에서 재인용.

부지 면적은 182만m², 건물 49동, 건물 면적 91만m²에 달했다. 이 공장은 연간 객차와 화물차 200대를 생산하는 동시에 연간 객차와 화물차 4,000대를 수리할 수 있는 능력을 보유했다. 1920년 이후 이 공장은 건물 73동, 공장 건물 면적 127만m², 연간 생산액 1,100만 원, 직원 3,200명의 대형 기업으로 발전했다.

일본이 여대를 점령한 후 대련에 건설한 두 번째 대형 중공업 기업은 가와사키조선소川崎造船所 대련출장소(현 대련조선공장 전신)였다. 이 공장도 러시아가 설립했다. 1907년 만철이 이 공장을 인수한 후 일본 고베가와사키조선소神戸川崎造船所에 임대를 주었다. 그 뒤 이 공장은 대규모 확장 건설을 통해 1920년대 초에 이르러 부지 면적 10만m², 3,000톤급 도크 1개, 연간 100척 정도를 생산하는 대기업으로 발전했다. 1921년 이 공장은 처음으로 강판선을 제조했다. 1920년대 중엽 만철은 이 공장을 다시 인수하여 이름을 대련조선창大連造船廠으로 바꾸고 확장 사업을 통해 6,000톤급 도크를 건설했다. 만주사변 이후 전쟁의 수요에 따라 일본 당국은 이 공장에 대한 세 번째 확장 건설을 시작했다. 1943년에 이르러 이 공장은 8,000톤급 도크 1개, 4,000톤 및 3,000톤급 도크 각각 1개, 대형 잔교 1개를 보유한, 정박 규모 8,000톤에 달하는 공장으로 발전했다. 1945년 이 공장은 12개 과, 12개 공장과 산하에 50개 작업장으로 확대되었고 직원은 5,000여 명에 달했다. 당시 이 공장은 대형 조선대 5개를 보유하고 있었다. 그중 가장 큰 조선대는 8,000톤 급이었다. 또한 공장 건물은 142동, 전체 자산은 4,155만 원이었으며 연간 생산량은 선박 2만 톤, 연간 수리 선박은 10만 톤, 연간 차량 제조량은 1,000대, 연간 총생산액은 2,000만 원에 달했다. 이 외에도 대형 제조업 기업으로는 대련기계제조소大連機械製作所, 대화전기야금공사大華電器冶金公司 등이 있었다.

경·화학공업에서 규모가 가장 큰 산업은 착유업이었다. 원래 동북의 착유업 중심은 영구였다. 그런데 일본 본토의 농업이 두병비료를 대규모로 필요로 했을 뿐만 아니라 일본이 서구에 식용유를 수출하기 위해 대련항을 확장하는 동시에 대련에 유방을 대규모로 건설하면서 대련의 착유업이 급성장하게 되었다. 1919년까지 대련에 건설된 유방은 60개에 달했다. 대형 유방인 산타이유방三泰油坊(1907년 설립, 일본 재벌 미쓰이와 중국의 동영무東永茂 등 3개 기업이 합자하여 설립, 자본금 50만 원, 1914년까지 착유기 118대, 1일 착유량 6,000만kg, 동북 각지에 지사 33개 설립, 동북 최대의 유방), 대련제유大連製油, 스즈키유방鈴木油坊, 고데라유방小寺油坊, 닛신제유日淸製油 등의 일일 두병 생산량은 11.8만 괴에 달했다. 1919년 대련의 두병 실질 생산량은 2,793만 괴, 착유량은 6,827.5만kg이었다. 이렇게 대련은 영구를 대신하여 동북 최대의 기름 생산기지가 되었다.[26]

경공업 중에서 비교적 빠른 발전을 이룩한 산업은 방직업이다. 1923년 일본 8대 면방직업 상인들은 금주에 내외면주식회사內外棉株式會社 금주 지사를 설립했다. 이 회사는 일본이 대련에 투자하여 설립한 첫 번째 방직기업이었다. 세 단계를 거쳐 건설된 이 회사는 1943년 직원 4,100명, 직포기 2,000대, 방추 10만여 개를 보유한 대형 방직공장으로 발전했다. 1939년 이 공장의 연간 생산량은 대포 160만 필, 면사 3만 5천 건이었고, 제품은 주로 남양과 인도로 수출되었다. 일본 자본으로 설립된 두 번째 방직기업은 1923년에 설립된 만주복도방직주식회사滿洲福島紡織株式會社였다. 대련 북쪽 주수자에 위치했던 이 회사의 자본금은 300만 원, 부지 면적는 15만m²였다. 1926년 이 기업의 생산량은 1.5만 방

---

26 『滿州开发40年史』, 下册, 56-57頁.

추였고, 직원은 1,200명에 달했다. 1931년 이후 이 공장은 신식 방적기를 도입했고 1938년에 이르러 방적기 1만 9,968대, 방추 3만 5,120매, 직원 1,600명에 달하는 기업으로 발전했다. 세 번째 대형 방직공장은 만주제마주식회사滿洲制麻株式會社였다. 1917년 자본금 100만 원으로 설립된 이 회사는 주로 수출 농산품 포장에 필요한 마대를 생산했다. 1929년까지 이 공장은 마대 318만 조, 마포 69만 마일을 생산했다. 1932년에 이 공장은 방적기 18대, 직기 115대, 공장 부지 면적 1만 6,462평, 연간 마대 생산량 500만 조에 달하는 기업으로 성장했다.

그 밖에도 일본 당국은 대련의 토질이 도자기 제조에 적합하다고 판단하고 도자기 공장을 설립했다. 또한 이 시기에 설립된 일부 유리공장은 동아시아에서 유명한 공장으로 발전했다.

이렇게 상공업이 발전하면서 대련은 현대적인 상공업도시의 구조를 갖추기 시작했다. 1944년 말 대련의 도시 면적은 45.7km^{2}로, 40년 동안 11배 증가했고 인구도 17배 증가했다. 1944년 대련의 총인구는 79만 6,187명이었고, 일본인과 중국인은 각각 20만 2,807명과 58만 5,756명이었다.

근대 대련의 상공업은 일본이 식민지 경제를 독점하기 위해 투자·설립한 것이었기에 동북 다른 도시의 상공업과는 다음과 같은 차이점이 있었다.

첫째, 기업의 규모가 크고 독점적 성격이 강했다. 대련 및 동북 전체의 상공업기업에 대한 독점적 지위를 유지하기 위해 대련의 일본기업 규모는 동북 다른 도시의 기업보다 훨씬 커야 했다. 1941년 관동주의 공장은 1,372개이고 총투자액은 5.58억 원이었는데 그중 일본인이 투자한 공장은 567개로 전체의 40%에 불과했지만 투자액은 5억 800만 원으로 전체 투자액의 95%를 차지했다. 당시 대련의 경제는 일본 기업이 독점하고 중국의 민족 상공업이 보조적인 역할을 하는 구조였다.

둘째, 상품 생산은 일본 본토에 의존하고 있었다. 대련의 상공업은 전적으로 일본의 동북 지역 원자재와 노동력 약탈을 위해 설립된 것이었기에 통일적인 계획 및 관리를 할 수 없었다. 기술과 설비는 일본에서 제공받고 원료와 염료는 동북의 다른 지역에서 공급받는 구조를 지닌 대련의 공업은 외부 특히 일본 본토 공업에 깊이 의존해서 발전할 수밖에 없었다.

셋째, 기업의 군사적 성격이 짙었다. 일본은 만주사변 이전에 이미 대련의 공업을 군사경제에 편입시켰기 때문에 일부 공장에서는 전략적으로 군수물자만 생산하고 있었다. 만주사변 이후 일본 당국은 '전시생산제일'의 구호를 내걸고 군수물자를 생산하는 금속가공업을 대대적으로 발전시켰다. 만주중기滿洲重機, 가와사키공업대련전기공장川崎工業大連電機工廠, 미쓰비시경금속三菱輕金屬 등과 같은 대형 기업들이 연이어 들어서면서 대련의 공장 수는 500개로 급증했고, 총자본은 10억 원에 달했다. 1943년 여대 지역의 공장은 1,825개였는데, 그중 금속공업은 265개, 기계공업은 331개, 화학공업은 129개로 총자본은 7.36억 원에 달했다. 1932년과 비교하면 금속공업은 21배, 기계공업은 10배 증가한 셈이다. 이렇게 일본 통치 시기 대련의 공업 발전은 일본의 동북아 지역에 대한 침략과 일맥상통한다. 이 지역의 공업 발전은 일본의 군사적 침략과 함께 형성되고, 침략의 확장과 함께 팽창했다.

일본이 대련의 상공업과 문화산업을 발전시키는 과정에서 일부 민족자본가와 지식인은 민족의 이익과 자신의 생존권을 쟁취하기 위해 일본 기업의 배척과 억압에도 굴하지 않고 적극적으로 서강 지역의 민족상공업과 문화 및 위생사업을 발전시켰다. 근대 대련의 민족자본가들 중 상대적으로 영향력이 컸던 사람은 다음과 같다.

① 주문귀周文貴. 1879년에 태어났고 자는 의정義亭, 여순 사람이다. 대련순흥철공장大連順興鐵工廠을 창립했다. 젊은 시절 농업에 종사하다가 러일전쟁 이후 대련의 외자 공업의 발전을 목격하고 사업을 시작했다. 1910년 주문귀는 "국제적 흐름에 순응하여 일본에 가서 실업을 참관하고 나고야, 오사카 등지를 유람했다."[27] 귀국 후 그는 유방을 설립하여 기계화 생산을 시작했다. 일본의 독점을 깨고 민족의 이익과 권리를 되찾기 위해 형 주문부周文富와 함께 1911년 대련순흥철공장을 설립하여 근대 대련의 민족강철공업의 서막을 열었다. 주씨 형제는 유방기계 연구와 제조에 심혈을 기울여 인력나선식 착유기와 기계동력 화유기, 액압기 등을 생산하여 대련 민족유방기계의 경쟁력을 높였다. 주씨 형제가 경영에 일가견이 있었고 그들의 회사가 생산한 제품도 잘 팔렸기에 사업은 날로 흥성해졌다. 1912년 주문귀는 20만 원을 투자받아 하얼빈에 진흥고빈유한공사振興股份有限公司를 세워 철공장을 설립했다. 그는 이 공장에서 유방기계뿐만 아니라 내항 선박을 생산하면서 경영 범위를 동북 여러 도시로 확장했다. 1913년에 이르러 이 기업은 비교적 큰 규모의 기계제조기업으로 성장했다. 제1차 세계대전 이후 수출 통로가 막히고 원자재 가격이 인상되면서 순흥철공장은 용광로를 건설하고 철광석을 구입하여 강철을 생산하기도 했고 탄광을 개발하기도 했다. 하지만 대련 경제에서 차지하고 있는 독점적 지위가 위협받는다고 생각한 일본 기업들은 주씨의 사업장과 경영에 방해를 놓기 시작했다. 주씨의 기업은 심각한 부채에 시달리다가 어쩔 수 없이 1929년에 문을 닫았다.

② 장본정張本政. 1865년 여순 황니천黃泥川에서 태어나 후에 대련 난금촌欒金村으로 이주했다. 젊은 시절 연대와 영구에서 무역업에 종사했

---

27 「満州報」, 1922年 10月 18日.

고 1900년 이후에 연대 덕화호德和號 책임자를 역임했다. 1902년 4만 원을 모금하여 산동 연대에 정기윤선공사政記輪船公司를 설립하여 산동반도에서 대련, 영구, 청도, 상해를 잇는 해상 석탄운송사업을 개척했다. 이 사업은 근대 동북의 민족해상항운업의 시작이기도 했다. 1906년 정기윤선공사 본점을 대련으로 옮기고 안동에 지사를 설립했다. 민국 초기에 이르러 이 회사는 상당한 규모로 발전했다. 이로 인해 장씨는 '선박계 거두', '중화해상대왕' 등의 칭호를 얻기도 했다.[28] 1920년대 회사는 체인 경영 모델을 도입하여 대련 서강에 정기유방政記油坊·정기전장政記錢庄 등의 회사를 설립하면서 대련 화상기업 중에서 규모가 가장 큰 기업으로 성장했다.

③ 이자명李子明. 1878년 산동 복산福山에서 태어났다. 부친이 연대煙台 공의회 의장을 역임했다. 18세에 연대 순태양행順泰洋行에 입사해 상업을 배웠고 러시아어와 영어를 배워 훗날 블라디보스토크상무학교에 유학했다. 27세에 대련으로 돌아와 순태양행 대련지행 행장을 역임했다. 러일전쟁 이후 그는 심양에 가서 상해 상인이 경영하는 유항호裕恒號의 감독을 맡았다. 자본이 일정하게 축적되자 그는 대련으로 돌아와서 원성태源成泰 상호를 설립하여 영국과 미국의 담배를 판매했다. 후에 그는 산동 용구은행龍口銀行 총판과 대련 화상공의회 경리를 역임하기도 했다.[29]

④ 소상검邵尚儉. 자는 신정愼亭, 대련 금주 사람이다. 그는 1879년 상인 가문에서 태어났다. 15세에 금주 천흥복天興福 본점에 입사하여 상업을 배웠다. 천흥복 상호를 맡은 후에는 상공업의 발전을 위해 "큰 흐름에 따라 상업을 확대하기 위해 장춘·대련에 지사를 설립하고 잡화와

---

28 「満州報」, 1922年 9月 29日.

29 「満州報」, 1922年 10月 13日.

동아연초공사東亞煙草公司를 경영했다."[30] 그 뒤 소씨는 대련에 유방을 설립했고 민국 원년(1912)에는 금주에 과수원을 만들었다. 1915년에는 대련화상회 의장을 역임했다. 그 뒤 10년 동안 소씨는 하얼빈, 장춘, 개원 등지에 천흥복면분총창天興福麵粉總廠과 지사 3개를 설립했다. 이 공장의 밀가루 생산량은 당시 동북 지역에서 민족자본으로 설립된 제분기업 중에서 가장 많았다.

⑤ 임익삼林益三. 산동 서하棲霞 사람이다. 16세에 학업을 포기하고 상업에 종사하기 위해 연대의 잡화점에 취직했다. 1900년 대련에 와서 합자 형식으로 영합성永合成 잡화점을 설립하면서 전문 도매업을 시작했다. 그 뒤 임씨는 오정奧町(현 민성로)에 영유성永裕成을 설립했고 서강에 동익성同益成과 영흥성永興成을 설립했으며 추가로 2만 원을 투자하여 부도정敷島町(현 경령가慶齡街)에 상업 건물을 세웠다. 이 건물은 모르는 사람이 없는 지역 명물이 되었다.[31]

⑥ 맹천성孟天成. 본적은 복건福建 숭안崇安으로 1883년에 태어났다. 도쿄제국의대를 졸업했고, 독일어에도 능했다. 그는 대만 의학원에서 강사로 있다가 1917년 사직하고 대련에 와서 침대 400개에 달하는 박애의원博愛醫院을 설립했다.

⑦ 부립어傅立漁. 안휘安徽 영산英山 사람이다. 안휘대학에서 공부하고 일본 메이지대학으로 유학 갔다가 귀국하여 교육사업과 반청·혁명활동에 종사했다. 1912년 천진에서 『신춘추보新春秋報』를 창간했다. 1913년 원세개에 반대하는 제2차 혁명에 참가했다가 혁명이 실패하면서 대

---

30 「满州报」, 1922年 10月 14日.

31 「满州报」, 1923年 1月 13日.

련으로 도피한 후 대련의 『태동일보』 편집장을 맡았다.[32] 부씨는 이 신문사에서 8년 동안 일하면서 꾸준히 중국 문화와 교육에 관한 글을 발표했다. 이로 인해 부씨는 동북 지역에서 인지도가 가장 높은 언론인에 꼽히기도 했다. 1923년 그는 동북에서 처음으로 중국인이 독립 경영하는 중국어 잡지인 『신문화新文化』를 창간했다. 1920년대 말 부씨는 기독교대련청년회장을 역임했다.

---

32 「満州报」, 1922年 10月 8日.

::: 제8장

1900년대 초 동북의 신설 철도와 도로, 그리고 지역 도시화

중동철도가 적은 비용(침목은 현지에서 해결)으로 높은 경제적 이윤(광산과 농산품의 운송량이 매우 많았다)을 남기자 1900년대 초부터 일본, 영국, 미국 등은 경쟁적으로 동북의 철도에 투자하고자 했다. 철도 부설은 열강이 활용한 동북 침략의 주요 수단이었다. 동북3성 지방 당국과 신상紳商(향신 출신의 상인)은 열강의 확장을 막고 민족의 이익과 생존권을 보호하는 동시에 지방 자원을 개발하기 위해 적극적으로 철도 부설에 자본을 투입했다. 이에 따라 1930년대까지 여러 갈래의 철도가 연달아 부설되면서 동북 지역은 당시 중국에서 철도 건설 규모가 가장 크고 철도망의 밀도가 가장 높은 지역으로 변화했다. 이와 동시에 외국 자동차가 동북에 도입되기 시작했다. 자동차가 편리한 교통수단으로 각광받으면서 동북3성의 정부, 상인 및 외국 자본은 모두 자동차 운수업에 관심을 보였고 경쟁적으로 이 산업에 투자했다. 이렇게 새로 건설한 철도와 도로는 외국 자본에 의한 것이든 민족 자본에 의한 것이든 모두 동북 지역의 도시화를 촉진하는 역할을 했다.

신설 외자·합자 철도와 연선의 도시화

1900년대 초 동북 지역에서 출현한 첫 번째 외자 철도는 안동-봉천 간 안봉安奉철도(현 심단심양-단동철도)이다. 안봉철도의 역사는 러일전쟁 시기부터 시작된다. 1904년 7월 요동 지역에 진입한 일본군은 동북이 전쟁으로 혼란스러운 상태인데다가 청 정부도 이곳에 대한 주권을 행사하기 어려운 틈을 타서 안동-봉천 구간 군용 경철도를 건설하고자 했다. 8월 10일부터 11월 3일까지 안동-봉황성鳳凰城 61km 구간 철도가 부설되었다. 그리고 1905년 2월 11일 봉황성-하마당下馬塘 116km 구간이 완공되었고, 1905년 8월 10일 하마당-봉천 소가둔蘇家屯 126km 구간이 시공되어 그해 12월 3일에 완공되었다. 2주 뒤인 12월 15일 안봉철도가 전면 개통했다.[1] 안봉철도 개통 초기 철도 연선에는 사하진沙河鎮, 오용배五龍背, 고려문高麗門, 계관산雞冠山, 통원보通遠堡, 초하구草河口, 연

그림 1_ 안봉철도(현 심단철도) 교두역(본계 인근) 경관

1　러일전쟁 종전 후 남만철도에 대한 통제권을 획득한 일본 남만철도주식회사는 1906년 일본 정부의 지시에 따라 안봉철도를 남만철도에 편입시켰다. 그 뒤 1909년 8월부터 1911년 11월 1일까지 이 구간 경철도를 표준철도로 만들었다. 満史会 編, 「満洲开发40年史」, 上卷, 202頁.

산관連山關, 교두橋頭, 본계호, 소가둔 등 크고 작은 기차역 20개가 설치되었다. 안봉철도의 부설로 빠른 발전을 경험한 도시에는 안동, 봉황성, 본계, 교두, 오용배 등이었다.

① 안동安東(단동丹東): 요녕성 동부, 압록강 하류의 오른쪽에 위치했다. 동쪽은 황해 대동구와 접하고, 남쪽은 조선 신의주와 강을 사이에 두고 있다. 안동은 지리적 위치가 독특했기에 1800년대 중반 이미 중요한 교통 요지가 되었고 중요한 상업도시이자 항구도시로 발전했다. 당시 안동의 이름은 사하진이었다.[2] 1900년 안동의 인구는 5,000명 정도였다. 하지만 안동이 안봉철도의 시발역이 되고 1906년에 개항하면서 "교통이 편리하고 상업이 흥기"하는 도시로 발전하기 시작했고, 시내에는 "크고 작은 사업체가 3천~4천여 개"나 들어섰다.[3] 안동의 상업은 소사繅絲와 목재 수출 위주였고 공업은 삼림 채벌과 목재 가공업이었다. 이런 발전을 거쳐 1909년 안동의 인구는 6만 명(일본 이주민 5,000명)으로 증가했고, 도시는 구도시, 상부지, 만철 부속지 등 여러 부분으로 나뉘어 요녕성 동부에서 가장 큰 상공업도시가 되었다. 시내에는 동변도윤공서東邊道尹公署, 안동현서安東縣署, 압혼양강수상경찰국鴨渾兩江水上警察局, 안동해관 등 행정기구가 설치되었다.

② 봉황성鳳凰城: 안동과 60km, 본계와 130km 떨어진, 요동 명산 봉황산鳳凰山 인근에 위치한 도시다. 일찍이 당나라 때 군사요새로 지정되었고 당시 이름은 구련성九連城이었다. 하지만 인구가 적은 동쪽 변방으로 경제 발전이 더디었기 때문에 근대에도 규모가 작은 도시에 불과했다. 안봉철도가 개통된 후 봉황산 관광자원이 개발되면서 주변 지역에

---

2 「(民国)奉天通志, 卷162: 交通2」, 总第3781頁.

3 　王介公 修, 于云峰 纂, 1931, 「(民国)安东县志, 卷1: 地理编」, 台湾成文出版社(影印铅印本), 19頁.

관내 이민이 증가했다. 또한 농특산품에 대한 수요가 증가하면서 봉황성은 누에, 밤 등 농산품의 집산지로 변화했고, 나아가 근대 도시로 발전할 수 있었다. 이런 발전을 거쳐 1910년을 전후하여 봉황성의 인구는 1만 명으로 증가했다.

③ 본계本溪: 서쪽으로 안봉철도 심양역에서 84km, 동쪽으로 안동과 190km 떨어진, 안봉철도의 1등급 역이다. 태자하 유역의 산으로 둘러싸인 곳에 위치한 본계는 주변에 광산이 풍부하여 소사천小四川이라는 별명을 얻기도 했다. 청 중엽에 석탄과 철을 생산했지만 교통이 불편하여 생산 규모가 적었고 상주인구도 적었다. 하지만 점차 시가지가 형성되면서 광서제 32년(1906) 현이 설치되었다. 그 뒤 광산과 용동溶洞 등 관광자원이 개발되고 만철 본계호강철공사本溪湖鋼鐵公司가 설립되면서 본계는 요녕 동부의 중요한 광업과 상공업 중심지가 되었다. 1920년대 초 본계의 인구는 1만 명, 그중 일본인은 약 4,000명이었다.

안봉철도 다음으로 중요한 철도는, 안봉철도와 평행되게 부설한 길장吉長철도이다. 1902년 중동철도가 완공되기 전 길림장군 장순長順은 러시아가 중동철도 간선을 건설한 후 지선을 건설할 것이라는 것을 예측하고, 미리 자원이 풍부한 장춘부터 길림 사이의 철도를 부설하고자 했다. 하지만 러시아와 일본의 방해로 길림 지방정부는 이 구간의 철도를 부설하지 못했다.

1907년 4월 지방 신사와 민중은 청 정부로부터 길장철도 부설에 대한 허락을 이끌어냈다. 만철이 이 소식을 접한 후 즉각적으로 이 사업을 장악하기 위한 공작을 벌였다. 하지만 민중의 반대가 심하여 청 정부는 일본에 양도하지 않고 자체적으로 철도를 부설하고자 했다. 이런 상황에서 일본은 한편으로 청 정부와 봉천 지방정부에 러일전쟁 시기 일본이 부설한 신민부터 심양까지의 군용 경철도의 사용권을 요구하고,

다른 한편으로 길장철도 부설권과 교환 조건으로 청 정부가 일본으로부터 차관을 빌려 철도를 건설하라고 압박을 가했다. 이런 압박하에 청 정부는 일본과 '관어신봉급길장철로협약關於新奉及吉長鐵路協約'과 '길장철로차관합동吉長鐵路借款合同'을 체결했다. 이 협약은 길장철도는 중국이 부설하는 것이지만 비용의 절반은 만철로부터 차관을 받아 25년 만기로 정한다고 명시했고 만기가 도래하기 전 상환이 불가능하다고 했다. 길장철도는 근대 동북에서 일본의 차관으로 부설된 첫 번째 철도였다.[4]

1909년 10월 20일(선통 원년 9월 7일) 길장철로총공사가 장춘에서 설립되었고, 부량좌傅良佐가 총판, 안세정顔世情이 회판, 마가리오 신지로曲尾臣二郎(일본인)와 나국서羅國瑞가 총공정사 직책을 맡았다. 12월 2일 개통식이 열렸고 1910년 5월 9일 철도가 정식으로 개통되었다. 이 공정에 투입된 비용은 은 362만 냥(1915년 기차역과 터널 건설에 650만 원의 비용이 추가되었다)이었다. 철도의 길이는 127.727km이며[5] 부설 과정에 사용된 토사는 364.5만m³에 달했다. 철도 연선에 장춘동, 카륜卡倫, 음마하飮馬河, 하구대下九台, 영성營城, 토문령土們嶺, 화피창樺皮廠, 구참九站, 길림 등 9개 역을 설치했고, 장춘-카륜 구간은 1911년 1월부터 운영을 시작했다. 1912년 10월 20일 철도 시범운영을 시작했다. 1913~1926년

---

4 1917년 10월 12일 북양정부 교통부는 만철과 계약을 체결하여 차관을 650만 원으로 확대하고 연 이자를 5리, 대출 상환 만기를 30년으로 정했다. 1925년 만철은 길장철도의 건설에 100만 엔을 추가로 투입했다. 1930년 말까지 길장철도의 건설을 위해 만철로부터 빌린 돈은 783만 2,697엔, 미 상환액은 525만 엔에 달했다. 일본은 차관을 통해 길장철도의 건설권과 운송권을 확실하게 장악했다.

5 길장철도 건설 초기 일본의 간섭을 피하기 위해 철도의 시발점을 장춘 두도구 동쪽 3,747m 지점인 장춘동에 설치했다. 때문에 당시 길장철도 전체 길이는 123.2km로 계산되었다. 1910년 만철의 동의를 얻은 후 철도는 서쪽으로 장춘 두도구까지 연장되면서 전체 길이는 127.727km가 되었다.

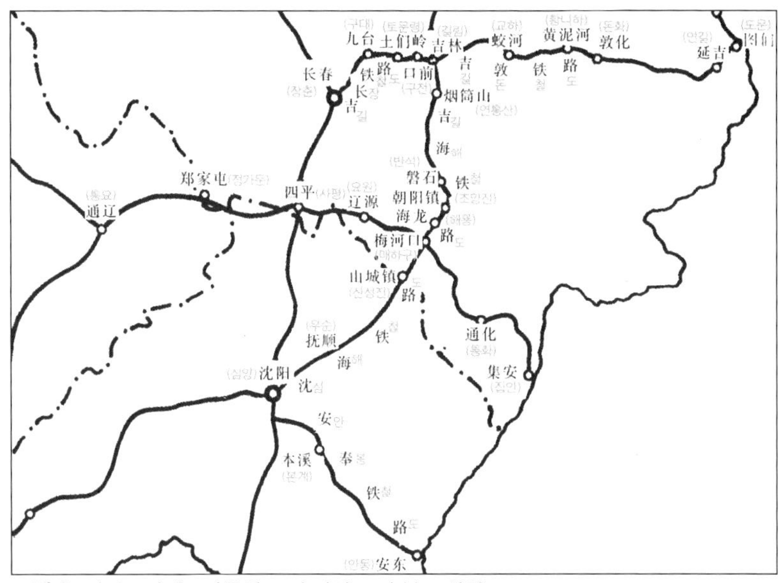

그림 2_ 길장·길해·길돈철도 및 연선 도시 분포 상황

철도 연선에 추가로 고점자孤店子, 흥용산興龍山, 용가보龍家堡, 하만자河灣子, 합달만哈達灣 등 5개 역을 설치했다.

길장철도가 부설되기 전까지 길림과 장춘 사이에는 도시가 없었다. 하지만 이 지역은 농업 경제가 발달했기 때문에 철도가 개통되면서 수수, 옥수수, 콩 등 농산품과 목재의 수출이 증가하고 여객운송량도 급증했다. 특히 1920년 2월 1일 남만철도와 함께 실시한 여객운송 서비스, 1923년 관내 일곱 갈래 철도와 함께 실시한 여객 및 화물운송 서비스로 인해 이 철도의 종합운송능력은 크게 제고되어 연간 여객운송량은 50만 명, 화물운송량은 70만 톤을 웃돌았다. 철도의 여객 및 화물운송량이 급증하면서 철도 연선의 기차역도 빠른 경제 발전과 인구 증가를 경험했다.

① 장춘동長春東: 길장철도 부설 이전까지 장춘 교외의 황무지에 불

과했다. 하지만 철도가 부설 된 이후 예정된 계획에 따라 이곳은 길장 철도의 시발점으로 지정되면서 평행되는 여러 갈래 철도가 부설되었고, 벽돌로 지은 역사·창고와 기숙사 등 20여 동의 건물이 건설되었다. 1912년에 이르러 이곳은 장춘의 신도시로 발전했다.

② 카륜卡倫: 장춘과 24km 떨어진 작은 농촌 마을로, 강희제 때 건설한 유조변장柳條邊牆[6]에 설치된 변대邊台가 변화하여 형성된 곳이었다. 길장철도의 시공 구역으로 편입된 후 노동자가 증가했고 이들을 상대로 한 요식업도 증가했다. 1911년 장춘-카륜 구간이 개통된 이후 카륜이 길장철도의 첫 번째 농촌역이 되면서 빠른 경제 발전을 이룩하게 되었다. 1920년대 초에 이르러 이곳은 장춘 외곽의 중요한 식량 집산지 및 수출시장으로 발전했고, 상주인구도 2,000명으로 증가했다.

③ 구대九台: 청 초 유조변장 인근의 변대였고 당시 이름은 '쇄이합대曬爾哈台(사이얼하타이)'였다.[7] 이 이름이 한어로 번역되어 구대가 되었다. 청 말까지 이곳은 작은 촌락에 불과했지만 1912년 철도가 개통되면서 구대역이 설치되었다. 이곳은 길장철도의 51km 되는 곳에 위치한데다가 인근 탄광도시인 영성과 같이 길장철도의 중심에 위치했기에 동서 양측으로부터 길림과 장춘 두 도시의 영향을 모두 받았다. 동시에 음마하 유역과 송화강·좌안의 식량과 목재 생산지와 인접한데다가 유수와 장춘을 잇는 도로 사이에 위치하고 있어 길장철도가 개통된 후 이

---

6 류조변은 청 초기 통치자들이 한족과 몽고족이 만주족의 생활구역에 진입하는 것을 막고 동북 동부 제2 송화강 유역과 목단강 유역의 '용흥지지'의 자연자원을 보호하기 위하여 길림성 중부의 동풍(东丰), 이통(伊通), 구대, 덕혜, 서란 등의 초원과 산지가 접하는 곳에 건설한, 길이가 1,000리에 달하는 참호를 말한다. 이 참호를 보호하고 출입하는 변경민을 검사하기 위해 청 정부는 류조변 연선의 요지에 '변대(边台)' 또는 '진대(鎮台)'라는 관리기구를 설치했다.

7 「京(长)图沿线之拓殖(6)」, 「盛京时报」, 1937年 4月 27日.

곳에는 양잔, 식당, 터미널, 잡화점 등이 급증했다. 1915년을 전후하여 구대 철도 북쪽은 이미 소도시의 모습을 갖추었고 양잔 17개, 잡화점 4개, 상점 20여 개가 영업 중에 있었다.[8] 1920년에 이르러 구대의 인구는 5,000명에 달했고, 기차역 북쪽 100~500m 구역에는 1.5km² 규모의 시가지가 형성되었다. 구대는 길림성 중부 철도 연선의 식량 수출 도시로 발전했다.

④ 영성營城: 영성 기차역은 길장철도 시발점인 장춘역에서 58.067km 떨어져 있다. 1912년 이전까지 이곳은 인적이 드문 작은 촌락이었고 당시 이름은 영성자둔營城子屯이었다. 1912년 10월 길장철도의 기차역이 이곳에 설치되면서 인구가 서서히 증가하기 시작했다. 민국 초기 외국인들이 이곳의 북쪽 산간 지대에서 탄광 개발을 시작했다. 현지 사람들은 이 탄광을 화석령火石嶺[9]이라고 불렀다. 1920년대 초 화석령탄광의 연간 석탄 생산량은 1만 톤 이상에 달했고 이곳에 거주하는 장기·단기 탄광노동자는 1만 명에 달해, 영성은 유명한 탄광도시로 알려졌다.

⑤ 토문령土們嶺: 서쪽으로 장춘역에서 73km, 동쪽으로 길림역에서 55km 떨어진 곳에 있다. 작은 촌락에 불과했던 이곳에 길장철도의 유일한 터널이 건설되면서 1910~1912년 임시적인 철교, 도로, 숙소가 건설되고 터널 건설 노동자들이 유입되었다. 1920년 토문령터널이 완공된 후 이곳은 길장철도의 핵심 기차역이 되었다. 산으로 둘러싸인 이곳은 식물의 종도 다양해서 1930년대부터 길림·장춘 두 도시 사이의 유명한 관광지로 발전했다. 해마다 여행 성수기가 되면 철도 당국은 길장

---

8 「盛京时报」, 1937年 4月 27日.

9 그 뒤 오랫동안 이곳은 화석령과 영성이라는 두 가지 이름을 함께 사용했다.

여행 전용열차를 운영하기도 했다.[10]

⑥ 화피창樺皮廠: 길장철도 91.7km 지점에 위치한 곳이다. 이 지역은 원래 소택지로 호수가 많고 수로가 발달했다. 청 초기 이곳은 만주족의 집거지로 자작나무껍질로 활과 말안장을 생산하는 수공업공장이 있었기에 화피창이라고 불렀다.[11] 하지만 이 지역은 발전이 더디어 청 말까지도 작은 촌락에 불과했다. 길장철도가 개통되면서 화피창은 철도 연선에서 구대에 이어 두 번째로 큰 식량과 생선 등 특산물 수출시장으로 발전했다. 1920년대 초 기차역 앞에 시가지가 형성되었고 인구는 1만 명 가까이 증가했다. 시내에는 상부국 등 관방기구가 설치되었다.

⑦ 구참九站: 길장철도 113.2km 되는 곳에 위치했다. 송화강과 길림시와 인접해 있고 항운 인프라가 잘 구축되었기에 청 중기 이후부터 송화강 상류의 목재 표류 운송의 핵심 지역으로 발전했다. 길장철도는 이곳에 역전을 설치하여 구참을 송화강 항운과 철도 화물운송을 연결하는 부두로 만들었다. 주로 목재·식량과 수입 경공업제품을 다루었다. 구참은 길림시 서부의 중요한 위성도시가 되었다.

길장철도는 철도연선의 도시화를 촉진했을 뿐만 아니라 지역 도시의 근대화도 촉진했다. 이는 길림성성의 변화를 보면 잘 알 수 있다. 길림시는 중동철도가 경유하는 동북의 중부 간선에 인접해 있었기에 상품경제의 발전이 철도 연선 도시에 비해 느렸다. 더욱이 중동철도가 개통된 후 전통적인 수륙 상업 항로가 철도로 바뀌면서 길림성성의 경제는 쇠락을 면치 못했다. 하지만 길장철도가 개통되면서 길림은 다시 수륙 교통 중추의 지위를 되찾을 수 있었다. 담배, 황마 등 상품의 수출입

---

10 「盛京時報」, 1940年 1月 7日.

11 「京(长)图沿线之拓殖(6)」, 「盛京時報」, 1937年 4月 27日.

이 활발해졌고 인구도 15만 명으로 증가했다.

길장철도는 철도 연장선 및 기타 지역에 대한 일본의 개발과 투자를 자극했다. 1925년 10월 24일, 만철 이사장 마쓰오카 요스케松岡洋右와 북양정부 교통부장 엽공작葉公綽은 '중일길돈철로승조합동中日吉敦鐵路承造合同'을 체결했다. 이 계약에는 중국과 일본은 길돈철로건설위원회를 구성하고 길림-돈화敦化 간 철도의 건설에 서로 '협력'한다고 명시되었고,[12] 철도 부설 자금은 일본이 제공하고 총공정사와 총회계사는 일본인이 맡는다고 명시되었다. 이렇게 길돈철도의 부설권을 포함하여 철도 건설과 관련된 모든 내용들이 계획단계부터 일본의 통제하에 놓이게 되었다. 일본 기업 9곳과 중국 기업 2곳에 의해 시작된 철도 공사는 1926년 6월 1일에 시작되어 10개월 뒤에 끝났다. 철도 부설 과정에 1927년 4월까지 흙 699만m^{3}를 파냈고, 기차역 2.1만m^{2}를 건설했으며, 다리 151개(최장 송화강대교의 길이는 412m), 총길이 2,580m에 달하는 터널 4개(최장 노야령老爺嶺터널은 1,820m)를 건설했다. 1927년 10월 12일 길림-육도하六道河 구간이 개통되고, 1928년 6월 21일 육도하-교하蛟河 구간이 개통되었으며, 1928년 10월 10일 돈화까지 개통되었다. 길돈철도 간선은 211.538km이고, 16개 역이 설치되었다. 그중 교하·돈화는 2등급 역이고, 용담산龍潭山·강밀봉江密峰·액혁목額赫穆(현 천강天崗)·황송전黃松甸이 3등급 역이었으며 나머지 역은 4등급이었다.

길돈철도가 부설되기 전까지 이 구간의 주요 교통수단은 여름에는 마차와 목선, 겨울에는 마차와 눈썰매였다. 이 지역은 산간지역이고 소택지가 많아 도로 환경이 열악했기 때문에 여름에 길림에서 교하까지

---

12 길장철도의 두 번째 연장 공정은 만주사변 이후에 추진된 길돈철도의 연장선 돈도선(敦圖線) 부설 공정이다. 돈도선의 부설과 연선 도시의 발전에 대해서는 이 책의 제3부를 참조.

마차로 물건을 운송하는 경우 가는 데만 이틀이 걸렸고 교하부터 돈화까지는 10일이 걸렸다. 겨울에는 길림부터 돈화까지 6일 반이 걸렸고, 가장 빠른 눈썰매로도 5일 정도 걸렸다. 길돈철도의 부설은 이 지역의 교통에 혁명적인 변화를 가져왔다. 1927년에서 1931년 3월까지의 길돈철도 여객운송량은 143만 9천 명이었다. 1929년 여객운송량은 43만 명, 화물운송량은 199만 톤이었고, 1930년 화물운송량은 57만 7천 톤으로 단일 연도 최고치를 기록했다. 철도의 부설은 철도 연선의 인구 증가에도 큰 영향을 미쳤다. 철도 부설 초기 철도 연선의 인구는 20만 2,802명이었는데, 길림시내 인구 15만 명을 제외하면 실제 인구는 6만 4,450명에 지나지 않았다.[13] 철도 개통 후 1년이 지나자 길림 동쪽의 철도 연선에서만 10만 명 이상의 인구가 증가했다. 이와 같이 인구가 증가하면서 교하, 돈화 등 이미 일정한 도시화를 경험한 도시의 규모가 빠르게 확대되었다. 동시에 철도 연선 기차역 주변에 분포되었던 자연촌락들도 철도 개통 후 3~5년 사이에 근대적인 도시의 모습을 갖추기 시작했다.

① 강밀봉江密峰: 길장철도의 시발점인 장춘역에서 149.4km, 길림역에서 23km 떨어진 곳에 위치했다. 길림과 연변 사이에 있는 중요한 상업 무역 집산지인 이곳에서 여러 갈래의 도로가 만난다. 1927년 강밀봉의 인구는 1,300명 정도였는데,[14] 철도 개통 이후 목재 수출 집산지로 변하면서 1930년대 초에는 3,000명으로, 1939년 말에는 4,000명으로 증가했다.

② 액혁목顎赫穆(천강天崗): 장춘에서 170km 떨어진 삼림지대에 위치한, 화강암을 생산하는 지역이다. 민국 초기 이곳은 목재 집산지이자 석

---

13 石榮嶂, 1927,「吉敦铁路沿线调查录」, 吉敦铁路局, 7頁.

14 「京(长)图沿线之拓殖(5)」,「盛京时报」, 1938年 4月 26日.

료 수출지이기도 했다. 철도 개통 후 연간 목재 운송량은 1.6만 톤에 달했다. 기차역을 중심으로 출현한 대형 목재상점과 석료가공장[15]에 의해 도시가 형성되었다.

③ 교하蛟河: 장춘에서 224km, 길돈철도의 시발점인 길림역에서 98km 떨어진 곳에 위치했다. 길돈철도 부설 전인 1926년, 이곳은 인구 2,000명, 상점 57개가 운영 중인 지역 중심 도시였다. 철도 시공 후인 1927년 인구는 3,400명으로 증가했다.[16] 인구가 급증하면서 교하는 길림성성 동쪽 반경 150km 이내의 최대 도시로 발전했다. 1932년 초 만주국은 액목현치額穆縣治를 이곳으로 옮겼다. 길림성성의 대형 기업들이 이곳에 지사를 설립하고 무창원茂昌源 등 30여개 기업이 입주했다. 매년 목재 500차, 담배 7,000포, 정품 산삼 500냥을 수출하면서 동북에서 유명한 특산품 집산지로 발전했다. 그 뒤 인근 내자산奶子山탄광의 채굴량이 확대(연간 10만 톤)되고, 인구는 1931년을 전후하여 5,000명, 1936년에는 1만 1,666명으로 증가했다.[17] 1936년 전체 도시에 화재가 발생하여 한동안 인구가 감소했지만 얼마 지나지 않아 인구는 증가세로 돌아섰다. 1938년 전체 인구는 3만 8천 명에 달했는데, 일본인은 3,000명, 조선인은 4,500명이었다.[18]

④ 황니하黃泥河: 장춘에서 299.2km 떨어진, 삼림과 소택지가 많은, 벌목공들로 구성된 촌락이다. 민국 초기 도시로 발전하기 시작했고,

---

15 「京(長)图沿线之拓殖(5)」, 「盛京时报」, 1938年 4月 26日.

16 伪满铁路总局 编, 1936, 「满洲国有铁道沿线及背后地各县概况」, 长春满洲事情案内所, 50頁.

17 伪满铁路总局 编, 1936, 「满洲国有铁道沿线及背后地各县概况」, 长春满洲事情案内所, 50頁.

18 「蛟河年来发展迅速」, 「盛京时报」, 1938年 9月 3日.

1925년 인구는 2,876명이었다.[19] 길돈철도 개통 후 이 지역은 인근 액목 일대와 연결된 목재 수출 경유지가 되었다. 1930년대 초 연간 목재 수출량은 2만 톤 이상이었고, 인구도 4,000명으로 증가했다.

⑤ 돈화敦化: 장춘에서 337km 떨어진 고대 발해국의 도성 소재지로 오동성敖東城이라고도 부른다. 돈화는 목단강 상류에 위치하여 목재 수출 무역에 적합했기에 비교적 일찍이 개발되었다. 돈화성은 역사적으로 수차례 폐허가 된 적 있지만 그럼에도 청 광서제 초기까지 도시의 윤곽을 유지하고 있었다. 청 말 선통제 때 이 성은 성곽 둘레 길이 5리, 인구가 6,000명 이상인 삼림 채벌과 운수업을 중심으로 한 비교적 큰 도시로 발전했다. 1925년 인구는 2007호, 1만 49명이었고,[20] 1928년 철도 개통 후 인구는 1만 5천 명으로 증가했다.

길돈철도는 길림성성 동쪽 철도 연선 지역의 도시화를 촉진했을 뿐만 아니라, 길장철도 본선의 길이를 연장하여 길림성 중부와 동부 철도의 운송능력을 동시에 제고했고 길장철도 간선의 화물운송 능력도 크게 높였다(〈표 1〉 참조). 그리고 간접적으로 길림-장춘 사이 도시의 발전도 촉진했다. 1932년 하구대의 인구가 1만 5천 명으로 증가하면서 구대현치가 설치되었고, 5년 뒤 인구는 1.7만 명으로 증가했다. 1937년 영성의 인구도 1.4만 명으로 증가했으며 시내 탄광의 연간 생산량은 10만 톤을 초과했다. 같은 해 화피창의 인구는 1만 6천 명이었다.[21]

길돈철도처럼 '중외 합자' 형식이지만 실제로 만철 통제하에 부설된 철도 중 동북 서부에서 가장 긴 철도는 길돈철도와 비슷한 시기에 부설된 길

19　山口升, 「吉敦铁路与东满问题研究」, 第17卷, 原件存吉林省延边州档案馆,

20　山口升, 「吉敦铁路与东满问题研究」, 第17卷, 原件存吉林省延边州档案馆,

21　「京(长)图沿线之拓殖(6)」, 「盛京时报」, 1938年 4月 27日.

표 1 _ 1922~1931년 길장철도와 길돈철도의 여객 및 화물 운송량   (단위: 만 명, 만 톤)

연도	길장철도		길돈철도	
	여객운송량	화물발송량	여객운송량	화물발송량
1922	50.5	77.4		
1923	63.8	80.8		
1924	74.5	74.2		
1925	76.3	71.2		
1926	86.8	76.9		
1927	94.6	87.7	3.9	2.4
1928	90.4	108.5	33.1	47.4
1929	97.5	106.5	43.0	54.1
1930	80.5	82.9	37.1	57.7
1931	94.1	104.6	26.8	37.5

출처: 吉林省地方志编撰委员会 编, 1944, 「吉林省志 卷26: 交通志 铁道」, 吉林人民出版社, 158-159頁.

림과 흑룡강 두 성의 서부를 관통하는 사평四平-정가둔鄭家屯, 정가둔-도남洮南, 도남-앙앙계 등 평치철도(사평과 치치하얼 구간)의 세 구간이었다.

평치철도에서 가장 먼저 부설된 구간은 사정철도(사평과 정가둔 구간)이다. 1913년 10월 봉건제도의 복벽을 준비하던 원세개는 일본의 지지를 얻기 위해 민족의 이익과 권리를 팔아먹는 '만몽오로환문滿蒙五路換文'을 체결하고, 일본이 남만철도를 만몽 배후지腹地까지 연장하여 만몽5로를 건설하는 데 동의했다. 1915년 12월 17일 북양정부는 일본 요코하마정금은행과 '사정철로차관합동四鄭鐵路借款合同'을 체결하고, 이 은행으로부터 500만 엔을 차관 받아 '중화민국정부오리이식사정철로공채中華民國政府五厘利息四鄭鐵路公債'를 만들어 사정철도의 건설 자본금으로 활용했다. 철도의 총회계사·총공정사·행차총관을 모두 일본인이 맡도록 했기에 사정철도는 시공 전부터 사실상 부설권과 관리권이 일본의 수중에 들어간 것이나 다름없었다. 이런 이유 때문에 사정철도를 남만철도의 지선으로 보아도 무방하다. 1916년 3월 사평에 사정철도공정국이 설립되고 그해 10월 20일 사정철도 설계가 완성되었다. 철도는 사평에서 시작해서 남만철도와 접하도록 설계되었다. 사평에서 시작된 이 철도는 팔면성·곡가하·삼강구를 지나 요하를 건너 정가둔까지 이어지는 87.9km에 달하는 노선이었다. 이 철도는 1917년 4월 15일에 시공되어 1918년 1월 11일에 준공되었으며 그해 9월 15일에 개통식을 가졌다.

그다음은 224km 구간의 정도(정가둔과 도남 구간)철도이다. 만철로부터 차관 4,500만 엔(첫 번째 지불액은 500만 엔)을 받아 1922년 4월부터 만철이 주도하고 사정철로국이 시공을 맡아 건설한 철도이다. 1923년 3월 29일 궤도 부설이 시작되었고 10월 27일 도남까지 전체 구간이 완공되었다. 1924년 1월 1일 전 구간이 개통되었다.

세 번째는 도앙(도남과 앙앙계 구간)철도이다. 길이 220km인 이 철도는 중·일 합자 동아공사東亞公司가 시공을 맡고 만철 감독하에 건설되었다. 1925년 5월 28일 공사가 시작되었고 11월 27일 진뢰鎭賚까지 개통되었다. 1926년 1월에는 태래泰來까지 개통되고, 7월 4일 전 구간이 준공(종착역 앙앙계는 중동철도 노선에 위치한 곳으로 당시 흑룡강성 성소재지 치치하얼과 28km 떨어진 곳에 있었다)되어 7월 15일 전체 구간이 시범 운영에 들어갔다. 1927년 7월 1일에 정식으로 개통했다.

사정철도·정도철도·도앙철도가 경유하는 지역은 철도 개통 초기까지 수목이 풍성하고 인구가 적어 목축업을 제외하고 토지자원에 대한 개발이 전혀 이루어지지 않은 초원지대였다. 하지만 철도가 개통되면서 한편으로 외래 인구가 유입되고 다른 한편으로 축산품과 농산품의 외부 수출이 증가하면서 지역경제가 발전하기 시작했다. 사정철도·정도철도·도앙철도의 영향을 받아 발전한 도시는 다음과 같다.

① 사평(가)四平(街): 중동철도가 개통되면서 사평은 초원의 시골마을

에서 농산품 수출 도시로 변모하고 '동북양곡창고'라는 호칭까지 얻었다. 하지만 도시의 공간 규모는 민국 초기까지만 해도 2~3km²에 불과했다. 사정철도의 건설로 사평은 동북 지역의 철도 중추 도시가 되었고 도시 규모도 철도의 개통과 함께 급격하게 확대되었다. 인구 규모를 보면 1916년에는 5,190명이었으나 철도 부설이 시작되는 1917년에는 1만 1,400명으로 증가했다. 화물운송량을 보면 사정철도 시공 전인 1914년에는 17만 2,488톤이었지만, 1918년에는 29만 7,157톤으로 70%나 증가했다.[22] 농산품 무역이 증가하면서 도시는 전면적인 번영의 시대에 접어들었다. 1918년 사평에는 첫 번째 공원인 사평가공원이 건설되었고, 1919년 3월에는 사정철로국이 설립한 첫 번째 근대 소학교가 출현했다.[23] 1921년 5월 20일 사평도동일마로四平道東一馬路에 사평 역사상 첫 번째 근대적 상품시장이 출현했고, 1924년에는 관민 합자 형식의 사평전등유한공사四平電燈有限公司가 개업했다. 1924년 말까지 사평 시가지에 만철 부속지 북쪽의 철로국사무실구역과 철로직원기숙사구역 1.36km²와 철동구鐵東區 1.38km²가 추가되었다. 시정위원회는 새로 확장된 도시에 남북 방향으로 5갈래(각 갈래 2,530m), 동서 방향으로 11갈래(각 갈래 540m) 도로를 건설했고,[24] 상업 및 주거용 건물 4,318개를 건설하면서[25] 사평의 도시 면적을 배로 증가시켰다. 이와 동시에 도시의 공

22　大连南满铁道株式会社 编, 1922, 「满蒙全史」 第7卷, 大连满蒙文化协会, 总1484頁.

23　古恩普, 「四平市区历史概况」, 载 政协四平市文史资料委员会 编, 「「四平文史资料」」, 第2辑, 7頁.

24　「盛京时报」, 1924年 5月 25日; 郝植民, 「四平城区拓建过程」, 载 政协四平市文史资料委员会 编, 「四平文史资料」, 第2辑, 7頁.

25　张问魁, 「解放前四平商业」, 载 政协四平市文史资料委员会 编, 「四平文史资料」, 第2辑, 87頁.

업도 일정한 수준으로 발전했다. 공업 기업 중에서 규모가 비교적 큰 것은 송무전와창松茂磚瓦廠(직원 1,900명), 옥성륭유방玉成隆油坊(연간 기름 생산량 49만kg) 등이었다.

② 정가둔鄭家屯: 이 책의 제1부 제3장에서 요하 연안에 위치한 정가둔이 1800년대 후반 요하 항운의 흥기와 함께 발전한 역사적 과정을 간략하게 소개했다. 사실 1908년 이후 요하 항운의 쇠락과 함께 정가둔도 쇠퇴하게 되었다.[26] 민국 초기에 이르러 정가둔은 여전히 가축 수출 항구의 모습을 유지하고 있었지만 매년 대외로 수출하는 가축의 규모는 소 6만 두, 말 3만 필, 양 3.5만 마리에 불과했다.[27] 남만철도가 항운을 대체한데다가 기존 도시의 인구도 철도 기반의 상업지역으로 이주하면서 전체 인구는 3만 명 미만으로 감소했다. 이 규모는 러일전쟁 이전까지 유지되었다. 사정·정도철도가 부설되면서 사평과 92km 떨어진 정가둔에는 회생의 기미가 보이기 시작했다. 이미 쇠락한 요하 항운 도시가 신흥 철도 도시로 변하기 시작한 것이다. 1919년 정가둔의 상품 수출량은 12만 3,930톤에 달했고 동북 서부의 가장 유명한 축산품, 식용감食用鹼(연간 생산량 225만kg), 감초甘草(연간 생산량 90만kg) 등 3대 특산품 집산지로 발전했다(5년 전인 1914년까지만 해도 정가둔의 상품 수출량은 6.4만 톤에 불과했다). 인구도 1920년을 전후하여 6만 4,391명으로 증가했다.[28] 시내에는 도창도윤공서洮昌道尹公署, 요원현공서遼源縣公署, 동북군제이혼성여東北軍第二混成旅 등 많은 관방기구가 설립되었다.

26　정가둔 도시의 쇠락에 관해서는 이 책의 10장 참조.

27　満铁调查资料第9 编, 1992, 「齐齐哈尔, 洮南, 伯都讷地方经济事情」, 大连南满铁道株式会社, 308頁.

28　満铁调查资料第9 编, 1992, 「齐齐哈尔, 洮南, 伯都讷地方经济事情」, 大连南满铁道株式会社, 308頁.

③ 보강保康: 사평에서 170km 떨어진, 과이심科爾沁(커얼신) 좌익전기초원左翼前旗草原 깊은 곳의 유목민 촌락이다. 정도철도가 개통되고 이곳에 기차역이 설치되면서 현지의 풍부한 감초, 천연탄산나트륨 등 특산품이 외부로 수출되면서 서서히 몽고 변경의 신흥 특산품 집산지로 발전했다.

④ 개통開通: 사평에서 252km 떨어진, 몽고 찰사극도扎薩克圖(자사커투)군왕의 영토였다. 광서 28년(1902) 이곳을 한족에게 개방하면서 인구가 증가했다. 1905년 청 정부는 개통현치開通縣治를 설치하고 남북 1.5km, 동서 1km에 달하는 토성과 남북 방향의 도로를 건설하고 칠정자七井子라고 불렀다. 1935년 이곳의 인구는 1만 4천 명으로 증가했다.

⑤ 도남洮南: 사평에서 320km 떨어진, 도아하洮兒河 변에 위치한 곳이다. 도남은 원래 몽고 과이심 우익전기右翼前旗 찰사극도 군왕의 유목지였다. 명나라 초기에 집단부락이 형성되었고 후에 군사요지로 발전하여 5km에 달하는 성벽이 건설되었다. 청대에 와서 쇠락했고 인구 증가도 더뎠다. 1902년 한족에게 개방되면서 인구가 서서히 증가했고, 반농반목 지역의 중심 시장으로 발전했다. 후에 이곳은 '쌍용진雙龍鎮' 또는 '사찰가이막특薩察加伊莫特(싸차자이모터)'로 불렀다.[29] 1905년 청 정부는 도남부에 아문을 설치하고 4개 성문을 갖춘 2.5km의 성곽을 건설했다. 이곳은 정가둔, 도안洮安, 대뢰大賚, 개통, 백도눌(현 부여), 장령長嶺 등과 통하는 교통요지였기에 상품경제가 빠르게 발전할 수 있었다. 연간 식량 15만 석(1석은 250kg), 소와 말은 6,000두(필)가 수출되었다. 1913년 상주인구는 400호, 1만 5천 명으로 증가했다. 당시 이곳에 동서와 남북 방향으로 각각 8갈래와 5갈래 도로가 건설되었다.[30] 사정철도 개

---

29 「北满拓殖线沿线-从四平街到吉林(1)」,『盛京时报』, 1938年 5月 10日.

30 「南满铁道株式会社1913年调查报告」, 1915, 载 满铁总务部事务局调查课 编,『满蒙交界地方经济调查资料第3辑』, 第9编, 南满铁道株式会社, 374-375頁.

통 후 상품경제는 더욱 발전하여 매년 대외로 소 1만 두, 말 6만 필, 돼지 1만 5천 두, 양 5천 마리가 수출되었다. 곡식의 경우 수수 10만 석, 콩 6만 석, 옥수수 1만 석이 매년 수출되었으며, 말가죽 7천 장, 당나귀 가죽 1만 장, 족제비가죽 1만 장, 개가죽 1만 장을 비롯해 늑대·담비·여우 가죽이 관내 각 지역에 수출되었다.[31] 1922년 도남의 인구는 2만 7천 명으로 증가했고, 도로가 건설되면서 안광安廣, 대뢰 등 지역까지 통하는 장거리 여객버스가 출현했다. 또한 항운도 운영되면서 사통팔달한 교통망이 구축되었다. 도남은 동북 서부 지역에서 치치하얼, 정가둔에 이어 세 번째로 큰 도시로 발전했다. 1938년 인구는 6만 3천 명이었다.

⑥ 백성자白城子: 청말민초 시기에 도안洮安 또는 정안靖安이라고 불렸다. 사평에서 352km 떨어진 도아하변에 위치한, 원래는 과이심 우익전기 찰사극도 군왕의 영지였다. 1900년대 초 한족 개척민이 이주하면서 점차 대형 촌락으로 발전했다. 1904년 이곳에 도남부 소속 정안현靖安縣이 설치되고 1907년에 해자가 건설되었다. 1913년 2월 도남부를 철거하고 북로관찰사北路觀察使를 설치했다. 1914년 6월부터 이곳을 한동안 도창도洮昌道라고 부르다가 전국이 현치를 회복한 후 도안(도아하 변에 위치한 평온한 곳)현으로 변경했다.[32] 당시 백성자의 인구는 2,000명에 불과했지만 1900년대 중반에 이르러 4,000명으로 증가했다.

⑦ 진동鎮東(현 진뢰): 백성자에서 북쪽으로 38km되는 곳으로 과이심 우익전기 왕공에 속했던 곳이다. 청 광서 34년(1908) 한족에게 개방되면서 진동은 작은 촌락에서 작은 집시로 변화했고, 인구는 450명으로

31　山田久太郎, 1926, 『満蒙都邑全志』, 東京日刊支那事情社, 374-375頁.

32　강서성(江西省) 정안현(靖安縣)과 이름이 중복되었기 때문에 민국 초기 중앙정부는 도안현으로 명칭을 변경했다.

증가했다.[33] 1914년 현이 되면서 시가지가 출현했다. 철도가 개통되면서 인구가 급증했다. 1920년대 말 진동의 인구는 2만 명이었다.

⑧ 태래泰來: 백성자에서 101.8km 떨어진 흑룡강성 관할지다. 원래 몽고 찰뢰특扎賚特(자라이터) 왕의 유목 부락으로 태래계泰來溪, 태래기泰來氣 등으로 불렀다.[34] 청 선통제 시기에 개간국을 설치하여 한족에게 개방했다. 민국 6년(1917)에 현이 되었다. 도앙철도 개통 후 이곳은 치치하얼-도남 구간에서 가게가 즐비하고 "크고 작은 상점들이 운집한 최고로 번화한 곳"으로 발전했다.[35] 태래의 주요 수출품은 현지 특산인 소다蘇打, 약재, 감자 등이었다. 1920년대에 이르러 인구는 2만 명에 달했다. 또한 이곳은 눈강 유역의 초원지대로 자연풍경이 아름다워 1930년대부터 북만주 지역의 관광명소가 되었다. 1937년에는 인구가 4만 5천 명에 달했다.

민족자본에 의한 철도의 부설과 철도 연선의 도시화

청말민초 시기 동북에서 민족자본에 의해 부설된 첫 번째 간선철도는 장작림 등 동북 지방군벌의 지휘하에 부설된 심길철도(심양-길림 간 철도. 원래의 봉해철도와 길해철도를 합친 이름)이다. 봉해철도의 시발점은 봉천(심양) 동역으로, 혼하를 따라 무순을 거쳐 구릉 지역에 진입

---

33 松原菊藏(1913年调查), 1915, 「满蒙交界地方经济调查资料之3(镇东县)」, 载 南满铁道株式会社总务部事务局调查课 编, 『满蒙交界地方经济调查资料第3辑』, 大连南满铁道株式会社, 175頁.

34 「北满拓殖线沿线-从四平街到吉林(2)」, 『盛京时报』, 1938年 5月 13日.

35 「北满拓殖线沿线-从四平街到吉林(2)」, 『盛京时报』, 1938年 5月 13日.

한 후 산간 지역으로 들어갔다가 계속해서 청원淸原을 지나 유하柳河를 따라 해룡평원海龍平原에 진입한 후 산성진山城鎭을 경유하여 해룡진에 도착하며, 다른 한 갈래 철도는 해룡부터 조양진朝陽鎭까지 통한다. 길해철도는 길림 북부의 팔백롱八百壟(황기둔黃旗屯)에서 시작해서 온덕하溫德河·쌍하진·연통산煙筒山, 계관령雞冠嶺을 지나 파리하玻璃河를 따라 명성明城에 도착하고, 이어서 노야령老爺嶺을 지나 휘발하輝發河 유역에 도착한 후 반석磐石를 거쳐 조양진에서 봉해철도와 연결된다.

심양과 길림 사이에 철도를 부설하고, 해룡을 봉해철도의 종착점 겸 길해철도의 시발점으로 결정한 것은 해룡과 인근의 산성진·조양진이 미개발된 동북에서 가장 비옥한 지역이기 때문이었다. 이른바 '동변東邊'은 청말민초 시기 봉천동변도 관할의 봉천성 동부와 동북부의 장백산長白山(백두산) 및 혼강, 압록강, 유하 유역의 넓은 지역을 말한다. 대체로 서쪽으로는 봉천성 중부의 반석·동풍·본계·봉황성까지, 동쪽으로는 중국과 조선의 경계까지, 남쪽으로는 안동 대동구까지, 북쪽으로는 통화·혼강까지의 지역이다. 이곳은 주로 밀림이고 하천 자원이 풍부한데다가 1870년대까지 청이 실시한 엄격한 봉금령 때문에 1900년대 초까지 안동, 봉황성, 통화, 해룡 등을 제외하고는 모두 원시 자연 상태를 유지하고 있었다. 이미 개발된 지역 중 분지의 중앙에 위치한 해룡과 인근의 조양진은 토질이 비옥하고 임업·광산·농산자원이 풍부했다. 또한 이 지역은 여러 갈래 육로교통으로 외부와 연결되었기에 무역업을 발전시키기에 안성맞춤이었다. 1800년대 말 해룡의 특산품은 "철령에 도착한 후 요하 항운을 통해 영구까지 수출되었기에 철령의 상업이 발전하지 않을 수 없었다."[36] 하지만 중동철도가 부설된 후에는 해룡의 상

---

36 『(民国)奉天通志, 卷164: 交通4』, 铅印本, 第4冊, 总第3833頁.

품이 개원에 도착한 후 "철도를 이용하면서 개원이 철령의 역할을 대신" 하기 시작했다.[37] 이로 인해 철령의 상인들은 "지역의 이익을 보호하기 위해" 1909년 봉천성 당국에 상서를 보내 철령과 해룡을 잇는 철도의 부설을 요구했다. 그 뒤 개원 신사들도 개원-해룡 철도 부설을 요구했다. 봉천성 당국은 두 지역 상인이 요구하는 철도가 시발점이 다른데다가 시발점을 철령에 설치하든 개원에 설치하든 모두 일본이 통제하는 남만철도와 연결되어야 했고, 민족자본을 투입하여 철도를 부설하더라도 사실상 만철의 '연장선'에 불과했기에 자민족의 이익을 보호할 수 없을 뿐만 아니라 오히려 주권의 유실을 초래한다고 판단하여 철도 부설을 허락하지 않았다. 민국 초기 해룡 등의 상인들이 지역경제를 발전시킨다는 명분으로 해룡철도 부설 요구를 다시 제기했지만, 당시 동북 사회가 혼란스럽고 정부의 역량도 축소되어 지방정부는 민중의 철도 부설 요구에 신경 쓸 겨를이 없었다.[38] 1922년 직봉전쟁直奉戰爭(직계군벌과 봉계군벌의 전쟁. 대표 인물은 오패부吳佩孚와 장작림) 이후 장작림이 동3성 총사령에 부임하면서 동3성 자치정부를 설립했다. 그는 이 지역의 운송은 전적으로 일본과 러시아가 통제하고 있는 철도에 의존해야 한다는 것을 잘 알고 있었다. 따라서 장작림은 한편으로 10월혁명 이후 약화된 러시아의 중동철도에 대한 통제권을 완전히 몰수할 준비를 하면서, 다른 한편으로 동3성 성소재지를 연결하는 철도를 부설하여 민중의 요구를 만족시키고자 했다. 1924년 4월 장작림은 동3성교통위원회를 설립하고 왕영강王永江이 위원장을 맡도록 했다. 이 위원회는 산하에 관과 민이 합자 형식으로 2,000만원을 투입하여 설립한 봉해철로공사奉

---

37 「北满拓殖线沿线-从四平街到吉林(2)」, 『盛京时报』, 1938年 5月 13日.

38 『(民国)奉天通志 卷164: 交通4』, 铅印本, 第4册, 总第3838頁.

海鐵路公司를 설치했고, 왕경환王鏡寰을 총경리에 임명했다. 이 회사는 봉해 철도, 길해철도 및 경봉철도의 대호산부터 통요까지의 지선 건설을 준비하고 있었지만 일본의 수차례 간섭으로 봉해철도 부설권 밖에 획득하지 못했다. 1925년 7월 길림 반석현의 신사들은 동북 지방당국이 봉해철도를 부설하는 것에 자극받아 '반석과 해룡이 인접'한다는 이유를 들어 길림성성장공서에 상서를 올려 철도를 반석까지 연장해달라고 요청했지만 동3성교통위원회는 일본과의 마찰을 우려하여 허가하지 않았다. 1926년 10월 길림성의 농업·공업·상업 각계는 연합으로 길해철도를 자체적으로 부설한 것을 요구했다. 이들은 길해철도를 봉해철도와 연결시켜 지역경제를 발전시키는 것을 통해 철도에 대한 통제권을 유지하고자 했다. 10월 20일 길림성 각계의 상서가 길림성의회에서 통과되었다. 11월 10일 길림성 정부는 자체적으로 길해철도를 건설하기로 결정하고 즉시 길해철도주비처를 설립했다. 이듬해 이 주비처는 길해철로공정국으로 변경되었고 이명서李銘書가 국장을 맡았다.

봉해철도 공사는 1925년 7월 18일 심양 대북변문에서 시작되었다. 1926년 4월 10일 4개 관리구간과 16개 시공구간에서 일제히 공사가 시작되었다. 지방 당국은 일본과 러시아가 개입하는 것을 미연에 방지하기 위해 철도 부설에 필요한 물자 중 일부만 자체적으로 생산하고 나머지는 모두 미국으로부터 수입했다. 1927년 9월 5일 해룡까지의 구간이 개통되었다. 해룡부터 조양진까지의 지선 공사는 1927년 4월에 시작되어 1928년 9월에 완공되었다. 이 구간은 16.641km로 종착점은 조양진이다. 봉해 간선과 휘남 지선 총길이는 261km였다. 길해철도 공사는 1927년 6월 1일에 시작되었고 6월 25일에 시공식이 열렸다. 이 철도 전체 구간이 1929년 5월 15일에 완공되면서 봉해철도와 연결되었다. 길해철도의 총길이는 185km이다. 1929년 9월 6일 길해철도는 임시 운

영을 시작했고 12월 27일에 정식 운영을 시작했다.[39] 446km 구간의 심
길철도의 개통 초기 연간 여객운송량은 75만 명(1928년 봉해철도 55만
7,245명, 1929년 길해철도 20만 7,399명)이고, 연간 화물운송량은 150
만 톤(1928년 봉해철도 92만 3,172톤, 1929년 길해철도 55만 417톤)
이었다. 심길철도 여객운송량은 해마다 증가하여 1938년에는 227만 2
천 명, 1940년에는 470만 명, 1942년에는 722만 5천 명에 달했다.[40]

　　심길철도는 철도 시발점인 심양과 종착점인 길림 두 도시의 공간구
조를 변화시켰다. 봉해철도 시공 전 심양의 대북과 대동은 모두 인구
가 적은 지역이었다. 도시의 외연을 확장하는 동시에 만철 부속지의 확
장을 저지하기 위하여 봉천 당국은 심양역을 설계할 당시 한번에 토지
320ha를 점유하여 기차역과 철도가 점하는 면적을 제외한 나머지 부분
을 상업시장으로 만들고자 했다. 철도 개통 이후 이곳은 '여객과 화물
이 운집'하면서 심양의 새로운 번화가로 변해갔다. 길해철도의 시발점
인 길림 황기둔은 길림 교외의 작은 촌락에 불과했지만 철도 개통 이후
대형 역사, 기관차고, 분리차고 및 기차 부대시설이 건설되면서 빠르게
변해갔다. 황기둔 역사 건물(저명 건축가 임휘인林徽因이 설계)은 청도역
과 제남역과 같은 양식의 서구풍 건물이었다. 길림 서부 유일의 유럽식
건물이 출현한 것이다. 그외 봉천 당국은 길림역 건설을 위해 기차역
인근 팔백롱까지 1km 구간에 상업구를 건설했다. 기초 인프라를 구축
하는 차원에서 표준적인 아스팔트 도로를 건설하기도 했다. 이렇게 황기
둔은 기차역과 부대시설의 건설로 인하여 근대적 모습을 갖추기 시작했

39　『(民国)奉天通志, 卷164: 交通4』, 铅印本, 第4册, 总第3839页. 길해철도에 처음 기
　　차가 통과한 날은 1928년 11월 20일이다.

40　吉林省地方志编纂委员会 编, 1994, 『吉林省志, 卷26: 交通志·铁道』, 吉林人民出版
　　社, 177頁.

그림 3_ 길해철도 길림 황기둔黃旗屯역 대합실 건물 옛터

고 길림시는 황기둔 개발로 인하여 서쪽으로 최소 3km²가 확장되었다.

여객과 화물 운송수단의 발전은 철도 연선의 인구 이동을 촉진하고 상품 무역을 발전시켰다. 기차역 인근 지역에 "순차적으로 시장이 형성되면서"[41] 소규모 촌락과 농촌이 도시화와 근대화를 경험하기 시작했다.

① 산성진山城鎭: 일명 북산성자北山城子. 심양에서 198km, 길림에서 248km 떨어진 심길철도의 주요 기차역으로 해룡현 관할이다. 청 말 황족의 사냥터로 장기간 봉금령이 내려졌던 곳이다. 1881년 봉금이 해제되었고 1883년에 소규모의 군락이 형성되었다.[42] 1910년을 전후하여 "상업과 관광업이 발전한"[43] 지역으로 변했고, 6갈래 도로가 이곳을 외부와 연결하고 있었다. 1919년 산성진의 건축물은 동서 방향 2km 구간

---

41 『(民国)奉天通志, 卷164: 交通4』, 铅印本, 第4册, 总第3834頁.

42 「大正8年(1919)日本驻铁岭领事馆调查报告」, 载 日本外务省通商局 编, 1923, 『满洲事情』, 第2辑, 大连满蒙文化协会, 183頁.

43 「东边开发之根干-奉吉沿线之发展(2)」, 『盛京时报』, 1938年 4月 23日.

에 분포했다. 시내에 자산이 2만 원 이상인 대형 사업체는 33개였다.[44]
개원, 유하, 해룡, 동풍, 서안西安 등까지 시장이 확대되면서 연간 70만
석에 달하는 식량이 이곳을 통해 유통되었다. 이 지역은 외부로부터 화
기포花旗布·타련포打連布 4만 곤(1곤은 20필), 성냥 1만 상(1상은 140포)
을 수입하기도 했다. 공업은 착유업 위주였다. 공업이 가장 번성했을 때
유방 34개가 연간 기름 42.5만kg를 생산했다. 1920년대 초 산성진의
인구는 4,560호, 2만 4,982 명이었다.[45] 심길철도 개통 후 인근 현의 농
산품이 대규모로 흘러들어 길거리에는 "큰 점포들이 줄지어 세워졌고"
시내는 "날로 흥성해졌다."[46] 이렇게 산성진은 봉천·길림 경계지역의 "3
대 물자 집산 시장"[47] 중 하나로 발전했고, 인구도 3만 명 이상으로 증
가했다.

② 해룡海龍: 심양에서 244.5km, 길림에서 202km 떨어진 심해철도
3등급 기차역이다. 명나라 시기 이곳은 만주 여진 휘발輝發 부속지였고
청나라 초기 사냥터가 되었다가 1878년 대외에 개방되면서 총관사무아
문이 설치된 곳이다. 이민이 증가하면서 1880년 총관사무아문은 부민
통판청으로 변경되고, 1902년에는 부府로 승격하여 해룡, 동풍, 유하 등
3곳을 관리했다. 당시 이곳에는 높이 2장, 둘레 수 리에 달하는 토성벽
이 건설되었다. 민국 초기 부가 철폐되고 현이 설치되면서 해룡현이 되

---

44 「大正8年(1919)日本驻铁岭领事馆调查报告」통계 참조.

45 「大正8年(1919)日本驻铁岭领事馆调查报告」, 载 日本外务省通商局 编, 1923, 『满洲事情』, 第2辑, 大连满蒙文化协会, 31頁.

46 「大正8年(1919)日本驻铁岭领事馆调查报告」, 载 日本外务省通商局 编, 1923, 『满洲事情』, 第2辑, 大连满蒙文化协会, 31頁.

47 「大正8年(1919)日本驻铁岭领事馆调查报告」, 载 日本外务省通商局 编, 1923, 『满洲事情』, 第2辑, 大连满蒙文化协会, 34頁.

었다. 1919년 인구는 2,267호, 1만 2,083명이었다.[48] 시내에는 동흥성東興成 등 34개 사업체가 문전성시를 이루고 있었다. 그중 잡화점은 22개, 전체 자산 규모는 75만 조 이상이었고,[49] 연간 무역액은 100만 원 정도였다. 1930년대 초 해룡의 인구는 2만 명 정도로 증가했다.

③ 조양진朝陽鎭: 심양에서 261km, 길림에서 185km 떨어진 곳에 위치했다. 봉금지였던 이곳은 1876년부터 한족에게 개방되었다. 조양진은 먼저 해룡현에 속했다가 휘남현성이 되었다. 북쪽이 무산舞山으로 막혀 조양이라고 부르게 되었다. 휘남, 몽강濛江 등 동변 주요 도시가 발전하면서 조양진의 상품경제도 "서서히 발전하기 시작했다."[50] 1888년 조양진은 비적들의 수탈로 폐허가 된데다 설상가상으로 1902년에는 러시아군의 침략까지 받아 사회·경제적 질서는 회복이 불가능한 수준으로 악화되었다. 하지만 조양진과 그 주변은 삼림자원과 광물자원이 풍부했기에 이런 자원 우세를 통해 지역의 상품경제가 복구되기 시작했다. 민국 초기 신도시 건설 초기의 인구는 5,000명이었는데 1920년대 초에는 1만 2천 명으로 증가했다. 심길철도 개통 후 이곳의 목재, 담배, 인삼 등의 상품이 홍콩, 상해까지 수출되는 등 도시의 무역은 활기를 되찾았다.[51] 인구도 지속적으로 증가하여 1930년대에는 1만 5천 명 이상에 달했다.

④ 반석磐石: 심양에서 300km, 길림에서 146km 떨어진 휘발하 지

---

48 「大正8年(1919)日本驻铁岭领事馆调查报告」, 载 日本外务省通商局 编, 1923, 『满洲事情』, 第2辑, 大连满蒙文化协会, 34頁.

49 「大正8年(1919)日本驻铁岭领事馆调查报告」, 载 日本外务省通商局 编, 1923, 『满洲事情』, 第2辑, 大连满蒙文化协会, 34頁.

50 「东边开发之根干-奉吉沿线之发展(3)」, 『盛京时报』, 1938年 4月 24日.

51 「东边开发之根干-奉吉沿线之发展(3)」, 『盛京时报』, 1938年 4月 24日.

류인 당석하當石河 북안에 위치했다. 반석의 옛 이름은 마반산磨盤山이며, 삼림으로 둘러싸인 토질이 비옥한 곳이다. 동물가죽과 쌀 등 특산품을 생산하고, 청 말 공주령과 장춘에 농산품을 공급했으며 지역 차원의 공산품 집산지로 기능하기도 했다. 또한 반석에는 경치가 아름다운 선인동仙人洞, 칠정자도화산七頂子桃花山 등 자연 명승지가 있을 뿐만 아니라 선인묘仙人廟 같은 인문경관도 있어 봄과 가을이면 관광객들로 붐볐다. 우수한 생태 환경은 경제발전을 촉진했다. 민국 초기 이 지역의 인구는 1만 명에 달했고 현공서가 설치되었다. 당시 "시가지는 4리 성벽으로 둘러싸였고, 성벽에는 동·서·남 3개 성문이 설치되었으며 문마다 각루가 세워졌다. 성내의 도로는 정연하고, 벽돌기와집이 빼곡히 들어섰다." 1928년 철도 종착점이 되면서 반석은 또 한 번의 비약을 경험할 수 있었다. "도로가 넓어지고 인도와 차도의 구분이 생겼으며, 수목이 우거져 근대 도시의 모습이 보였다."[52] 1930년대 초 인구는 2만 명 이상으로 증가하여 '조양진-길림 사이 최대의 도읍'이 되었다.

⑤ 연통산煙筒山: 음마하 상류에 위치하고 반석현에 속해 있으며 심양에서 345.8km, 길림에서 100km 떨어져 있다. 민국 초기까지 작은 마을이었고 비적의 습격이 잦아 발전이 느렸다. 철도 개통 후 교통 조건이 개선되고, 진 인근에서 석회광·아연광 등이 개발되면서 유명한 광산도시로 발전했다. 인구도 8,000명으로 증가했다.

⑥ 쌍하진雙河鎮: 심양에서 376km, 길림에서 69.5km 떨어진 음마하 지류 차로하岔路河 옆에 위치했다. 심길철도가 이곳에 역을 설치하면서 작은 농촌에서 지역 중심 도시로 발전하기 시작했다. 동시에 심길철토로 인해 쌀 수출을 중심으로 한 상품경제도 발전할 수 있었다. 1930년

---

52 「东边开发之根干-奉吉沿线之发展(4)」, 『盛京时报』, 1938年 4月 25日.

대 중반 쌍하진의 인구는 1,500명 정도였다.

⑦ 구전口前: 심양에서 416.7km, 길림에서 29km 떨어진 음마하 옆에 위치한 도시다. 구전은 길림 주변 도시 중에서 가장 좋은 낚시터이자 관광지다. 1928년 이곳에 철도역이 건설되면서 농산품 집산지로 발전했고, 인구도 2,000명을 웃돌았다.

심길철도(봉해·길해철도)를 계획하고 부설하는 동시에 남만철도와 중동철도에 대한 철도 포위망을 구축하고 동북의 "서부에서 생산되는 물건이 경봉철도를 경유하도록"[53]하기 위해 봉천성장 왕영강을 수장으로 하는 동북교통위원회는 동북 서부 지역의 건설을 기획하는 과정에 심해철도와 평행되는 봉천성성과 흑룡강성성 치치하얼을 잇는 철도를 부설했다. 이 철도는 동북에서 민족자본에 의해 부설된 두 번째 철도이다. 남만철도를 장악하고 있는 일본과의 충돌을 피하고 동북 서부 지역을 개발하여 호로도 개항지와 연결시킴으로써 대련항 무역량을 빼앗기 위해 이 철도의 시발점을 봉천성성이 아니라 봉천성성에서 남쪽으로 137km 떨어진 경봉철도 대호산역(산해관에서 289km 떨어진 곳)에 설치했다. 이 철도는 대호산에서 서쪽으로 장무彰武·통요通遼(백음태래白音太來)를 거쳐 정가둔에 도착한 다음 도남을 지나 도안(백성자)까지 이어졌다. 그리고 이 철도는 도안에 분기점을 설치했는데 그중 한 갈래가 서북 방향으로 색륜索倫(도색로洮索路)까지의 170km 구간이다. 이 지선을 건설한 이유는 도안-색륜 구간에 "군을 주둔시키고 경작지를 개간하여 국방도 공고히 하고 개발도 가능"하게 하기 위함이었다.[54] 다른 한 갈래는 북쪽으로 치치하얼·극산까지의 구간이다. 심길철도의 전 구간

53 『(民国)奉天通志, 卷164: 交通4』, 铅印本, 第4册, 总第3818頁.

54 『(民国)奉天通志, 卷164: 交通4』, 铅印本, 第4册, 总第3841頁.

을 새로 부설한 것과 달리 이 구간은 극히 일부만 신설하고 나머지 구간은 기존의 선로를 보수하여 사용했다. 이 구간 철도는 전액 민족자본이 아닌 '합자 건설' 방식을 채택했다. 이 새로 부설된 구간으로 기존 철도는 하나의 완전한 철도 지선망을 형성할 수 있었다. 철도 간선 공사는 1924년에 시작되었고, 경봉철로국이 비용을 대고 부설을 책임졌다. 철도 공사는 1922년에 부설된 대호산부터 팔도호八道壕까지 29km 구간에 대해 석탄운송용 철도를 연장하는 차원에서 시작되었다. 팔도호에서 공사가 시작되었고, 1925년 8월 신립둔까지 25km 구간이 완공되면서 전체 개통 구간은 54km로 증가했다. 1927년 1월 철도는 장무까지 연장되고 그해 말에 통요까지 연장되면서 전체 길이는 251km로 증가했다. 통요에서 1921년에 부설된 '중·일 합판' 사도철도 정통(정가둔-통요)지선과 연결되면서, 통요-정가둔 113.7km, 정가둔-도남 224km, 도남-앙앙계 220km 구간이 연결되었다. 1928년 초 동북교통위원회 위원장 상음괴常蔭槐는 소련과의 협상을 통해 도앙철도가 앙앙계에서 중동철도를 지나 치치하얼까지 이어질 수 있도록 소련의 동의를 얻어내는 데 성공했다.[55] 1928년 12월 앙앙계와 치치하얼을 잇는 28km 구간 철도가 개통되었다. 이 구간 철도 부설에 투입된 120만 원은 북양정부 교통부와 길림·흑룡강 두 성이 공동으로 부담했다. 1928년 6월 치치하얼-극산 구간 철도가 부설되었다. 이 구간 철도 부설에 투입된 비용의 일부는 교통부에 있는 경봉철도를 부설하고 남은 잔액이고, 나머지 부분은 흑룡강성이 마련한 예산이었다. 구체적으로 교통부가 하대앙哈大大

---

55 1926년 '중·일 합자' 도앙철도가 앙앙계까지 부설되었을 때 중·일 쌍방은 소련과 여러 차례 협상을 통해 소련에 도앙철도를 앙앙계 인근에서 중동철도를 지나 치치하얼까지 부설할 수 있게 요청했다. 하지만 소련의 거절로 도앙철도의 북단 종착점은 부득이 앙앙계 중동철도 기차역 남쪽에 설치될 수밖에 없었다.

洋[56] 450만 원을 투자했고, 흑룡강재정국, 극산농상회, 대안농상회가 공동으로 455만 원을 투자했다. 1929년 태안泰安까지의 구간이 완공되었고, 1930년 2월 치치하얼-태안(현 의안依安) 129km 구간이 개통되었다. 의안-극산 구간의 건설은 만주사변으로 부득이 중단되었다가 1932년 만주국에 의해 다시 시작되었다. 전체 구간은 만주국이 사업을 재개한 1932년에 개통되었다. 도안부터 색륜까지 지선철도의 부설 공사는 1929년 8월 15일에 시작되었다. 이 공정은 그해에 설립된, 추작화鄒作華 서장을 독판으로 하는 흥안구둔간공서興安區屯墾公署가 맡았다. 시공은 같은 해 9월 9일에 설립된 도색공정국이 책임졌다. 당시 건설비용의 조달이 원활하지 않은데다 서부 지역에서의 군사적 긴장감이 높아져 모든 자원을 도안부터 회원진懷遠鎭(현 오란호특烏蘭浩特) 83km 구간 건설에만 투입하다보니 이 구간을 1931년 2월에 이르러서야 개통할 수 있었다.[57] 이렇게 동북 지방당국이 건설한 서부 신규 노선 462km가 완공되면서 전체 구간은 1,048km가 되었다. 서부 노선이 부설되고 여러 갈래 간선과 지선이 방대한 교통망을 형성하면서 기존의 사정·정도·도앙철도의 물동량은 급속하게 증가했다. 서부 노선이 개통되기 전인 1927년 사도철도의 연간 여객운송량은 6만 9,618명이었지만 1929년 철도가 개통된 이후는 12만 6,836명으로 증가했다. 1927년 도앙철도의 연간 총수입은 63만 2,723.50원,[58] 순수입은 13만 5,792.49원이었다. 1929년 이 철도의 연간 총수입은 208만 795원, 순수입은 42만 7,637원이었다. 3갈래 신설 철도는 연선의 경제발전과 도시화도 촉진했다.[59]

56　'하'는 하얼빈의 약칭, '대양'은 화폐 단위.

57　『(民国)奉天通志, 卷164: 交通4』, 铅印本, 第4册, 总第3841頁.

58　화폐 단위는 국민원(國民元).

59　3갈래 철도가 부설되었음에도 이 지역은 여전히 인구가 적고 자연자원이 개발되지

첫 번째 신설 철도(대호산-통요) 251km 구간에서 대호산과 가까운 팔도호·신립둔 두 역이 "비교적 풍부한 자연자원을 보유했을 뿐 장무 북쪽의 통요 변경까지 300리 구간은 모두 황야이고 미개척지였다. 그런데 이 지역이 개발되면서 몇 년 사이에 경제가 번성하게 되었고 식량 운송량도 급증했다."[60] 발전이 가장 빠른 곳은 통요(백음태래)였는데, 청 말까지 작은 진에 불과한 인적 드문 황무지였던 이곳에 민국 2년(1913) 현이 설치되면서 도시로 변화하기 시작했다. 1921년 정통철도 지선과 대호산-통요 지선이 연이어 개통되면서 통요 및 내몽고 배후지 사이에 농산품 무역 통로가 형성되었다. 1930년 인구는 7만 명으로 증가했다.

두 번째로 부설된 철도(앙앙계-치치하얼-의안)가 경유하는 곳은 원래 오유이하烏裕爾河 유역의 초원과 소택지로 앙앙계와 치치하얼 시내를 제외하고 1920년대 말까지 인적이 드문 곳이었다. 철도 개통 후 농업 경제가 활성화되면서 신흥 도시가 출현하는 동시에 치치하얼·태안 등의 도시도 새로운 도약을 맞이하게 되었다.

① 치치하얼齊齊哈爾: 치치하얼은 역사가 오래된 도시지만 중동철도의 연선에 위치하지 않았기에 다른 철도 연선의 도시에 비해 상업이 늦게 발전했다. 더욱이 러일전쟁이 발발하면서 도시 전체가 쇠퇴했다. 도앙·치앙철도는 치치하얼에 도약의 기회를 제공했다. 치치하얼은 이 기

않은 곳이었기 때문에 철도가 개통된 후에 이룩한 경제 발전은 오로지 이후의 도시화에 필요한 조건을 제공했을 뿐이지 이 경제 발전으로 인하여 지역 도시화의 초기 단계가 시작되었다고 볼 수는 없다. 이 지역의 도시는 상당히 오랜 기간을 거쳐 형성되었는데, 그 형성 속도는 같은 시기 동북의 다른 철도 연선에서 출현한 도시의 형성 속도보다 훨씬 느렸다.

60 『(民国)奉天通志, 卷164: 交通4』, 鉛印本, 第4册, 总第3831頁.

회를 잘 활용하여 동북 3대 식량 수출지 중 하나로 비약할 수 있었다. 치치하얼에 용사공원龍沙公園이 건설되었고, 『흑룡강민보黑龍江民報』, 『북만일보北滿日報』 등의 잡지가 발행되었다. 1930년 도시 인구는 9만 5,643명이었다.

② 태안泰安(산동성의 태안과 이름이 같아서 의안依安으로 변경): 치치하얼에서 128km 떨어진 곳에 위치했다. 원래 이름은 몽기특구蒙旗特區에 속한 곽늑둔霍勒屯이다. 1928년 태안진으로 이름이 변경되면서 부유현富裕顯 관할이 되었다가 이듬해 극산현의 관할로 변경되었다. 그해 태안은 "인구가 4,000명 미만이었는데, 철도가 개통되면서 인구가 1만 명에 달하는 큰 진으로 발전했다." 태안은 치치하얼부터 극산 사이의 "유일한 농산품 집산지"로 발전했다. 1932년 수출 농산품 총량은 28만 4,500톤에 달했다.[61]

이 두 곳을 제외하고 치치하얼에서 63km 떨어진 부유富裕도 철도 부설 이후 빠른 발전을 이룩한 도시에 속했다.

세 번째로 부설된 철도(도색洮索지선)가 경유하는 곳은 모두 내몽고 초원과 산간 지역이다. 철도 부설 전까지 이 지역은 완전히 폐쇄된 곳이었다. 철도 부설 과정에 흥안둔간공서興安屯墾公署가 조직되어 철도 연선에 규모가 비교적 큰 농업 개간 구역을 만들었다. 이민과 군대가 증가하면서 일부 지역은 신흥 도시로 발전했다.

① 평안진平安鎭: 백성자에서 29km 떨어진, 도자기를 생산하던 촌락으로 홍요紅窰, 백토갱白土坑 등으로 불리기도 했다. 중동철도가 이곳에 역을 설치하면서 도자기 제조업이 신속하게 발전할 수 있었다. 동시에 군사적 방어 요지가 되면서 도시의 형태를 띠기 시작했다.

---

61 「北満拓殖线沿线(8)」, 『盛京时报』, 1938年 5月 17日.

② 갈근묘葛根廟: 백성자에서 54km 떨어진 곳으로, 명대에 티베트불교의 성지가 되면서 범통사梵通寺 등 종교 건물이 들어섰다. 청나라 때부터 이곳은 찰사극도기왕札薩克圖旗王 관할의 중심 사원이 되어 해마다 수많은 순례자를 맞이했다.[62] 철도 개통 후 이곳에 근대적인 상업 시가지가 출현하면서 도시로 발전했다.

③ 회원진懷遠鎭(현 오란호특烏蘭浩特): 백성자에서 83km 떨어진 곳에 위치했다. 원래 이곳에는 사원 하나가 있었고, 인구는 "10~20호에 지나지 않았다." 하지만 1929년 동북군이 둔간공서를 설치하고 철도가 부설된 이후 흥안제일간식국興安第一墾殖局 소속 1,000여 명의 개척 군인이 유입되면서 회원진은 흥안 지역의 개간 중심지가 되고[63] 인구는 5,000명으로 증가했다. 만주국 시기 회원진의 지명은 왕야묘王爺廟로 변경되었다.

④ 색륜索倫: 백성자에서 190.8km 떨어진, 삼림으로 둘러싸인 산간 지역이다. 민국 원년(1912) 삼림 채벌을 관리하기 위해 이곳에 행정기구가 설치되면서 촌락이 형성되었다. 당시에는 하목국자下木局子라고 불렀다. 한족이 이주하면서 농업 개간지가 확대되고 가죽·가축 집산 시장으로 발전했다. 만주사변 이전까지 도색철도는 색륜까지만 개통되었지만, 철도가 회원진까지 개통되었을 때 이미 색륜은 철도의 영향을 받기 시작했다. 당지의 토산품과 특산품이 철도를 통해 꾸준히 외지로 수출되었던 것이다. 1930년 색륜은 새로 설치한 색륜현의 소재지가 되었다.

민국 초기 동북 지방 당국은 지금까지 살펴본 철도 간선을 부설했을 뿐만 아니라 상업과 광업을 발전시키기 위해 흑룡강성에 호해呼海철도, 학강鶴崗철도, 목릉穆稜탄광철도 등 단거리 지선 철도를 건설하기도 했

---

62 「京白线及白阿沿线-从‘新京’到阿尔山(4)」, 『盛京时报』, 1938年 5月 5日.

63 「京白线及白阿沿线-从‘新京’到阿尔山(5)」, 『盛京时报』, 1938年 5月 6日.

다. 호해철도(하얼빈 마가선구馬家船口부터 호란·수화를 거쳐 해륜까지 227km 구간)는 1925년에 시공되었다. 같은 해에 흑룡강성독군 오준승 吳俊升이 자본금 1,000만 원으로 관상합자호해철로공사를 설립했고, 이 철도는 그해 10월에 시공되어 1928년 12월에 준공되면서 전 구간이 개통되었다. 1930년 여객운송 수입은 6,335만 원에 달했다.

목릉탄광철도 공사는 1924년에 시작되었다. 1924년 초 흑룡강 동부의 목릉탄광공사는 석탄을 효율적으로 운송하기 위해 130만 원을 투자하여 목릉철도를 건설했다. 목릉철도는 설계부터 시공까지 모두 중국인이 맡았다. 이 철도는 1924년 3월에 시공되어 이듬해 3월에 준공되었고 8월에 석탄 운송을 시작했다. 1926년부터 여객 및 화물 운송도 시작했는데, 중동철도와 연결된 이후 그 중요성이 더욱 높아졌다. 목릉탄광철도는 기차 7대, 여객차 8대, 화물차 15대 규모로 성장했다. 비록 이 철도는 석탄 운송을 위주로 했지만 길림 중부·동부 지역의 여객과 화물 운송업을 통해 꽤 많은 이윤을 창출하기도 했다. 1926년 여객운송량은 6,572명, 화물 운송량은 16만 1,384톤이었고, 1929년 여객 및 화물 운송량은 각각 16만 5,288명과 40만 8,127톤이었다.[64]

학강철도는 1926년 학강탄광공사가 하대양 175만 원을 투자하여 건설한 석탄운송 전용철도이다. 이 철도는 이듬해 11월에 준공되었고, 1927년 1월부터 운행되었다.

호해철도의 영향을 받아 도시로 발전한 지역은 다음과 같다.

① 신송포新松浦: 하얼빈 송화강 북안에서 13km 떨어진 곳으로, 본래 이름은 송북진松北鎭이다. 1925년 호해철도 개통 이후 흑룡강성 정부는 흑룡강성 내에서 하얼빈과 가장 가까운 도시라는 점을 감안하여[65] 송북

64　『黑龙江省志·铁路志』, 1992, 黑龙江人民出版社, 38頁.

65　당시 하얼빈의 강남과 강북 지역에는 다중적인 행정체계가 형성되었다. 강남 시 중

진을 경제특구로 지정했다. 이어 호해철로국 등의 기관이 들어서고 주택구와 상업구가 건설되면서 상주인구가 급증했다.[66] 작은 진이 도시의 모습을 갖추기 시작하면서 이름을 송포로 고쳐 불렀다.

② 수화綏化: 하얼빈에서 북쪽으로 125km 떨어진 곳으로 청대 중반 호란청의 관할이었다. 후에 여러 갈래 육로가 집결되면서 도시로 발전했고 북단림자北團林子라는 이름을 얻게 되었다. 광서제 시기 독립적인 수화이사통판청綏化理事通判廳이 설치되고 송눈평원의 농산품 경제가 발전하면서 이곳은 농산품 집산지와 가공지로 발전했다. 대외로 콩, 밀 등의 농산품을 수출했다. 민국 2년(1913) 도道가 설치되었고 인구는 1만 1,280명이었다. 1915년 도시에 공원이 건설되었다. 당시 수화에는 화신묘火神廟, 관제묘關帝廟, 낭낭묘娘娘廟, 용왕묘龍王廟, 귀왕묘鬼王廟 등 절이 아주 많았다. 1920년대 말 수화의 인구는 2만 명이었다.

③ 사방대四方台: 하얼빈에서 157km 떨어진 작은 촌락이었다. 촌 앞에 사각형 언덕이 있어 사방대라는 이름을 얻었다(금나라 명장 김올술金兀術의 여동생이 이곳에서 열병식을 가졌다고 하여 장대將台라고 부르기도 했다). 호해철도가 개통되면서 "빠른 발전을 이룩했다."[67] 1930년대 초 사방대 인구는 3,000명 수준으로 증가했다.

④ 극음하克音河(수릉綏棱): 하얼빈에서 195km 떨어진, 극음하 유역의 배후지에 위치한 곳이다. 주변의 "지세가 평탄하고 토질이 비옥하여" 청 말에 식량 집산지로 발전할 수 있었다. 민국 7년(1918) 극음하

심의 일부는 동성철로특별관할구, 다른 한 부분은 길림성 관할하에 있었고 강북의 송포(松浦) 일대는 흑룡강성 관할이었다.

66 「北满拓殖线沿线(6)」, 『盛京时报』, 1938年 5月 19日;「北满拓殖线沿线(5)」, 『盛京时报』, 1938年 5月 18日.

67 「北满拓殖线沿线(5)」, 『盛京时报』, 1938年 5月 18日, 第11版.

는 진으로 승격하면서 흥농진興農鎭이라는 이름을 얻었고 수화현 관할에
속하게 되었다. 철도역이 설치되면서 극음하라는 이름으로 변경되었고,
빠른 경제·사회 발전을 이룩했다. 1920년대 말 시내에는 시정주비소,
상농회, 경찰청 등 행정기관과 사회단체가 설립되었고 인구는 3,000명
정도였다. 후에 수릉현이 이곳에 옮겨지면서 수릉이라는 이름을 사용하
게 되었다.

⑤ 해륜海倫: 하얼빈에서 227km 떨어진 곳으로 청 말까지 인구가 80
명 정도인 작은 촌락이었다. 통긍하通肯河 연안에 위치했다고 해서 '통
긍'이라는 이름이 붙었다. 이 지역은 배천拜泉, 명수明水, 통북通北, 수릉,
망규望奎, 청강青岡 등 현의 교차점이기에 상품경제가 빠르게 발전할 수
있었다. 청 선통제 시기 이곳에 해륜부가 설치되었다. 민국 초기 해륜은
3갈래 도로가 부설된 도시로 발전했고, 제분·착유·양조 등 농산품 가
공업으로 유명해졌다. 시내에는 양조장, 양잔, 유방 등이 58곳이나 달
했다.[68] 신공면분공사信工麵粉公司는 하얼빈을 제외한 북만 지역에서 가장
큰 제분회사였다. 호해철도가 개통되고 1930년대 초에 이르러 해륜의
인구는 4만 명으로 증가했다.

⑥ 해북海北: 해륜에서 27km 떨어진, 청말민초 시기 대천주당大天主
堂 또는 슬둔瑟屯이라는 이름이 붙여진 곳이다. 원래 작은 촌락에 불과했
는데 광서 28년(1902) 프랑스 선교사 루핑路平이 이곳에 천주교 성당을
세우면서 선교사와 신도들이 몰려들기 시작했다. 1920년대 초 해북 인
구는 5,000명 정도였다. 후에 해륜의 발전과 함께 대량의 농업 이민이
이곳으로 이주하면서 상품 집산지가 형성되었다. 1930년대 중반 상주
인구는 9,000명, 그중 천주교 신도가 80%였다.

---

68 汤尔和 編译, 1931, 『东省铁路丛刊之一: 黑龙江』, 商务印书馆, 472頁.

도로 운송업의 발전과 도로 연선의 도시화

철도 부설과 함께 동북3성 당국, 동북3성의 외국 자본과 중국 민영 기업가들은 도로 자동차 운송업에도 관심을 기울였다. 1920년대 말 이미 일정한 규모를 갖춘 동북의 자동차 운송업은 철도와 함께 동북3성의 운송시장을 형성했다. 도로 운송업은 지역 인구와 상품의 유동을 촉진하여 동북의 도시화에 큰 영향을 미쳤다.

도로 자동차 운송업은 먼저 봉천성에서 출현했다. 1913년 만철은 미국으로부터 15인승 버스 1대를 도입하고, 그해 8월 31일 번호판을 달고 대련 시내에서 운송 업무를 시작했다. 이 빠르고 민첩한 교통수단은 많은 사람의 관심을 끌었다. 그해 도남(당시에는 봉천성 소속) 상인 오흥권吳興權 등은 10만 원을 모금하고 봉천성 재정사로부터 은 3만 원을 대출받아 자동차회사를 설립하여 개통開通-도남 구간의 운송업을 시작했다. 1917년 봉천 보란점의 일본 상인이 피보자동차운수주식회사皮普自動車運輸株式會社를 설립하여 버스 10대로 피구皮口-보란점 구간의 운송업을 시작했다. 1923년까지 봉천성과 '관동주(대련)' 지역에는 모두 14개 자동차운수회사가 설립되었고 이 회사들은 7년 사이에 자동차 1,974대를 구입했다. 그중 일본인 다나베 도시유키가 설립한 대련출조기차주식회사大連出租汽車株式會社('출조기차'는 택시)가 자동차 198대를 보유한 최대 규모의 회사였다.[69] 길림의 자동차 운송업은 1917년에 출현했다. 그해 신성新城(현 송원松原) 상인 유진덕劉振德이 비룡장도기차행飛龍長途汽車行('기차'는 자동차를 말한다)을 설립하여 신성-도남 구간 여객운송업

---

69 「辽宁省早期开业的汽车运输户统计表」, 1988, 载『辽宁公路交通史』, 第1册, 人民交通出版社, 103頁.

을 시작했다. 1920년 신성 상인 오자청吳子淸이 통이장도기차공사通利長途汽車公司를 설립했다. 1924년 회덕 상인 장학홍張學洪이 설립한 자동차회사와 이수梨樹의 왕청해王靑海가 설립한 사리장도기차공사四梨長途汽車公司는 이수-사평 구간의 여객과 화물운송업을 맡았다.

　　동북 지역에서의 자동차 운송업의 발전은 1920년대 초 자동차 및 마차 전용도로인 현도縣道와 향도鄕道의 대규모 건설을 촉진했다. 사료에 의하면 동북의 첫 번째 근대 도로는 1920년 봉천 이수(현재 길림성 소속) 상인이 투자하여 건설한 도로다. 이 도로는 14km로, 북쪽의 이수현 남문부터 남쪽의 사평 상부지까지 통했다. 1922년 봉천·길림에 해당 지역의 도로 건설을 관리하는 건설청이 설립되면서 동북3성의 도로는 빠르게 발전했다. 1925년 장춘부터 농안農安, 장령, 신성 구간 도로가 완공되었고, 1926년 장춘부터 쌍양雙陽 구간 도로가 개통되었다. 1929년 국내에 국도설계위원회가 설립되면서 봉천, 길림, 흑룡강 등 세 성의 건설청은 각 현에 현도 및 자동차 전용도 건설계획을 제출하라고 요구했다. 길림성 당국은 이통-공주령, 이통-연통산, 화전-반석, 장춘-농안 등 9개 간선도로와 11개 지선도로 건설 계획을 제출했다. 같은 시기 봉천성은 정부와 민간의 공동 노력으로 전용도로 140km를 건설했고 2,319.5km 도로를 보수했다. 1930년 봉천성은 17개 간선도로 661km, 22개 지선도로 420km 건설 계획을 제출했지만 자금 조달이 어려워지고 만주사변이 발발하면서 실행에 옮기지 못했다.

　　도로의 건설은 필연적으로 자동차 운송업의 발전을 촉진하게 된다. 1926년 이후 동북3성의 자동차 운송업은 빠른 성장기에 진입했다. 길림성의 자동차 운수회사는 1926년 12개에서 1927년 27개, 1928년 26개, 1929년 64개로 증가했고 신규 구입 자동차도 182대에 달했다. 이 시기 길림성 자동차 운수회사들 중 상대적으로 큰 회사로는 1926년 장춘 상인 마감당馬監堂이 설립한 흥부기차행興埠汽車行으로 미국 포드자동차 10대를 보유하고 쌍양, 반석, 이통, 농안 등에 지사를 설립해 장거리 운송업을 개척했다. 후에 이 회사는 길림, 덕혜, 유수, 오상五常 등까지 통하는 노선을 개척했다. 1928년 돈화현敦化縣 장자주張子珠가 설립한 대통기차행大通汽車行도 비교적 큰 회사였다. 이 회사의 운송 노선은 돈화, 연길延吉, 훈춘琿春, 영안寧安 등 연변의 모든 지역을 망라했다.[70] 만주사변 이전까지 길림성의 자동차 회사는 182개, 자동차 보유량은 644대였다. 길림성 소속 46개 현 중 29개 현에 자동차 운송업체가 있었고, 길림성 내 각 노선에서 운영 중인 자동차는 297대에 달했다. 같은 시기 봉천성의 신규 자동차회사는 60개, 자동차 보유량은 1,214대였고, 가장 큰 민영 자동차회사는 요중요심장도기차공사遼中遼沈長途汽車公司였다. 이 회사는 자동차 12대로 요중부터 심양·요양까지의 노선을 운영했다.

1920년대 동북에서 건설된 도로는, 1900년대 초까지 번영을 누리다가 철도가 부설되면서 쇠퇴한 일부 상업도시를 경유했다. 따라서 이 지역의 도시들은 전적으로 육로교통에 의존하여 경제 발전을 이룩했다. 이 도시들은 자동차 운송업을 중심으로 한 근대 교통체계를 수립하여 상업을 발전시켰다. 길림성 서부에서 이러한 과정을 통해 발전한 도시는 다음과 같다.

① 농안農安: 장춘에서 서북쪽으로 63km 떨어진 곳으로 청 초기 몽고 곽이라사전기郭爾羅斯前旗 초원 유목지였다가 청 가경 24년(1819) 한족에게 개방한 후 농업 중심지가 된 장춘 인근의 도시이다. 광서 8년(1882) 이곳에 분방조마관제分防照磨管制를 설치했고, 1889년에 농안현

---

70   南满铁道株式会社这庶务调查课,『满蒙自动车输送情况』, 7頁;『吉林工业发展史』, 1992, 中国经济出版社, 105-106頁에서 재인용.

을 설립했다. 그 뒤 "상업이 크게 번성하면서"[71] 회덕, 팔면성, 금주, 영구, 장춘, 봉천, 하얼빈 등을 잇는 중요한 상품시장으로 발전했다. 당시 시내에는 광취영廣聚永, 광승잔廣笙棧, 공원달公源達, 영국 태고양행사당판매소太古洋行砂糖販賣所 등 국내외 상호 32곳이 경영 중에 있었다. 연간 화기포·타련포 1만 필, 양유 1만 5천 상, 성냥 1만 상, 백설탕 2만 포(1포 75kg)가 수입되었고, 수입 식량은 연평균 20만 석, 가장 많을 때는 35만 석에 달했다.[72] 또한 외부로 수출되는 상품과 규모는 식량 6만 석, 가축 2만 두, 백주 10만kg, 두유 15만kg, 밀가루 20만kg, 콩가루 12.5만kg 등이었다. 당시 도시의 크기는 남북 1km, 동서 0.5km였다. 도시는 "사거리를 중심으로 한 사면 방사형" 구조였다. 도시의 상업은 북·남·서쪽 3개 거리에 집중되었다. 도시 인구는 1만 7천 명이었다. 하지만 민국 시기에 길장철도와 남만철도가 개통되면서 농안의 우세가 약화되고 도시가 쇠퇴했다가 1920년대 장춘부터 농안까지의 도로가 개통되면서 경제가 회복되기 시작했다. 1930년에 이르러 농안은 인구가 2만 명인 활력 있는 상업도시로 발전했다.

② 신성新城(현 송원松原): 장춘에서 서북쪽으로 155km 떨어진 길림성 송원시 소재지다. 이곳은 송화강, 제2송화강, 눈강이 합류하는 곳이므로 요·금 시기부터 인구가 밀집해 있었다. 이런 기초가 있었기에 청초에 작은 도시로 발전할 수 있었다. 강희 33년(1694) 이곳에 부도통직관副都統職官을 설치하면서 백도눌(몽고어 이름. 이곳은 몽고족의 한 갈래인 석백족錫伯族의 거주지여서 이러한 이름이 붙게 되었다)이라는 이름

---

71 「京(长)白线及阿白沿线(2)-农安及前郭旗」, 『盛京时报』, 1938年 5月 3日.

72 松原菊藏(1913年调查), 1915, 「满蒙交界地方经济调查资料之3(农安县)」, 载 南满铁道株式会社总务部事务局调查课 编, 『满蒙交界地方经济调查资料第3辑』, 大连南满铁道株式会社, 18-27頁.

으로 불려졌다.[73] 이후 주변 지역으로 개발이 확대되면서 1800년대 말에 영안, 전곽, 유수, 덕혜, 쌍성, 조원肇源 등 유명한 농업도시가 출현하기 시작했다. 신성은 지리적으로 이들 도시의 중심에 위치했을 뿐만 아니라 육로와 수로가 교차하는 곳에 위치했으므로 빠른 발전을 이룩할 수 있었다. 1906년 신성은 신성부로 승격되어 산하에 유수현을 두게 되었다. 1913년 전국적으로 부가 현으로 바뀌면서 신성현이 되었고, 이듬해 부여현扶餘縣으로 이름이 변경되었다. 1900년대 초 신성의 면적은 3km²였고, 시내에는 부두와 터미널이 있었다. 상업은 동대가東大街, 남대가南大街에 집중되어 있었고, 대형 상호와 은행은 55개에 달했다. 규모가 가장 큰 주식회사형 은행인 화성공사華盛公司의 자산 총액은 20만 조에 달했다. 이 도시에 몰려드는 상품의 종류와 규모를 보면, 콩, 밀 곡물 20만 석, 생선 25만kg이었다. 연간 수입 공산품의 종류와 규모는 천 9만 3천 필, 설탕 3,100포(1포 75kg), 성냥 5,000상(1상 240포), 등유 8만 상, 담배 80만kg, 종이 30만 필이었다.[74] 1920년 이후 철도의 영향으로 부여扶余가 위치한 동북 중부 지역의 육로교통이 축소되면서 부여의 대외 무역은 송화강 항운 하나를 통해 유지되었다. 하지만 도로의 건설로 전통적인 수륙 교통구조가 회복되면서 빠른 경제 발전을 이룩할 수 있었다. 1930년대 초 부여의 인구는 5만 명에 달했다.

③ 대뢰大賚(현 대안大安): 동남쪽으로 장춘에서 214km, 서쪽으로 백성자와 119km 떨어진, 눈강과 월량포호月亮泡湖와 인접한 곳이다. 원래 내몽고 찰뢰특기扎賚特旗에 소속된 곳으로 이름은 홍강자紅崗子였다. 광서 25년(1899) 한족에게 개방했고, 광서 30년(1904) 부민통판이 설치되

---

73 松原菊藏(1913年调查), 1915, 「满蒙交界地方经济调查资料之3(农安县)」, 77頁.

74 松原菊藏(1913年调查), 1915, 「满蒙交界地方经济调查资料之3(农安县)」, 97-99頁.

면서 대뢰청이 되었다가 민국 2년(1913) 대뢰현이 되었다. 당시 시가지 면적은 2km²였고 인구는 5,000명 정도였다. 지역경제는 상업 외에 축산품, 식량, 생선 운송업 위주였다. 도앙철도 개통 후 대뢰 인근의 안광安廣이 발전하기 시작하면서, 육로 마차 운송 노선에 위치했던 대뢰의 경제는 쇠락했다. 하지만 장춘-도안(백성), 장춘-부여 도로가 연이어 개통되면서 대뢰의 도시 기능이 회복되어 1930년대 초 인구가 8,000명인 도시로 발전했다.[75]

---

75 「京(长)白线及阿白沿线(3)-大赉城及白城子」, 『盛京时报』, 1938年 5月 4日.

제9장

청말민초 시기의 관내 이민과 국제이민, 그리고 동북의 도시화
– 송화강 중·하류와 두만강 유역을 중심으로

항운업과 철도운송업의 발전은 근대 도시 형성의 두 가지 요소인 인구의 이동과 자원의 집중에 필요한 조건을 제공했다. 하지만 도시가 짧은 기간에 급속도로 발전하려면 도시 산업에 필요한 대량의 인구와 1차 산품이 확보되어야 한다. 이 두 가지 요소는 주변 농촌의 잉여노동력과 농축산품의 공급 능력에 의해 결정된다. 보그Donald J. Bogue와 라벤스타인Ernest George Ravenstein 등 서구 학자들의 인구 이론에 의하면, 농촌 잉여노동력의 도시 이동은 농촌에서의 취업기회 박탈과 자연재해로 인한 이동뿐만 아니라 농촌의 분업구조가 세분화 되고 노동생산성이 제고되면서 농업에서 이탈한 잉여노동력이 도시의 우월한 생활조건의 강력한 유인에 의해 이동하는 것으로 설명된다.[1] 20세기 초 요남·요서 지역의 농촌 인구는 포화 상태였지만, 훨씬 넓은 동북 중부·북부와 동부의 농촌에는 여전히 인구가 적었고 농촌의 상품경제 기초도 약했으며, 대규

---

1 钟水映, 2000, 『人口流动与社会经济发展』, 武汉大学出版社, 16-17頁.

모 미개간지와 원시림이 개간을 기다리고 있었다. 따라서 당시 동북의 농촌, 특히 북부와 동부에는 도시에 공급할 수 있는 잉여노동력과, 농축산품을 제공할 수 있는 번영한 농촌시장은 존재하지 않았다. 이런 상황에서 관내 이민과 조선 이민을 중심으로 한 국제 이민이 청말민초 시기 동북 도시의 발전에 필요한 노동력 자원으로 기능했다.

청말민초 시기 동북을 향한 관내 이민 붐

청말민초 시기 동북 지역의 자원 개발과 지역 도시화로 인해 동북을 향한 관내 이민의 새로운 붐이 일기 시작했다. 당시 관내 이민은 주로 산동·하북·산서 출신이었다. 이미 제1장에서 청 건륭제와 가경제 시기에 출현한 동북 역사상 첫 번째 관내 이민 붐을 살펴봤다. 이 붐은 1800년대 중반 도광제 말기까지 이어졌다가 1850년대 태평천국운동과 북방의 크고 작은 민란으로 동북·화북 사회가 혼란스러워지면서 기세가 꺾였다. 1860년대 이후 요하 유역의 개방과 요하 항운의 흥기로 역사상 두 번째 관내 이민 붐이 일었다. 이로 인해 1870년대 동북 지역의 인구는 150만 명으로 증가했다.[2] 이 이민 붐은 30여 년간 지속되다가 1895년 청일전쟁의 발발로 세가 꺾였다. 그 뒤 5년 사이에 중동철도의 건설로 노동력 이동이 있기는 했지만 이 역시 얼마 지나지 않아 의화단사건이 발발하고 러시아가 동북을 점령하면서 주춤해졌다. 그럼에도 동북을 향한 관내 이민 규모는 이민 붐의 시기에는 못 미치지만 꾸준히 증가했다.

---

2 崛义雄编, 1931, 『満洲华工事情』, 大连南满铁道株式会社, 3頁.

표 1_1900~1909년 영구항 여객 출입 통계표   (단위: 명)

연도	출항 여객 도착지				입항 여객 출발지			
	천진	지부 芝罘	기타	전체	천진	지부 芝罘	기타	전체
1900	3,383	22,170	4,309	29,862	5,860	59,997	1,138	66,995
1901	7,721	78,515	557	86,793	6,251	38,417	1,235	45,903
1902	10,577	25,133	9,281	44,991	20,231	53,995	11,516	85,812
1903	11,643	59,997	1,138	64,131	25,867	27,597	35,289	88,753
1904	1,909	17,144	6,895	25,948	2,761	15,386	14,594	32,741
1905	7,943	18,519	33,855	60,317	18,518	27,111	48,804	94,433
1906	34,029	14,337	58,392	106,758	42,927	26,373	74,486	143,786
1907	42,138	8,499	45,012	95,649	55,063	19,096	89,788	163,947
1908	23,357	5,086	45,679	74,122	53,113	11,344	60,530	124,987
1909	28,910	6,340	38,294	73,544	48,962	13,749	64,336	127,037

1902년 이후부터 관내 이민이 급증하기 시작했다(〈표 1〉 참조). 1907년까지 매년 장·단기 관내 이민은 30만 명에 달했다. 만주사변 전인 1931년 봄까지 30년 동안 동북에 진출한 관내 이민은 연인원 1,500만~1,700만 명이었다. 그중 영구 정착한 이민은 800만~1,000만 명에 달했다.[3] 시기별 이민의 규모(연인원)를 보면 1902~1915년 매년 25만~30만 명, 1916~1922년 매년 35만~50만 명, 1923~1930년 매년 70만 명이었다. 1927년 한 해의 이민이 100만 명, 그중 대련을 통해 60만 명,[4]

---

3 한 해에 여러 번 동북과 관내를 오간 사람과 동북을 경유하여 러시아로 간 화교들도 있는데, 이들은 대략 5만~10만 명으로 추산된다. 또한 조선의 원산을 경유해 길림 훈춘에 이주했거나 러시아 블라디보스토크를 통해 길림 동북부(흑룡강성 동부)에 유입된 이민은 집계되지 않았다. 그러나 두 부류 이민의 규모는 상쇄될 수 있기 때문에 표에서 제시한 수치는 대체로 당시 이주민 규모를 반영한다고 볼 수 있다.

4 대련항의 항운업 종사자에 대한 조사에 의하면 1927년 1~8월 청도에서 대련으로 이주한 난민은 52만 7,100명에 달했고 동시에 청도에서 10여만 명이 대련 이주를 기다리고 있었기에 둘을 합쳐 약 70만 명에 달했다고 한다. 朱契, 「满洲移民的历史于现状」, 载 『东方杂志』, 第25卷, 第12号, 17頁.

영구를 통해 31만 명, 경봉철도를 통해 10만 명이 이주했다. 단일 연도로 보나 월별로 보나 1927년은 유입 인구가 가장 많았던 해였다. 4월 한 달에만 20만 명이 유입되었다. 1923~1930년 동북에 유입된 관내 이민은 535만 명이었고 영구 정착은 264만 명에 달했다.

관내 이민 붐을 유발한 요인을 다음과 같이 정리할 수 있다.

① 1900년대 초 동북에서 추진되었던 자원 개발, 도시 건설 등 대형 사업은 대규모 노동력을 필요로 했다. 중동철도와 관내·외 철도의 부설, 의화단사건의 종결, 그리고 1902년 이후 동북 지역에 대한 외국·국내·민간 자본의 경쟁적 투자로 동북은 근대 최고의 번영기를 맞게 되었다. 대규모 투자는 산업구조와 시장구조의 다원화를 촉진했고, 나아가 노동력시장의 공간적 외연을 확장했다.

첫째, 철도 연선의 기차역과 창고의 하역·운반·포장 등 상품 유통에 필요한 서비스업이 전례 없이 발전했다. 동북의 전통적 육로 상업무역과 요하 항운이 중동철도의 운행으로 쇠약해진 상황에서 철도 연선의 기차역과 연해 부두가 점차 상품의 주요 집산지로 발전했다. 기차역 안팎에는 여러 종류의 사업체가 즐비했고, 화물 하치장에는 운반을 기다리는 농산품이 "산처럼 쌓였다." 장춘역 근처만 하더라도 흡덕양행恰德洋行, 이능양행伊陵洋行, 상무공사祥茂公司, 미쓰이양행三井洋行, 신길공사吉新公司 등 외국 자본으로 설립된 양잔 그리고 익발합益發合, 태덕원太德源, 통유通裕, 공승복公升福, 광원廣遠, 광순廣順, 천흥天興, 천성天盛, 만덕萬德 등 중국인 자본으로 설립된 양잔이 있었다.[5] 철도 운송업의 수요에 의해 1902년부터 부두와 기차역마다 대량으로 운반노동자와 여관 종업원을 고용했다. 각 중등 3급 기차역이 고용한 직원 수는 100명을 초과했고,

---

5 「长春头道沟粮栈数目」, 载 『盛京时报』, 1919年 11月 9日.

대형 기차역의 경우 1천 명을 넘었다. 1907년 운반노동자를 가장 많이 고용한 대련 기차역과 부두의 노동자는 2만 5천 명에 달했다.

둘째, 도시 건설업과 건축자재공업이 발전했다. 러일전쟁 종전 후 동북 지방당국이 '신정'을 실시하면서 동북 각 지역 도시는 근대화 건설 사업을 시작하게 되었다. 또한 만철 부속지에 도시가 건설되면서 건물·철도·도로 건설에 필요한 건축자재를 공급하기 위하여 대규모 일본자본들은 이 지역에 자회사를 설립했다. 1910년 남만 지역에 진출한 일본 건축회사는 아가와조阿川組, 하세가와조長谷川組, 오카다공무소岡田工務所, 오오이조大井組, 시키조, 가시마조鹿島組, 시라이사무소白井事務所, 야노상회矢野商會, 오쿠모토양행奧本洋行, 사와이조澤井組, 다나카조田中組, 오쿠라토목조大倉土木組, 마쓰모토조松本組, 다카시마조高島組, 니시모토조西本組, 스가와라공무조菅原工務組 등 40개에 달했다.[6] 건축자재공업의 경우 1910년 장춘에만 와토양행和登洋行, 고도조工棟組, 모리히라양행守平洋行 등 3개 대형 벽돌공장과 12개 소형 공장이 있었다.[7] 1919년 동북 남부 만철 부속지의 벽돌공장에 고용된 노동자는 175만 4,092명(연인원)에 달했다.[8] 이 직업은 노동시간이 길고 노동강도가 높지만 농업 노동보다 높은 수입이 보장되었기에 관내의 이주민에게는 유혹적이었다.

셋째, 일상용품, 식품 등 소비품 공업이 발전했다. 이민의 증가로 백주, 당면, 기름, 담배 등 동북의 전통 소비품의 수요가 증가했다. 1920년을 전후하여 동북 전역(일본과 러시아 관할 철도부속지 제외)에는 유방 2,123개, 종사자 1만 648명, 백주 양조장 1,661개, 종사자 1만 1,769

---

6 「在満工务局名单」, 载『盛京时报』, 1910年 3月 12日.

7 「明治43年(1910)2月22日日本驻长春领事馆报告」, 载 日本外务省通商局 编, 1918, 『满洲事情』, 第3辑, 612頁.

8 『满蒙全书』, 第4卷, 289, 430-432頁.

명, 담배 업체 3,713개, 종사자 7,675명, 전분 업체 3,150개, 종사자 8,677명, 통조림 식품업체 786개, 종사자 2,082명이 있었다.[9] 만철 부속지의 공장은 민족 공업보다 훨씬 컸기에 고용된 노동자도 더 많았다. 양조업에 고용된 노동자는 24만 명(연인원)에 달했다.[10]

넷째, 임업과 광업도 발전했다. 철도의 개통은 임업과 광업의 개발을 촉진했다. 봉천의 본계와 무순의 천금채탄광, 안산철광, 길림의 목릉탄광, 교하탄광, 서란탄광 등이 차례로 개발되었다. 임업에는 원목과 철도 침목, 전봇대, 주택용 목재의 가공을 중심으로 한 길림의 송강목재공사松江木材公司, 안동의 중·일 합자 압록강삼림채벌공사鴨綠江森林采伐公司, 안동동아목재흥업주식회사安東東亞木材興業株式會社, 요동목재주식회사遼東木材株式會社 등 대기업이 있었다. 삼림 채벌과 목재 가공업은 모두 고위험 산업이었기에 주로 관내 이주민이 고용되었다.

다섯째, 신식 농장이 건설되어 많은 노동력을 필요로 했다. 농업 현대화의 필요에 의해 1901년 금주천일간무공사錦州天一墾務公司를 시작으로 청말민초 시기까지 동북의 북부와 서부에 수십 개의 근대화된 농장인 농업간식공사農業墾殖公司가 설립되었다. 그중 유명한 농장에는 수분하의 부녕간무공사富寧墾務公司, 흥동간무공사興東墾務公司, 서풍공사瑞豐公司, 수빈공사綏濱公司, 호마공사呼瑪公司, 태동공사泰東公司 등이 있었다. 이 농장(회사)들은 자본력이 막강했고 근대화된 기계 설비를 도입했다. 일부 회사는 당시 세계적으로 유명한 회사의 트랙터도 보유했다. 이들 기업이 개척하는 황무지 면적은 적게는 1만ha, 많게는 10만ha 이상에 달했기 때문에 대규모 농업노동자의 고용이 절실했다.

---

9 「満蒙支那側工厂产额表」, 载 『満蒙全书』, 第4卷, 夾頁.

10 『満蒙全书』, 第4卷, 289, 430-432頁.

전체적으로 청말민초 시기의 동북은 모든 산업이 흥기하던 중요한 역사적 시기였기에 대규모 노동력을 필요로 했다. 사면팔방에서 유입된 관내 이민을 보고 동북 사람들은 자신의 일자리가 줄어들 것이라기보다는 여전히 동북에는 노동력이 부족하다고 생각했다. 실제로 어떤 사람은 "현재의 추세로 간다면 쿨리 100만, 200만 명을 고용하지 않으면 안 된다. 쿨리가 해마다 증가해야 앞으로 노동력 공급에 차질이 생기지 않는다"[11]라고 말했다.

② 변경이 위기에 처한 특수한 상황에서 중앙과 지방정부는 관내 이민의 동북 이주를 장려하는 정책을 펼쳤다. 러시아는 동북을 영구적으로 점령하기 위해 1898년 중동철도를 부설하면서 철도 연선에 러시아인 60만 명을 이주시킬 계획을 세웠다. 1902년 실제로 "러시아 이민 수십만 명이 연선에 거주하고 있었다." 러시아의 이민 침략에 대해 "동북아에서 지배적 지위를 획득하고 일본해(동해)를 아시아의 지중해로 삼아 만몽을 통치하고 중국을 정복하여 세계를 제패한다"는 야망을 가지고 있었던 일본은 수수방관하지 않았다. 일본은 한편으로 동북 지역에 분산적이고 침투적인 이민을 실시했고, 다른 한편으로 10년 이내에 "만주로 50만 국민을 이주시킬 계획"을 만들었다. 이에 따라 1900년대 이후 동북의 일본 이주민 규모는 급증하게 된다. 1906년까지 일본인은 5,025명에 불과했지만 1907년에는 1만 6,163명으로 증가했다. 동북은 일본 해외 이민 정책의 핵심 지역이 되었다.

러시아와 일본이라는 거대한 침략 세력 사이에서 청 정부는 적절한 대책을 제시하지 못했을 뿐만 아니라 강력한 항의나 군사적 반격도 하지 못했다. 오로지 "많은 이민을 관동에 이주시켜 '이민실변移民實邊(이민

11　許恒耀,「満蒙的劳动状况与移民」, 载『东方杂志』, 第22卷, 第21号, 39頁.

을 보내어 변방을 채운다)' 정책으로 변경을 공고히"하고자 했다. 1904
년부터 청 정부는 지엽적으로 황무지를 개척했던 기존의 정책에서 동
북의 모든 토지를 완전히 개방하는 정책으로 전환하면서 이민 유입을
장려했다. 청 정부는 토지 개간을 장려했을 뿐만 아니라 개간을 독촉
하기도 하고 토지를 경쟁적으로 개간하게 하는가 하면 자유롭게 개간
할 수 있도록 관련 정책을 마련하기도 했다. 또한 이주민에게 여러 가
지 혜택도 주었다. 예를 들어 흑룡강성의 한구漢口, 상해, 천진, 연대, 장
춘, 영구 등 지역 출신 이민의 경유지에 변간초대처邊墾招待處를 설치하여
교통비를 감면해주고, 경작용 우구牛具, 종자, 비료 등을 빌려주었다. 민
국 시기의 북양정부와 동북 지방정부 역시 이민 장려정책을 펼쳤다. 북
양정부는 동북 이민 담당기구 2곳을 설치했는데, 하나는 하북·하남·
산동 등 이민 배출 지역의 이민국과 간민여행사에 설치했고, 다른 하나
는 동북 각지의 간식국, 초간국, 난민구제소, 수용소 등 이민기관에 설
치했다. 이민 기구는 주로 재난 또는 재해 지역의 이주민을 대상으로
계획적이고 목적성이 있는 이민을 하도록 지도하고 교통수단을 제공하
여 이민의 송출·유입·정착 등을 도왔다. 지방당국은 이와 같은 이민
기구를 설치하는 동시에 이민 규정과 법령 및 구체적인 시행방법을 제
정하기도 했다. 1925년 4월 북양정부 교통부가 반포한 '경봉·경수양로
발수이민감가표규칙京奉·京綏兩路發售移民減價票規則'에서는 "이민자 및 그 가
족이 기차를 타면 표값은 규정에 따라 45%의 가격으로 판매하고, 12세
미만 어린이 및 스스로 농기구를 휴대한 성인은 일괄 무료"라고 규정했
다. 1929년 6월 동북교통위원회가 제정한 '운송간황난민잠행장정運送墾
荒難民暫行章程'에는 혜택이 더 많았다. "무료 증빙서류를 소지한 개간 난
민은 남녀노소를 불문하고 모두 무료이며, 할인 증빙서류 소지자는 일
반3등급 표값을 기준으로 30%의 가격만 받고, 12세 미만 어린이는 무

료"였다. 또한 난민이 도착했거나 경유한 지역은 "지방 관리가 담당자를 기차역 또는 입경 요지에 파견하여 성령省令에 근거하여 난민에게 편리를 제공하며, 동시에 가장 빠른 방법으로 소재지 관리에게 보고하여 난민의 안치를 돕게 한다. 빈곤한 자와 무산자에 대해서는 모금을 통해 구제해야 하는데, 만약 모금이 부족하면 일정한 규모의 공금을 보조금으로 제공하여 생계를 도와준다"고 명시했고, 이민자가 "처소를 문의하면 길을 알려주고 가는 길에 보호해주어야 하며, 만약 갈 곳이 없다면 노동자 사용처를 소개해주어야 한다"고 규정했다. 각급 정부가 제공한 이러한 정책은 이민 과정에서의 어려운 점을 해결해 주는 등 관내 이민의 동북 이주에 편의를 제공하기 위해 추진되었다. 이민의 안치를 보면, "대(형)공정에 이민자를 고용하면 지원을 해준다"고 규정했고, "삼림 개간은 모두 이민자를 고용해야 하고…민생 공장을 설립하여 이민자를 안치하고…토지를 주어 개간하게 하고…5년이 지나면 승과하며…이재민은 거주지에서 토착 주민과 동등한 대우를 향수해야 한다"고 규정했다. 흑룡강성은 이민자 안치에 대한 구체적인 방법도 제시했다. "난민 5인을 한 조로 묶어 막사 하나를 지어주고, 500명이 모이면 우물 하나를 파준다. 맷돌 하나를 공용으로 설치하고, 1천 명을 넘으면 별도로 촌을 설립한다." 산간 지대에 형성된 촌락은 이런 정책으로 출현한 것이었다. 청말민초 변강의 위기라는 특수한 역사적 상황에서 중앙정부, 북양정부 및 동북 지방정부가 이민 사업을 가장 중요한 사업으로 생각하고 적극적으로 추진한 덕분에 대량의 관내 이민이 동북에 이주할 수 있었다.

③ 화북 지역의 열악한 생존 환경 때문에 대량의 농민이 동북에 유입되었다. 1771년 하북·산동·하남 3성의 인구밀도는 전국 평균인 $1km^2$당 19명을 훨씬 넘는 $1km^2$당 129.2명에 달했고, 근대 이후 하북과 산동 두 성의 토지 공급능력은 인구의 폭발적인 증가로 한계에 부딪

히게 되었다. 1920년에는 산동성·하북성·하남성의 인구가 전국 인구의 20% 이상을 차지했는데, 산동성의 인구밀도가 가장 높은 1km²당 528명이었고, 하북은 281명이었다. 그해 전국의 인구 밀도는 1km²당 174명, 동북은 1km²당 41명(봉천 80명, 길림 33명, 흑룡강 8명), 내몽고는 이보다 더 낮았다. 1923년 산동성의 인구밀도는 1km²당 552명, 하북성은 295명이었는데 이는 여전히 전국 평균인 238명보다 높은 수치였다. 같은 시기 봉천·길림·흑룡강성 인구밀도는 각각 1km²당 83명, 35명, 9명에 불과했다. 동시에 화북 지역은 추가로 개간할 수 있는 경작지가 없었다. 일인당 토지 면적은 0.27ha, 산동은 0.2ha 이하였다. 역사학자 나이강羅爾編 선생이 추산한 해방 전 남북 지역의 생산력을 보면, 북방 농촌은 1인당 경작지 면적이 0.2ha가 되어야 최소한의 생계를 유지할 수 있었다. 이렇게 당시 화북의 인민은 거의 생계기준의 한계점에서 생활하고 있었던 것이다. 동북3성은 비록 많은 지역이 개발되었지만 여전히 1억ha 이상의 토지가 황무지였다. 길림 북부와 동부, 흑룡강성 대부분 지역은 황무지의 1/3만 개간되었다. 길림 통하通河(현재 흑룡강성 소속)의 경우 전체 면적은 2.2만km²였고 경작 가능한 토지는 9.4만ha, 삼림과 초원 등 잠재적 경작지는 29만ha에 달했지만 인구가 적어(1912년 3만 7,040명, 1914년 4만 4,987명) 4.9만ha만 개간되었고 1인당 토지 면적은 1.1ha였다.[12] 흑룡강성 청강현에는 1831년부터 관내 이민이 유입되어 1899년까지 현 경내의 토지가 대규모로 개방되었다. 1911년 이 현에서 개간된 토지는 37만ha였고 그중 경작지는 29만ha였다. 그 외 7만ha 토지가 개간을 기다리고 있었다. 또한 1911년 한 해

---

12   汤尔和 编译, 1931, 『东省铁路丛刊之一: 黑龙江』, 商务印书馆, 288-289, 264-265, 396, 419-421頁.

에 경작된 토지는 15.2만ha로 1인당 토지 면적은 2.6ha(1914년 청강현 인구는 9,417호, 57,919명)였고 1인당 보유 식량은 1,991kg에 달했다. 흑룡강 배천현은 1904년부터 한족에게 토지를 개방하기 시작하여 (1904년에만 351ha를 개간했다), 1906년까지 90만ha를 개간했다. 그중 경작지는 41만ha였다. 1914년까지 모두 22만ha를 개간했지만 여전히 47%나 되는 토지가 개간을 기다리고 있었다. 이곳의 일인당 토지 면적은 2.2ha(그해 전체 인구는 1만 4,869호, 9만 8,849명)로[13] 산동성의 10배였다.

심각한 인구 압력 외에도 화북 농민은 상상을 초월하는 가렴잡세에 시달리고 있었다. 청말 화북 지역의 토지세는 동북 지역의 2~4배에 달했고 민국 시기까지 지속적으로 증가했다. 군벌 통치하의 하북·산동·하남 등의 농민은 토지세 외에 고액의 부가세로 힘든 나날을 보내고 있었다. 장종창張宗昌이 산동을 통치할 때 산동에서 추가로 증세된 품목은 51개에 달했다.[14] 1926년 4월 한 달에만 6품목의 세금(어세, 연운세, 연주세, 세연稅捐, 광연礦捐)이 올랐다. 하북·산동·하남의 병차兵差[15] 부담도 다른 지역보다 훨씬 컸다. 병차와 토지세의 비율은 보통 80%였고, 많을 경우 148%나 되었다. 1929년 군벌의 군비 확충으로 이 비율은 432%까지 치솟았다.

민국 시기 화북 지역은 전쟁으로 몸살을 앓았고 농촌경제는 파탄 직전이었다. 근대 화북은 농민 봉기, 열강 침략, 군벌 혼전이라는 복합적인 혼란 상황에 처해 있었다. 특히 1920년대의 화북은 크고 작은 군벌

---

13 汤尔和 编译, 1931, 『东省铁路丛刊之一: 黑龙江』, 商务印书馆, 367-368, 383頁.

14 章伯锋 主编, 1984, 『北洋军阀(史料)』, 第5辑, 四川人民出版社, 404-407頁.

15 지방정부가 민간으로부터 군을 위해 차출한 인적·물적 자원.

의 각축장이었다. 1916~1931년 "군벌 혼전은 한 번도 중단된 적 없고, 전쟁은 더욱 치열해졌으며 전장은 지속적으로 확대되었다." 전쟁과 함께 무장 비적도 출현했다. 이 비적은 대부분 크고 작은 군벌 집단의 잔병 출신으로 규모가 수천 명에 달하는 동시에 신식 무기까지 보유한 조직이었다. 비적의 일상적인 살인·방화·약탈 등으로 인민의 생활은 더욱 어려워졌다.

설상가상으로 화북지역, 특히 황하 연안의 도시들은 지속되는 자연재해로 인해 몸살을 앓고 있었다. 1856~1919년 하북·산동·하남 세 곳의 피해 지역은 7,400개 현縣, 하북·산동 두 곳의 패해지역은 67만 여 개에 달하는 촌락이었다.[16] 민국 초기에도 자연재해는 끊이지 않았다. 1927년 산동은 황충떼 피해를 입었는데, 피해 규모는 56개 현 24만km^{2}로 인구 2,000명이 영향을 받았다. 이듬해에도 700만 명이 거주하는 82개 현이 가뭄과 황충떼의 피해를 입었다. 또한 홍수, 가뭄, 메뚜기떼, 우박 등의 재해를 입은 하남성의 30여 개 현은 식량 수확량이 심각한 수준으로 떨어졌고, 하북의 600만 인구의 생활도 심각하게 위협받았다. 일반 농민에게 "1년의 가뭄은 3년의 어려움을 의미하고, 연속되는 2년의 가뭄은 평생의 토지세 부담과 고난을 의미했다." 여러 가지 재해가 동시다발적으로 더군다나 몇 년 동안 지속되다보니 이 지역 농민은 최소한의 생계를 유지할 방법조차 없었다. 때문에 일부 사람은 "하북·산동·하남 인민이 관외로 이주한 것은 동북의 상황이 너무 좋았다기보다 본래 거주지의 환경이 너무 열악했기 때문"이라고 지적한다.

④ 청말민초 시기 동북과 화북 사이 해상 운송업의 발전이 이민을 촉진했다. 동북 연해의 기선 항운업은 1880년대에 시작되었다. 당시 해

16　邓云特, 1937, 『中国救荒史』, 上海商务印书馆, 40-41頁.

상 운송업은 주로 영국 태고양행太古洋行, 영인중국행업공사英印中國行業公司 대리상 흡화양행怡和洋行, 대영륜선공사大英輪船公司 대리상 융무양행隆茂洋行, 일본 오사카윤선주식회사大阪輪船株式會社, 미국 대래양행大來洋行 등 회사에 의해 주도되었다. 이 회사들은 영구, 안동 등을 동북의 항으로 설정하고 상해-영구, 연대-천진, 연대-안동 노선을 운영했다. 비록 이 구간 노선을 운영하는 회사는 많았지만 이들은 화물 운송을 위주로 했고 선박의 규모도 작아 이민의 운송까지 책임지기에는 역부족이었다. 1902년부터 동북 연해 지역의 항운업은 급성장하기 시작했다. 대련의 민족자본가 장본정張本政이 산동 연대에서 4만 원을 투자하여 덕화양행德和洋行의 주식을 전부 매입하여 정기윤선공사政記輪船公司를 설립했다. 그는 일본 기선 관효환貫效丸과 우화환宇和丸을 임대하여 대련-연대, 연대-대동구 노선을 운영하기 시작했다. 이어 러시아 중동철로공사기선부도 여순에서 대련으로 옮겨가서 대련-상해, 대련-나가사키 구간의 장거리 해상운송업을 시작했다. 이로써 동북 연해 지역과 산동반도 사이에는 민족자본 선박운송회사와 외국 기업 사이의 치열한 항운업 경쟁이 시작되었다. 1905년 영구의 산동 출신 자본가들이 돈을 모아 400톤급 목제 선박 전승호全勝號를 구입하여 영구부터 산동반도 사이의 항운업을 시작했고, 1907년에는 대련에 진출한 지 얼마 안 되는 일본 남만철도주식회사도 대련-상해, 대련-연대, 대련-용구龍口, 대련-청도 구간 정기 운항을 시작했다. 1910년에는 영구 상인 이서원李序園·이자초李子初 등이 은 25만 원을 투자하여 조흥윤선공사肇興輪船公司를 설립하고, 본사는 영구, 지사는 용구와 대련에 설립한 후 동원호同源號를 구입하여 항운을 시작했다. 이 회사는 주로 영구부터 용구·봉래·대련 구간을 운영했다. 이와 동시에 먼저 설립되었던 정기윤선공사는 선박 5대를 보유한 회사로 성장하여 발해 연안 여러 항구 사이를 오가는 항로를 운영했다.

1912년(민국 원년) 일본 요동기선주식회사遼東汽船株式會社가 대련에서 설립되었다. 이 회사가 보유한 기선 5척의 총배수량은 1만 8,130톤에 달했다.[17] 같은 해 4월 일본 북청륜선주식회사北清輪船株式會社의 천조환天潮丸과 제통환濟通丸이 대련부터 안동·연대·천진 구간의 항운업에 투입되었다. 1915년 총배수량 2만 6,842톤, 기선 5척을 보유한 대정해운주식회사大正海運株式會社가 대련에서 설립되었고, 같은 해 총배수량 1만 5,837톤, 기선 13척을 보유한 대련기선주식회사大連汽船株式會社가 설립되었다. 이 시기 삼북三北, 육대毓大, 북방北方, 대통大通 등 민족자본에 의해 설립된 회사도 있었다. 1920년 정기윤선공사는 주식회사로 발전했고 자산 규모는 500만 원에 달했으며 보유 선박 15척의 총배수량은 1만 3,571톤이었다. 조흥공사 역시 총배수량 9,970톤, 선박 8척을 보유한 회사로 발전했다.[18] 여러 개 해운회사가 이 구간에서 경쟁하게 되면서 관외로 향하는 이민은 편리한 교통수단을 이용할 수 있었고, 동시에 이런 경쟁으

그림 1_ 1920년 전후의 영구營口항

---

17   辽宁省地方志编撰委员会 主编, 1999, 『辽宁省志·公路水运志』, 辽宁人民出版社, 346頁.

18   辽宁省地方志编撰委员会 主编, 1999, 『辽宁省志·公路水运志』, 辽宁人民出版社, 351頁.

로 운임이 대폭 하락하면서 동북에 정착하거나 동북에서 상업을 시작
한 관내 이민의 경제적 부담도 줄게 되었다.

당시 관내 이민의 동북 이주 노선은 수로인 동로와 육로인 서로로
나뉘었다. 수로는 산동반도, 천진 인근, 강소 북부 출신 사람들이 많이
이용했다. 이들은 대부분 마차를 이용하거나 도보로 연대, 용구, 청도,
천진 등의 항구에 갔다. 청도에서 승선한 사람들은 대부분 산동 즉묵卽
墨, 교주膠州, 제성諸城, 고밀高密, 내주萊州 등의 이민이고, 연대에서 승선한
사람은 대부분 문등文登, 모평牟平, 영성榮城, 해양海陽, 황현黃縣, 내주 등에,
용구에서 승선한 사람은 대부분 액현掖縣, 평도平度, 창읍昌邑, 황현 등의
거주민이었다. 이들은 기선이나 범선을 타고 영구, 대련, 안동, 길림 훈
춘과 러시아 블라디보스토크에 상륙했다. 육로는 주로 산동성 서북부·
중남부 및 하북, 산서, 하남 등의 이민이 이용했다. 보통 도보로 진포津
浦철도와 경봉철도 연선의 평원平原, 덕주德州, 태안泰安, 연주兗州, 제남濟南,
우성禹城, 천진, 군량성軍糧城, 당고塘沽, 대능하大凌河 등의 기차역[19]에서 기
차를 타고 사평, 장춘, 하얼빈에 도착한 다음 지선 철도를 이용하여 목
적지까지 갔다.

이 시기의 이민은 다음과 같은 세 가지 특징이 있었다.

① 이민 배출 지역이 넓고, 영구적 이민이 해마다 증가했다. 교통 조
건의 제한으로 근대 초기의 관내 이민은 주로 산동반도와 하북 당산唐山
일대의 사람들이었는데, 요하 항운의 발전으로 산동, 하북 중부 및 동
부, 산서 동남부, 광동 연해 지역으로 점차 확대되었다. 그러다가 1900

---

19 『满蒙全书』 저자의 통계(第6卷, 887頁)에 의하면, 1921년 2월 23일부터 5월 6일까
지의 42일이 이민이 가장 많았던 시기였다. 이 시기 철도를 통해 동북으로 이주한 관내
이민은 11만 7,034명이었다. 철도 연선에서 이주민이 승차한 기차역과 이주민 규모를
보면, 평원 2,243명, 덕주 3,266명, 태안 6,633명, 연주 2,748명, 제남 1만 5,357명, 우성
5,515명, 천진 6만 2,090명, 군량성 2,326명, 당고 2,770명, 대능하 2,357명이었다.

년대 초 관내 이민의 출신지는 산동, 하북 두 성 전체뿐만 아니라 산서 중부와 북부, 강소 북부, 하남 동부, 호북, 절강 등지까지 확대되었다. 이렇게 동북은 국내 이민의 출신지가 가장 다양하고 이민 규모도 가장 큰 지역이 되었다.

영구적 이민은 계절 이민이나 반영구적 이민[20]과 달리 이주지에서 장기적으로 거주하는 사람으로, 이주지에서 정착하여 자녀를 낳고 그 지역의 주류 사회에 융합된 이주민을 말한다. 동북 지역 토지의 전면적 개방과 중앙 및 지방정부의 이주민에 대한 적절한 안치 정책으로 관내의 이민은 초기의 개인 이주에서 가족 이주로 바뀌었다. 이런 현상은 대련, 영구 등 항구의 출입 기록을 보면 알 수 있다. '1906~1908년 영구항 노동력 입출 정황표'(〈표 2〉)와 '1919~1922년 동북 각 항구 이민 출입 현황'(〈표 3〉)에 의하면, 1906년 영구항을 통해 동북 지역으로 유입된 이민의 정착율은 26%, 1908년 41%, 1920년 66%로 꾸준한 증가세를 보였다. 같은 시기 계절 이민과 반영구적 이민은 34%에 불과했다. 대련을 통해 상륙한 이민의 정착율은 영구보다 낮았지만 56%나 되었다. 각 항구를 통해 상륙한 이민의 평균 정착율은 45%(〈표 4〉 참조)였다. 이 수치에는 이주민이 아닌 사람들도 포함되었기에, 일반 노동이주민의 정착율은 이보다 높은 60%로 봐야 할 것이다.[21] 정착율이 가장 높

20　반영구적 이민은 한 곳에 여러 번 다니면서 상업이나 노동에 종사하는 이민을 말한다. 이런 이주민은 이주한 곳에서 장기적으로 거주하지 않지만 체류 기간이 증가하는 경향을 보이고 있다. 이들은 장기 거주의 욕구가 있지만 이를 실현할 수 없는 사람들이다. 이들의 체류 기간은 계절 이민의 체류 기간보다 길다.

21　『盛京时报』 1927년 8월 21일 자료에 의하면 1923~1927년 상반기까지 4년 사이 대련항을 통해 상륙한 관내 이민은 135만 6,584명(1923년 21만 8,895명, 1924년 21만 2,327명, 1925년 23만 9,434명, 1926년 32만 3,985명, 1927년 36만 1,943명)으로 연평균 30만 1,463명에 달했다. 같은 시기 대련에서 산동으로 돌아간 사람은 연평균 12만 1,300명으로 회귀율은 40%였다.

표 2_1906~1908년 영구항 노동력 출입 상황 (단위: 명)

연도	입항자 수	출항자 수	정주자 수	정주율
1906	143,786	105,758	38,028	26%
1907	163,947	95,649	68,298	42%
1908	124,987	74,122	50,865	41%

출처:「明治43年(1910)日本駐营口領事館報告」, 日本外務省通商局 編, 『満洲事情』, 第2輯, 第1卷, 100-101頁.

표 3_1919~1922년 동북 각 항구 이민 출입 상황 (단위: 명)

이민 상륙 항구	이민 출발 항구	1919년		1920년		1921년		1922년	
		입항	출항	입항	출항	입항	출항	입항	출항
영구	천진	26,089	10,095	74,471	9,244	35,559	2,658		
	연대	5,885	3,586	3,024	3,597	6,146	3,473		
	용구	43,291	32,569	39,658	27,554	36,746	23,945		
대련	청도			68,983	78,317	54,575	82,747	71,649	99,225
	연대			86,521		57,311		82,842	
	용구			18,625		20,655		25,870	
안동	청도			2,560		2,218		2,154	
	연대			38,081		34,649		33,624	
	용구			2,275		2,063		2,002	
전체				305,014		302,805		236,400	

았던 해는 1927년으로, 대련을 통해 상륙한 이민(70만 명)과 관내로 돌아간 이민(14만 명)의 비율은 5:1로 80%의 정착율을 기록했다(〈표 5〉 참조). 정착율이 증가했다는 것은 열악한 생존 환경 속에서도 대다수 관내 이민이 동북을 임시적이고 계절적인 이주지로 생각하지 않고 자원이 풍부하고 근대화 속도가 빠른, 생존과 발전에 적합한 곳으로 생각하기 시작했다는 것을 의미한다.

② 약 30%의 이민이 동북 남부 도시에 이주하고 나머지 70%의 농업과 상업 이민은 장춘 이북의 북만주 지역과 장춘 서부의 몽고초원으로 이주했다. 1920~1922년 영구에 상륙한 이민자 중 정착한 사람은

표 4_ 1923~1931년 관내 이민의 동북 이주 상황 (단위: 명, %)

연도	입경자 수	증감률	출경자 수	증감률	체류자	증감률	정주율
1923	341,638	100	240,565	100	101,073	100	29.8
1924	384,730	113	200,046	83	184,684	183	48.0
1925	472,978	138	237,746	99	235,232	233	49.7
1926	566,725	165	323,694	135	243,031	244	42.9
1927	1,021,942	299	341,599	142	680,343	673	66.6
1928	938,472	275	394,247	164	544,225	538	59.0
1929	87,706	257	484,000	201	394,706	390	45.0
1930	748,213	219	488,504	203	259,709	257	34.7
1931	467,403	137	461,339	192	6,063	6	1.3

출처: 『中东经济月刊』, 1930, 第6卷, 第4, 5合号, 67頁; 天野元之助, 1932, 『满洲经济的发达』, 南满铁道株式会社, 33頁; 陈彬和, 1931, 『东北移民问题』, 43-44頁; 周春英, 『近代关内移民与东北区域经济变迁』에서 정리

표 5_ 1927-1930년 동북 네 개 항구를 통해 관내에 유입된 이민자 수 (단위: 명)

	대련	영구	봉천	안동	전체
1927	141,859	62,463	107,371	29,906	341,599
1928	164,857	85,843	169,956	19,344	440,000
1929	212,280	68,603	315,192	23,925	620,000
1930	197,195	103,177	176,168	36,253	512,793

6%(매년 5천 명), 무순·봉천 등의 도시로 간 사람은 15%(1만 명), 봉천 서북부 지역으로 간 사람은 20%(1만 5천 명), 나머지 59%(약 5만 명)는 북만주 지역으로 갔다. 대련에 상륙한 이민자 중 대련에 정착한 사람은 10~12%(매년 2만~2만 5천 명), 복주復州·장하庄河 등 요동반도의 상업도시로 간 사람은 5%(1만 명), 봉천으로 간 사람은 5천 명, 봉천성 서부로 간 사람은 10%(2만~3만 명), 나머지 75%(약 15만 명)는 북만주 지역으로 갔다. 안동에 상륙한 이민자 중 안동 및 인근에 정착하여 벌목과 양잠업에 종사한 사람은 25%(1만 명), 봉천으로 간 사람은 2

천 명, 나머지 3만 명은 압록강을 거슬러 동변 배후지로 향했다.[22] 경봉 철도를 따라 봉천에서 하차한 10만~12만 명의 이민자[23] 중 약 2만 명 (20%)은 봉천 및 인근 지역에 정착했고, 1만 명은 봉천성 서부로 갔으며, 6~7만 명은 북만주 지역으로 이주했다. 이런 자료를 통하여 매년 대련·영구에 상륙하고 봉천에서 하차한 관내 이민자 중 최소 25만 명이 북만주 지역으로 이주했음을 알 수 있다.[24] 북만주 지역 대도시에 갔거나 대도시에서 정주하는 5만 명을 제외하면 북만주 농촌으로 매년 새로이 유입되는 이주민의 규모는 20만 명 정도였다.

③ 관내 이주자들이 동북에 유입된 후 제2·제3의 재이주를 통해 다른 곳으로 갔다. 근대 초기 동북의 개방 지역이 요하와 송화강 중부에 집중돼 있었을 뿐만 아니라 이 개방 지역에 사람이 별로 거주하지 않았기 때문에 관내 이민이 동북으로 이주하면 보통 첫 도착지인 이 개방 지역에 뿌리를 내리는 경향이 있었다. 하지만 1900년 이후부터 동북 서부 내몽고초원과 북부의 눈강 유역, 송화강 하류와 목단강 유역이 개방되고 동시에 기존의 요하 유역과 송화강 중류의 인구밀도가 높아지면서 추가 이민의 유입이 어렵게 되자 일부 이민자는 동북 남부와 중부에서 생활하면서 기후와 환경에 적응한 후 제2·제3의 재이주를 통해 다른 곳으로 옮겨갔다. 1912년 장춘 이남의 봉천의 회덕·창도·철령, 길림성의 빈현賓縣·농안·서란·의란 등의 현에 정착했던 891호, 7,075명

---

22 『满蒙全书』, 第6卷, 893-894頁.

23 『盛京时报』, 1924年 6月 19日. 1921년 3~5월 봉천성성에 하차한 사람은 11만 7,034명이었고, 1922년 3~5월에는 12만 8,846명이었다.

24 「鲁直苦力北上劳工之调查」, 『盛京时报』, 1924年 5月 3日. 1920년대 말 이민자가 가장 많이 하차한 장춘역의 자료를 통해서도 이주민의 분포를 알 수 있다. 1927년 장춘역에 도착한 이주민은 26만 9,973명, 1928년 32만 7,485명, 1929년 26만 8,090명이었다.

관내 이민이 인구가 적은 흑룡강성 탕원현湯原縣으로 재이주했다.[25] 1914 년에는 농업 경제가 상대적으로 발달한 길림성 농안현의 1,421호, 1만 9,685명 관내 이주민이 인근의 흑룡강성 조동현에 이주했다. 같은 해 봉천 해성의 19호, 400명, 관전의 82호 1,275명 관내 이주민이 길림성 통하현(현 흑룡강성에 소속)으로 재이주했다.[26] 흑룡강성 나서현蘭西縣 이 유출인구가 가장 많은 곳이었는데, 그곳의 인구는 1908년 말 17만 5 천 명, 1911년 19만 2천 명에 달했다. 그러나 대규모 전염병이 없었음 에도 인구가 3년 사이 7만 명이나 감소하여 1914년에는 12만 2,543명 으로 줄었다. 10년 동안 관내 이민은 그리 멀지 않은 주변 지역으로 재 이주했다.[27] 흑룡강성 수화도 이와 비슷한 상황이었다. 중동철로국 조 사원 폴로반鮑羅班의 통계에 의하면, 1912년 수화의 인구는 22만 4,749 명이었는데 1914년에는 2만 7,490호, 17만 6,278명으로 감소했다. 감 소 부분 인구는 배천, 통북, 용강 등으로 이주했다.[28] 이러한 재이주로 인하여 동북 지역의 인구 분포는 합리적으로 변화했고 변강의 경제 환 경도 개선될 수 있었다. 동시에 이런 재이주는 동북 중부 지역의 인구 밀도를 낮추어 관내 이민의 지속적인 동북 이주를 촉진했다.

청말민초 시기의 관내 이민자와 동북의 도시화

청말민초 시기의 이민은 두 가지 유형으로 나눌 수 있다. 하나는 청·장

---

25 汤尔和 编译, 1931, 『东省铁路丛刊之一: 黑龙江』, 商务印书馆, 288-289頁.

26 汤尔和 编译, 1931, 『东省铁路丛刊之一: 黑龙江』, 商务印书馆, 246頁.

27 汤尔和 编译, 1931, 『东省铁路丛刊之一: 黑龙江』, 商务印书馆, 396頁.

28 汤尔和 编译, 1931, 『东省铁路丛刊之一: 黑龙江』, 商务印书馆, 419-420頁.

년을 주축으로 한, 대도시에 이주한 계절 이민이고, 다른 하나는 북만주의 드넓은 농촌 지역에 정착한 가족 이민이다.

① 관내 이민자의 도시 이주와 도시화

첫째, 도시는 많은 청·장년의 유입으로 싸고 풍부한 노동력을 공급받을 수 있다. 근대 도시 발전사에서 인구의 이동과 자본의 이동은 같은 방향으로 이루어지지만, 노동력이 부족할 경우 자본은 다른 곳으로 옮겨가게 되어 도시 상공업의 발전에 부정적인 영향을 미친다는 것을 보았다. 때문에 노동력 자원의 규모와 분포는 국가나 지역의 도시화에 매우 중요한 결정 요인이라고 할 수 있다. 또한 인구경제학적 관점에서 볼 때 청·장년 이민은 도시의 발전에 특별한 의미가 있다. 그 이유는 한 개인의 사회·경제적 참여 수준이 연령과 직접적인 관계가 있기 때문이다. 개인은 사회적 부의 소비자인 동시에 부를 창조하는 생산자이다. 하지만 고령자는 사회적 부를 창조하는 능력이 청·장년에 비해 낮을 뿐만 아니라 사회는 이들을 부양하는 비용을 지불해야 한다. 청·장년 인구는 경제활동 참여를 통해 자신이 소비하는 사회적 부보다 훨씬 많은 부를 창조할 수 있는 능력을 가지고 있기에[29] 도시 발전의 주축 세력이라고 할 수 있다.

둘째, 외래 인구가 유입되면서 동북 지역 전체 인구의 교양 수준이 제고되는 동시에 근대적 문화를 접할 수 있는 기회가 많아졌다. 인구의 이동은 노동력의 이동뿐만 아니라 사회문화의 이동이기도 하다. 관내의 사람들이 동북으로 이주하는 과정에 관내의 전통 문화도 유입되었다. 이로 인해 기존 동북 지역의 만주족 문화, 산동 교동 문화, 서양 문

29　忻平, 1996, 『从上海发现历史-现代化进程中的上海人及其生活』, 上海人民出版社, 70-73頁.

화의 기초에 산동 서부 문화, 하남 동부 문화, 산서 남부 문화, 절강 문화, 양호兩湖(호남과 호북) 문화 등이 융합되어 다원적인 대련 문화, 심양 문화, 하얼빈 문화, 길림 문화 등 동북 도시의 사회문화가 형성되었다. 그뿐만 아니라 동북으로 이주한 관내 이민자는 잔혹한 사회적 압력과 생존 압력을 견뎌내야 했다. 이 압력은 바로 근대 공업의 특징이라고 할 수 있는 세밀한 노동분업을 말한다. 이 시스템에 적응하기 위해서는 전통적인 가치관과 생활습관을 버리고 고통과 어려움을 참고 견디면서 개방적이고 전문적인 근대적 의식을 키워야 했다. 이는 동북 사람들의 "적당히 부유하면 안이해지고 고생하지 않으려는" 낙후한 전통적 관념에 대한 도전이기도 했다.

② 농촌의 관내 이민자와 도시화

농촌의 관내 이민자가 도시화에 미친 영향은 점진적·간접적인 측면과 직접적인 측면으로 나누어볼 수 있다.

첫째, 송화강 연안의 인구가 증가하면서 북만주 지역의 농업 경제가 발전할 수 있었다. '북만'은 러일전쟁 이후 일본과 러시아가 장춘을 경계로 동북을 분할 점령할 당시 장춘 이북의 중동철도 시발점부터 흑룡강의 북부 러시아 통치 지역을 말한다.[30] 이 지역을 송화강 수계에 의해 크게 4개의 경제 구역으로 나눌 수 있다. 하나는 길림 대뢰, 흑룡강 태래-치치하얼 구간으로 서쪽은 몽고초원과 인접한다. 두 번째는 길림 대뢰 동쪽, 장춘 북쪽, 쌍성 남쪽의 초기 농업 개간지이다. 세 번째는 송화강과 눈강이 합류하는 곳(흑룡강 조원肇源) 북쪽, 치치하얼 동쪽, 하얼빈-가목사佳木斯 서쪽의 송화강 좌안에 위치한 잠재적 개간지이다. 넷

---

30 일제시기에는 동북의 중심지인 장춘과 공주령 사이의 북위 43도선을 경계로 하여 남쪽은 남만, 북쪽은 북만이라고 불렸다.

째는 쌍성 북쪽, 하얼빈 동쪽의 송화강 우안부터 오소리강의 길림성 동북부(현 흑룡강성 남부와 동부)에 위치한 반개간지이다. 당시 북만주의 관내 이주민은 송화강 하류 양안의 경제 구역인 세 번째와 네 번째 구역에 많이 거주했다. 동북 지역 전문가 탕이화湯爾和의 조사에 의하면, 1887년 당시 호란에서 흑하黑河에 이르는 송화강 좌안 경제구의 인구는 기인旗人, 한족 이민과 주둔 병사 등 35만 명이었고, 1907년에 20만 1,586호, 138만 6,865명,[31] 1914년에 181만 명으로 증가했다. 여기에 몽고 변경의 태래와 남부의 조동肇東, 조원, 송화강 좌안 지역의 인구까지 합치면 246만 명에 이른다.[32] 특히 원래 호란성에 소속되었던 호란, 난서蘭西, 파안巴顔, 목란木蘭 등 네 현의 인구는 1887년 15만 명(2만 6,176호)에서 1914년 65만 명(11만 933호)으로 증가했고, 1887년에는 호란 한 곳의 인구가 4개 현 총인구의 2배(28.5만 명) 가까이 증가했다.[33] 탕왕하湯旺河 유역의 탕원현湯原縣은 1900년 이전까지도 사람이 살지 않는 원시 삼림과 소택지였는데 1900년부터 유입된 한족에 의해 개간되었다. 1905년 이곳은 파안에서 분리되어 현이 되었고, 이후 7년간 1만 3,803명이, 1912~1913년 추가로 1만 7,989명이 유입되어 1914년 현 전체 인구는 3만 1,192명으로 증가했다.[34] 소흥안령小興安嶺 배후지에 위치한 흑룡강 경성현慶城縣(현 경안慶安)은 1886년부터 농업 이민이 유입되었다. 이곳은 먹이근도통구墨爾根都統區와 포특하도통구布特哈都統區 관할이었다. 1902년의 인구는 한족 이주민 8,115명을 포함하여 2만 4,242

31　黑龙江省地方志编撰委员会 编, 1996, 『黑龙江省志·人口志』, 黑龙江人民出版社, 105頁.

32　汤尔和 编译, 1931, 『东省铁路丛刊之一：黑龙江』, 商务印书馆, 170頁.

33　汤尔和 编译, 1931, 『东省铁路丛刊之一：黑龙江』, 商务印书馆, 179頁.

34　汤尔和 编译, 1931, 『东省铁路丛刊之一：黑龙江』, 商务印书馆, 298頁.

명이었으나 1908년에는 17만 5천 명으로 증가했다. 1929년 송화강 좌안의 인구는 59만 1,646호, 355만 9,663명에 달했다. 그중 인구가 비교적 많은 곳은 수화(24만 6,506명), 호란(25만 2,099명), 배천(20만 9,842명), 해륜(24만 0,842명), 망규(17만 8,823명), 파안(27만 4,637명), 조주(25만 6,152명) 등이었다.

송화강 우안 22개 현의 인구도 크게 증가했다. 1907년 16만 5,039호, 119만 545명에서 1929년 41만 5,221호, 266만 8,130명으로 증가했다. 인구가 상대적으로 많은 곳은 쌍성(46만 573명), 빈강(18만 2,712명), 빈현(29만 7,662명), 오상(23만 733명), 연수延壽(15만 3,386명), 영안寧安(18만 2,514명), 의란(16만 6,795명), 화천樺川(10만 2,875명), 부금富錦(145,057명) 등이었다.[35]

농업 인구의 증가는 토지 개간 규모와 정비례했다. 1914년 흑룡강성 서부 지역의 개간 면적은 386만ha 이상에 달했고, 1924~1931년 송화강 하류 지역(목란, 통하, 탕원, 의란, 화천, 부금, 방정方正, 벌리勃利 등의 현을 포함)의 경작지 면적은 86.2만ha에서 118만ha로 증가했다. 이 시기 송화강 하류의 화천 일대는 "인구가 밀집하고 토지가 절반 넘게 개간되었다." 관내 이민은 송화강 연안의 지세가 낮고 하천이 밀집하고 수자원이 풍부한 자연 환경을 이용하여 빈현, 아성, 부금, 화천, 보청寶清, 탕원 등의 지역을 개간했고 쌀농사를 시작했다. 1928년 송화강 하류 양안의 경작지는 700만ha에 달했고, 송화강 좌안의 송눈평원(수화, 극산, 해륜 지역을 중심으로), 우안의 삼강평원(이란, 화천, 부금), 송화강 중류 평원(쌍성, 오상, 조동, 조원)에 농업 지역이 형성되기도

---

35 黑龙江省地方志编撰委员会 编, 1996, 『黑龙江省志·人口志』, 黑龙江人民出版社, 105頁.

했다. 길림성과 흑룡강성은 신규 이민을 관리하기 위해 30개 가까이 되는 현을 신설했다.

둘째, 기름진 토질의 송화강 유역이 대대적으로 개발되면서 북만주 지역의 자연 경제적 농업 생산구조가 무너지고 거대한 농산품 수출 기지가 형성되기 시작했다. 토지는 농업의 가장 기본적인 생산수단으로 경작지 면적이 증가하면 필연적으로 식량 생산이 증가하게 된다. 1914년 송화강 좌안의 수확 상황을 보면, 조동 1억 6,800만kg, 해륜 5억 6,500만kg(3,453만 푸드), 파안 3억 2,800만kg, 목란 8,696만kg(1ha당 1,237kg), 통하 3,4500만kg(17만 1천 석), 안달 1,960만kg(9만 8천 석), 배천 2억 8천만kg(1,704만 푸드), 청강 1억 1,500만kg(704만 푸드), 수화 2억 9천만kg(147만 석) 등으로 송화강 좌안 농경지의 전체 수확량은 32억 2천만kg에 달했다.[36] 당시 이 지역 26개 현의 전체 인구가 246만 2천 명인 점을 감안하면 일인당 식량 보유량은 1,300kg이었고, 일부 현은 1,500kg에 달하기도 했다. 당시 동북의 일인당 식량 소비량이 300~400kg, 이듬해 종자용 낟알 40~50kg, 가축용 곡물 150kg 등을 제외해도[37] 50% 이상이 남는 수준이었다. 1914년 호란의 잔여 식량은 6,580만kg, 목란은 1,980만kg, 배천은 1억 3천만kg으로 전체 지역의 잔여 식량은 12억kg에 달했다. 1918년 송화강 우안의 아성, 빈현, 동빈同賓, 방정, 의란, 벌리, 화천, 부금, 보청, 동강同江, 수원綏遠 등 11개 현의 식량 생산량은 6억 7,800만kg(377만 383석)이었고, 잔여량은 3억kg에 달했다. 곡물별 잔여량을 보면 전체 밀의 80%, 콩의 70%, 옥수

---

36 「黑龙江省总面积, 耕地面积, 谷物收获总数, 谷物剩余额, 人口家畜数表」, 汤尔和 编译, 1931, 『东省铁路丛刊之一: 黑龙江』, 商务印书馆, 12-13頁 揷圖.

37 汤尔和 编译, 1931, 『东省铁路丛刊之一: 黑龙江』, 商务印书馆, 124, 455-460, 170-175頁의 자료에 근거하여 계산했다.

수의 20%였다.

대량의 잔여 식량이 상품으로 외부에 수출되면서 이 지역에 유통시장이 형성되기 시작했다. 먼저 주요 식량 생산지마다 농산품 유통에 필요한 양잔이 출현했다. 콩과 양곡이 생산지의 양잔에 모인 다음 더 큰 규모의 양잔에 보내져 무역상에게 넘겨졌다. 그리고 최종적으로 무역상을 통해 전국 방방곡곡에 수출되었다. 식량 집산 시장으로 시작된 일부 지역은 나중에 수출 시장이 확대되면서 도시로 발전했다.

농산품이 집산지에 모이면 상인들은 장춘, 하얼빈, 아성, 대청산對靑山, 의란 등의 중동철도 기차역과 송화강 연안의 부두까지 마차로 운반했다. 각 현의 농산품 수출 상황을 보면, 1909년 파안은 밀 450만kg과 콩 393만kg을 수출했고, 1914년 난서는 4,140만kg, 호란은 2,800만kg, 목란은 2,440kg, 통하는 401만kg, 배천은 1,061만kg, 청강은 3,780만kg, 해륜은 2.97억kg의 식량을 수출했으며, 1916년 아성은 밀 365만kg을 수출했다. 1928년 식량 수출 총량을 보면 의란은 5,970만kg(기타 담배, 마, 청람 등의 경제작물 27만kg), 동강은 118만kg, 보청은 719만kg(기타 경제작물 7만kg), 화천현은 4,320만kg, 부금현은 2,016만kg 등이었다.

식량 및 경제작물의 운송량이 증가하고 운송시간이 길어지면서 북만주 지역의 마차 운송업과 양마업이 번성하게 되었다. 1914년 해륜에는 각종 마차 4만 1,014대(6~10필의 말이 *끄는* 2.5~3톤의 대마차 6,395대, 4~6필의 말이 *끄는* 1.5~2톤의 철륜마차 9,757대, 1~2필의 말이 *끄는* 300~400kg의 목륜마차 2만 4,862대)가 있었고, 현지에서 키우는 운송용 말은 10만 필에 달했다.[38] 그해 전체 송화강 좌안 농업구

---

38 汤尔和 编译, 1931, 『东省铁路丛刊之一: 黑龙江』, 商务印书馆, 465頁.

(현 흑룡강성 서부)의 운송용 말은 61만 1,924필에 달했다. 북만주 지역의 마차 운송업은 도로 건설 사업을 촉진하기도 했다. 1905년 이전까지 하얼빈 북쪽의 송화강 좌안 지역에는 1700년대에 군사적 목적으로 건설한 백도눌(길림성 송원)-치치하얼-애훈 구간의 도로와, 백도눌-호란, 호란-애훈, 호란-파안-목란-통하 구간의 흙길이 있었지만, 주변이 소택지로 둘러싸여 겨울을 제외하고 통행이 어려웠다. 1906년 이후 각 현마다 철도역과 부두로 향하는 도로를 건설하기 시작했다. 1913년까지 송화강 좌안 지역에는 조주-만구滿溝(95km), 무흥茂興-조주-하얼빈(220km), 호란-수화-해륜(185km), 안달-배천(175km), 배천-하얼빈(220km), 배천-소숭자小嵩子(120km), 배천-해륜(80km), 청강-안달(80km), 청강-대청산(95km), 청강-망규(35km), 난시-대청산(30km), 수화-파안(80km), 수화-여경餘慶(65km), 해륜-청강(120km), 해륜-용문(180km), 해륜-눈강(270km) 등의 도로가 건설되었다. 그중 수화, 극산, 해륜, 호란 등 식량 생산지의 현에는 도로가 5개 이상 건설되었다.

송화강 연안 부두의 식량 운송량이 크게 증가하면서 부두 지역의 경제도 발전했다. 1914~1919년 송화강을 통한 식량의 연간 운송량은 5만 632톤, 11만 1,948톤, 12만 9,726톤, 21만 6,077톤, 23만 3,987톤이었다. 1920년 8월에서 1921년 8월까지 송화강 연안 전체 부두의 식량 운송량은 1,392만 푸드에 달했다. 1927~1930년 가목사항의 연간 식량 수출량은 8만 6,916톤, 12만 4,514톤, 13만 4,785톤, 12만 2,072톤이었고, 같은 기간 의란항의 연간 식량 수출량은 7만 6,870톤, 7만 9,478톤, 8만 8,714톤, 7만 9,951톤이었다. 부금항은 1920년대부터 매 년 약 4만 톤의 식량을 수출했고, 파안과 수빈綏濱항은 각각 2만 톤을 수출했으며, 목란·통하·화천 등도 매년 약 1만 톤을 수출했다.

그림 2_당시의 부금富錦 부두

철도를 통해 운송된 식량의 주요 도착지는 하얼빈, 만구, 대청산, 안달 등이었다. 1911~1915년 안달항을 통해 수출된 식량은 1억 8,500만kg이었다. 1915년의 한 해의 수출량이 1억 5,600만kg이었다.[39] 대청산과 하얼빈 기차역을 통해 수출된 식량의 주요 생산지는 호란 인근 지역이었다. 1914년 호란의 식량 생산량은 2억 8,700만kg이었는데 그중 하얼빈을 통해 1억 3천만kg(1909~1914년 하얼빈역의 식량 수출량은 10억 4,900만kg으로 연평균 1억 7,500만kg), 대청산역을 통해 4,200만kg(1909~1914년 대청산역을 통해 보리 등 식량 5억 480만kg이 수출)이 수출되었다. 안달, 대청산, 하얼빈은 철도 식량 운송을 통해 막대한 수익을 올렸다. 특히 안달과 대청산 두 역은 인구가 100~200명에 불과한 작은 기차역이었는데 1915년에는 인구 2,000명에 달하는 도시가 되었다.[40]

북만주산 농산품에 대한 수요가 급증하면서 이 지역의 농산품 가격은 1900년대 초부터 지속적으로 상승했다. 호란의 경우, 1907년, 1910

39　汤尔和 编译, 1931, 『东省铁路丛刊之一: 黑龙江』, 商务印书馆, 336-337頁.

40　汤尔和 编译, 1931, 『东省铁路丛刊之一: 黑龙江』, 商务印书馆, 326-327頁.

년, 1913년 밀의 가격은 1석에 22조, 33조, 98조, 수수는 13조, 27조, 51조, 좁쌀은 25조, 47조, 85조, 보리는 13조, 19조, 38조, 콩은 24조, 38조, 76조, 옥수수는 10조, 27조, 52조, 팥은 10조, 27조, 62조로 인상되었다. 동북 지역의 밀 가격을 러시아 화폐 단위인 코페이카로 환산하면 1907년 66코페이카, 1908년 67코페이카, 1909년 70코페이카, 1912년 104코페이카였다. 식량 가격의 지속적인 인상은 농민의 생산 적극성을 자극했고 농민은 더 많은 농산품을 시장에 내놓기 위해 노력했다. 곡물 수출은 현지 농민의 수입을 증대시킨 동시에 국내외 상품의 동북 지역 유입을 촉진했다. 해륜 등의 상인은 천진, 영구, 상해에 사무처를 설립하여 직접 외지에서 외국산 상품과 국내산 상품을 주문하여 북만주 지역에 보냈다.[41]

여기서 짚고 넘어가야 할 것은, 송화강 유역에서 이루어진 농산품의 대량 수출과 판매는 중·러 무역의 발전과 동북 농산품에 대한 국제시장의 수요를 전제하고 있다는 점이다. 중·러 무역의 급속한 발전은 중동철도가 시베리아철도 및 남만철도와 연결된 후 유라시아 대륙의 두 국제시장이 긴밀하게 연결되었기 때문에 가능했다. 1903년 러시아가 중동철도를 통해 북만주로부터 수입한 농산품은 36만 7,385푸드이었고, 1904~1905년 아무르 지역에서만 북만주로부터 농산품 36만 7,385푸드를 수입했다. 1906~1913년 동북 지역에서 러시아 극동 지역으로 수출한 식량은 216만 3천 푸드, 510만 1천 푸드, 815만 푸드, 878만 4천 푸드, 1,255만 3천 푸드, 1,560만 푸드, 1,170만 푸드, 1,160만 푸드에 달했다. 러시아가 동북으로부터 수입한 농산품은 극동 지역에서 소비되었을 뿐만 아니라 블라디보스토크를 통해 다른 곳으로 수출되기도

41　汤尔和 編译, 1931, 『东省铁路丛刊之一: 黑龙江』, 商务印书馆, 470-471頁.

했다. 1906년 블라디보스토크를 통해 수출된 북만주산 농산품은 67만 푸드에 불과했지만 이듬해인 1907년에는 559만 2천 푸드로 증가했다. 『아국재만주적사업俄國在滿洲的事業』에 의하면, 1908~1911년 블라디보스토크를 통해 수출된 동북의 콩은 각각 760만 푸드, 1,600만 푸드, 1,800만 푸드, 2,600만 푸드였다. 1909년에는 니콜라옙스크에도 90여만 푸드가 수출되었다.

셋째, 대규모 잔여 농산품은 북만주 지역의 농산품 가공업의 발전을 촉진했다. 송화강 유역 인민의 오랜 소원이었던 양조, 유방, 제분 등 가공업의 발전이 현실화되었다. 동북 특히 북부 지역은 겨울철에 낮이 짧고 밤이 길고 날씨가 추웠기 때문에 추위를 쫓거나 조명을 하고 명절 음식을 만들 술이나 기름 등이 필요했다. 이런 수요에 의해 현지 농작물과 가공업이 결부되면서 백주, 기름, 당면, 두부 등 전통 수공업 제품의 생산이 유발되었다. 그러나 이러한 가공 상품은 전적으로 곡물에 의존했기 때문에 곡물의 생산량에 따라 가격이 결정되어 산업 자체가 안정적이지 못했다. 심지어 대부분은 자급자족적인 자연경제의 성격을 띠고 있었다. 1900년대 초 관내 이민이 증가하고 현지 인민의 생활수준이 제고되면서 백주와 당면은 단순한 추위를 쫓는 식품과 사치품·희귀품에서 일반 대중의 일상 소비품과 식품이 되었다.[42] 기름은 조명에 필요했을 뿐만 아니라 식용으로도 사용되었다. 따라서 백주와 기름 및 전분 생산은 대중적 수요에 의해 결정되기 시작했다. 백주·기름·전분의

---

42 당시 북만주 지역의 농촌 인구 중 지주 가족이 50% 이상에 달했다. 파안현의 1913년 인구는 3만 7,804호였는데 지주는 2만 2,994호, 소작농은 1만 4,810호였다. 통하현의 1914년 인구는 6,114호, 4만 4,987명이었는데 지주는 4,878호, 소작농은 1,236호였다. 이처럼 지주가 많고 소작농이 적었기에 토지세는 관내보다 낮았고 소작농의 생활수준은 관내보다 높았다.

원재료는 현지에서 생산할 수 있었기에 단가를 낮추고 부가가치를 높일 수 있었다. 이런 이유 때문에 양조·유방·제분 등 가공업이 청말민초 시기 북만주 지역에서 흥기할 수 있었던 것이다.

북만주 '3품' 생산에서 규모가 가장 큰 것은 백주업이었다. 1914년 해륜현에는 양조장이 18개가 있었고 수수·옥수수 2,950만kg으로 백주 106만kg을 생산했다. 호란에는 양조장이 5곳이 있었고 곡식 2,000만kg으로 백주 125만kg을 생산했으며, 파안은 양조장 18곳에서 곡식 3,600만kg으로 백주 250만kg을 생산했다. 1920년의 조사에 의하면 송화강 우안의 의란에는 양조장이 30여 곳이 있었는데 연간 곡물 2만 석으로 백주를 생산하여 현지에서 소비했을 뿐만 아니라 러시아 하바롭스크에도 25만kg을 수출했다. 같은 시기 화천현성 양조장 1곳과 가목사진 양조장 3곳의 연간 술 생산량은 150kg이었다. 그 밖에도 부금현 양조장 4곳의 연간 생산량은 5,000kg, 보청현 양조장 5곳의 연간 생산량은 8만kg, 동강현 양조장 1곳의 연간 생산량은 3만kg이었다. 1929년 벌리현 양조장 2곳에서는 술 9만kg을 생산했고, 5만kg을 외부에 수출했다. 양조업이 발전하면서 각 양조장의 규모도 확대되었다. 1930년 5월의 조사에 의하면 아성현 대흥제주창大興製酒廠의 자본은 12만 원, 풍승태제주창豊盛泰製酒廠과 영원발제주창永源發製酒廠의 자본은 11만 원과 10만 원에 달했다.

두 번째 산업은 착유업이었다. "북만주 지역의 유방은 민국 원년부터 시작되어 제1차 세계대전 기간에 확대되었다." 1915년 파안에는 유방 64곳이 있었고 연간 콩 2,880만kg으로 기름 285만kg, 두병 3,947만kg을 생산했다. 같은 시기 호란은 유방 12곳에서 기름 43만kg을 생산했고, 해륜은 유방 12곳에서 연간 두유와 참기름을 73만kg을 생산했다. 배천은 유방 10곳에서 콩 280만kg으로 연간 기름 25만kg을 생산했고,

조동은 유방 18곳에서 곡물 12만kg으로 기름 60만kg과 비료 및 사료용 두병 42만 매를 생산했다. 1915년 영안현에 자본 규모가 5만 원 이상인 항경기계착유양합공사恒慶機器榨油兩合公司와 춘발합기제유창春發合機製油廠이 설립되었다. 1918년 의란부에는 크고 작은 유방 36곳이 있었고 연간 5만kg 이상의 기름을 생산했다. 또한 화천현성에는 유방 2곳, 가목사진에는 유방 5곳이 있었다. 부금현은 유방 6곳에서 두유 4만kg과 두병 3.4만 매를 생산했고, 동강현의 유방 3곳에서 생산하는 기름은 2만kg에 달했다. 1930년 아성현에는 보유 자본이 8만 원, 10만 원, 12만 원인 대흥창제유창大興昌製油廠, 의성원제유창義盛源製油廠, 동흥원제유창同興源製油廠 등이 운영되고 있었다. 1927년 북만주 지역 21개 도시에 있는 유방은 147곳이었는데, 하얼빈 시내에 있는 37곳을 제외한 나머지 110개는 모두 식량 생산지의 중심 도시에 있었다.

세 번째 산업은 제분업이다. 1900년대 초 북만주 지역의 제분업은 크게 두 가지 유형이었다. 하나는 전통적인 전분 제조업이고, 다른 하나는 밀을 원재료로 한 밀가루 제조업이었다. 후자가 지배적 위치에 있었다. 북만주 지역은 대규모로 밀을 재배했고 생산량도 많았다. 또한 러시아 극동 지역 주민은 밀가루를 대량으로 소비했다. 밀가루 무역이 중심이 된 중·러 식량 무역은 송화강 유역 제분업의 발전을 촉진했다. 1914년 해륜현 상인은 자본 60만 조를 모금하여 1일 밀가루 4톤을 생산할 수 있는 신공면분창信工麵粉廠을 설립했다. 1908년 아성현에서 설립된 항발유화마恒發裕火磨는 1924년에 이르러 완전히 기계화된 영원기마면분무한공사永源機磨麵粉無限公司로 발전했다. 이 회사는 1928년에 추가로 은 66만 원을 투자하여 하루에 밀가루 1만 2천kg을 생산할 수 있는 대동기마면분고빈유한공사東大機磨麵粉股份有限公司를 설립했다. 이곳에서는 남성 노동자 80명이 일했다. 1913년 영안현에 자본 500만 조를 보유한 신화면분공사新華麵粉公司가 설립되었는데, 1917년 이 회사는 45만 조에 달하는 이윤을 남기기도 했다. 이후 장녕기기면분고빈유한공사長寧機器麵粉股份有限公司와 증흥화마增興火磨가 설립되어 신식 기계를 도입하여 각종 곡물가루를 생산했다. 1923년 영안현에는 신화양합공사新華兩合公司, 증흥공사增興公司, 유동고빈유한공사裕東股份有限公司, 육순공사毓順公司 등 대형 제분회사가 있었다. 이 회사들의 보유 자본은 5만 원, 30만 원, 32만 원, 18만 원이었다. 부금현의 제분업이 송화강 하류에서 가장 유명했는데 밀가루 생산량이 많을 뿐만 아니라 질도 좋았다. 1917년 부금현에 두 사람이 15만 원을 합자 투자한 덕상동기마면창德祥東機磨面廠이 설립되었다. 1920년 부금현의 동흥덕東興德과 덕상동德祥東 등 대형 제분회사를 포함한 크고 작은 제분소의 연간 밀가루 생산량은 125만kg에 달했다. 1929년 부금에는 추가로 금창기제면분무한공사錦昌機制麵粉無限公司가 설립되었다. 1920년 호란현에 영업광화마永業廣火磨와 영태화면분창永泰和麵粉廠이 설립되었다. 1928년 빈현에 보유 자본 8만 원, 남성 노동자 30명, 1일 생산량 4,000kg의 유빈제조면분공사裕賓製造麵粉公司가 설립되었다. 방정현에 1928년 9월 보유 자본 8만 원인 계강호기제면분고빈유한공사季康號機制麵粉股份有限公司가 설립되면서 밀가루 생산뿐만 아니라 착유, 곡물 분쇄 등의 업무를 시작했다. 1929년 삼성에는 통달화마通達火磨와 의란상회화마依蘭商會火磨가 있었고, 가목사에는 진태풍화마유한공사震泰豐火磨有限公司와 동서창면분창同瑞昌麵粉廠이 있었다. 1927년 북만주 21개 도시에서 제분공장 53개가 가동되고 있었다. 하얼빈에 설립된 제분공장을 제외한 32곳은 송화강 유역의 20개 도시에 설립되었다.

농산품가공업이 발전하면서 송화강 연안 주민들의 생활에 필요한 최소한의 물질적 수요를 충족시킬 수 있게 되었고, 동북 지역의 농산품 수출 구조는 기존의 원자재 수출에서 가공제품 수출로 전환되었으며,

동북산 콩의 국내외 시장 판로가 개척되면서 지역 농업상품경제가 발전할 수 있게 되었다.

넷째는 근대 임업과 광업의 개발이다. 송화강 유역은 풍부한 삼림자원으로도 유명했다. 민국 6년(1917)의 남만철도주식회사의 조사에 의하면, 삼성 지역의 삼림 면적은 520만ha이고 목재 저장량은 26억 1,859만 9천 석이었다. 같은 해에 출판된 흑룡강삼림관리기구의 조사 자료에 의하면 파안현 경내의 사유 임장 5곳의 전체 면적은 2,767ha, 목란현 경내의 공유 임장 1곳의 면적은 8,424ha였으며, 탕원현의 삼림은 동서 150km, 남북 100km이고 현 경내에는 90만ha 규모의 국유림 1곳과 49ha 규모의 공유림 2곳, 45ha 규모의 사유림 1곳이 있었다. 관내 이민자 중에는 전문적인 벌목공도 많았다. 1906년 빈주청의 벌목공은 600여 명, 대청산 인근에는 1,000여 명, 탕원에는 2,000명이 있었고, 기타 지역에도 적지 않았다. 길림, 흑룡강 등 지방정부도 대대적으로 삼림을 개발하고자 했다. 1906년 목란 지현知縣의 행천성幸天成은 길강삼림공사吉江森林公司를 설립하여 백양목하白楊木河, 이도하二道河, 천심하穿心河 및 농농하濃濃河 유역의 삼림을 개발하기 시작했다. 이 회사는 본사를 하얼빈에 설립하고 삼성, 삼참三站, 오참五站, 신전新甸, 목란 등에 지사를 설립했다. 1913년 길림간식분회吉林墾殖分會는 영안간식채목공사寧安墾殖採木公司를 설립하여 영안현에 속한 이도하자二道河子와 삼도하자三道河子의 삼림을 채벌했다. 같은 해 하얼빈에 설립된 관상합판 통원삼림공사通原森林公司는 통하, 탕원, 수능, 통북 등 4개 현 경내 1만 1천km²의 삼림에 대한 채벌 작업을 시작했다. 정부의 지지 하에 청말민초 송화강 유역의 삼림은 조직적이고 대규모로 채벌되었다. 삼림 채벌은 현지 주민에게 필요한 건설용 목재와 생활용 목재를 제공하는 동시에 외부 수출을 통해 임업의 상품화도 촉진했다. 1906년 호란하 유역의 연간 목재 판매액은 60만 원에 달했다. 민국 초기 탕왕하 상류의 취만翠巒·오이령烏伊岭 등 지역의 목재는 매년 1,000m³ 이상 탕왕하를 통해 가목사항까지 표류해 갔다. 통원삼림공사가 채벌한 목재는 통하 부두에 집중되었다가 기선으로 하얼빈까지 운송되었다. 1920년대 오아포烏鴉泡항의 연간 목재 수출 및 판매량은 수만m³에서 수십만m³로 증가하여 송화강 유역에서 목재 수출량이 비교적 큰 항구 중 하나로 발전했다.

송화강 유역은 광물자원도 풍부했다. 삼성의 동구·흑배黑背, 화천의 화용강火龍江·피구皮溝·타요자駝腰子·소석두하小石頭河·대구大溝 등에 금광이 있었고, 파안, 빈현, 부금, 벌리, 계서鷄西, 쌍압산, 학강鶴崗 등에는 탄광이 있었다. 그중에서 상당한 규모로 개발된 곳은 삼성의 동구·흑배의 금광과 학강의 탄광이었다. "학강은 동북3성에서 보기 드물게 두터운 석탄층을 보유하고 있으며, 이곳에서 생산되는 석탄의 질 또한 아주 훌륭하다. 학강의 탄광은 수천 리 구역 내에 경쟁 대상이 없는, 북만주 지역 제1의 탄광이다." 광업의 발전은 광산 지역을 중심으로 한 도시의 출현을 촉진했고 광물자원의 수출은 주변 지역의 경제 발전도 촉진했다.

농·임·광산품의 개발과 운송업을 통하여 발전한 송화강 중·하류의 도시는 다음과 같다.

① 가목사佳木斯: 송화강 하류 우안의 작은 촌락으로 광서 14년(1888) 의란기서依蘭旗署가 이곳에 동흥진東興鎭을 설치하여 이민을 관리했다. 그 뒤 인구가 지속적으로 증가하면서 1910년에 이르러 "과거의 황무지는 모두 개간되고 상업이 발달한" 지역으로 변모했고 주민은 3,534명으로 증가했다. 이곳에는 30여 개의 사업체가 운영되고 있었는데, 동흥경東興慶, 복순항福順恆, 복순응福順應 등의 잡화점이 규모가 컸다. 가목사는 서서히 식량 판매업을 중심으로 하는 대형 시로 발전했다. 민국 초기 길림성 정부는 이곳에 화천현부를 설치하고 시내에 동서 방향

의 대로를 건설했다. 그 뒤 학강탄광과 오동하梧桐河금광이 개발되면서 가목사는 송화강 하류 배후지를 연결하는 핵심 경유지로 발전했다. 식량과 석탄의 하역과 운송은 가목사 부두를 통해 이루어졌다. 1917년 가목사에는 79개 사업체가 운영 중에 있었는데 이는 청 말의 2배에 달하는 규모였다. 1918년 현성에는 성벽과 성문이 건설되었고 상인을 보호하는 상단도 설립되었다. 1920년 상업과 요식업 등 서비스업에 종사하는 사업체는 161개로 증가했고 총자본은 3,596만 조에 달했다. 사업체가 집중된 거리(현 서림대가西林大街)의 서쪽에는 복순항, 동쪽에는 복순태福順泰 등 대형 사업체가 있었다. 잡화상은 주로 골동품, 천, 주단, 일본 시계, 도자기, 서양 등유, 나일론 등을 판매했고 외지 상인의 식량 구매를 도와주기도 했다. 대형 사업체들은 주로 양잔과 기타 상품의 도매업에 종사했다. 콩의 수출입과 일상용품을 수입하여 주변 지역에 도매하는 것이 주요 업무였다. 1929년 가목사의 인구는 4만 명이었고 양잔은 60여 곳에 달했다. 강가에 위치한 면적 5.2만m^2의 복순흥福順興이 가장 큰 양잔이었다. 1931년 가목사 부두는 도시와 연결되었다. 시내에는 21개 업종, 266개 사업체가 운영되고 있었고 종사 인원은 2,312명으로 증가했다. 가목사 시장을 좌지우지하는 8개 사업체는 모두 고층 건물을 세웠고 강 연안은 양잔으로 채워졌다. 당시 시내에는 공장도 110개나 있었다. 상공업이 발전하면서 가목사는 송화강 하류의 식량과 목재 집산지로 발전했다.

② 탕원湯原: 항구도시 가목사에서 53km 떨어진 송화강 좌안에 위치했다. 민국 초기 탕왕하 상류의 오이령·취만 등 삼림이 개발되면서 매년 수백만m^3 이상의 목재가 탕왕하를 통해 탕원 부두로 운반되고, 이곳을 통해 가목사항까지 옮겨졌다. 1914년 삼성 등의 상인들이 이곳에 잡화점, 약국, 전당포, 쌀가게, 간장가게, 식초가게, 염색공장 등 39개 사

업체를 설립했다. 당시 인구는 846명에 불과했으나 1920년대 초에는 2,000명으로 증가했다. 삼강평원의 농업 경제가 발전하면서 탕원은 매년 500만kg의 식량이 집중되는 식량 집산지로 변모했다. 그 뒤 양잔, 유방, 방앗간 등 상업과 농산품 가공기업이 출현했다.

③ 학강鶴崗: 송화강 하류 좌안에 위치한 이곳은 청말민초 시기까지 거주자가 몇 가구에 불과한 황무지였다. 민국 초기 탄광이 발견되면서 1918년부터 학강현 상인들은 흥화탄광공사興華炭鑛公司를 설립하여 석탄 채굴을 시작했다. 탄광 지역을 중심으로 사람이 모이면서 상품 교역 시장도 발전했다. 초기 이 지역의 식품과 잡화 등의 상품은 학리진鶴離鎭 상인에 의해 유통되었다. 1926년 학강-연강구蓮江口 구간의 철도가 개통되면서 상업은 더욱 발전했다. 1927년 가목사 상인은 자본금 3만 원으로 학흥춘잡화점鶴興春雜貨店을 설립하여 종업원 24명을 고용했으며, 천·주단·잡화 등을 다루었다. 이 잡화점은 학강의 첫 번째 사업체였다. 그 뒤 천·일상용품과 식품을 다루는 공리원公利園, 금창태金昌泰, 협취창協聚昌, 동취성同聚成 등의 사업체가 설립되었다. 1929년 학강탄광공사는 현재의 향양구向陽區의 진흥가振興街·진보가進步街 등의 동서 방향 5갈래 길을 상업·경영지역으로 지정했다. 이렇게 학강에는 상업구역이 따로 형성되었고, 상업의 발전과 탄광의 확대로 학강은 신흥 광산 도시로 발전했다.

④ 부금富錦: 송화강 하류의 삼강평원 배후지에 위치한, 가목사에서 약 200km 떨어진 곳이다. 경내에는 하천이 많고 토지가 비옥하다. 광서 16년(1890)부터 국유지를 개방하여 한족 이주민을 받아들였다. 선통 원년(1909) 부금이 현이 된 이후 관용·민용 주택과 상업 건물이 들어섰고 정대가正大街, 남이도가南二道街, 북이도가北二道街 등 3갈래 도로가 건설되었다. 각 사거리마다 작은 골목이 형성되고 시내 교통은 빠르

게 발전했다. 현성 주변에 성벽과 성문이 건설되면서 현재의 부금진의 공간적 기초가 형성되었다. 민국 시기 삼강평원의 농업이 발전하면서 1915년 첫 번째 양잔인 공무장公茂長이 설립되었다. 1922년 무덕양잔茂德糧棧이 개업했고, 이어 덕순흥德順興, 경태영慶泰永, 장원성長源盛 등 비교적 큰 규모의 양잔들이 개업하면서 부금은 가목사에 버금가는 송화강 하류의 중요한 식량 집산지로 발전했다. 민국 5년(1916)부터 18년(1929)까지 부금에는 기계제분가공공장 3곳이 설립되었다. 이 공장에서 생산된 밀가루는 현지에서 소비되었을 뿐만 아니라 하얼빈과 러시아의 하바롭스크 등에도 대량 수출되었다. 1930년의 조사에 의하면, 부금은 매년 흑룡강과 오소리강 연안 지역에 밀가루와 밀을 1만 톤 가까이 수출했다. 부금의 상업은 1914년에 출현했지만 1925년에 이르러 잡화점이 1,100개에 달할 정도로 발전했다.

⑤ 빈주부성賓州府城: 하얼빈에서 동쪽으로 150km 떨어진 곳으로 현재의 빈현현성濱縣縣城이다. 1880년까지 작은 촌락이었고, 1882년 청廳이 설치되었다. 1903년부터 하바롭스크, 하얼빈, 장춘 등 지역에 식량을 수출하기 시작하면서 식량집산지로 발전할 수 있었다. 1911년 시내에는 사업체 110개가 운영 중에 있었고, 연간 식량 수출량은 5만여 톤에 달했다. 민국 초기의 인구는 2만 명이었다.

⑥ 파안巴彦: 파안소소巴彦蘇蘇라고 부르기도 한다.[43] 하얼빈에서 북쪽으로 직선거리로 75km 떨어진 곳에 위치했다. 1863년부터 한족 이민이 이주하면서 도시의 모습을 갖추기 시작했다. 1875년 청 정부는 이곳에 이사동지理事同知를 설치했다. 이곳의 수륙 두 갈래 노선은 하얼빈까지 통한다. 연간 식량 수출량은 2만 5천 톤 정도였고, 1911년의 인구는

---

43 이 이름은 몽고어로 '풍부한 물'이라는 뜻이다.

2만 5천 명이었다.

⑦ 통하通河: 청 말 파안주의 관할이었던 작은 촌락이다. 이민이 증가하면서 1911년 독립적인 행정구역인 현으로 발전했다가 민국 초기에 시로 승격했다. 식량과 목재 운송업이 지역 경제를 지탱하는 주요 산업이다. 이곳에서 매년 외부로 수출되는 소나무와 백양나무 목재는 110만 그루,[44] 식량은 1.1만 톤이었다. 1914년 인구는 1,021명이었다.

⑧ 극산克山: 북안北安에서 약 50km 떨어진, 오이하 유역 초원의 중심지역에 있다. 1899년부터 한족에게 개방되면서 농업 개간촌으로 발전했다. 사곽늑둔查霍勒屯(차훠러툰)으로 불리기도 했다. 1917년 간식국墾殖局이 설치되면서 도시로 발전하기 시작했다. 농산품 집산지인 이곳은 매년 외지로 식량 6,000만kg과 황마 10만kg을 수출했다.[45] 1918년 이곳은 3등급 현성이 되었다. 1930년대 초 도시 인구는 2만 1천 명이었다.

⑨ 목란木蘭: 호란현에 속했을 때 이민자의 증가와 함께 상품 무역이 발전한 곳이다. 1911년 호란에서 분리되어 독립적인 목란현 현성이 되었다. 1913년의 인구는 3,654명이었고, 시내에는 유방, 양잔, 제분소, 잡화점, 약국, 전당포, 방앗간 등 사업체 51곳이 운영 중에 있었다. 당시 목란항을 통해 외부로 수출되는 식량과 화물은 2만 톤 이상이었다.

북만주 지역의 농업·임업·광업은 신흥 도시의 출현과 발전을 촉진했을 뿐만 아니라 전통 도시의 근대적 전환을 촉진하기도 했다.

① 백도눌伯都訥(부여扶餘 또는 신성新城): 치치하얼-통강구 상업 노선에 위치한 곳으로, 1800년대 말까지 인구는 1만 명 미만이었다. 1906년 이후 송화강 항운이 발전하면서 송화강-눈강 항운의 중요한 부두로

44　汤尔和 编译, 1931, 『東省铁路丛刊之一: 黑龙江』, 商务印书馆, 278頁.

45　「北满拓殖沿线-克山」, 『盛京时报』, 1938年 5月 17日.

발전했다. 백도눌항을 통해 수출된 식량은 1907년 9만 3,912석, 1908
년 13만 7,261석, 1909년 7만 1,620석이었다. 1910년 이 항을 통해 수
입된 화물의 가치총액은 1,407만 7천 조였고, 수출 화물의 가치 총액은
2,610만 8천 조에 달했다. 시내에는 크고 작은 사업체 200여 개가 있
었다. 그중 규모가 가장 큰 사업체는 어於씨 성을 가진 사람이 운영하는
자본금 30만 조에 달하는 사업체였다. 그 외에 유방과 직담업織毯業(담
요나 양탄자 제조업)이 발전했다. 시내에는 유방만 24개가 운영되고 있
었다. 1915년을 전후하여 매년 이 항을 경유하는 선박은 5,000척에 달
했고,[46] 인구는 약 3만 명 정도가 되었다.

② 호란呼蘭: 하얼빈에서 서북쪽으로 30km 떨어진, 호란하와 송화
강이 만나는 곳에 있다. 이곳은 땅이 비옥하여 관내 한족 이민이 일찍
정착한 지역 중 하나이다. 옹정 12년(1734)년 해자가 건설되었고, 그
뒤 백 년 동안 발전하여 송화강 중·하류 좌안의 제1의 도시가 되었다.
1897년 호란은 주변의 112만 6천ha에 달하는 개간지 덕분에 북만주지
역 최대의 식량 생산지가 될 수 있었다. 중동철도 개통 후 호란의 농산
품은 수로와 육로를 통해 외부로 수출되었다. 매년 이곳에서 하얼빈으
로 수출된 식량은 1억 3천만kg에 달했다. 시내에 복성흥福成興, 발상태
發祥泰, 광화상廣和祥, 만상화萬祥和, 복상공福祥公 등의 운송업체가 설립되었
고, 청산靑山·북단림자 등에 지사가 설립되었다. 1911년 호란의 인구는
3만 명에 육박했다. 민국 초기 호란의 상업은 상당한 수준으로 발전했
다. 매년 외지로부터 운송된 천布은 33.3만m에 달했다. 1926년에 이르
러 호란에는 여러 종류의 사업체 350여 개가 운영되고 있었다. 당시 호
란의 공업도 크게 발전했다. 제분, 양조, 착유 등의 공업 외에 담배회사,

---

46 『中东铁路商务代力鲍洛夫调查报告』, 哈尔滨1912年版.

성냥회사, 비누회사, 양말공장, 목공장, 제련공장, 염색공장, 양철공장, 밀랍공장, 은기공장, 담요공장, 피혁공장, 동기공장 등 150여 개의 크고 작은 공장이 있었다. 특히 1913년에는 현지에서 생산되는 사탕무를 활용한 대형 제당 공장인 동삼성호란제당창東三省呼蘭製糖廠이 건설되었다. 1915년부터 생산을 시작한 이 공장은 1922년에 이르러 연간 생산량이 1,600만kg의 기업으로 성장했다. 도시 경제가 발전하면서 시정 건설에 필요한 충분한 자본이 마련되었다. 1926년 7월 호란시정주비처는 '시정가기장정市政街基章程'을 반포하여 도로를 다시 계획하고 도시를 외부로 확장하고자 했다. 호란은 인근 지역인 파안·목란 등까지 영향력을 행사하면서 하얼빈 북쪽의 2급 경제 중심지로 발전했다.

③ 아성阿城: 하얼빈 동남부에서 50km 떨어진 곳에 있다. 일찍이 1700년대 초 아성에는 이민 관부가 설치되었다. 관내 이민이 유입되고 토지가 개간되면서 1800년대 말 아성은 방정, 연수, 오상 등 현의 농산품을 다루는 주요 집산지로 발전했다. 1906년 운영 중인 사업체들 중 자본금 10만 조, 직원 30명 이상인 대형 사업체는 8개에 달했다. 1910년 성내의 사업체는 774개였다. 민국 초기 아성현의 상품 집산지 기능이 더욱 확대되었다. 1913년 심양, 대련, 영구 및 하얼빈으로부터 석탄, 석유, 소금, 면포, 설탕, 차, 과일, 목재, 철 등 다양한 상품을 수입하여 빈현, 방정, 부금, 의란 등에 전달했다. 아성의 식량·육류 등 농산품은 주로 장춘, 영구, 대련 등으로 수출되었다. 콩, 두병 등의 연간 수출량은 800차에 달했다. 1917년 아성에서 식량 1,736톤, 육류 660톤, 석재와 석탄 3,406톤, 당류 1,296톤, 담배류 331톤, 백석가루 145톤 등이 수출되었고, 동시에 아성은 면직품 1,130톤, 소금 2,618톤, 등유 726톤 등을 비롯해 목화, 종이, 페인트, 성냥, 비누 등의 잡화를 수입했다. 상업의 발전과 함께 1900년대 초부터 도시의 시정 건설이 시작되었다. 1910

년 이곳에는 남북대가(현 연천대가延川大街)를 중심으로 한 상업 중심지
가 건설되었다.

④ 쌍성雙城: 송화강 지류 납림하 유역의 중동철도 노선에 위치한 도
시로 하얼빈에서 남쪽으로 50km 떨어진 곳에 있다. 청말민초 시기 북
만주 지역의 중요한 식량·양조·기름 집산지였다. 1909년에는 식량 57
만 8,429석을 수출하기도 했다. 1911년 인구는 7만 명, 사업체는 350개
였고, 기계제분기업도 있었다.

⑤ 의란依蘭: 1905년 당국이 외래 상인의 무역을 허가하면서부터 의
란의 근대 상업이 발전하기 시작했다. 1909년 통계에 의하면 삼성(의
란)에는 크고 작은 사업체 92개가 운영 중에 있었고, 이들 사업체가 다
루고 있는 상품 및 그 규모는 목면 2만 9천kg, 차 1만 2천kg, 천 10만
필, 주단 6,300m, 각종 털실 50kg, 가죽 옷 1,000벌, 설탕 1만 5천kg,
종이 1만 9천 필, 각종 향 4만 봉, 초 4,500kg, 해산품 1만kg, 기타 서양
상품 2,800상이었다. 1911년 시내 인구는 12,500명이었다. 민국 초기
송화강 민족 항운업의 발전에 따라 의란의 항구도 흥성해졌다. 이 항구
는 식량과 목재를 토용산土龍山, 이도하자, 육도강六道崗, 초모자草茅子, 도
대교道台橋 등으로 보내는 중간 역할을 담당했다. 시내에는 크고 작은 양
잔 수십 개가 있었고, 일일 식량 판매량은 대차로 1천 대에 육박했다.
의란의 상업은 송화강 우안 지역에서 가장 번성했다. 의란은 '삼성경三
姓京'이라고 불리기도 했다. 1916년 조사에 의하면, 삼성에는 210개 사
업체가 있었는데 이 규모는 1921년 40여 개 업종, 700개 사업체로 증
가했다. 1930년 사업체는 500여 개였고, 그중 자본금 5,000원 이상인
사업체는 30개에 달했다. 의란항의 식량 수출 상황을 보면, 1927년 7만
6,870톤, 1928년 7만 9,478톤, 1929년 8만 8,714톤, 1930년 7만 9,951
톤, 1931년은 11만 7,242톤이었다. 의란의 도시 계획은 1915년 12월

의란 도윤이 '삼성자개부총장三姓自開埠總章'을 반포하면서 시작되었다. 당
국은 상부지와 정부 청사 건설 지역을 확정하고, 남협신자南夾信子 상업
가를 건설하고자 했다. 상업이 발전하면서 1921년 의란은 상부지를 남
쪽으로 성 북문까지, 서쪽으로 목단강 동안까지 107km² 면적을 확대했
다. 당시 의란 내에는 관공서, 경찰서, 국세국, 염무국, 전신국, 권학소勸
學所 및 중소학교가 있었다.

근대 조선 이민의 유입과 두만강 유역의 도시화

근대 동북 지역의 도시화에 상대적으로 큰 영향을 미쳤던 국제 이주의
주체는 러시아 이민(제3장과 제6장 참조) 외에 두만강 유역에 유입된
조선 이민도 있다. 일찍이 당나라와 발해국 시기에 두만강 유역과 길림
성 연변 지역에는 훈춘과 오동성 같은 유명한 상업도시가 있었지만, 발
해국의 멸망과 지역 상업 루트의 이전으로 송·원 등의 왕조를 거치면
서 훈춘 및 두만강 전 유역의 상업 무역은 쇠락의 길을 걷게 되었다. 청
초 이 지역은 봉금 지역으로 설정되었고, 변경무역이 엄격히 제한되었
기 때문에 외래 인구의 유입은 거의 없었다. 비록 한동안 연변과 가까
운 영고탑에 장군부가 설치된 적은 있었지만 얼마 지나지 않아 철거되
었다. 이 지역은 인구가 적고 발전이 느렸다. 1800년대 중반까지 이 지
역에는 훈춘 같은 소규모 변경 무역시장만 있었을 뿐이었다.

이 지역 근대화의 시점은 1881년이다. 중국과 러시아의 북경조약에
의해 오소리강 동쪽 지역의 토지가 러시아 관할지로 편입됨에 따라 두
만강과 목단강 유역은 변경의 중요한 군사 방어 지역이 되었다. 방어와
외교의 필요에 의해 청은 훈춘에 부도통직관을 설치했다. 동북 지역 변

경에 사람이 없어 방어가 어려운 문제를 해결하기 위하여 청 정부는 봉금정책을 조정했다. 청은 1881년에 두만강과 압록강 유역을 포함한 길림성 동남부의 '금산위장禁山圍場'을 개방하고, 훈춘·남강·동오도구·흑정자黑頂子 등에 간황국墾荒局(황무지 개간 관련 부서)을 설치하여 허가받은 한족이 이곳에 이주하여 토지를 개간하고 정주하는 것을 관리하게 했다.

동북 지역에 대한 봉금정책의 변화는 관내 한족의 이주뿐만 아니라 간접적으로 조선인의 월경과 이주를 촉진했다. 이미 청나라 초기에 소수의 조선인이 사적으로 국경을 넘어 압록강 유역의 땅을 경작했다. 당시 청 정부와 조선 정부는 변경 안전을 고려하여 조선인의 월경을 금지하고 공동으로 월경자를 송환했기 때문에 동북에 정착한 조선인 규모는 적은 편이었다. 하지만 근대 전환기에 조선에서 지속적으로 자연재해가 발생하면서 대규모의 생계형 난민이 불법으로 동북으로 이주했고 부분적으로 봉금이 해제된 압록강 중하류 일대에 정주하기 시작했다. 1870년대에 이미 요동의 안동安東과 관전寬甸 일대에 조선인 촌락이 형성되었다. 이들 조선인과 관내 한족 이민을 관리하기 위해 청 정부는 1876년 요동 지역에 봉황직예청鳳凰直隸廳, 안동현, 관전, 수암岫岩 등의 행정구역을 설치했다.[47] 당시 두만강 유역은 이주민에게 개방되지 않았기 때문에 훈춘 등 소수 지역을 제외하고 중국 경내에는 조선인 거주지가 비교적 적었다. 1881년부터 연변의 일부 지역이 개방되면서 두만강 유역의 조선 이민 규모가 증가했고, 조선 이주민의 정착지도 두만강 좌안 50km 되는 곳까지 확대되었다. 1883년 이후 '길림조선상민무역지

---

47 1872년 조선 정부가 중국 경내의 조선인 상황을 조사하기 위해 파견한 최종범(崔宗範) 등이 작성한 『강북일기(江北日記)』에 의하면, 이미 압록강 중·하류의 안동과 관전 일대 여러 곳에 조선인 촌락이 형성되었다.

방장정吉林朝鮮商民貿易地方章程'이 체결되고 중·조 무역 항구의 확대 개방으로 조선 이민의 동북 이주는 좀 더 수월해졌다. 훈춘과 인접한 강 연안의 조선인 가구는 500호 이상에 달했다.[48] 청 정부는 연변 지역에 유입된 조선 이민을 안치하기 위해 두만강 연안 "길이 700리, 너비 450리를 한인 수용지"로 정했다. 이와 같이 청 정부는 조선인의 이주를 묵인하던 입장을 변경하여 공식적으로 조선 이민의 이주와 정착을 인정하고 허락하기 시작했다.

조선인의 유입은 두만강 좌안 지역에 다음과 같은 영향을 미쳤다.

첫째, 연변 지역의 인구가 증가했다. 1893년 두만강 연안의 조선인 개간민은 4,308호, 2만 896명에 달했다. 그중 훈춘의 조선인은 1,010호로 99개 촌락에 흩어져서 거주했다.[49] 1902년 두만강과 목단강 상류의 연변 지역 조선 이민은 10만 명을 초과했고, 민국 원년(1912) 연변 지역의 조선인은 14만 명(연길 9만 8,777명, 훈춘 5,194명, 왕청 9,605명, 안도 4,018명, 화룡 4만 405명)에 달했다.[50] 당시 연변의 전체 인구는 20만 명이었다. 1918년 연변의 조선인 인구는 19만 6,625명, 연변 전체 인구는 26만 4천 명이었다.[51] 1926년 연변의 전체 조선인은 35만 6,016명으로 전체 인구의 80%를 차지했다(그해 연변의 전체 인구는 44

---

48   高永一, 1986, 『中国朝鲜族历史研究』, 延边教育出版社, 132頁.

49   당시 두만강 연안의 조선인 이민자수는 지역 전체 인구의 70%를 차지했다. 1893년 훈춘 동구춘인사(東溝春人社)의 인구는 133명이었는데 조선인은 98명이었다. 이 비율로 추산하면 당시 두만강 유역 전체 인구는 3~4만 명 정도에 달할 것이다. 『东三省政略』, 边务4, 「第2章: 珲春都统衙门档案」, 486-491頁.

50   『金奎鼎日记』(1912年11月16日), 1964, 延边历史研究所(刻印版).

51   「大正9年(1920)日本'间岛领事馆'调查」, 1923, 『满洲事情』, 第2辑, 日本外务省, 16頁.

만 4,311명이었다).[52] 1931년 말 연변의 조선인은 40만 명에 육박했다.

조선인의 증가는 이 지역의 토지 개발과 두만강 유역 지역 상품 시장의 형성을 촉진했다. 1894년 훈춘도통아문珲春都統衙門에 소속된 훈춘, 왕청, 연길, 화룡 등에 분포한 15개 조선인 집단社은 1.5만ha 규모의 토지를 새로 개간했다. 동시에 조선 이민은 한족 이민과 달리 생산량이 많은 고품질의 벼를 경작하면서 연변 전역에 벼농사를 확대했다. 연변은 동북에서 중요한 쌀 생산지와 수출지가 되었다. 또한 조선 이민은 밭을 경작하는 동시에 대규모로 삼림도 채벌했다. 이 채벌된 목재는 두만강을 통해 수출되었다. 민국 시기 연변은 중국의 중요한 목재 생산지였다.

인구가 증가하고 지역 상품경제가 발전하면서 연변은 민국 초기부터 도시화를 경험했다. 이 시기 연변 지역의 신흥 도시와 추가로 발전한 구도시는 연길, 용정, 두도구, 훈춘 등이다.

① 연길延吉: 포이합통하布爾哈通河(부르하통하) 연안에 위치한 곳으로, 1885년 이전까지 원시 삼림이었으나 1886년 청 정부가 초간분국招墾局을 설치하면서 이주민이 유입되었다. 1891년 훈춘 초간국이 연길로 옮겨졌고 관내의 한족과 조선인이 대량으로 집거하기 시작했다. 1800년대 말에 큰 촌락이 형성되면서 연집강煙集崗으로 불렸으며 인구는 500~1,000명이었다. 1902년 청 정부는 연집강 인근의 이민자에 대한 관리를 강화하고 이 지역의 정치 중심을 변경 지역인 훈춘에서 연변의 중심 지역으로 옮기기 위해 연집강에 연길청을 설치했다. 행정 개편은 인구의 증가를 촉진하기도 했다. 특히 1909년 청 정부가 훈춘부도통아문을 철거하고, 연집강(당시 연집강과 연길 두 이름은 혼용되다가 이

---

52 日伪『1935年间岛省公署产业统计』, 原件存吉林省延边州档案馆.

후 한동안 국자가局子街라고 불리기도 했다)에 길림동남로병비도吉林東南路兵備道를 설치하고 상부지를 개발하면서 연길은 연변의 정치 중심이 되었다. 당시 인구는 2,000명이었고 유통되는 상품은 가죽과 목재 위주였다. 연길은 길림 및 훈춘을 통해 내륙 지역, 조선, 러시아와 상업 무역 관계를 형성하고 있었다. 1915년 연길의 인구는 5,000명을 웃돌았다.

② 용정龍井: 연길부 인근의 해란강海蘭江 유역에 위치했다. 지리 좌표는 동경 129도 24분, 북위 42도 46분이다. 1890년 이전까지도 원시 삼림 지역이었으나 그해 장인연張仁硯, 박인언朴仁彦 등 초기 조선 이민이 정착하면서 촌락이 형성되었고 용정이라 불리기 시작했다.[53] 1907년 청 정부는 훈춘 해관을 이곳에 설치했다. 당시 용정 인구는 409명이었다. 같은 해 일본은 용정에 '주간도총영사관'과 경찰국을 설치했고, 후비富美, 오카모토岡本, 시게히사茂久 등 일본 회사도 이 지역에 지사를 설립했다. 이렇게 용정은 연변 지역의 상품 수출입 중심지가 되었다. 1918년 용정의 인구는 1만 5,847명, 그중 조선인은 4,177명이었다.

③ 두도구頭道溝: 용정에서 22km 떨어진 교통 요지에 위치했다. 1900년대 초에 조선인 집거지가 되었다. 1907년 인구는 709명, 1918년은 2,622명, 그중 조선인은 1,022명이었다.

④ 훈춘琿春: 1880년대 이후 청 정부가 부통아문과 해관을 설치하면서 1800년대 말까지 인구 2만 명의 지역으로 발전했다. 하지만 1900년 의화단사건 시기 훈춘은 러시아 군대의 침략으로 도시 대부분이 폐허가 되었고 인구도 1,000명 미만으로 감소했다. 1903년 이후 훈춘의 경제는 두만강 항운업, 국제 상업·무역을 통해 회복되기 시작했다. 1919

53　용정이라는 이름은 장인연과 박인언이 지었다. 1890년 이 두 사람은 고대 선인이 남긴 우물을 발견했는데 하늘이 내려준 물처럼 맑고 청량하여 이 지역을 용정(龍井)이라고 불렀다고 한다. 『龙井要览』, 1939, 伪间岛省公署(油印版).

년 훈춘 시내의 인구는 5,263명(그해 훈춘의 전체 인구는 2만 953명)이었고 연간 목재 수출량은 440만 단에 달했다.[54]

---

54 「大正8年(1919)间岛总领馆珲春分管报告」, 1920, 『满洲事情』, 第2辑, 第2章, 日本外务省, 231, 249頁.

::: 제10장

요하 유역 초기 도시 벨트의 역도시화

근대 교통운송업은 도시와 도시, 도시와 농촌, 국가와 국가 사이의 상품 유통과 도시의 경제 발전을 촉진했다. 하지만 새로운 교통운송업의 출현은 낡은 교통 모델의 쇠락과 폐기를 동반한다. 일부 도시가 신식 교통운송업의 출현으로 발전의 기회를 얻게 되면 다른 도시는 구식 교통운송업의 쇠락으로 경제 발전의 정체를 경험할 수밖에 없다는 뜻이다. 동북의 근대 교통운송업은 한 지역의 도시화와 근대화를 촉진한 동시에 1900년대에 형성된 요하 유역의 초기 도시 벨트에 위치한 도시들의 역도시화를 유발했다.

요하 항운업의 쇠락

요하 도시 벨트는 1905년부터 쇠퇴와 해체를 경험하기 시작했다. 그 이유는 다음과 같다.

① 근대화된 중동철도와 남만 지선의 건설로 동북의 전통적인 교통 구조가 바뀌었다. 기계동력을 중심으로 한 빠르고 편리한 중동철도-해

상선박-국제철도로 이어지는 교통 시스템과 계절의 영향을 크게 받는 인력과 풍력을 중심으로 한 요하 항운은 전혀 다른 차원의 교통 체계였다. 1903년 3월 러시아가 부설한 동북의 첫 번째 철도인 중동철도(만주리-하얼빈-수분하 구간) 및 지선(하얼빈-여순 구간)이 개통되면서 요하 항운은 쇠락의 운명을 면하지 못했다.

중동철도는 무엇보다도 범위가 넓고 수용능력과 운송능력이 막강했다. 하얼빈을 중심으로 전체 동북 지역을 관통하는 총길이 2,800km의 중동철도의 간선과 지선은 대련·수분하·만주리 등 세 개 수출 항구와 국제 기차 노선, 대련·블라디보스토크 해상 항운과 연결된 동북아 지역 무역 및 국제 무역의 핵심 화물 운송 노선이었다.

또한 철도 운송은 계절의 영향을 받지 않았다. 요하는 매년 3개월간 결빙됨으로 인해 이 기간 동안 모든 선박 운송이 중단된다. 대신 얼어붙은 육로는 마차 운송의 적기를 맞게된다. 그러나 봄이 되면 항운업은 회복되지만 도로가 녹기 시작하면서 마차 운송에 차질이 생긴다. 바로 이러한 모순, 즉 항운업과 도로운송업이 이어지지 않는 문제를 해결하기 위해 수상운송업에 종사하는 사람들은 육로 운송이 편리한 강의 상류와 중류 연안 부두에 창고를 지어 영구로부터 수입한 공산품(등유, 성냥, 종이 등)을 보관했다가 겨울이 되면 마차 운송업자에게 넘겨 동북의 각 지역으로 수출했던 것이다. 이런 운송 방법은 시간이 길고 비용이 많이 들었다. 하지만 기차를 통한 운송은 계절의 영향을 받지 않는데다가 절차가 간편하고 비용이 적어 많은 사람이 선호하게 되었다.

② 1800년대 말 요하 유역의 토사 유실이 심각했다. 유실된 토사는 특정 지역에 축적되어 선박의 운항에 영향을 주었고 강 연안의 지형을 변화시켰다. 지방 정부가 토사의 유실을 관리할 능력이 없었기 때문에 항운업은 쇠퇴할 수밖에 없었다. 1800년대 요하 주류의 총길이(발원지

의 동요하와 서요하 포함)는 약 1,700km였는데, 1,200km 구간이 초원 및 사구 지역과 산간 지대였다. 1860년 이전까지 이 지역은 인구가 적고 경작지 면적도 적은 초원과 삼림으로 둘러싸인 곳이었다. 때문에 요하는 매년 해빙기부터 항운이 가능한 8개월 동안 충족한 수량을 유지할 수 있었다. 하지만 1865년부터 동북 남부에 외래 이민이 증가하고 식량에 대한 수요가 증가하면서 서요하 양안의 초원은 점차 농지로 변해갔다. 초원 지역은 토사층이 얇기 때문에 한번 개간하면 바로 사막화된다. 우기가 되면 대량의 토사가 홍수에 밀려 하천에 유입되면서 강바닥이 높아지고 강의 한복판에 수많은 사구를 형성하기도 한다. 1904년까지 요하 상류의 통강구에서 영구까지의 구간에만 이런 사구가 162개나 형성되었다.[1] 일부 사구는 강가보다 높은 2m에 달했다. 이런 언덕으로 인하여 항로의 깊이가 균일하지 않게 되고 따라서 항운 관련 지표의 설정도 어려워져 항운의 위험성이 높아졌다. 동시에 강물이 다른 방향으로 흘러가면서 많은 지류가 형성되었고 이로 인해 하천 주류의 수량이 줄어들었다. 요하의 상류와 중류의 수심은 2m도 안 되었기 때문에 대형 운송선의 운항은 아예 불가능했다. 서요하의 상황이 이러했다.

　　동요하 연안의 대규모 삼림은 1800년대 말부터 파멸적인 수준으로 남벌되었다. 삼림자원이 파괴되면서 동요하 유역의 물 수용량이 약화된데다 하천의 수량을 조절하고 균형을 맞추는 능력이 상실되어 요하의 수량은 매달 큰 차이를 보였다. 매년 3~5월 상류의 수심은 0.5m, 중류는 2m 미만이었는데 6~7월의 수심은 5m 이상에 달했다.[2] 1904년부터 요하 중류에서 항운이 가능한 시기는 기존의 8개월에서 5개월로 줄

1　『呼民日报』, 1909年 7月 22日.

2　「明治43年(1910)营口日本领事馆报告」, 第12章, 日本外务省通商局 编, 1920, 『满洲事情』, 第2辑, 316, 317頁.

었다.

요하 항운업이 심각한 쇠락을 거듭하고 있을 때 설상가상으로 지방 정부의 재정도 여의치 않아 체계적인 하천공사를 추진할 수 없었다.

③ 러일전쟁 이후 지방 봉건 세력과 흑사회 세력의 요하 항운에 대한 억압·위협과 배척으로 항운업 종사자의 생계는 더욱 어려워졌다. 1905년 말 요하의 경유지인 봉천성은 세수 개혁을 실시했다. 사실 세수 개혁은 국가와 인민 모두에 유익한 일이지만, 부패한 지방 관리들은 이 기회에 더 많은 돈을 거두어들이기 위해 여러 가지 명목의 세금을 대량으로 신설했던 것이다. 1906년 요하의 세수 명목과 세율을 보면 출산세出産稅(요하를 통해 다른 곳에 운송되는 화물에 대한 세금. 세율 1.5%), 초장세銷場稅(요하를 통해 다른 곳에서 온 화물에 대한 세금. 세율 2.0%), 사리세肆厘稅(군량미 명목으로 설치한 세금. 세율은 식량 1석에 40문전文錢), 하방세河防稅(운송 선박에 대한 보호비용. 세율은 선박당 1원 2각), 부두점지비碼頭佔地費, 하저연河底捐, 경연警捐 등이 있었다.[3] 20톤급 선박이 요양에서 식량을 싣고 영구에 갔다가 소금을 싣고 돌아올 경우 1회 왕복으로 은 145원을 벌 수 있었으나 각종 세금을 포함한 여러 가지 비용이 50% 이상에 달했고,[4] 운송 도중에 발생하게 될 사고와 화물의 파손에 의한 배상을 합치면 남는 돈은 50원도 안 되었다. 이는 1800년대 말보다도 낮은 수준이었다.

1894년부터 동북 지역은 청일전쟁, 러시아의 침략, 러일전쟁 등 외적의 침략전쟁을 연달아 3번이나 경험했는데, 이 세 번의 전쟁이 모두

3　「明治43年(1910)日本駐辽阳领事馆报告」, 日本外务省通商局编, 1920, 『满洲事情』, 第3辑, 第1编, 第7章, 31頁.

4　「明治43年(1910)营口日本领事馆报告」, 第12章, 日本外务省通商局编, 1920, 『满洲事情』, 第2辑, 37-38頁.

요하 유역에서 발발했다. 이로 인해 요하 유역 "가로 세로 천 리 지역은 불모지나 다름없게" 변했고 항운업은 한동안 마비되었다. 그뿐만 아니라 전쟁의 틈을 타 비적·마적 등 여러 갈래 흑사회 세력들이 일시에 창궐해졌다. '비적의 소굴'이라 불렸던 팔면성八面城 주변에는 조순자趙純子와 심사沈四 같은 오래된 비적을 비롯해 진보정陳寶亭과 임사자任傻子 같은 새로운 비적이 자리 잡고 있었다. 이들은 요하 연안의 무성한 갈대밭을 장벽으로 삼아 강에 출몰하면서 화물선을 약탈하고 선원을 납치하여 한 번에 최소 '양은 10원'씩 뜯어냈다.[5] 인명과 재산의 안전을 위해 항운업 종사자들은 부득이 높은 비용으로 마적과 '거래관계가 있는' 표국鏢局의 보호를 받을 수밖에 없었다. 표국의 보험비용은 아주 높았다. 당시 정가둔 표국은 2류 상품(밀가루, 설탕, 천)에 대해 건당(60kg) 은 3각 5분을 받았다. 영구에서 2류 상품 1건을 정가둔까지 운송할 경우 1원 5각이 들었기 때문에 표국의 보험료는 전체 수입의 1/4에 해당하는 금액이었다.[6] 전통 항운업의 이윤은 날로 감소했고 일부 종사자는 빚을 지기까지 했다. 더 이상 항운업에 종사할 수 없었던 사람들은 부득이 다른 업종으로 옮겨갈 수밖에 없었다.

1905년 이후 요하 항운업의 쇠락은 운송 선박의 수량과 규모의 변화를 통해서도 알 수 있다. 1904년 러시아인이 작성한 항운 조사보고의 통계에 의하면, 그해 요하에서 운항 중인 크고 작은 선박은 4만 척, 범선은 최소 2만 2천 척,[7] 전체 선박의 배수량은 60만톤 이상이었다. 하지만 1906년 요하에는 선박 5,000척만 남았고 전체 배수량도 20만 톤

---

5 『大公报』, 1902年 8月 23日.

6 1911년 만철 조사원 우에타 겐조(上田賢象)의 현지조사 자료에서 인용; 『辽河水运』, 1937, 满铁印刷所, 38頁.

7 奉天省公署档案4068号卷, 原件存辽宁省档案馆.

으로 감소했다. 과거 "돛의 그림자가 강에 드리우고, 선박의 경적 소리가 멀리 퍼지며, 배가 빼곡하게 운집하고 화물이 산처럼 쌓였던"[8] 경관은 온 데 간 데 없었다. 1910년 선박은 4,500척으로 감소했다. 민국 초기에 비록 하천을 정비하고, 항운업의 위기를 극복하는 듯 보였으나 쇠락의 추세는 되돌릴 수 없었다. 1930년 요하를 오가는 선박(거룻배까지 포함)은 900척 미만이었고 전체 배수량도 2.6만 톤으로 전성기의 4%에 불과했다.[9]

항운업의 전체 노선과 운항이 가능한 시기가 크게 줄면서 부두의 수도 급감했다. 러일전쟁 전까지 요하 항운 노선은 약 1,250km로 전체 요하 유역의 모든 주류와 지류가 포함되었다. 하지만 1907년 6월 초부터 7월 말까지 지속된 100년 만의 기록적인 가뭄을 포함하여 1906년 이후 연속되는 가뭄으로 인하여 요하 항로는 매년 10~15km씩 줄어들었다. 1910년에 이르면 정가둔을 기준으로 상류 하천으로는 화물선이 오갈 수 없게 되었고 정가둔에서 통강구 사이의 요하 하류 245km 구간에서만 간신히 화물선이 다닐 수 있었다. 하지만 이것도 1년에 두 달만 가능했다. 이로 인해 연안의 작은 부두는 모두 폐업을 면치 못했다. 1918년에는 요하의 유수 상류 100km 구간의 운항이 모두 불가능해졌다.

요하 주류보다 지류의 항운업이 더 먼저 쇠락했다. 1908년 운항 조건이 그나마 양호했던 동요하·포하 등의 하천에 토사가 쌓이면서 화물선이 아예 강에 들어갈 수 없게 되었다. 1900년 당시 항운 노선이 175km와 225km이고 연간 운항 기간이 8개월이었던 요하의 다른 두 지류인 혼하와 태자하도 1911년에는 운항 노선과 기간이 각각 1/3과

---

8 「论营商困败原因」, 『满洲日报』, 1907年 6月 20日.

9 满铁产业部, 1937, 『辽河调查报告书』, 统计原件存辽宁省档案馆交通邮电类1919号案卷.

1/2로 감소했다. 1925년에 이르러 이 강에서는 중형 이상 선박(배수량 5톤 정도)이 모두 사라졌다. 이와 같이 요하 상류 4대 지류의 항운업이 쇠망하면서 전체 항운 노선은 600km로 축소되었다. 요하 항운은 지역 발전을 촉진했던 항운 연결망의 기능을 더 이상 수행할 수 없게 되었다.

요하 항운업의 여객 및 화물 운송량도 급감했다. 중동철도 건설 전까지만 하더라도 요하는 매년 장거리 여객 25만 명, 화물 400만 톤을 운송하는 등 동북 지역의 여객과 화물 운송에서 70% 정도를 책임졌다. 1903년 이후 수출입 항구가 증가하면서 동북 북부 지역의 여객 및 화물 운송은 수분하와 블라디보스토크로, 중남부 지역의 운송은 대련으로 그 중심이 옮겨지면서 전체 운송량에 직접적인 영향을 미쳤다. 이에 따라 요하에서는 단거리 여객 운송만 명맥을 유지할 뿐 장거리 운송은 거의 사라졌고 범선 위주의 전통 항운도 외국의 기선회사에게 주도적 지위를 빼앗겼다. 화물 운송도 1906년에 이미 200만 톤 미만으로 떨어졌고, 1908년에는 140만 톤, 1912년에는 90만 톤, 1918년에는 17만 5천 톤으로 감소했다. 화물 운송량이 크게 감소한 이유는 요하 중·상류 부두의 식량 수출량이 큰 폭으로 감소했기 때문이었다. 철령 마봉구 부두는 1800년대 말까지만 하더라도 매년 15만 톤 이상의 식량을 외부로 수출했다. 수출 식량에서 콩의 규모가 가장 컸는데 매년 10만 톤이 이곳을 통해 다른 곳으로 수출되었다. 하지만 1905년 이후 부두는 점차 한산해지기 시작했다. 콩 수출량은 1906년 6만 7,500톤, 1907년 6만 2,500톤, 1908년 5만 7,500톤,[10] 1918년 550톤으로 급감했다.[11] 이 시기에 동북의 콩 생산량은 높은 수치를 기록했지만 항운을 통한 운송량은 지속

---

10 「明治42年(1909)日本驻铁岭领事馆报告」, 日本外务省通商局编, 1920, 『满洲事情』, 第3辑, 第2卷, 第5章, 314頁.

11 「明治42年(1909)日本驻铁岭领事馆报告」, 314頁.

적으로 감소했던 것이다. 철령 및 주변 지역의 운송량은 해마다 증가하여 가장 많을 때에는 연간 20만 톤에 달했다. 식량의 운송은 이제 항운이 아닌 철도 운송에 의해 이루어졌던 것이다.

요하 연안 초기 도시 벨트의 해체와 변화

항운업의 쇠퇴는 도시 사이의 사회·경제적 연결망을 단절시켰고 나아가 그룹형 도시 벨트의 해체를 야기하기도 했다. 요하 유역 도시 벨트는 형성 초기부터 그룹형 도시 벨트의 특징을 띠고 있었다. 이 지역에 형성된 도시는 서로 인접해 있고 시장과 교통이라는 조건에 의해 자연적으로 형성된 것이었다. 이 도시 벨트는 크게 다섯 개의 소그룹으로 나눌 수 있다. 첫째, 요하 상류의 창도·통강구를 중심으로 하는 김가둔金家屯, 대민둔大民屯, 정가둔, 삼강구, 봉화, 회덕, 법고, 차로수鷙鷺樹, 팔면성 등의 도시, 둘째, 요하 중류의 철령·신민을 중심으로 한 개원, 노대방, 도록(서풍) 등의 도시, 셋째, 요하 하류의 삼차하, 우장, 대안, 전장대, 해성 등의 지역, 넷째, 태자하·훈장을 중심으로 한 산성진, 무순, 소북하, 요양, 혼하보, 장탄, 유이보 등의 지역, 다섯째, 영구 및 인근 지역을 포함하는 지역이다. 이 지역에서 핵심도시가 중심이 되어 그룹형 구조를 형성하면서 도시가 형성되고 발전했다. 요하 유역 도시는 두 가지 유형의 경제 관계를 형성하고 있었다. 하나는 각 도시와 영구 사이의 종적이고 수직적인 공산품-농산품의 무역 관계이고, 다른 하나는 하위 도시 그룹 사이의 횡적 교류이다. 후자의 교류가 더욱 활발했다. 교류 내용은 크게 세 가지로 분류할 수 있다. 첫째, 농산품 가공 과정에 협력 관계가 형성되었다. 예를 들어 해성의 소사업繅絲業은 동북에서 유명했지만, 해성에서는 누에 실을 생산하지 않았고 인근 우장이나 개평에서 수입했다. 그리고 요양과 통강구의 당면 가공업의 규모가 상당했지만 원료는 주로 철령에서 수입한 것이며, 정가둔에서 생산되는 소가죽과 천연소다는 개원과 요양에 수출되어 제혁업과 소다제조업의 중요한 원료로 사용되었다. 둘째, 자본의 유동이 원활했다. 농산품의 계절적 특징으로 도시 사이에는 종종 자금 조달의 문제가 발생했다. 이 문제를 해결하기 위해 금융 조직은 산업 간, 지역 간 원활한 자본 유동을 보장할 수 있는 서비스를 제공했다. 셋째, 공동의 상품시장을 형성했다. 상인들은 시장에서의 독점적 지위를 유지하기 위해 경쟁적으로 인근 도시에 동종 산업의 체인점을 세우면서 전문화·집단화된 경영 방법을 도입했다. 예를 들어 광서 19년(1893)에 설립된 정가둔의 거성태양잔巨盛泰糧棧은 청 말에 창도, 통강구, 김가둔, 봉천 등에 체인점을 설치하여 회사를 경영했다.[12] 바로 이러한 다중적인 상업과 회사의 연결망을 통해 요하 도시 벨트는 서로 의존적이고 협력적인 도시군으로 발전할 수 있었던 것이다. 하지만 요하 항운이 쇠락하면서 이러한 교류관계는 점차 줄어들었다. 팔면성, 봉화, 통강구를 살펴보자. 1906년 팔면성은 매년 통강구에서 양포 2,500포, 당 2,000포, 등유 2,000상, 식염 15만kg을 수입했고, 통강구에 콩 4만 석, 잡곡 3만 석, 두병 7만 편, 콩기름 100만kg, 소주 8만kg을 수출했다. 같은 시기 봉화는 통강구에서 식염 25만kg, 설탕 4,000포, 양포 5,000포, 등유 5,000상, 면사 3,000포를 수입했고, 통강구에 콩 9만 석, 수수 5만 석, 콩기름 38만kg, 두병 20만 편을 수출했다.[13] 하지만 1908년 팔면성과 봉화는 통강구로부터 어떠한 상품도 수

12　満铁调查课 川村宗嗣 等, 1915, 『満蒙交界地方经济调查材料』, 第2部, 1915, 38頁.

13　「明治42年(1909)日本驻铁岭领事馆报告」, 335頁.

입하지 않았다. 통강구는 농산품 수출을 유지하고 있었으나 무역 규모는 전성기의 1/2에 불과했다. 또한 1905년 팔면성, 봉화 등의 상인은 통강구에 40만 원이나 투자했지만 1910년 모든 자본을 회수해갔다. 도시군 사이의 투자 자본, 시장 등 횡적 연결망이 모두 끊어지면서 각 도시는 고립되어갔다.

다음으로, 요하 항운이 쇠락하자 연안의 도시들은 핵심 지역과의 유기적인 연결망을 잃고 도시가 가지고 있던 상품 경유지 역할도 상실하게 되었다. 도시의 번영은 경제적 핵심 지역의 지지를 필수로 한다. 특히 상품 무역을 중심으로 한 도시일수록 핵심도시와의 쌍방향 교류가 필수적이다. 요하 연안의 도시들은 항운과 육로의 마차 운송을 결합하여 핵심도시와 경제적 관계를 맺고 있었고, 각 항구는 지리적·경제적 위치에 근거하여 자신만의 경제적 핵심 지역을 만들었다. 철령의 경우 경제적 핵심 지역은 서쪽으로 법고, 동쪽으로 유하 매하구梅河口까지 동서 180km 되는 구간과, 북쪽으로 길림 화전·휘남 등까지 남북 250km 되는 구간이다. 이 지역의 주요 시장은 개원, 대흘달(현 요원), 대두천(현 동풍), 해룡, 산성자, 이통 등이었다. '북방상무총휘北方商務總匯'로 불렸던 통강구의 경제적 핵심 지역의 규모는 철령의 두 배로 동북3성 서부의 모든 지역을 포함하는데, 남북으로 600km에 이르는 이 지역에 봉화, 유수대, 회덕, 공주령, 농안, 장춘, 백도눌, 치치하얼 등이 있었다.[14] 겨울만 되면 각 항구를 향한 식량 운송 대차가 "천 리를 줄지어 끊임없이 이어졌고"[15] 매년 철령에 식량을 운송한 대차는 3만 회에 달했으며, 통강구에 식량을 운송한 마차도 5만 5천 회에 달했다. 요하 연안의 많

---

14 「明治42年(1909)日本駐铁岭领事馆报告」, 351-398頁.

15 「明治42年(1909)日本駐铁岭领事馆报告」.

은 도시는 농산품과 공산품의 경유를 통해 도시 발전에 필요한 세수를 확보했다. 1906년 통강구에 유입된 농산품의 가치 총액은 510만 원, 징수된 저장세는 25만 6,400조였다. 같은 해 외부로 운송된 공산품의 종류와 규모를 보면 화기포 11만 4천 건, 양선 5만 7,330건, 잡화 3만 2,300건, 식염 6만 6천 석으로 가치 총액은 800만 원이었고 25만 2,400조가 세금으로 국고에 들어간 동시에 50만 조에 달하는 두연세鬥捐稅, 선세船稅, 하세河稅가 징수되었다.[16] 통강구에서 징수된 세 가지 세금의 연간 징수액은 118만 조에 달했다. 높은 세율과 세금 징수로 이 지역의 도시들은 1890년대에 빠른 성장을 경험할 수 있었다. 하지만 1900년대 초 요하 항운이 쇠퇴하면서 이런 상황은 역전되었다. 도시의 경제적 핵심 지역에 대한 흡수와 지배 능력은 두 가지 조건에 의해 결정된다. 하나는 이 도시가 주변 지역에 도매 상품과 서비스를 제공할 능력이 있느냐이고, 다른 하나는 이 도시가 교통 운송망에서 우월한 지위를 차지하고 있느냐이다. 요하 항운이 쇠퇴하면서 강 연안 도시는 두 가지 조건을 모두 잃게 되었고, 경제적 핵심 지역에 대한 흡인력도 약화되기 시작했다. 이 도시들의 항운 무역을 통해 성장했던 경제적 핵심 지역의 상인들은 더 이상 전통적인 항운업을 활용하지 않고 공간적으로 접근이 용이한 철도 운송을 통해 상업 연결망을 형성하고자 했다. 요하 연안 도시는 경제적 배후지로서의 능력을 잃으면서 도시의 내적 원동력과 발전의 활력도 잃게 되었다.

요하 항운의 쇠퇴는 연안 도시의 인구 감소를 유발하여 이 도시들의 역도시화를 야기했다. 한 개 도시, 한 개 지역의 도시화 수준을 가늠하는 중요한 지표는 도시 인구 및 지역 전체 인구에서 도시 인구가 차

---

16 「盛京軍督部堂档案」, 第475号, 『同江口河税局人埠货物情況』, 原件存辽宁省档案馆.

지하는 비율이다. 도시화의 세계사적 시각에서 볼 때, 요하 연안의 초기 도시 벨트가 경험한 도시화는 다른 지역과 마찬가지로 꾸준히 인근 농촌 지역의 잉여노동력을 흡수하면서 이루어졌다. 하지만 1905년 이후부터 이 지역의 도시화는 정 반대의 양상을 보이기 시작했다. 1904년 요하 상류와 중류에 위치한 철령, 개원, 도록(서풍), 서안, 해룡, 창도, 강평康平, 대흘달(요원), 봉화(리수), 유하 등 10개 현의 전체 인구는 210만 명이었고 도시 거주 비농업 종사자는 30만 명으로 도시 전체 인구의 14%에 달했다. 18개 주요 도시에 거주하는 도시 인구는 29만 4,500명이었다.[17] 1909년 이 지역 전체 인구는 257만 명으로 증가했지만 도시 인구는 오히려 25만 명으로 감소하여 전체 인구의 10%가 되었다. 앞에서 언급한 18개 주요 도시 중 철도의 부설로 개별적으로 인구가 증가한 특수한 경우를 제외하면, 대부분 도시는 인구 감소를 경험했다. 당시 지역 전체 인구는 22만 6,400명이었다(〈표 1〉 참조).

표 1_20세기 초 요하 연안 도시의 인구 변화 (단위: 명)

도시	1904년 인구	1909년 인구	도시	1904년 인구	1909년 인구
철령	17,000	35,452	창도	20,000	16,183
개원	35,000	25,000	법고	12,000	21,265
봉화	24,000	9,854	삼강구	1,200	1,200
도록	24,000	25,000	해룡	5,000	6,000
팔면성	10,000	10,500	차로수	4,000	1,000
산성진	25,000	20,000	정가둔	32,000	11,900
김가둔	10,000	7,743	통강구	15,000	6,291
강평	5,000	4,051	조양진	15,000	13,000

출처: 1904년 각 도시의 인구는 오고시 헤이류(小越平隆)가 1905년 동북에서 조사한 자료에 근거했다. 小越平隆, 『满洲旅行记』, 上海广智书局, 1902 10-30頁 참조. 1909년 각 도시 인구는 「明治42年(1909)日本驻铁岭领事馆报告」, 日本外务省通商局 编, 1920, 『满洲事情』, 第3辑, 第2卷, 第1章, 282頁 참조.

---

17 小越平隆, 『满洲旅行记』, 上海广智书局, 光绪28年(1902)铅印本, 30-45頁.

요하 연안 도시의 역도시화를 야기한 인구 급감 현상은 요하 항운의 쇠퇴로 인한 연안 도시 산업의 불황과 종사자의 유출, 외지 상인의 이탈 등 원인 때문에 발생했다. 1904년 이전까지 창도현 소속의 부성府城, 김가둔, 차로수, 통강구, 팔면성 등 다섯 도시에는 사업체 30여 개, 식량의 저장·도매·운송에 종사하는 대형 양잔은 100여 개로 전체 종사자는 4,000명이었다. 하지만 러일전쟁 이후 이 다섯 도시의 "양잔 중 60%가 영업이 중단되어"[18] 24개만 남았고, 종사자도 1,046명으로 감소했다.[19] 1905년 몽고 무역을 위주로 했던 법고성에는 850개 사업체가 운영되고 있었다. 그중 양잔과 유방 등 규모가 큰 사업체는 100여 개였고 종사자는 2,000명 이상에 달했다. 또한 시내의 상품 시장은 내·외몽고에서 온 상인 5,000명을 수용할 수 있는 규모를 자랑했다.[20] 하지만 1920년 요하의 수심이 얕아지고, 삼면선三面船 부두가 폐기되면서 법고는 몽고 무역에서의 중간 시장의 지위를 상실했다. 시내의 상업은 전반적으로 불경기였고, 크고 작은 창고는 70여 개, 종사자는 600명으로 감소했다. 1906년을 전후하여 영구에는 요하 항운과 해운에 종사하는 상인과 운송업자가 1만 명 정도 거주했고, 동북과 화북의 약 40개 도시에서 온 상인 500명이 있었다.[21] 이들은 상인이자 동시에 이 지역의 소비자였기에 요식업, 여관업, 시내 운송업, 부두 운반업도 흥성해질 수 있었다. 또한 이들은 많은 현지인에게 취업 기회를 제공하기도 했다. 하지만 1908년 이후부터 선박은 물론 상인의 유입이 감소하면서 도시 전체

---

18 『(淸)昌圖府志·实业志』, 1910, 奉天图书印刷所刊行本, 38頁.

19 『(淸)昌圖府志·实业志』, 38頁.

20 山田九太郎, 1925, 『满蒙都邑全志』, 东京日刊支那发行社.

21 辽宁省档案馆藏资料史地类第545号, 『营口商人情况表』.

산업이 쇠락해갔다. 많은 사람이 철도로 인해 흥성해지기 시작한 대석교, 안산 등지로 떠나면서 영구의 인구는 한동안 마이너스 성장을 기록하게 되었다.

요하 항운의 쇠락으로 연안 도시의 공간 규모가 급격하게 축소되면서 도시의 행정 등급도 따라서 하락했다. 도시의 기초 시설은 인구와 자원이 의존하고 발전하는 데 중요한 매개체이고 도시의 문명화 수준을 가늠하는 중요한 지표이다. 또한 도시 공간 규모의 크기는 도시의 행정 등급, 지역 도시화의 수준과 직접적으로 연관된다. 요하 항운의 발전이 한창일 때 연안 도시의 공간구조의 확장과 항운경제의 발전은 거의 동시적으로 진행되었다. 70% 이상의 요하 연안 도시는 1860년 영구 개항 당시만 하더라도 작은 어촌에 불과했는데 30년의 발전을 거쳐 모두 3~10km^{2}에 달하는 도시로 발전했던 것이다. 이 공간 속에는 다음과 같은 유형의 건물이 분포되어 있었다. 첫째는 전체 건물의 40%에 달하는 주택 건물이었다. 둘째는 상업용 건물과 공장 건물로 전체의 40%였다. 사료에 의하면 요양·철령의 유방과 창고는 "비교할 수 없을 정도로 높고 많았다." 통강구 양잔은 "높은 담장으로 둘러싸였고 규모가 웅장했다."[22] 해성의 소사공장은 "1열로 배열되어 몇 리에 달했다." 셋째는 종교나 제사와 관련된 장소였다. 거의 모든 도시에는 성황묘, 관제묘, 재신묘 등 초기 상업 사회에 보편적으로 존재했던 전통적인 건물과 천주교 교회당 같은 서양 종교 건물이 있었다. 넷째는 구화회救火會(수회水會), 종두국種痘局, 양제소養濟所 등의 자선공익기구였다. 다섯째는 행정기구였다. 상업 규모가 확대되면서 1870년대 이후부터 각 도시의 행정 등급이 격상되었다. 예를 들어, 원래 창도청에 속했던 정가둔, 매매가買

---

22 山田九太郎, 1925, 『満蒙都邑全志』, 東京日刊支那发行社, 392頁.

賣街(봉화, 현 리수), 통강구, 팔가자八家子 등 네 도시는 1878~1906년 창도의 관할에서 벗어나 독립적인 부·주·청 소재지가 되었다. 행정 등급이 격상되면서 관공서 건물도 증가했는데, 이 건물들은 1800년대 말 요하 유역 도시의 공간구조를 다중적인 구조로 만드는 데 중요한 역할을 했다. 하지만 요하 항운의 쇠락으로 도시의 상업과 공업이 쇠퇴하거나 다른 곳으로 이전되면서 도시 공간은 급속도로 축소되었다. 1899년 당시 철령 마봉구 부두에는 크고 작은 양잔이 70여 곳, 1ha 면적의 조선공장, 선박정비공장, 유방 등 20여 곳이 운영 중에 있었고, 상공업은 8개 도로에 분포되어 있었다.[23] 하지만 1909년 마봉구의 양잔은 10곳 미만이었고, 조선공장이나 선박정비공장은 휴업 아니면 다른 곳으로 이전했다. 상업과 공업의 분포도 도로 8개에서 1개로 축소되었다. 1905년 통강구의 21개 사업체는 $1.5km^2$ 이상에 달하는 토지를 점유하고 있었지만, 1908년에는 양잔 5곳만 운영되고 있었고, 건축 공간도 3년 전의 1/3로 축소되었다. 상공업 및 도시 공간의 축소는 이 지역의 정치·경제적 지위의 하락을 야기했다. 행정등급이 하락된 도시가 있는 동시에 행정등급이 아예 철폐된 도시도 있었다. 통강구의 경우 1909년 청급 행정등급이 철폐되면서 원래의 일반 시진市鎭으로 하락했고, 1911년 해룡부 산성자진도 부급 등급이 철폐되었다. 1913년에는 대민둔의 진이 삼강구로 옮겨졌다. 행정 등급의 하락은 관공서 건물의 축소로 이어져 도시의 발전에 부정적인 영향을 미쳤다.

요하 연안 도시 벨트의 역도시화 과정은 만주사변까지 25년 가까이 지속됐다. 역도시화의 결과로 도시는 다시 농촌 또는 일반 집시(통강구, 팔면성, 김가둔, 우장 등)가 되었고, 일부 도시는 철도를 따라 철도역으로 옮겨져 근대 철도 도시(정가둔, 철령, 개원, 창도, 요양, 신민

---

23 『铁岭市志』, 1994, 辽宁人民出版社, 392頁.

등)가 되었으며, 영구 같은 지역 핵심도시는 큰 변화는 없었지만 도시 구조(내륙 항운이 해운과 철도 운송으로 대체), 도시 지위(지역 핵심도 시에서 일반 도시로 하락)가 모두 변했다. 요하 연안 초기도시의 번영 은 50년을 넘지 못했다. 1930년에 이르러 이 지역의 많은 도시들은 흔 적없이 사라졌거나, 다른 곳으로 옮겨지지 않으면 일반 도시나 농촌으 로 전락했다.

이런 역도시화 현상은 비교적 일찍이 개발되었던 제2송화강 유역에 서도 나타났다. 길림성성부터 치치하얼 구간의 오랍가-복룡천 도시 벨 트의 쇠락이 전형적인 사례다. 1800년대 이후 길림과 흑룡강성 소재지 치치하얼의 경제적 관계가 밀접해지고 동북 중부 지역의 인구가 증가 하면서 1800년대 말부터 요하 유역과 비슷한 도시 벨트가 형성되기 시 작했다. 이 도시 벨트는 길림성성부터 치치하얼 사이의 상업 경로에 형 성되었다(약 30~40km). 이 지역에는 오랍가, 법특합法特哈, 상하만, 대 방신, 농안, 복룡천 등의 도시가 있었다.

① 오랍가烏拉街(우라가): 길림성성에서 북쪽 30km 떨어진 곳으로 길림성 영길현에 소속된 도시이다. 이곳은 원래 진주와 인삼 등 특산품 채집을 전문적으로 관리하기 위해 청이 설치한 타생오랍총관아문打牲烏 拉總管衙門의 소재지로 청 중엽부터 만주족이 대량으로 거주하면서 도시 형태의 오랍가를 형성했다. 청 말에 이르러 송화강 항운이 발전하면서 오랍가의 상업도 번성해져 도시는 크게 확장될 수 있었다. 시내에는 산 서 태원, 산동 평원과 액현, 하북 무녕 등의 상인이 설립한 덕흥원德興源, 복원잔福源棧 등 대형 및 중형 상가 40여 개가 운영 중에 있었다.[24] 오랍 가는 길림성성 밖에 위치한 중요한 특산품 집산지였다.

② 법특합(또는 법특합문法特哈門, 현 법특): 오랍가에서 북쪽으로 약

---

24 『1927年烏拉鎮商会改选职委花名册』, 辽宁省档案馆藏奉天总商会档案3967卷.

25km 떨어진 곳으로 길림성 서란현에 소속된 도시이다. 지리적으로 제2송화강평원과 길림 동부의 산간 지역과 맞닿아 있어 청 초기 유조변장의 기점(이곳에 변문邊門 등 역사적 건물을 건설했다)으로 지정되었다. 1800년대 말 하얼빈 도시를 건설하면서 법특합 인근의 무성한 삼림이 개방되어 매년 대량의 목재가 송화강을 통해 하얼빈 등지로 운송되었다. 목재 경제의 발전과 인근 송화강 어업의 발전으로 법특합은 민국 초기에 활력 있는 도시로 발전했다. 시내에는 천득당天德當(길림 상인 어림於霖이 설립), 동창화同昌和, 동흥원同興源 등의 사업체가 있었다. 1910년을 전후하여 진의 인구는 2,000명이었다.

③ 상하만上河灣: 법특합에서 서쪽으로 30km 떨어진 곳으로 길림성 영길현 2구에 소속되었다가 1932년에 신설된 구대현九台縣에 편입된 도시이다. 고고학 발굴에 의하면 일찍이 신석기시대에 원시 '상하만인'이 활동했다고 한다. 요·금 시기 상하만에는 이미 촌락이 형성되었다(이곳의 인근에서 '석양石羊' 등 요금 시대의 유물이 출토되었다.) 청 초의 유명한 유조변장이 이곳을 경유했고, 주변 가까운 곳에 4개 변대(문)가 설치되면서[25] 길림 중부의 중요한 교통 요지가 되었고 정주인구도 증가하기 시작했다. 1800년대부터 토지 및 삼림자원이 개발되면서 지리적 우세를 바탕으로 (곡창지대인 송화강 평원, 어업이 발달한 호수와 소택지 지역, 목재 자원이 풍부한 산간 지대가 교차하는 곳[26]) 각종 특산품

---

25 유조변장의 길이는 250여km로 길림 중부 지역을 관통한다. 이 변장에는 통행에 필요한 18개 문이 설치되었다. 상하만 주변에 설치된 4개 문은 6대(臺), 5대, 4대, 3대 문이다.

26 상하만진 북쪽부터 덕혜 갈림목까지가 유명한 제2송화강 습지대이다. 상하만진 남부의 강가구(姜家溝), 홍타구(紅朵溝), 대와집(大窩集) 등은 청나라 시기 동북 지역의 유명한 48개 '와집(窩集: 대형 삼림)'에 속해 있었다.

의 집산지로 발전했고, 1850년대를 전후하여 비정기적인 집시도 출현했다. 동치 2년(1863), 이곳에는 비교적 큰 규모의 불교 사원인 봉운사峰雲寺가 건설되었고 얼마 지나지 않아 민간 건물인 화신묘火神廟도 출현했다. 이런 건물의 출현은 도시가 일정한 규모로 발전했다는 것을 말해준다. 1880년대에 이르러 이 진의 상인들은 상업공의회를 결성하여 3일·6일·9일에 정기적으로 집시를 열었다. 집시의 교역량이 증가하면서 시장이 이끄는 경제적 핵심 지역의 규모도 반경 20km 이상으로 확장되었다. 1905년을 전후하여 시내에 있는 잡화점과 복장점 등 사업체는 열 몇 곳에 달했다. 비교적 큰 사업체는 회통당匯通當(길림성성의 의衣씨가 설립한 것으로 자본은 2만 원, 직원은 150명), 영흥당榮興當(탑塔씨가 경영하는 사업체), 융경항隆慶恆, 융흥원隆興源 등이었다.[27] 복성공福成公(윤성오尹星五 경영) 등 개별 사업체는 외지에 지사를 설립하여 체인경영을 했다. 민국 초기 이 지역의 주요 산업은 농기구제조업과 양조장, 방앗간 등이었다. 농기구제조업에는 곡가로曲家爐(곡수인曲守印 부자가 설립), 왕가로王家爐, 양가로糧家爐 등이 있었다. 양조업에는 회통당匯通當이 있었는데 매년 술 11만kg을 생산했고, 화성동和盛東 10개 방앗간의 일일 밀가루 생산량은 750kg이었다.

④ 대방신大房身: 상하만에서 서쪽으로 30km 떨어진 곳으로 길림성 덕혜현에 속한 제2송화강 지류 음마하 평원의 배후지에 위치한, 청나라 이전에 형성된 소규모 시장이다. 1800년대 말 이곳에는 길이 500m 정도의 건축공간이 형성되었고, 인구는 1,000명에 달했다. 청말민초 시기 한동안은 신설된 덕혜현 현부 소재지였다.

⑤ 농안: 이 책의 제8장 참조.

27　守田利远, 1906, 『满洲地志』(中), 东京丸善株式会社, 540, 397, 574頁.

⑥ 복룡천伏龍泉 또는 福龍泉: 장춘에서 북서쪽으로 90km, 농안현성에서 40km 떨어진, 길림성 농안현에 속한 곳이다. 청나라 건륭제 말기에 이주민이 정착했다. 이들 중 가장 유명한 사람은 산동 내양萊陽에서 이주한 양운산梁雲山이다.[28] 이 지역은 일찍 개발된 데다가 지리적으로 길림-치치하얼 상업 경로의 핵심 지역에 위치했기에 1880년대에 이미 도시의 모습을 갖출 수 있었다. 1905년 이곳에는 동서남북으로 4갈래 도로가 건설되었고, 인구는 2,500명이었다. 곡물 상점, 여관, 잡화점 50여 개, 여관식당 10곳, 목욕탕, 마차 객잔 등이 운영되고 있었다. 가장 큰 사업체는 길림 거상 우자후牛子厚가 설립한 순생공順生公(1896년 설립)으로 연 수입은 90만 조에 달했다. 세화원世和源, 세합창世合昌, 덕성복德盛福 등은 연간 술 47.5만kg과 당면 20만kg을 생산했다.[29] 시장도 매일 열렸는데 당시 다른 동북 지역에서 거의 볼 수 없는 현상이었다.

지금까지 서술한 도시들로 구성된 오랍가-복룡천 도시 벨트는 공간구조 및 내부 구성 모두에서 큰 발전의 잠재력을 가지고 있었다. 하지만 중동철도와 길장철도의 개통으로 도시에 운송되던 화물이 항운이 아닌 철도를 이용하게 되면서 육로와 전통적인 송화강 운송의 지위는 갑자기 추락하게 된다. 동시에 이 도시들은 철도와 멀리 떨어져 있어서 철도를 통한 도시발전도 경험할 수 없었던 것이다. 대방신과 상하만의 화물은 중동철도 교문窘門(후에 장가만, 덕혜라고 불렀음)과 길장철도의 하구대下九台역에, 법특합의 화물은 서란역에 흡수되면서 이 도시들의 상인은 하나둘씩 다른 곳에 이주하기 시작했다. 이렇게 도시의 경제

---

28   守田利远, 1906, 『満洲地志』(下), 东京丸善株式会社, 518頁.

29   松原菊藏, 1915, 「満蒙交界地方经济调第3部第1编-农安县(1913年6月)」, 満铁株式会社, 50-55頁.

는 "점점 쇠약해져갔다."[30] 같은 상업 경로에 있던 몇 개 지역이 쇠락하면서 다른 도시의 기능도 약화되었고 전체 상업 연결망으로서 상업 경로도 사라져갔다.

역사는 거울과 같다. 지금까지 요하 연안의 초기 도시 벨트(제2송화강의 오랍가-복룡천 도시 벨트 포함)의 역사를 살펴본 것은 단순히 지역 사회의 역사적 변화 과정을 '복원'하기 위해서가 아니라 오늘의 도시 현대화 건설에 필요한 역사적 경험과 교훈을 찾기 위함이다. 요하 연안 초기 도시 벨트의 형성과 해체 과정을 통해 우리는 다음과 같은 교훈을 얻을 수 있었다.

① 교통은 도시 벨트 및 도시군을 연결하는 '유대'와 '혈관'으로 교통 체계는 지역 도시화에 중요한 영향을 미친다는 점이다. 교통 및 운송 체계는 도시화의 방향, 과정 및 운명을 결정한다.[31] 때문에 교통 운송을 도시 건설의 첫 번째 순위에 놓아야 한다.

② 자연생태환경은 도시의 생명이기 때문에 도시 건설은 자연환경의 파괴를 통해 이루어져서는 안 된다. 요하의 초기 도시 벨트가 해체된 외적 요인은 항운업의 쇠락이었다. 항운업의 쇠퇴는 자연환경의 파괴에서 기인했다. 따라서 요하 연안 도시의 쇠락은 사실상 근대 동북 남부 지역의 자연환경의 파괴로 인한 것이라고 볼 수 있다. 이 점에 대해서 우리는 각별히 신경을 써야 한다. 만약 그렇지 않으면 중국 북방 지역 여러 하천 연안의 도시는 1900년대 요하 연안 도시가 겪은 쇠락의

---

30 『盛京时报』, 1935年 1月 12日. 그러나 농안은 예외였다. 농안은 이후의 장(춘)-백(성)철도의 부설로 경제가 회복되어 중등도시로 발전했다. 그 밖의 다른 도시들은 1940년대에 이르러 모두 원래의 농촌 형태로 돌아갔다.

31 郝克路, 1998, 「19世纪中美区域城市化与交通运输」, 载王旭·黄柯可 主编, 『城市社会的变迁』, 中国社会科学出版社, 92頁.

전철을 밟을 수 있다.

③ 공업화는 도시화·현대화의 핵심 원동력이다. 한 도시가 지역적 우세만 믿고 상업 무역만 발전시키고 공업경제의 중요성을 간과한다면 이 도시의 번영은 불안정하고 일시적일 수밖에 없다.

제3부

함락 시기, 내전 시기의 동북도시: 1932~1948년

1931년의 만주사변은 동북3성을 일본의 식민지로 전락시켰고 정상적인 사회 발전의 역사도 종결시켰다. 1932년 봄부터 일본은 식민 지배의 일환으로 동북에 거액 19.171억 원[1]을 투자하여 도시 건설 사업을 시작했다. 이 건설 사업은 1941년 말 태평양전쟁의 발발로 중단되었다. 일본은 수도 신경新京(장춘), 공업 중심지 심양과 하얼빈, 항구도시 대련, 군사기지 목단강과 여순, 에너지기지 안산·본계·무순 등 여러 식민지 대도시를 건설하여 요중遼中을 핵심으로, 심양-대련 간 철도를 종축으로, 하얼빈-수분하 간 철도와 연해 항구도시를 양 날개로 하는, 중공업을 주축으로 하고 경공업을 겸한 도시체계와 도시지역 공간구조를 구축했다.[2] 겉보기에 만주국의 도시 건설은 도시 공간의 현대화를 실현한 것처럼 보이지만, 시실상 완전히 식민 지배의 논리에 따라 추진된 것이었기에 도시 분포와 구조는 오히려 균형을 잃고 기형적으로 변해갔

1　「満洲事変后之日本対満投资」, 载『盛京时报』, 1935年 , 第9534号.

2　顾朝林, 1996, 『中国城镇体系-历史·现状·展望』, 商务印书馆, 158頁.

다. 1937년까지 일본 당국이 추진하고 설계한 도시 건설 사업과 도시 행정구는 크게 세 부분으로 나뉜다. 첫째, 일본 직속 만철 부속지의 도시 건설, 둘째, 관동청이 주도한 식민지 대련에 대한 건설, 셋째, 만주국의 도시 건설이다. 1937년 이후 만철 부속지가 형식적으로 만주국에 편입되면서 일본의 동북 도시 건설은 '만주국'과 대련 두 부분으로 나뉘게 되었다. 이 구조는 1945년 일본 식민 지배의 멸망과 함께 사라졌다. 만철 부속지와 대련에 관한 내용은 이미 제4장과 제7장에서 다루었기에 제11장에서는 집중적으로 만주국의 도시 건설 사업을 다룬다.

1945년의 8·15 광복은 동북 지역에 대한 식민 지배의 역사에 종지부를 찍었다. 하지만 동북은 광복과 동시에 복잡한 역사적 시기에 진입하게 되었다. 3년여 동안 동북은 소련, 중공 및 동북민주연군, 국민당군의 지배 하에 놓였고, 국공 쟁탈전의 세 번째 국면을 맞아야 했다. 동북 도시는 지역 정치 상황의 급변으로 여러 정권이 혼재하는 복잡한 국면에 놓였던 것이다. 국민당에 의해 통치되었거나, 국공 양당의 각축 국면에 놓였던 핵심도시는 만주국 말기의 연장선에서 지속적인 쇠락의 길을 걷고 있었다. 또한 중공해방구와 소련군 통치하에 있던 대련 등 후방 도시는 생기를 되찾기 위해 여러 수단이 동원되었지만 모든 자원이 전쟁에 조달되는 바람에 도시 계획은 하나도 추진되지 못했다. 제12장에서는 이 시기의 지역 도시사를 다룬다.

1948년 9월 중국공산당이 일으킨 요심전역遼沈戰役[3]에서 공산당이 승리하면서 동북의 도시는 새로운 역사적 전환기에 놓이게 되었다.

---

3 1948년 9월 12일 ~ 11월 2일, 심양과 요녕 지역에서 발생한 공산당과 국민당군의 전투.

제11장

만주국 시기 동북의 도시 계획과 도시 건설
– 장춘을 중심으로

만주국 시기의 도시 계획

만주국 시기의 도시 계획은 일본의 식민 지배와 동시적으로 출현했다. 만주국 성립 이튿날인 1932년 3월 10일 만주국은 국무원 제1호 포고를 반포하여 장춘을 만주국 수도로 정한다고 했다(3월 14일 국무원 제2호 포고에서는 장춘을 신경新京으로 변경했다). 이어 일본 당국은 세계 여론을 기만하고 식민 지배를 공고히 하기 위하여 동북 지역 도시에 대한 새로운 계획을 수립하고 전면적인 '건설'에 돌입했다.

만주국이 추진한 첫번째 사업은 '국도 신경'에 대한 건설 계획을 만드는 것이었다. 이 계획은 관동군사령부와 만철의 공동 작업으로 추진되었다. 1932년 3월 하순 만철경제조사회는 만주국 정부의 '위탁'을 받아 국도國都 건설 방안을 계획하기 시작했다. 4월 1일 만주국 정부는 '수도' 시정 계획을 책임질 국무원 소속 국도건설국을 설립했다. 7월 국도건설국은 만철경제조사회의 업무를 인계받아 국도 건설 계획을 수립하기 시작했다. 하지만 실제로는 만철경제조사회가 관동군의 지령에 따라 국도의 건설 계획을 책임졌다.[1] 7월 하순부터 11월까지 관동군사령부는 관동군특무부, 만주국도건설국, 만철경제조사회가 참여한 회의를 3번 소집하여 국도 건설 계획을 보완했다. 11월 17일 최종적으로 구체적인 수준의 신경 건설 방안이 확정되었다. 12월 5일 시가지 범위, 건설 지역, 도로, 교통 시설, 계획 예산 등 11개 부분에 대한 '계획 개요'가 마무리되었다.[2] 이듬해 1월 24일 '계획 개요'는 만주국무원의 심사를 거쳐 국무원 제3호 지령으로 대외에 공식 발표되었다.[3]

'국도 신경' 건설 계획이 완성된 후 만주국의 민정부와 관동군은 1933~1937년 봉천, 영구, 금주, 안동, 해성, 안산, 호로도, 조양, 부신, 승덕, 적봉赤峰, 능원凌源, 길림, 구대, 교문덕혜, 서안요원, 매하구, 유하, 도안백성, 도문, 하얼빈, 치치하얼, 목단강, 가목사, 북안, 흑하, 벌리, 쌍성, 밀산密山, 계서鷄西, 호림虎林, 막화산莫和山 등 33개 도시에 대한 건설 계획을 제정했다(〈표 1〉 참조). 1939년 3월 8일 일본 당국은 추가로 원래 남만철도 부속지였던 사평가, 철령, 본계, 요양, 무순, 개원, 대석교, 공주령, 북표北票[4] 등에 대한 건설 계획을 제정했다. 1942년 만주국의 계획하에 있거나 건설 예정인 도시는 109개에 달했다.

만주국 정부가 제정한 도시 계획은 만주사변 이전 동북 지방 당국의

1　霍燎原, 1991, 「長春市淪陷時期的城市建設」, 『長春史志』, 第2期.

2　偽満国都建設局 編, 1938, 『国都建設紀念式典志』, 第4章, 16頁.

3　偽満国都建設局 編, 1938, 『国都建設紀念式典志』, 第1章, 9頁.

4　1932년 이후 동북 전역이 일본 식민지로 함락되었기에 만철 부속지를 독립적인 식민지체제로 설정하는 것은 아무런 의미가 없었다. 때문에 일본 정부는 1937년 12월 만철 부속지의 식민지체제를 취소하고 동시에 상술한 도시를 포함한 모든 만철 부속지를 만주국에 편입시켰다.

도시	인구		도시 계획 면적	시가지 계획 면적
	계획	1934년		
신경(장춘)	100	20.4814	1150	100
봉천(심양)	150	48.4678	400	192
하얼빈	100	48.2452	2154.390	317.390
안산	50	2.6794	187	13.369
본계호	12	3.1913	105.475	22.989
영구	80	13.6726	146	
안동(단동)	50	17.2653	137	49.420
부신	10	0.2792	246.9	
무순	60	11.3905	187	13.369
대동강	150	0.6942	375	145.595
요양	16	4.9640	63.375	28.314
금주	30	7.3355	267.100	58.966
북표	4.5	1.2873	24.065	5.854
호로도	20	0.6498	61.400	8.656
소가둔	20	0.4874	96	47.660
길림	120	14.1174	402	138.110
도문	9.7	2.1550	30	14.790
연길	8	2.4257	41.768	15.944
훈춘	5	1.0013	37.198	8.323
집안	7.2	0.2530	37.167	17.903
통화	12	3.0053	74.886	12.902
매하구	5.7	1.9761	22.630	7.320
치치하얼	16	78.112	61.332	29.950
북안	15	5.879	13.200	31.720
수화	14	2.7580	53.777	20.802
부금	8.3	2.9436	49.117	16.883
동녕	6	0.2810	36.829	17.883
호림	5	0.1887	39.270	7.561
해랍이	6	1.1095	18.130	3.702
승덕	10	3.9059	91.606	23.895

출처: 満洲国史編撰刊行会 編, 东北沦陷14年史吉林编写组译, 『満洲国史·分论』, 下册, 570-572頁.

도시 발전 계획 및 당시 남만철도 연선에 분포했던 만철 도시의 발전 계획과 차이가 있었다.

① 예정 건설 면적이 넓고 도시의 수용 규모가 컸다. 1931년 만주 사변 이전까지 장춘, 심양,[5] 하얼빈 등 3개 도시의 면적과 인구는 각각 21km²와 12만 8천 명, 32km²와 41만 명, 44.5km²와(강북 송포진 6km² 포함) 38만 5천 명이었다.[6] 하지만 '국도건설계획개요國都建設計劃概要'에서 만주국 당국은 신경특별시를 도시 범위 200km², 시가지 예정 건설 면적 100km², 이미 건설된 21km² 지역(구도시 8km², 만철 부속지 5km², 시내 상부지 4km², 중동철도 부속지 4km² 포함) 외에 79km²되는 지역을 새로 건설하여 인구 100만 명의 도시로 만들고자 했다. '봉천시정규획奉天市政規劃'에서는 만주국 봉천시를 1933년 이후부터 20년 동안 기존 32km²의 도시 면적을 기반으로 주변 178km² 면적을 도시에 편입시켜 소서변문을 중심으로 동쪽으로는 동릉까지 15.3km, 서쪽으로는 이영보李營堡까지 12.7km, 남쪽으로는 혼하까지 9.5km, 북쪽으로는 북릉까지 7.9km[7] 전체 면적 206km²에 인구 100만 명에 달하는 초대형 공업도시로 건설하고자 했다. 1938년 만주국 당국이 새로 제정한 '봉천도읍계획奉天都邑計劃'에서는 일본 오사카를 모델로 삼아 핵심 구역과 위성도시를 평행으로 건설하는 방법을 도입하여, 15년 이내에 인구

---

5 1929년 4월 2일부터 장학량을 수장으로 하는 동북 지방 당국이 봉천시를 심양시로 불렀기 때문에 만주사변 이전까지 2년여 동안 '심양'은 이 도시의 공식 명칭이 되었다. 1931년 9월 20일 일본 당국은 심양을 다시 봉천으로 변경했다.

6 伪满国都建设局 编, 1938, 『国都建设纪念式典志』, 第1章, 9頁; 「大奉天之构成」, 『盛京时报』, 1936年 10月 26日; 哈尔滨市地方志编纂委员会 编, 1998, 『哈尔滨市志·城市规划』, 黑龙江人民出版社, 61頁.

7 (伪满)建筑学会新京支部编, 『满洲建筑概说』, 第10编, 664頁.

를 150만 명까지 늘이고 장기적으로 인구를 300만 명으로 확대하며 시내 핵심 구역 면적을 206km²에서 405km²로 확장하고, 주변에 7개 위성도시를 거느린 전체 면적 1,600km²에 달하는 도시로 만들고자 했다.[8] '대하얼빈도시계획기초요령大哈爾濱都市計劃基礎要領'에서는 30년 뒤 하얼빈을 인구 100만 명인 도시로 확대하고, 도시 면적을 기존의 80km²에서 317km²로 확대하여[9] 전체 면적이 2,154km²인 '만주국에서 가장 큰 도시'로 건설하고자 했다. 길림시는 기존의 12.3km²에 47km²를 추가 건설하여 전체 면적이 59km²가 되게 한 다음[10] 추가 확장을 통해 면적을 138km²까지 확장하고자 했다. 또한 도시 근교의 용담산, 서단산西团山, 서관, 합달만哈達灣 풍만豐滿 등도 건설 예정 지역에 포함시켰다.[11]

② 근대화 수준이 높고 '전원도시'의 성격이 짙었다. 전통적인 동북 구도시의 주택이 대부분 단층 목조건물인데다가 시내에 도로와 공공시설이 적었기 때문에 전체 도시는 폐쇄된 저층 건물의 조합으로 보였다. 1900년대 초부터 상부지가 개발되면서 고층 건물이 도시 전체의 입체감을 증가시켰지만 상업 용도의 건물만 중점적으로 개발했기 때문에 도시는 여전히 비좁고 복잡했다. 만주국의 3대 도시 계획은 만철 부속지 건설 당시의 식민지 이론과 '전원도시 기본 이론'을 결합한 도쿄대학과 교토대학의 도시계획전문가인 사노 도시카타佐野利器와 다케이 다카시로武井高四郎, 공원 및 도로 전문가 오리시모 엔키치折下延吉과 곤도 야스오近藤泰夫, 상하수도전문가 사마 이사무草間偉, 오오이 세이치大井清一 등에

<hr>

8 「大奉天新都邑计划」, 『盛京时报』, 1940年 4月 9日.

9 「哈尔滨都市计划」, 『盛京时报』, 1936年 9月 10日;『滨江特刊』, 第78号.

10 『盛京时报』, 1935年 10月 30日.

11 「水都吉林扩张计划」, 『盛京时报』, 1940年 8月 28日.

의해 설계되었다. 이들은 오사카와 요코하마의 도시 계획 모델과 중동 철도 연선의 도시 분포를 청사진으로 삼고 도시 공간에서의 녹지 및 공공시설의 비중을 높였다. 심양의 경우 1906년 조이손이 만천공원万泉公園을 건설한 것을 비롯하여 1930년까지 상부지, 만철 부속지, 공업 신구, 심양 시내에 공원 7개, 어린이유원지 11개 등 전체 면적이 0.88km²에 달하는 시설이 건설되었다(동능·북능공원은 제외. 당시 이 두 공원의 면적은 1,000만m²에 달했다). 하지만 이 공원들 중 시내에 건설된 공원의 면적은 0.56km²로 도시 면적의 1.75%에 불과했다. 만주국이 계획한 공원·녹지·운동장은 50여 개로, 전체 면적은 43.27km²였다. 이 면적은 신규 확장 면적의 10.82%에 달했다. 그중 시가지 내의 공원과 녹지의 면적은 41.48km²로 시내 건설 총면적의 21.61%에 달해 당시 세계 중등발전국가 도시의 녹지 기준에 근접했다. 하얼빈의 녹지 면적은 111.6km², 공원 면적은 146.3km²로 계획했다.

③ 도시 공간은 용도에 따라 효율적으로 구성되었다. 도시는 용도에 따라 거주지(인구밀도에 따라 1~4등급으로 구분), 상업(소규모 상품 도매업과 대형 사업체 구역), 공업(중공업과 경공업 구역), 특수(채소밭, 축산용지) 등으로 구분되었다. 장춘은 서남풍이 많이 불었기에 중공업구는 동북쪽 이통하 연안에, 경공업구는 구도시 북쪽에, 학교 및 운동장은 동남쪽에, 관공서는 서남쪽에, 금융 및 상업구는 시 중심에 건설했다. 도로 역시 구역에 따라 건설했다. 관공서 구역의 도로는 넓고 상업과 주택 구역은 상대적으로 좁았다. 일반 도로는 아스팔트 도로였고, 화물 운송용 도로는 자갈 도로였다.

④ 일본 제국주의의 침략 의도가 여실히 드러났다. 이런 도시 계획은 겉으로는 일본과 유럽 도시의 모델을 참조하여 현대적 특징을 띤 것처럼 보이나, 구체적인 수준으로 들어가보면 일본의 동북 침략 및 동북

아 지역에 대한 전략적 목적에 의해 계획된 것임을 알 수 있다. 예를 들어, 만주국이 우선적으로 건설한 3대 도시인 장춘·심양·하얼빈은 일본의 동북 침략 과정에서 중추선을 이룬 도시로 서로 다른 발전 모델이 적용되었다. '국도' 장춘을 제외한 심양과 하얼빈은 남만·북만의 교통 중추와 최대의 상공업도시로 계획했다. 또한 길림은 '만주 제1의 관광도시'로 계획했고, 안동과 연길은 동북 동부에 대한 경제적 약탈과 동북으로부터 조선 및 일본 본토까지 이어지는 양대 철도 간선을 통제하기 위해 계획되었다. 금주와 호로도는 일본이 동북을 근거지로 삼고 화북을 침략하기 위한 전략적 기지로 계획되었고, 목단강·흑하·가목사·해랍이 등은 일본이 '만주 이민 정책'을 추진하고 소련을 공격하기 위한 전방 거점으로 계획되었다.

⑤ 민족차별이 극심했다. 기존의 만철 부속지나 중동철도 부속지보다 더 심각한 등급 제도를 적용했다. 이 등급은 1등급($1km^2$당 거주자는 4,000명으로 주택 하나당 $875m^2$), 2등급($1km^2$당 거주자는 5,000명으로, 주택 하나당 $770m^2$), 3등급($1km^2$당 거주자는 1만 명으로 주택 하나당 $440m^2$) 4등급($1km^2$당 거주자는 1만 2천 명으로 주택 하나당 $330m^2$) 등 모두 4등급으로 되어 있었다. 이 등급들 중 환경이 좋고 도로가 넓으며 전기·수도 및 가스 공급이 가능한 1등급과 2등급은 주로 일본인을 위주로 한 만주국 정부 관리와 관동군이 거주하는 곳이었고, 일반 중국 상인은 보통 4등급 이하의 지역에 거주했다.

만주국 시기의 도시 건설

국도 장춘의 건설 공사는 만주국의 도시계획이 확정되기 전인 1932

년 5월부터 시작되었다. 얼마 지나지 않아 심양과 하얼빈 시정 당국도 제1기 공정을 가동했다. 이들 도시의 제1기 공정은 대체로 5년(1932~1936), 제2기는 3~5년(1937~1941)으로, 10년 내에 50개 도시의 기초 건설을 마무리하는 것을 목표로 했다. 도시 건설에 필요한 막대한 비용은 상공업 세수의 증대(1937년 심양 시민 1명이 납부한 연평균 시정세는 3원이었다.[12])와 기존 만철 부속지에 대한 민간 융자(먼저 은행으로부터 차관을 받을 후 강제적 수단으로 계획 범위에 있는 토지를 저가에 구입)를 통해 조달했다. 1936년 말까지 일본 당국은 장춘에서 801만 원을 들여 92.7km²에 달하는 토지를 매입한 후 상업거리는 330m²(2,000~3,000원), 주택용지는 330m², 440m², 770m², 870m²(3.3m²에 8원)로 쪼개어서 공개 입찰의 방식으로 대외에 판매하여 건설 자금을 마련했다. 1937년 12월까지 일본당국은 장춘에서 토지 4,065필筆, 1,437만 5,309m²를 팔아 1,686만 7,406원을 벌었다.[13]

장춘, 심양, 하얼빈, 길림 등이 만주국이 우선적으로 건설한 도시들이다. 이 도시들의 건설 사업은 크게 세 개 부분으로 나누어 볼 수 있다.

'국도 신경' 신도시 건설

장춘 신도시 건설 사업은 1932년 3월~1937년 12월과 1938~1941년 두 시기로 나눌 수 있다.

첫 번째 시기의 건설 계획에는 5개의 도시 중심지가 포함되어 있었다. ① 대동광장大同廣場(현 인민광장)을 중심으로 한 '신경특별시'의 금융과 상업 중심지, ② 안민광장安民廣場(현 신민광장新民廣場)과 순천대가

---

12 『盛京时报』, 1937年 5月 20日.

13 伪新京特别市长官房 編, 1940, 『国都新京』, 满洲事情案内所, 12頁.

順天大街(현 신민대가新民大街)로 구성된 만주국 관공서 중심지, ③ 신발
광장新發廣場을 중심으로 한 일본 점령군과 관동군의 행정 관공서 지역,
④ 남령종합운동장南嶺綜合運動場을 중심으로 한 문화·체육 중심지, ⑤
'남신경역南新京驛(현 장춘 서해방 입체 교차로)'을 중심으로 한 교통 중
심지(이곳은 전기공사만 완공되고 나머지 공사는 중단) 등이었다. 이
20km² 내의 5개 중심지에 대동광장(현 인민광장, 27,648m²), 안민광
장(현 신민광장, 직경 244m, 광장 중심 면적 16,875m²), 흥안광장興安廣
場(현 서안광장西安廣場, 11,304m²), 흥아광장興亞廣場(12,306m²), 협화광
장協和廣場(현 동북사범대학과 길림성체육대학 부지, 366,640m²), 궁내
부전광장宮內府前廣場(현 문화광장文化廣場, 120,758m²) 등 전체 면적이 46
만 9,657m²에 달하는 14개의 대형 잔디광장을 건설했다.[14] 또한 모단
공원牡丹公園(13.5만m²), 백산공원白山公園(14.6만m²), 황룡공원黃龍公園(현
남호공원南湖公園, 호수 면적은 469,657m², 둘레길이 6,000m), 신경동식
물원(717,627m²), 대동공원大同公園(현 아동공원兒童公園, 32.57만m²), 순
천공원順天公園(현 조양공원朝陽公園과 길림성노간부활동중심 부지, 83만
m²), 화순공원和順公園(현 노동공원勞動公園, 13만m²), 충령탑외원忠靈塔外苑
(현 삼각광장三角廣場 북측의 송원빈관松苑賓館 주변) 등 전체 면적이 400
여 만m²에 달하는 8개의 공원을 건설했다. 그리고 남령종합운동장(면
적 634,140m², 내부에 만주제1경기장, 축구장, 자전거트랙 등을 설치),
중앙스모장中央相撲場, 사격장, 경마장(4.9만m²), 국제골프장 등의 운동장
이 건설되었다. 주요 도로에는 대동대가大同大街(현 인민대가人民大街, 너
비 54m, 1946~1996년의 중정대가中正大街와 스탈린대가斯大林大街), 지성
대가至聖大街(현 자유대로自由大路, 너비 38~60m), 흥인대로興仁大路(현 해

14　伪新京特别市长官房 編, 1940, 『国都新京』, 满洲事情案内所, 12頁.

방대로解放大路, 너비 54m), 흥안대로興安大路(현 서안대로西安大路), 동치가同治街(현 동지가同志街), 동서만수대가東西萬壽大街(현 동민주대가東民主大街, 서민주대가西民主大街), 안민대가安民大街(현 공농대로工農大路), 화평대가和平大街(현 연안대로延安大路), 홍희가洪熙街(홍기가紅旗街), 순천대가順天大街(현 신민대가新民大街, 너비 60m), 성경대로盛京大路(현 호남대로湖南大路), 관평대로寬平大路 등이 있었고, 간선과 지선 도로 수백 갈래가 건설되었다. 이 도로들은 대동대가를 남북 종축으로, 흥인대로를 동서축으로 하는 방대한 방사형 순환 도로 체계를 구성했다. 이 계획에는 집정부(만황제궁, 현 지질궁), 팔대부, 건축부, 수전국, 개척국 등의 행정기관 건물, 항공회사, 동양척식회사, 전화전신회사, 해상화재보험회사 등의 건물, 만주국 행정직원의 주택, 관동군사령부, 관동군헌병사령부 등의 건물도 있었으며 신경무선방송국, 국제공항 등 기간산업도 포함되었다.

이러한 계획과 건설을 통해 장춘의 신도시는 주요 건물군이 분산적으로 위치하고 핵심 지역과 일반 지역이 유기적으로 결합된 다중심 도시의 형태를 띠게 되었다.

산동에서 이주한 2만 명 노동자들의 3년여 동안의 노동으로 1934년 말 만주국 국도 신경의 기본 골격이 완공될 수 있었다. 당시 남쪽의 남령건국광장南嶺建國廣場(현 공농광장工農廣場)에서 북쪽의 신발광장에 이르는 8km의 중앙대동대가, 흥안대로, 신발로, 안달가, 순천대가, 안민대가 등은 이미 완공된 상태였다. 그외 기초 공사만 마무리된 도로 15만 2,940m, 석료와 아스팔트만 덮은 도로 5만 1,700m 등 건설 중에 있는 도로는 전체 건설 예정 도로 34만 3,143m의 40%에 달했다.[15] 이미 건설된 도로 양측 12만 6,153m² 면적에 백양나무, 단풍나무, 라일락 등을 심어 장춘을 '도시산림都市山林' 또는 '삼림지도森林之道'라고 부르기도

---

15 「国都建設事業, 現状概观」, 『盛京时报』, 1934年 12月 8日.

그림 1_만주국 사법부 건물(현 장춘 길림대학 신민캠퍼스 본부청사)

했다.[16] 공원의 경우 대동공원은 이미 건설되었고, 기타 공원은 공정의 80%가 완성된 상태였다.[17] 당시 장춘에 건설된 공원의 면적은 도시 면적의 7%였다(비슷한 시기 도쿄는 2.8%, 베를린 2%, 런던 9%, 워싱턴 14%였다). 수도水道의 경우 1934년까지 예정 건설 길이 16만 6천m의 82%에 달하는 13만 6천m가 건설되었다. 당시 장춘의 대표적 건물은 대동광장에 위치한 국도건설국청사[18]와 신경경찰청(현 장춘시 공안국)

---

16 『盛京时报』, 1940年7月23日. 満洲国史編撰刊行会編, 东北沦陷14年史吉林编写组译, 1990,『満洲国史·分论』, 593頁.

17 당시 장춘의 공원을 설계한 사람은 1923년 도쿄 대지진 이후 도쿄 복원을 지휘한 일본의 농학자 사토 아키라(佐藤昌)이다.『盛京时报』, 1938年 3月 18日.『新京特刊』, 第292号.

18 국도건설국청사는 만주국 시기 장춘에 건설된 첫 번째 현대적 청사로 1934년에 완공되었다. 이후 신경특별시공서청사가 건설되었는데 1949년 중공장춘시위원회청사로 사용되었다가 1997년에 철거되었다.

등 대형 건물이었다. 주택의 경우 북안로 남쪽에서 흥안대로 북쪽에 이르는 구간에 행정관원 숙소 약 1,000동이 건설되었다. 전신 및 통신의 경우 동아시아 최대의 무선방송국인 신경무선전대新京無線電台(신경무선방송국)가 1934년 11월 1일에 건설되었다.[19] 1937년 7월까지 제1차 5개년 계획에 의해 추진되었던 '국도' 건설 사업이 끝나면서 21.4km² 신도시(북안로에서 남령반석가南嶺磐石街 사이)가 건설되었다. 또한 이 시기에 만주국 최대의 시정 건설 항목인 정월담淨月潭 수도 공정[20]도 완공되었다. 만주국 국무원(공정 비용 200만 원, 1936년 11월 준공, 총면적 19,115m², 현 길림대학기초의학부청사), 중앙은행(650만 원, 현 중국인민은행길림성분행 청사), 신경시병원(자강가自強街, 1935년 8월 21일 시공, 1936년 9월 17일 완공, 현 길림대학제2병원 청사), 만주전신전기회사滿洲電信電器會社 청사(서안대로, 1935년 10월 완공, 총면적 17,424m², 현 장춘전신국 청사) 등을 비롯한 주요 관공서 건물과 약 5,000동에 달하는 주택건물이 완공되었다. 장춘의 인구는 30만 명으로 증가했다.

1938년부터 시작된 '국도' 제2기 건설 계획의 목표는 다음과 같았다.

① '아옥兒玉,'[21], '대동大同' 등 이미 건설되었거나 건설 중에 있는 공원 14개, 새로 건설하는 궁정지宮廷地(현 장춘문화광장과 길림대학 조양

---

19 『盛京时报』, 1934年 11月 3日.

20 이 공정은 1934년 3월 1일에 시공되어 1936년 9월 5일에 완공되었다. 총 투자액은 136만 원, 저수지 용량은 2,585만m³, 일일 물 공급량 3.5만 톤에 이르렀다.

21 원래 만철 장춘부속지의 서공원이었다. 이 공원은 1915년 일본인 시라사와 야스미(白澤保美)가 설계하고 만철 부속지가 투자하여 건설했다. 1938년 만주국에 편입된 후 10월 23일 공원 내에 일본인 고다마 겐타로(兒玉源太郎, 러일전쟁 시기 일본만주군 총참모장) 동상을 세웠고 같은 해 11월 3일 이 공원 이름을 '고다마(兒玉)기념공원'으로 변경했다. 1946년 7월 국민당 장춘시 정부는 이 공원을 중산공원이라고 불렀다.

그림 2_신경특별시 경찰청 장춘시 공안국

캠퍼스), 건국충령묘建國忠靈廟,[22] 만영滿影[23] 등 대형 건물군의 부대시설 건설과 녹화사업을 마무리하는 것이었다. 그중 남호(황룡공원) 동쪽의

---

22   만주국 궁정지의 건설은 1938년 9월 10일 정식 착공되었다. 이 지역은 남북으로 1,200m, 동북으로 450m, 총면적 51만 2천m²에 달하는 지역으로 궁내부 앞광장, 궁내부, 궁정후화원 등 세 부분으로 구성되었다. 1943년 1월 11일까지 전체의 50%가 완공되었고 그 뒤 모든 공정이 중단되었다. 건국충령묘는 식민지 노예정신을 선전하기 위한 건물로 남호 동쪽(현 공군장춘비행학원 안)에 위치했고 면적은 40만m²이다. 주요 건물은 유리 기와로 된 동방의 전통적인 건물 모습을 답습했고 총투자액은 160만 원에 달했다. 이 건물의 기초 공사는 1936년 4월 19일에 시작되었고 1939년 5월 4일부터 건물 공정이 시작되어 1940년 9월 18일에 완공되었다. 이곳에는 만주국을 위해 '헌신'한 2만 4천 명에 달하는 한간과 전범의 영위가 안치되어 있다. 특히 청소년에 대한 정치적 노예화 교육을 위한 장소로 활용되었다.

23   '만영'은 만주국의 중앙전영제편장(中央電影製片廠, 중앙영화제작소)으로 황룡공원(남호) 인근에 위치했다. 현 장춘영화제작소이다. 1934년에 시공되었고 일본 시미즈건축조(清水建築組)가 시공을 맡았으며 1940년에 완공되었다. 그중 1939년에 건설된 1만 5,180m²의 대형 촬영장은 동아시아에서 가장 큰 규모였다. 『盛京时报』, 1939年 11月 5日 號外.

건국충령묘 인근에만 나무 300만 그루를 새로 심었다. 1942년까지 장춘에 공원 8.59km²를 건설할 계획이었고, 광장과 그린벨트 및 정월담 등 도시 근교의 녹지까지 합쳐 1인당 녹지면적을 2.272m²로 확대해 워싱턴(1,184m²)의 2배, 일본 대도시의 5배로 만들어 장춘을 '세계 대도시 중 1위'로 만들 계획이었다.[24] 그러나 태평양전쟁의 발발과 만주국의 인력·재력의 부족으로 일부 공원은 건설 도중에 중단되었다(1942년까지 실제 건설된 공원의 면적은 5.2km²이다).

② 도시 궤도 교통을 발전시켰다. 만주국 초기의 도시 교통 계획은 도시 공간의 시각적 미관과 전기 절약이라는 측면에서 전차 궤도를 설치하지 않고 대중교통을 발전시키는 것이었다. 1938년 제2기 계획에서는 장춘에 지하철을 건설할 계획을 피력하기도 했다. 지하철 노선의 시발점은 장춘기차역이고 대동대가, 순천대가를 거쳐 장춘남역(남신경역)을 종착점으로 하는 총 13km 구간을 계획했던 것이다. 하지만 1940년 이후[25] 자본 조달이 어려워지면서 지하철 공사는 시작도 못하고 물거품이 되었다. 일본의 침략전쟁이 확대되면서 만주국의 휘발유 공급에도 차질이 생겼다. 따라서 동북 각 도시의 자동차 교통도 1941년을 전후하여 점차 마비 상태에 빠지게 되었다. 이로 인해 만주국 국도건설국은 기존의 계획을 변경하여 장춘에 전차 운송 노선을 건설하고자 했다. 1941년 6월 1일 5갈래 전차선 15,482m[26]를 동시에 시공하여 1942

---

24 『盛京时报』, 1940年 3月 19日.

25 1938년은 국도건설국의 장춘 투자 규모가 1억 6천만 원으로 단일 연도 투자가 가장 많았던 해이다. 그 뒤 투자액은 급감하기 시작했고, 얼마 지나지 않아 모든 투자는 중단되었다.

26 중앙통선(현 인민대가 북단) 3,529m, 동치선(현 동지가) 4,574m, 홍아선(현 귀양가 貴陽街) 4,149m, 홍희선(현 홍기가선) 2,620m, 차고선(현 건설가선) 4,210m.

년 초에 완공했다.[27]

③ 대학 등의 교육기관을 설립했다. 노예화 교육을 추진하고 확대하는 목적에서 1938년 이후 만주국은 장춘에 대학과 중학교를 설립하기 시작했다. 만주국이 설립한 대학은 신경의과대학新京醫科大學(현 동북사범대학생명과학대학), 신경공업대학新京工業大學(현 길림국제어언문화대학, 1940년 설립), 신경법정대학新京法政大學(현 중국과학원 장춘광기소부속중학교, 1939년 설립), 건국대학建國大學(현 장춘대학, 1938년 설립), 대동학원大同學院(현 길림대학 남령캠퍼스 본부청사) 등이었다. 중학교는 남령소가와 구상부지에 건설한 국민고급중학과 국민초급중학 등 다수가 있었다.

④ 도시 건물의 건설 사업을 가속화했다. 1935년 이후 만주국 행정기관이 확대되고 상업 회사의 수도 증가했다(1940년 장춘에는 대형 회사가 130개 있었다). 도시 인구도 꾸준히 증가하여 1940년 10월 53만 4,005명에 달했다. 비록 1940년까지 장춘에 관공서 120곳, 은행과 회사 건물 60곳,[28] 주택 건물 약 3만 동이 건설되었지만 만주국의 입장에서는 여전히 부족했다. 국도건설국은 1943년 말까지 행정·상업 주택 20만 개를 건설하여 건물 부족 현상을 해결하고자 했다. 하지만 당국은 1941년까지 주택 2만 개 밖에 건설하지 못했다.

1944년까지 '신경' 건설에 2억 5천만 원이 투입되어 총 804만㎡의

27　傅春晖, 「'国都'电铁建设志」, 『盛京时报』, 1940年 11月 17日.

28　이 시기에 완공된 유명한 상업 건물은 조일통(朝日通, 현 상해로)의 보산양행(寶山洋行, 현 중흥대하中興大廈, 1938년 설립), 대동대가의 미쓰이백화대루(三井百貨大樓, 현 장춘백화점), 동양척식회사 건물(현 길림일보사), 해상화험회사(海上火險會社) 건물(현 장춘시병원) 등이었다. 유명한 관공서 건물은 종합법아(綜合法衙, 1938년 설립, 현 공군장춘461병원), 대형 체육관에는 신경신무전(新京神武殿, 1940년 설립, 일본신무천황의 호를 딴 검술, 유도, 가라테를 연마하는 체육관) 등이었다.

도로와 363만m²의 포장도로가 새로 부설되었고, 도시가스관 250km, 배配수관 365km, 배排수관 521km가 건설되었다. 또한 간선도로 10갈래, 차량 간선도로 73갈래, 골목 143갈래가 건설되었고, 원형 광장 10개, 시내 공공 전차노선 45갈래, 공원 10곳, 건물 4만 3,143동 등 774.5만m²가 건설되었다. 교통의 경우, 시내 버스 노선 21갈래, 시외 버스 노선 10갈래, 철도 노선 5갈래, 장거리 버스 노선 7갈래, 항공 노선 6갈래가 신설되었다. '신경'은 동북의 여러 대도시뿐만 아니라 조선·일본과 동남아 일부 국가까지 연결되었다.

만주국 시기 중국인이 거주했던 구도시는 발전이 느렸다. 그나마 빨리 발전한 곳은, 하나는 구성곽을 철거한 후 북쪽 성벽 부지에 건설한 이마로二馬路(너비 38m)였고, 다른 하나는 상부지 중앙대가(대마로大馬路)였다. 대마로는 중국의 민영 자본가가 적극적으로 투자하면서 상대적으로 빨리 발전할 수 있었다. 이 도로에 위치한 사업체는 수백 개에 달했다. 그중 규모가 큰 사업체로는 태발합백화점泰發合百貨店,[29] 진흥합백화점振興合百貨店,[30] 동흥무同興茂, 원창호源昌號, 천익성天益成 등이 있었다.

1944년 장춘의 인구는 약 55만 명이었고, 면적은 444km²였으며, 부도敷島, 관성, 순천, 안민, 서양, 동광, 장춘, 대동, 화순, 동영 등 10개 구區가 설치되어 있었다.

---

29 익발합공사(益發合公司)가 투자하여 지은 사마로 입구에 있는 백화점으로 1934년에 건설되었다. 당시 장춘에서 중국인이 경영하는 가장 큰 사업체였다. 현재의 장백일상점(長百一商店)이다.

30 1933년 상인 유명원(劉明遠)이 투자하여 설립한 백화점으로 1950년 이후에는 대마로백화점이라고 불렸다.

봉천과 하얼빈의 관공서 및 상공업 구역의 건설

만주국은 장춘 다음으로 큰 규모인 6억 원만폐滿幣[31]을 봉천에 투자했다. 1934년부터 만주국은 소서변문을 중심으로 한 행정구와 상업구, 철서 공업구, 태원가, 북능 부근 등 네 지역을 중점적으로 건설했다. 봉천 '산업입시産業立市' 계획에 따라 먼저 철서공업구가 건설되었다. 심양의 철서 공업구의 건설은 사실상 일본 만철 부속지의 확대 사업이었다. 이곳은 1920년대에 일본이 이미 철도부속지의 외연을 확장하면서 조금씩 잠식했던 곳이었다. 만주사변 이후 만주국은 '만주 최대 공업기지'를 건설하기 위해 1934년 심양현 관할의 철서 1,157만m^2 토지를 철서공업 개발구로 편입시켜 체계적인 개발을 시작했다. 계획에 의하면 이 구역에 25갈래 도로를 건설하게 되어 있었다. 1936년까지 응창가應昌街, 남오마로南五馬路 등 주요 도로가 완공되었다. 도로 건설과 함께 거액을 투자하여 수십만m^{2}에 달하는 공장을 건설했다. 1935년 말 철서에는 일본의 대형 기업까지 입주하면서 전체 기업 수는 35개로 늘어났다. 기계제조업의 만주기기고빈유한공사滿洲機器股份有限公司(167,964m^2), 건축자재업의 만주교업주식회사滿洲窯業株式會社(2,602m^2, 자본 10만 원), 부사면고빈유한공사富士棉股份有限公司(56,992m^2), 목재공예주식회사木材工業株式會社(자본 100만 원), 경화학공업의 제국지공고빈유한공사帝國紙工股份有限公司(29,524m^2), 국익정량공사國益精糧公司(24,504m^2), 만주염색공사滿洲染色公司(자본 50만 원), 일만피혁흥업주식회사日滿皮革興業株式會社(16,482m^2), 국산전기주식회사國産電器株式會社(9,442m^2), 메이지제당공사明治製糖公司, 아세아맥주주식회사亞細亞麥酒株式會社(자본 100만 원), 만주맥주주식회사

---

31 만폐와 민국은원 환율은 1:1, 청말 길림 영형관전국(永衡官錢局) 화폐와 은표(조)의 환율은 1:500이었다.

滿洲麥酒株式會社(자본 200만 원, 연간 맥주 생산량 1,500만 병), 만주조주주식회사滿洲造酒株式會社(자본 52만 원), 본가납조주本嘉納造酒(자본 500만원) 등이 있었다.[32] 심양 철서공업구는 이렇게 건설되었다. 1939년 철서공업구의 대형 공장은 191개로 증가했고, 심양 전체의 크고 작은 공장은 5,280개에 달했다.

다음으로 소서변문 인근의 행정구와 상업구가 건설되었다. 이 구역의 중심 건물은 심양공원 안에 있는 봉천시공서 청사(1937년 건설, 현 심양시정부 청사)였다. 만주국은 이 건물 앞에 면적 5.7m²에 달하는 대광장을 건설했고, 광장 주변에 고등법원, 우정국 등의 건물을 세워 심양 신도시의 대표적인 건물군으로 만들었다. 또한 광장을 중심으로 외부에 심양 순환 전차로와 무순, 철령, 법고, 요중, 요양, 신민, 대련으로 이어지는 7갈래 방사형 '국도'를 건설했다.[33]

봉천시의 세 번째 중점 건설 구역은 태원가였다. 이 거리는 민국 초기에 상업거리로 발전했다. 만주국은 이 거리의 남단에 기존의 상업거리 모습을 유지한 채 태동泰東, 평안平安, 봉천奉天, 흥아興亞 등 상업 빌딩을 추가로 건설했고,[34] 북단에 대해서는 춘일공원에 집중적으로 투자하여 봉천철로국[35]과 관동군 행정구역에 봉천철도사무소(43만 9,887원 투자), 봉천지방사무소, 철로총국(680만 6,265원 투자), 관동군경리부(34만 230원 투자), 관동국(3만 3,800원 투자), 제1군관구사령부(7만

---

32 『盛京时报』, 1936年 5月 31日.

33 「大奉天计划之新市街方案」, 『盛京时报』, 1939年 12月 16日.

34 「奉天商业新建筑」, 『盛京时报』, 1940年 4月 14日.

35 1935년 만철은 소련의 수중으로부터 중동철도의 남은 부분에 대한 소유권을 모두 구입한 후 1936년 9월 본부를 대련에서 심양으로 옮기면서 태원가 북단을 새로운 만철 본부 청사 부지로 선정했다.

그림 3_봉천시공서 청사 옛터(현 심양시인민정부 청사)

5,594원 투자) 등 여러 고층 건물을 건설함으로써 이 지역을 심양의 고층 건물 밀집 지역으로 만들었다.

북능(황고구黃姑區)에서는 운하 건설과 민간 주택 건설에 주안점을 두었다. 심양시공서는 민국 초기에 건설된 토사로 채워진 운하를 다시 개통시켰다. 1933~1934년 만주국은 심양에 총 5,300호의 주택을 건설하여 약 3,000호가 거주할 수 있게 했다.

1935년 10월 봉천의 인구는 52만 7,241명이었다.[36] 1938년에 이르면 건설 중에 있는 곳을 포함하여 심양의 총 면적은 262km²에 달했고, 심해, 대화, 혼하, 동능, 북능, 황고, 대동, 심양, 어홍於洪, 영신, 철서 등 11구로 나뉘었으며 인구는 73만 9,906명이었다.[37] 1934년에 제정된 봉천시의 도시 계획에는 "제1기 공정은 1941년에 끝나고 1942년부터 2기

---

36 「大奉天之构成」,『盛京时报』, 1936年 10月 26日.

37 「奉天市政概观」,『盛京时报』, 1938年 9月 6日.

공정이 시작된다"고 되어 있었다. 하지만 그 사이 심양의 "인구가 팽창하고 자원이 부족하여" 제1기 공정은 부득이 1945년 이후까지 지연되어 사실상 마무리 짓지 못한 것이나 다름없었다. 제2기 공정의 계획은 1942년부터 십자형 지하철도, 대동중공업구와 심해경공업구를 건설하는 것이었지만 대부분의 계획은 비용 조달 문제 때문에 만주국이 멸망할 때까지 시작도 못하고 폐기되었다. 1943년 심양의 도시 건설은 전부 중단되었다.

만주국은 하얼빈 도시 계획의 일환으로 1933년 하얼빈특별시공서哈爾濱特別市公署를 설립했다. 하얼빈이 동북 제2의 도시이자 일본 '만주 이민 계획'의 중점 시행 지역이었기에 일본은 거대한 면적의 하얼빈시를 건설하고자 계획했다. 1933년 7월 만주국은 동성특별구 하얼빈시, 송화강 맞은편의 흑룡강성 송포시, 길림성 빈강시 등을 하얼빈특별시와 합병하여 하얼빈특별시로 만들었다. 또한 호란현의 10개 둔, 아성현의 31개 둔을 하얼빈특별시에 편입시켰다. 만주국은 향과 둔의 기차역을 중심으로 반경 25km 이내 1,900km² 지역을 '도시계획구역'으로 설정하여 잠재적 개발 지역으로 정했다. 또한 반경 약 9km 이내 250km² 지역을 '모시母市(시내 구역)', 즉 현행 도시 개발구로 설정했다. 이 지역의 약 60km²는 이미 개발되었고 200km² 정도를 추가로 개발했다.[38] 제1기 공정 기간은 1933~1937년이었다. 이 시기에 1,608만 6천 원이 투입되었고, 58만m² 지역이 건설되었다. 주요 공정은 정양하 주택상업구 건설[39]과 송화강 제방 공정이었다. 송화강 제방 공정은 1935년 5월에 시

---

38 『哈尔滨市志·城市规划志』, 61頁.

39 『盛京时报』, 1935年 11月 29日.

공되어 1938년 10월 29일에 준공되었으며 총 270만 원이 투입되었다.[40] 그다음으로 집중 건설한 것은 북만주 지역의 주식시장과 도매업의 발전에 따라 건설한 하얼빈거래소哈爾濱交易所(200만 원)와 중앙도매시장中央批發市場(70만 원)[41]이었다. 하얼빈거래소는 만주국 시기에 설립된 첫 번째 거래소였다. 네 번째는 시내 도로망 건설이었다. 당국은 하얼빈 시내가 분산적으로 분포된 데다 시내 도로가 직사각형 구조를 바탕으로 구성되었기 때문에 순환 도로, 방사형 도로, 직선형 도로를 추가로 건설하여 새로운 교통 체계를 만들고자 했다. 1938년까지 하얼빈에는 신양로新陽路(3,291m), 화흥로和興路(3,204m), 동직로東直路(2,905m), 남직로南直路(6,718m), 선봉로先鋒路(5,470m), 고향대가顧鄕大街(1,347m), 강안로康安路(997m) 등의 도로가 건설되었다.[42] 동시에 주요 지역에는 태양도공원 등 공원 7개를 추가로 건설하여 하얼빈의 전체 공원을 17개, 면적 30km²로 늘였다. 태양도공원과 강빈공원 등이 건설되면서 하얼빈은 대련·길림과 함께 동북 3대 관광도시의 반열에 오르게 되었다.

하얼빈시의 제1기 시정 공정과 함께 추진된 것은 대규모 상공업 투자 프로젝트였다. 하얼빈의 전통 공업이 화마火磨(동력제분기), 양조, 유방 등 3가지이고, 전통 상업은 북만주 지역 상품 도매업이며, 농산품은 주로 사탕무와 아마라는 점을 염두에 두고 일본은 1934년까지 1억 1천만 원을 집중적으로 근대 제분업, 양조업, 제당업과 도매시장 등 상공업에 투자했다. 제분업에는 일만제분주식회사日滿製粉株式會社(200만 원 투자), 양조업에는 대동주정주식회사大同酒精株式會社

---

40 「松花江护岸工程完成」, 『盛京时报』, 1938年 10月 20日.

41 「哈市新设企业」, 『盛京时报』, 1936年9月10日; 『滨江特刊』, 第78号.

42 『哈尔滨市志·市政公用建设志』, 第1编.

(167만 원 투자), 대만주홀포[43]맥주주식회사大滿洲忽布麥酒株式會社(250
만 원 투자), 제당업에는 북만제당회사北滿製糖會社(200만 원), 방직업에
는 일만아마방직공사日滿亞麻紡織公司(300만 원), 시장에는 하얼빈거래
소(200만 원), 중앙도매시장(70만 원) 등이 있었다.[44] 1935년 이후 시
멘트, 기관차 제조, 전기기계 제조 등에 투자하여 삼과수三棵樹·고향
顧鄕·향방香坊에 공업구를 건설했다. 또한 하얼빈의 풍부한 관광 자원
을 개발하기 위해 일본 상인은 1930년대 중반 거액을 투자하여 명고옥
名古屋, 대성大星, 중앙中央, 만주滿洲, 국제國際, 아세아亞細亞, 부도敷島, 화옥花屋,
동양東洋, 이엽二葉, 홍엽紅葉, 조일朝日, 대륙大陸 등 현대화된 호텔을 세웠다.

　　하얼빈의 제2기 도시 건설 공정은 1938년에 시작되어 1942년에 완
공되었다. 이 시기에는 아집하구의 중공업구, 팔참八站상업구, 평방平房
군사구 등이 집중적으로 건설되었다. 그중 시내와 멀리 떨어진 평방구는 전
적으로 일본 침략군의 생체 세균 실험을 위한 기지로 계획된 곳이었기에
건설 속도가 아주 빨랐다. 1939년 말에 이르러 보국대가保國大街와 신강
가新疆街 등의 주요 도로와 공장은 거의 완공되었다. 도시의 확장과 도
시화의 추진으로 인구도 급증했다. 1934년 6월 하얼빈의 인구는 42만
6,436명, 1939년 말에는 51만 7,127명이었다(외국인은 12만 2천 명).

만주국 '제1 관광도시' 길림의 건설

길림은 송화강 연안의 산지와 평원 지대에 위치한 아름다운 도시로, 동
북의 유명한 역사·문화 도시였기에 만주국 길림시 당국은 길림을 관
광도시와 중등·고등 교육기관이 설치된 교육도시로 계획했다. 길림에

43　홀포는 홉(hop)을 말한다.

44　「哈市新设企业」, 『盛京时报』, 1936年 9月 10日; 『滨江特刊』, 第78号.

서 가동된 가장 큰 시정 공정은 송화강 제방 건설과 연안 관광 도로의 건설이었다. 송화강 제방 건설 사업은 1934년 9월부터 시작되었다. 제방은 서쪽 임강문臨江門 밖에서 시작하여 동쪽으로 동래문東萊門 밖의 관제묘 골목까지 이어졌다. 이 제방은 길림 성곽의 기초에 세운 콘크리트와 화강암 바위(14만 개)로 된 구조물로 전체 길이는 3,040m, 높이는 9.08~11m였다. 동시에 이 제방 연안에 시멘트 8,180m³를 사용하여 부두 4개를 건설했다. 이 제방 공정은 부창공사富昌公司가 37만 8천 원에 낙찰하여 추진했다. 1936년 초에는 도시 순환 도로를 건설하기 시작했다. 이 순환 도로의 길이는 2,427m, 너비는 22m였고, 28개 골목과 이어졌으며 총건설비용은 45만 원이었다. 이 도로 공사에는 노동력 29만 3천 명(연인원), 마차 1만 9천 대(연인원), 자동차 960만 대(연인원)가 동원되었다. 1937년 10월 23일 제방과 순환 도로가 모두 완공되었다.[45]

그다음 추진한 '관광 원림 건설 프로젝트'는 길림 북산 '국가삼림공원' 건설 공정이었다. 1930년 길림시정주비처는 이미 북산을 길림시의 풍경구로 제정하여 초보적인 계획을 수립하고 초기 공사를 추진했다.[46] 하지만 1931년의 만주사변으로 이 공정은 중단되었다. 만주국은 기존의 사업을 전체 면적 117.8ha, 예산 27만 원으로 확대 수정했다. 구체적인 공사 내용은 산길을 만들고, 나무를 심고, 산 위에 관제묘 등 역사적 고적을 복원하거나 신설하는 것, 산의 위와 아래에 정자를 세우고, 북산 스키장을 건설하는 것 등이었다.[47] 1938년에 이르러 북산삼림공원

---

45 「松花江护岸工程完竣」, 『盛京时报』, 1937年 11月 9日;「松花江堤岸工程进行」, 『盛京时报』, 1936年 5月 16日.

46 「吉林附郭城市记(计)划」, 『盛京时报』, 1930年 8月 22日.

47 『盛京时报』, 1934年 10月 10日, 1936年 6月 10日, 1937年 5月 22日.

은 거의 완공되었다.[48]

그 밖에 1937년 11월 6일에 시공되어 1942년에 완공된 풍만수력 발전소豐滿水電站가 있다. 이 발전소는 만주국이 전액 투자하여(7,925만 원)[49] 길림 남부의 관광지와 함께 건설했다. 왜냐하면 댐이 건설되면서 남부 관광구의 송화호가 남쪽으로 수십km나 확대되었기 때문이다. 일본 당국은 풍만수력발전소를 건설하는 동시에 길림을 경유하는 제2송화강의 수력자원과 풍만발전소에서 생산되는 전기를 충분히 활용하기 위하여 길림의 강북에 3,000만 원을 투자하여 길림전기화학공업회사吉林電氣化學工業會社를 설립했다. 이 회사는 일본 침략군이 필요로 하는 염산, 인조고무, 시멘트 등을 생산했다. 이 회사로 인해 길림은 중국에서 유명한 화학공업도시가 될 수 있었다.

길림시의 교육구는 서부 팔백농八百壟(황기둔黃旗屯)에 건설되었다. 이 건설도 그 이전의 공사[50]에 기초하여 추진되었다. 만주국은 이곳에 제1·제2상업전과학교, 사도대학師道大學 등을 설립했다.[51] 1938년에 이르러 길림시의 건설 면적은 1931년 12.31km^{2}의 2.5배인 30km^{2}로 확대(총면적 59.43km^2)되었고 인구는 13만 명에 달했다.

1936년부터 동북에 대한 경제적 약탈과 항일운동을 진압하기 위해

---

48 『盛京时报』, 1941年 4月 6日, 1940年 12月 3日.

49 풍만발전소 건설 초기의 댐 높이는 80m, 길이는 1,100m, 사용된 시멘트는 190만 m^{3}였다. 저수지의 길이는 180km, 둘레 2,000km, 수몰 면적 545km^2, 최고 수심은 73m, 최대 저수량은 112억m^3, 유효 저수량 72억m^{3}였다. 또한 발전량이 48만kw에 달하는 수력 터빈 12개가 설치되어 연간 발전량은 22억 도(度)에 달했다. 「松花江水电工程志详」, 『盛京时报』, 1938年 3月 3日, 第9版.

50 1930년 이전, 성장 장작상(張作相) 등이 자금을 모아 길림대학, 사범학당 등을 건설하고자 했다.

51 『盛京时报』, 1939年 12月 4日,

부설한 철도와 도로가 연이어 완공되었다.[52] 만주국은 대對소련 전략인 '북변 진흥 계획',[53] '만주 이민 계획'[54]을 실행하기 위하여 두 번째 중점 도시 건설 공정을 시작했다. 이 건설사업에 포함된 도시는 안동, 금주,

---

[52] 1932년 만주국이 제정한 방대한 교통 건설 계획에 의하면, 10년 내에 신규 철도 4,000km를 건설하여 동북의 철도를 1만km로 확장하고 도로는 6만km(1938년까지 실제 건설한 도로는 1.4만km)로 만드는 것이었다. 몇 년 뒤에 순차적으로 부설된 도로는 다음과 같다. 의극선(의안-극산, 전체 46km, 1933년 12월 1일 개통), 돈도선(돈화-도문, 190km, 1932년 12월 25일 시공, 1934년 6월 30일 완공), 랍빈선(납법-빈강, 287km, 1932년 6월 27일 시공, 1934년 6월 30일 완공), 판능선(坂凌線, 금령사金岭寺-능원, 1933년 9월 1일 시공, 1934년 12월 1일 완공), 도목선(도문-목단강, 248km, 1933년 3월 1일 시공, 1935년 7월 1일 완공), 장대선(장춘-대뢰, 214km, 1934년 12월 1일 시공, 1935년 완공), 엽봉선(葉峰線, 엽백수葉柏壽-적봉赤峰, 147km, 1938년 3월 4일 시공, 1940년 6월 완공), 영림선(목단강-임구, 110km, 1935년 7월 10일 시공, 1936년 7월 1일 완공), 임밀선(170km, 1935년 12월 15일 시공, 1936년 9월 1일 완공), 사서선(사평-서안, 82km, 1935년 12월 15일 시공, 1936년 9월 1일 완공), 임가선(임구-가목사, 225km, 1936년 1월 15일 시공, 1937년 7월 1일 완공), 호림선(밀산-호림, 161km), 매통선(매하구-통화, 130km, 1937년 2월 1일-1937년 7월 1일), 통집선(통화-집안, 100km), 수신선(수화-신수, 135km, 1938년 5월 1일 시공), 하얼빈-대련 2차선 등이다. 도로는 경길국도(京吉國道, 장춘-길림, 109km, 콘크리트와 아스팔트 도로, 1933년 6월 시공, 1935년 6월 30일 완공), 합대자동차전용도로(하얼빈-대련, 959km), 안동-성자탄(城子疃)(232km), 북표-능원-승덕(325km), 안동-환인-통화, 훈춘-수분하, 눌하-치치하얼 등이 건설되었다.

[53] 1938년 이후 일본은 동북 북부 지역에 대한 군사적 통치를 강화하고 일본 관동군과 소련군의 전쟁을 준비하기 위해 10억 원을 준비하여 간도(연변), 목단강, 동안, 삼강, 흑하, 흥안북, 흥안동 등 동북 변강 7개 성의 도로와 군사시설 건설을 계획했다. 그 뒤 일본은 대량의 노동력을 이 지역에 파견하여 공사에 참여하게 했다. 이로 인해 동북 북부 지역의 인구가 급증했다.

[54] 동북의 자원을 찬탈하고 영구적으로 동북을 점령하기 위해 1935년 5월 일본 관동군은 이미 동북에 수십만 명의 일본 이민이 있음에도 추가로 '만주농업이민백만호이주계획안(滿洲農業移民百萬戶移住計劃案)'을 제정했다. 이 계획은 장차 20년간 일본으로부터 100만 호 농민을 동북 북부와 동부의 인구가 적은 지역에 이주시키는 것이었다.

안산, 무순, 본계, 연길, 목단강, 가목사, 흑하, 호로도 등 이었다.

표 2_만주국 시기 동북 5대 도시의 인구   (단위: 명)

연도	심양	장춘	하얼빈	길림	영구
1932	326,200	149,600			
1933	354,130	167,038			
1934	462,152	192,081	380,000	118,883	132,092
1935	527,241	225,114		125,087	
1936		267,951			
1937	701,000	305,578			
1938	739,906	334,691*			150,000
1939	1,000,000	378,242	464,813	134,569	
1940	1,135,000**	554,202	661,984	136,758	176,902
1941	1,437,065	527,445	550,000		180,000

주: * 다른 통계에 의하면 36만 1,978명이다.
**다른 통계에 의하면 120만 명이다.

일본 및 조선과 연결되는 변경 철도 · 항구도시의 개발: 안동, 도문

안동(현 단동)은 중국과 조선 및 일본을 연결하는 가장 큰 육로 통상구였기에 전략적 위치가 매우 중요했다. 만주사변 이후 안동항의 지위는 더욱 격상되었다. 만주국은 1935년 이후의 30년 동안 안동을 '안동역 서남쪽 3km 공장 구역을 중심으로' 동북쪽으로 12km, 서남쪽으로 14km, 서북쪽으로 5km를 연장하여 전체 면적이 137km^2, 인구 43만 명 이상에 달하는[55] '압록강 연안의 벨트형 도시'로 건설하고자 했다. 이 건설 계획에 포함된 공정에는 1937~1941년의 하육도구下六道溝부터 삼도구三道溝 사이의 동감자공업구東坎子工業區(2,000만 원 투자, 면적 8km^2), 1937년에 시공된 420m 배수관 공정, 동감자압록강 제방 공정, 1941년

---

55 『盛京时报』, 1939年 12月 3日.

에 시작된 발전량 64만kW에 달하는 수풍동발전소水豐洞電站 등이 있었다. 1937년 안동의 인구는 8만 9,989명(일본인 약 2만 명)이었고,[56] 상업 종사자는 1만 7,725가구였다.[57] 1940년의 인구는 20만 4,382명이었다.[58]

항만의 물동량을 확대하기 위해 만주국은 안동 압록강 입해구 근처의 대동구에 연간 물동량 1,000만 톤에 달하는 부동항인 대동항을 건설하고, 조자구趙子溝를 중심으로 대동항 신도시를 건설했다. 이 신도시는 압록강 하류 24km 연안에 위치했고 면적은 375km^{2}였다. 또한 신도시의 145km^{2}를 중심 지역으로 제정하여 1939년부터 제1기 공정을 시작했다(1940년 6월 1일 시공). 그중 50km^2 되는 지역에 7,000만 원을 투입하여 저수량이 1억m^{3}에 달하는 저수지를 건설하고, 25km^2 면적의 공원과 녹지, 시 중심 광장 등을 건설했다. 그리고 중·장기적으로 안동 인구를 200만 명(안동 시내 인구 50만 명 포함)으로 증가시키고자 했다. 1941년 이곳의 인구는 5만 3,714명이었다. 하지만 예산 때문에 일본 항복 전까지 일부 공정만 완공되었다.

도문은 중국과 조선을 잇는 대동맥인 천(보산)도(문)철도의 중국 종착점인 동시에 동변 전략 철도인 도가(목사)철도의 시발점으로, 중국 국경 지역의 전략적 요충지다. 1936년 이전까지 이 지역은 회막동灰幕洞이라고 불렸고 인구는 1만 명 정도였다. 하지만 철도가 부설되면서 1937년 인구는 2만 7,691명으로 늘었다. 도문을 동북 제2의 안동으로 만들기 위해 일본 간도성은 1939년에 도문을 근대화된 '국경 도읍'으로

---

56 『盛京时报』, 1937年 11月 30日.

57 『盛京时报』, 1937年 5月 2日.

58 『盛京时报』, 1940年 1月 14日.

건설하기 위한 계획을 수립했다.[59] 이 계획은 도문을 제지 등 목재 가공 공업과 상품 수출을 중심으로 한, 인구가 10만~15만 명에 달하는 도시로 만드는 것이었다. 1940년에 이르러 도문의 도시의 면적은 7~8km^{2}로 확장되었지만, 이후 태평양전쟁의 발발로 도시 건설은 중단되었다.

'국경 군사 전략'과 '만주 이민 계획'의 대상 도시 건설: 목단강, 가목사, 동녕, 치치하얼

목단강시는 목단강 상류에 위치한, 동서로 짧고 남북으로 긴 분지로 면적은 200km^{2}이다. 만주사변 이전 이곳은 황화전자촌黃花甸子村으로 불렸고 인구는 3,000명 정도였다. 1932년 이후 일본 침략자는 동부 산간 지역의 항일연군을 '토벌'하고 대소전쟁을 발동하기 위하여 빈수철도 외에 추가로 도가(도문-가목사)철도를 부설했다. 목단강시는 이 두 갈래 철도의 교차점에 위치했기에 빠른 발전을 이룩할 수 있었다. 얼마 지나지 않아 목단강의 인구는 1만 2,837명이 되었고[60] 1935년에 이르러서는 3만 5천 명으로 증가했다. 1937년 12월 1일 만주국은 이곳에 시를 설치하고 목단강철로국을 설립했다. 도시는 목단강 기차역을 중심으로 건설되었고 도심 건설 면적은 22km^{2}였다. 도시의 주변에 건설된 너비가 2,000~3000m인 그린벨트까지 합치면 도시 전체 면적은 95km^{2}에 달했다. 일본은 목단강시를 동북 북부의 교통중추이자 일본 이민도시로 만들고자 하였다. 1938년 목단강시의 인구는 7만 7,341명이었다. 1939년 11월에는 300만 원을 투자하여 하얼빈-목단강 도로를 건설했고, 동시에 목단강 남부에 발전과 관광 기능을 겸비한 경박호발전소鏡泊湖電站를 건설하여, 목단강을 철도망과 도로망을 겸비한 관광도시로 만

59　『盛京时报』, 1939年 11月 15日.

60　伪满『民政部总务司资料科统计1482号』.

들었다. 이후 목단강의 규모는 계속 확대되어 면적 370km², 인구 10만 명 이상인 도시로 발전했다.[61]

　가목사시는 삼강평원의 중부에 위치한 도시로 화천현 관할이다. 1934년 가목사를 중추로 한 도가철도가 개통되면서 만주국은 가목사에 삼강성三江省 성소재지를 설치하여 송화강 하류 지역 일본 '이민 개척단'의 활동 중심지로 만들었다. 1934년 가목사시의 인구는 5만 200명이었다. 1937년 만주국은 가목사를 화천현에서 분리하고 시정주비소를 설립했다. 1938년 9월 1일 시정공서가 설립되었다. 가목사시의 도시 계획은 내성 건설과 외성 건설로 나뉘었다. 외성 건설은 장기 목표로 총면적 61km², 인구 18만 명인 곳으로 만드는 것이고, 내성은 단기 목표로 총면적 12.7km²를 건설하는 것이었다.[62] 가목사시의 도시 건설의 주안점은 항구와 기차역 건설이었다. 1938년 말에 이르러 가목사의 인구는 4만 9,500명에 달했다. 1938년 도시 상수도와 하수도 공사도 거의 완공되었다. 시내를 경유하는 항운과 철도의 연간 목재와 밀 운송량이 20만 톤 이상에 달하는 등 가목사는 일본이 동북 북부의 식량과 목재를 약탈함에 중요한 기지가 되었다. 1940년 가목사의 인구는 10만 9,182명이었고, 그중 일본인은 2만 여 명이었다.

　동녕시는 목단강 이동 중·소 변경지에 위치한, 민국 초기까지 작은 촌에 불과했던 도시이다. 1934년 이후 동녕을 중심으로 한 목단강-수분하 유역은 일본 당국에 의해 '북변 진흥 계획', '대소 방어' 핵심 지역으로 지정되었다. 동시에 일본은 동녕에 극동 최대의 지하 군사 공사를 준비하고 있었다. 이에 따라 동녕은 도시로 승격할 수 있었다. 동녕은 이

61　「牡丹江市周年纪念」,『盛京时报』, 1939年 12月 2日.

62　「佳木斯市制确定」,『盛京时报』, 1937年 11月 5日.

지역에 주둔하고 있던 일본군의 군사 공정과 군사 지휘 중심이 되면서 인구가 급증했다. 1940년대 초 동녕의 인구는 10만 명 이상에 달했다.

치치하얼은 동북 3대 곡물 생산기지인 눈강평원의 중심 도시이다. 일본은 북만주 지역의 농산품을 약탈하기 위해 이곳에 양잔과 집산시장을 확대했다. 이로 인해 쇠퇴하고 있던 치치하얼의 경제가 회복되기 시작했다. 1940년 치치하얼의 인구는 9만 8,175명이었다.

해랍이는 동북 서북부의 중·몽·소 변경 지역에 위치한, 전략적으로 매우 중요한 도시이다. '북강군사포방北疆軍事布防'을 가속화하기 위해 일본은 1940년 5월 해랍이를 시로 격상시켰다. 당시 인구는 4만 명 정도였다.

'남진 전략'의 핵심도시 건설: 금주, 호로도

금주는 요서 벨트의 중심부에 위치한, 남쪽으로 호로도항, 동북쪽으로 부신탄광과 인접한 동북과 관내를 잇는 전략 도시이다. 일본은 '남진화북'의 전략 기지를 건설하기 위하여 1933년 금주를 요서성 성소재지로 지정하고 대규모 개발계획을 세웠다. 일본은 금주를 기차역을 중심으로 면적이 38km², 인구 22만 8천 명의 도시로 만들고자 했다.[63] 실제 공정은 군사 구역과 관광 구역 건설 위주로 추진되었다. 1938년 능천凌川, 백운白雲, 향양向陽 등 6개 공원이 건설되었다.[64] 도시 공업은 석유화학공업 위주였다. 1937년 12월 금주의 인구는 9만 6,923명(만주국 주둔군은 제외)이었고, 1941년 말에는 14만 6천 명이었다.[65]

---

63 「大锦州工业计划」,『盛京时报』, 1938年 3月 29日.

64 「辽西新兴都市锦州」,『盛京时报』, 1938年 6月 11日.

65 『盛京时报』, 1941年 11月 26日.

일본이 동북에 중점적으로 건설한 '남진 전략'의 두 번째 핵심 기지는 호로도이다. 3년 동안 만주국은 1,500만 원을 투입하여 호로도를 건설했다. 1936년 5월 1일 호로도항이 정식 개항했다.[66] 이 항은 군사적 용도 외에 화학공업과 관광의 기능도 있었다. 호로도는 금서錦西와 함께 요서 화학공업 지역으로 변해갔고 동시에 고성 흥성興城과 함께 요서의 온천 관광지와 해수 관광지가 되었다.

에너지도시 건설: 강철공업도시 안산, 탄광도시 무순·본계·부신·통화

동북의 에너지 자원을 통제하고 전쟁에 필요한 강철·석유·석탄 등의 생산을 확대하기 위해 만주국은 1934년 이후부터 이미 상당한 규모로 발전한 무순탄광, 부신탄광, 안산제철소에 추가로 거액을 투자하여 생산량을 늘이고자 했다. 그중 안산제철소 한 곳에만 2,500만 원을 투입했다.[67] 동시에 일본은 부대시설에 대한 투자의 일환으로 안산과 무순의 신도시를 다시 계획하고 건설했다. 안산 신도시는 기차역과 안산 초고압변전소 인근 지역을 중심으로 건설되었다. 무순 신도시 역시 기차역 중심으로 남과 북으로 시가지를 설치하여 상업, 주거, 공업, 임강臨工 등 4개 구역을 만들었다. 각 구역의 면적은 매우 컸다. 무순 북부 혼하 상공업 신도시의 면적만 415만m^2에 달했다. 이 신도시에서 100만m^2는 공원과 녹지였는데 무순이 녹색 신도시로 개발되면서 과거 공업도시의 탁한 이미지는 온 데 간 데 없어졌다. 무순의 인구는 1934년 4만 명에서 1940년 11만 1,485명으로 증가했다. 같은 해 무순의 연간 석탄 생산량은 1,950만 톤이었고 일본으로의 수출량은 50만 톤이었다. 연간 발전

---

66 「葫芦島开港」, 『盛京时报』, 1936年 5月 15日.

67 『盛京时报』, 1934年 10月 10日.

량은 28만kw로 에너지 공업의 규모만 따지면 동아시아 도시 중 두 번째에 해당했다.[68]

본계本溪는 광물 자원이 풍부한 봉천 북부 산간 지역의 배후지에 위치했다. 1900년대 초 안봉철도가 개통되면서 발전하기 시작했다. 1932년 초 면적 4km², 인구 1만 5,363명의 본계현 소재지로 발전했다. 1933년 만주국은 '이상理想 산업 도시 건설' 사업을 추진하고 본계철광의 산량을 확대하여 안산강철공사의 수요를 충족시키기 위해 도시 기초 건설 범위를 34km²로 확대했다. 1937년에는 본계호가本溪湖街를 건설했다. 1939년 10월 본계는 정식으로 시가 되었다. 당시 인구는 6만 9,187명이었다. 1941년 5월 2일에는 도시의 면적을 기존의 5배인 159km²로 확대하기 위한 계획을 세웠다. 실제로 그해에 도시의 인근 지역까지 합쳐 전체 도시 면적은 343km²로 확대되었다. 1940년 본계의 관할 범위는 1,590km²에 달했고, 1941년 인구는 11만 2,102명이었다.[69]

부신은 내몽고 동토묵특기東土默特旗에 속한 곳이다. 석탄 매장량이 풍부하여 청 말부터 노천 탄광도시로 발전했다. 만주국은 부신을 열하성熱河省에 편입시켰다가 1934년에는 신설한 금주성에 편입시켰다. 부신의 해주海州탄광이 개발되면서 인구도 증가했다. 1936년 일본은 부신 도시 발전 계획을 제정했다. 이 계획에 의하면 탄광을 중심으로 21.9km² 면적의 시가지를 건설하고 그 외부에 그린벨트 225km²를 건설하기로 되어 있었다. 이 사업의 제1기 공정 시기인 1937년부터 1941년 말까지 총 80만 원이 투입되어 광장 3개, 공원 3개, 도로 281m²가 건설되었다. 또한 부신매탄액화공사阜新煤炭液化公司 등의 기업도 설립되었다. 1940년

---

68 「抚顺工业」, 『盛京时报』, 1940年 10月 1日.

69 「煤铁都市本溪」, 『盛京时报』, 1941年 5月 2日.

부신은 정식으로 시가 되었다. 그해 10월 인구는 16만 6,081명이었다.

통화는 동변철도의 중심 지역이자 백두산의 배후지에 위치한, 청 말 현치가 설치되었던 곳이다. 1936년 이후 사평-매하구, 매하구-통화, 통화-집안, 통화-혼강 등 동변철도로 향하는 철도가 부설되면서 일본은 통화를 중심으로 '통화성'을 설립했다. 1937년 4월 통화에 동변개발판사처를 설치하고, 통화와 인근 지역에 대률자大栗子철광, 칠도구七道溝철광, 혼강탄광, 통화대천원운모大泉源雲母광산, 이도강二道江제철소, 통화삼만천와발전소通化三万千瓦電廠(1941년 11월 8일) 등과 같은 에너지 산업 시설을 건설했다. 통화의 대형 광산군이 개발되면서 인구가 급증(1937년 전체 인구는 79만 6,686명)하기 시작했고, 통화를 중심으로 한 중심 도시와 위성도시로 구성된 광업도시군이 출현하기 시작했다. 이 도시군에는 통화(1940년 인구 4만 6,817명), 대률자(1940년 인구 9,000명), 임강(1940년 인구 3만 명), 집안(1940년 인구 1만 328명), 이도강(1940년 인구 1만 4,706명), 양자초(樣子哨: 1940년 인구 1만 1,893명) 등이 있었다.[70]

열하 지역 신설 철도 교차점 도시의 건설

열하 지역은 동북 서남부에 위치한, 현재의 요녕 조양, 내몽고 적봉, 하북 승덕 등을 중심으로 한 몽고왕공 소속 초원지대로 민국 초기 동북 지방 군벌이 관할하던 지역이다. 1932년 이후 일본은 이곳에 열하성을 설립했다. 1930년대 금승(금주-승덕)철도와 엽봉(엽백수-적봉)철도가 부설되면서 열하 지역은 인구가 증가하고 경제가 발전하기 시작했다. 특히 철도 교차점에 위치한 도시가 빠른 발전을 이룩했다. 본명이 탑자

---

70 「通化人口」, 『盛京时报』, 1938年 3月 6日.

구塔子溝였던 능원凌源은 한때는 동북 지역 티베트불교의 중심지여서 여러 곳에 사원이 건설되었다. 1931년 인구는 5,000명, 1938년에는 1만 4천 명이었다. 도시의 둘레는 2.5km이다. 또 다른 지역은 평천平泉으로 팔구八溝라고 부르기도 한다. 이곳은 희봉구, 적봉의 요충 지역으로 희봉구 인근 제1의 시장이고 열하의 중심시장이기도 하다. 만주국 시기의 인구는 2만 8천 명이었다.

그 외 랍빈철도가 개통되면서 발전한 철도 연선의 도시는 신참新站과 납법拉法이고, 매집철도 연선에서 출현한 도시는 매하구梅河口이다.

만주국은 1940년부터 자금 조달에 차질이 생기자 도시 건설에 대한 투자 규모를 줄이기 시작했다.[71] 1942년부터는 '모든 것은 전쟁의 수요에 복종해야' 했기 때문에 만주국은 모든 도시 건설 계획을 중단했다. 만주국은 109개 도시를 건설하고자 했던 계획을 완성하지 못했을 뿐만 아니라 53개 도시를 건설하고자 했던 제2기 계획도 조금밖에 추진하지 못했다. 그뿐만 아니라 일본의 전선이 확대되면서 1943년 이후부터 만주국은 각 도시의 정상적인 운영 경비 발급도 중지했다. 이로 인해 동북의 각 도시는 전면적인 쇠퇴의 길로 들어서게 되었다. 1945년 일본 항복까지 동북의 주요 도시는 심각한 수준으로 파괴되었다.

만주국 도시 건설 내용 요약

전반적으로 만주국 시기의 동북 도시들은 상당한 발전을 이룩했다고

---

71 1940년 5월 21일 만주국은 공업 발전과 도시 건설을 구체적으로 책임졌던 산업부를 철폐하고 토지 개발과 식량 생산을 중심으로 한 흥농부를 신설했다. 이는 만주국 도시 건설이 '번영'에서 쇠락의 길로 들어선 징표이기도 하다.

볼 수 있다.

① 도시의 공간 규모가 대폭 확대되고 공간 분포가 합리적으로 변했다. 1931년 이전까지 핵심도시의 공간 규모는 보통 20~40km^2 정도였고 사평·요양·금주 등 지방 도시의 규모는 10~15km^{2}였다. 주요 도시는 동북 중부와 북부의 철도 연선에 위치했을 뿐 동부와 서부의 변경 지역에는 거의 없었다. 만주국 시기의 도시 건설 사업으로 50개 중점 건설 대상 도시의 공간 규모가 대체로 1~5배 정도 증가했을 뿐만 아니라 변경 지역에도 새로운 도시가 출현하여 전체적인 공간 분포가 합리적으로 변해갔다.

② 도시 인구의 증가로 도시인구의 비중이 확대되었을 뿐만 아니라 도시화 수준도 제고되었다. 1931년 만주사변 당시 동북의 전체 인구는 2,990만 명이었는데[72] 그중 도시 인구는 320만~350만 명으로 전체의 11.5%에 불과했다. 하지만 1934년 도시 인구는 470만 명으로 증가하여[73] 전체의 13.5%로 증가했다(그해 동북의 전체 인구는 3,426만 7천 명[74]). 1942년에 이르러 동북의 도시 인구는 1,085만 명으로 증가했

---

72 『盛京时报』, 1936年 11月 29日.

73 이 수치는 당시 동북 도시의 인구통계와 신뢰도가 높은 통계자료를 교차 분석하여 추산한 것이다. 〈표 3〉을 보면 1934년 당시 78개 도시의 인구는 155만 6천 명이다. 하지만 이 수치는 장춘, 심양, 대련, 하얼빈, 여순의 인구 153만 명과 정확하게 추정하기 힘든 120개 도시의 인구수가 포함되지 않은 수치이기 때문에 이 부분을 추가해야 한다. 이 수치는 〈표 4〉와 〈표 5〉를 통해 알 수 있다. 70개 도시의 인구는 1934~1942년에 123.5% 증가했다. 이 비율을 1942년의 도시 인구 1,080만 명에 적용하면 1934년 동북도시 총 인구는 470만 명, 기타 120개 도시 인구는 170만 명으로 추산할 수 있다.

74 이 수치는 만주국이 실시한 만주국 관할 지역에 대한 인구조사를 통해 수집한 것이다. 하지만 이 수치에는 요동반도 남단 및 대련을 중심으로 한 일본 식민지 '관동주' 지역의 인구 100만 명은 포함되지 않았다. 하지만 이 수치에는 화북 지역에 속하지만 당시 만주국에 의해 점령된 하북성 동북의 난현(灤縣), 준화(遵化), 승덕, 무녕 등의 인구가

다(대련 지역 82만 명 포함). 8년 사이에 도시 인구가 130%나 증가하고 연평균 증가율이 11%에 달했는데 이는 같은 시기 동북 전체 인구의 연평균 증가율 4%보다 압도적으로 높은 수치였다(1942년 동북의 전체 인구는 4,450만 명). 당시 도시 인구는 전체의 23.8%로 1931년의 2배에 달했다. 하지만 도시 인구는 아주 불균등하게 증가했다. 핵심도시 장춘과 심양의 경우가 그러했다. 1932년 초 장춘의 인구는 12만 명이었는데 1942년에는 56만 명으로 10년 사이에 360%나 증가했다. 1932년 초 심양의 인구는 42만 명이었는데 1942년에는 130만 명으로 209%나 증가했다. 새로 개발된 도시의 인구 증가 속도는 더욱 빨랐다. 1931년 가목사의 인구는 1만 3천 명이었는데 1942년 말에는 11만 6천 명으로 790%나 증가했다. 이와 반대로 철도와 멀리 떨어진 지역의 인구는 거의 침체 상태였다. 1934년 도남의 인구는 5만 8,800명이었는데 1942년 인구는 5만 5,500명으로 증가는커녕 3,000명이나 감소했다. 이렇게 지역에 따라 인구 증가율은 현저한 차이를 보였다. 도시 인구 비율을 보면 봉천성이 29%로 가장 높았다. 1941년 봉천성의 인구는 756만 명, 도시 인구는 최소 220만 명이었다. 또한 심양·무순 등 6대 도시의 인구는 200만 명에 근접했다(1941년 10월의 통계에 의하면, 심양 113만 7,118명, 무순 26만 9,622명, 안산 21만 3,740명, 영구 18만 1,538명, 요양 10만 32명, 본계 9만 9,875명). 도시 인구 비율이 상대적으로 낮은 지역은 동북 북부의 삼강성(당시 삼강성의 전체 인구는 141만 명, 도시 인구는 13만 명으로 비율은 약 10%), 북안성(전체 인구 230만 명, 도시 인구는 10만 명 정도로 비율은 약 5%)이었다(〈표 3〉, 〈표 4〉 참조).

포함되었다. 대련 지역과 하북 동부의 인구가 거의 비슷했기에, 당시 동북 인구는 3,450만 명 정도로 봐도 무방하다.

표 3 _ 1934년 동북 부분 철도 연선 도시의 인구　　　　　　　　　　　　　　　　（단위: 명）

랍림	5,061	유수	11,382	영안	20,000	팔면성	17,736
치치하얼	76,459	오상	3,800	동경성	3,670	사평	16,260
눌하	15,566	서란	3,500	해림	4,500	이수	19,000
랍합	9,267	소성자	1,800	팔면통	4,138	배천	30,000
구대*	11,572	천금채	29,110	정가둔	35,000	극산	30,000
길림	118,883	노무순	3,227	건안	4,767	용진	3,000
교하	11,666	청원	8,483	개통*	12,070	북안	5,225
신참	5,699	해룡	28,432	도남	58,800	극동	8,000
돈화	13,985	산성진	31,483	해륜	35,000	연길	22,156
조양진	19,007	색륜	1,300	수능	11,579	용정	24,467
동풍	17,780	도안*	24,000	망규	25,000	도문	12,610
서안	26,583	진동	34,000	수화	23,594	화룡	1,531
신빈	18,032	화전	43,913	왕청	11,279	통화	23,663
몽강	3,580	조양	18,084	훈춘	17,490	북표	10,062
신민	36,233	영구	135,000	수중	16,882	능원	13,179
흑산	16,561	금주	68,147	장무	7,976	평천	22,756
북진	5,383	의현	25,480	통요	41,716	승덕	28,216
신립둔	12,846	연산	5,513	개노	18,000	대안	2,493
금서	5,888	부신	2,739	구방자	5,383	반산	5,037
홍성	16,841	반석	22,938				

주: *는 1932년 수치

표 4 _ 1942년 동북 도시 인구 규모　　　　　　　　　　　　　　　　　　　　（단위: 명）

장춘	566,540	길림	250,341	구대	22,569	쌍양	17,271
반석	30,083	화전	37,122	신참	12,289	돈화	48,921
교하	26,745	강교	5,910	화피장	6,363	오랍가	7,996
다둔	5,460	공주령	45,832	회덕	17,604	범가둔	18,441
건안	10,463	부여	52,061	장춘령	13,090	오가참	11,043
삼차하	18,783	농안	30,361	복룡천	9,245	고산둔	6,030

덕혜	24,387	유수	16,707	서란	14,437	삼과수	8,314
전곽	11,391	치치하얼	129,429	부랍이기	9,856	주가감	10,200
이삼성	7,476	경성	4,338	감남	6,591	부유	5,052
눌하	24,800	랍합가	14,424	임전	14,103	태래	19,613
탑자가	9,373	진동	6,075	대뢰	29,123	안광	7,463
백성	29,416	도남	55,559	개통	14,735	첨유	11,294
에천	12,261	태강	8,165	배자부	2,053	북안	42,058
통화가	2,739	수능	8,134	상집가	5,798	철리	13,225
경성	19,267	수화	51,313	해북가	13,426	해륜	46,942
망규	22,713	윤하	6,127	명수	11,177	배천	31,494
삼도진	11,763	태안가	26,472	극산	41,273	극동	16,398
덕도	7,687	눈강	32,703	흑하	22,736	손오	14,728
막하	1,745	호마	1,445	기극	2,708	손하	1,633
오운	1,477	가목사	116,373	화천	7,730	열래가	14,497
부금	55,897	집현	20,683	의란	9,231	쌍하진	6,062
흥륭	7,193	태평진	10,280	방정	14,599	통하	34,043
탕원	12,576	학립가	12,655	홍산	51,767	연강구	7,320
불산촌	1,046	풍상	2,541	수빈	7,767	동강	10,331
무원	920	동안	53,147	밀산	18,403	계녕	14,535
적도재	28,113	평양진	7,377	임구	19,025	벌리	47,767
왜긍	5,337	보청	23,115	요하	5,693	호림	13,582
목단강	207,163	녕안	39,923	동경성	10,137	해림	9,200
목릉	13,145	이수진	9,118	팔면통	6,972	수양	7,676
수분하	5,719	동녕	18,041	하얼빈	682,541	호란	53,130
낙안	14,373	빈주	28,183	신전	6,614	오상	23,686
산하가	11,614	소산가	7,026	아성	45,522	쌍성	62,026
랍림	15,506	조주	11,500	귀집가	9,905	대동	9,415
조동	29,699	창오가	18,289	난서	17,375	유림	5,525
안달	32,384	정아가	16,312	청강	21,021	흥화	5,121
파안	40,995	서집	7,628	흥륭	6,192	동흥	10,967
목란	18,140	연수	21,991	주하	35,559	일면파	27,810
모아산	8730	위하가	12,168	아포력	5,788	양하	7,903
석두하	5935	조진	9,666	무흥	5,178	연길	53,428
용정	50,132	도문	45,614	명월구	17,487	왕청	23,886
백초구	9,968	천교령	7,348	훈춘	27,131	화룡	10,313
두도구	15,153	안도	8,343	통화시	74,364	철장자	12,704

유하	10,037	삼원포	7,556	고산	11,105	휘남	13,948
민둔	6,222	양자초	13,616	몽강	6,175	무송	29,059
장산	9,911	임강가	37,367	대률자	8,716	팔도강	15,547
집안	20,136	안동	306,788	봉성	31,635	수암	18,072
장하	11,463	청퇴자	11,751	독산	20,127	관전	10,797
삼호래	5,918	사평	89,195	이수	17,972	곽가점	10,670
유수대	13,787	개원성	24,285	창도성	25,659	팔면성	20,165
환인	20,930	사첨자	5,732	소성자	10,529	개원가	45,079
정가둔	43,442	서안가	53,358	서풍	33,827	동풍	23,161
해룡	23,082	산성진	38,623	조양진	24,306	매하구	14,349
장령	16,039	심양	1,302,687	사령보	5,824	소가둔	16,712
무순	277,151	무순성가	16,970	본계호	155,589	성장가	13,219
전사부	15,572	교두	18,158	요양	105,899	안산	263,488
유이보	17,913	요중	8,133	해성	43,421	대석교	19,240
등형보	12,088	우장	28,245	영구	187,881	개평	35,785
웅악	13,529	와방점	30,194	복주	16,482	신민	41,418
철령	60,088	법고	25,331	강평	8,608	청원	18,481
홍경	18,591	영능	6,245	금주	149,533	석산	6,273
구방자	21,060	북진	27,730	흑산	26,953	신립둔	22,404
대안	4,515	반산	11,900	전장대	25,698	수중	32,722
전가진	6,302	홍성가	19,830	금서	13,048	의주	30,104
청하문	4,928	조양	29,439	북표	54,191	부신	186,911
장무	22,748	합이투	6,693	풍녕	7,534	봉산	8,160
오한	2,445	카랍심	3,122	적봉	47,377	오단	8,754
건창	4,325	능원	17,111	녕성	6,935	평천	31,431
노북	1,715	대지상	2,092	청룡	2,012	임동	9,533
개노	36,543	임서	14,050	왕부	2,017	극십등	5,637
길이랑	3,103	파언탑랍	3,426	왕야묘	27,587	고륜	5,986
통요	59,523	대림	8,552	찰이삼	600	음덕이둔	2,328
찰란둔	16,078	박극도	7,568	색륜	9,963	후신추	1,789
해랍이	32,859	남둔	997	포서	5,961	나길둔	2,759
내여목망 奈如穆岡	2,213	액이화	827	만주리	8,636	찰래약이	10,037
이통	21,184	앙앙계	15,215				

출처: 伪满警察总局编, 1942, 『("康德"9年)主要都市, 市街地人口统计表』, 长春. 이 표에는 대련 지역의 인구가 제외되었다. 1942년 대련 인구는 70만 명, 여순 4만 명, 보란점 3만 명, 비자와(貔子窩) 1.5만 명이다.

만주국 시기 동북의 도시가 빠른 발전을 이룩할 수 있었던 것은 다음과 같은 정치적·역사적 배경 때문이었다.

① 일본 침략자는 동북을 자신의 '국토'로 간주하여 영구적으로 점령하고자 했다. 동북을 할거하여 일본의 일부로 만드는 것은 일본 군국주의자의 오래된 꿈이었다. 1870년대부터 일본은 '만몽' 침략과 할거 계획을 세우고, 청일전쟁, 러일전쟁, 만주사변 등을 통해 이 목표를 실현하고자 했다. 만주사변 이후 일본 침략자는 목표를 달성했다고 보고 동북을 점령하고 통치하는 과정에 '대만 모델'을 참조하여 동북의 자원을 약탈하고자 했다. 동시에 '일본화'의 요구에 따라 도시 근대화와 현대화를 통한 식민지화를 실현하고자 했다.

② 일본은 '현대화된 동북 도시'를 건설하여 세계 여론과 중국 인민을 기만하고자 했다. 일본은 공공연히 무력으로 동북을 찬탈한 후 이곳에 사기성을 띤 '만주국'을 세웠다. 일본은 국제적 압력과 중국 인민의 반발을 의식하여 '건설현대화신국가建設現代化新國家', '일만경제융합건설동아신도시日滿經濟融合建設東亞新城市' 등의 구호를 내걸고 만주국 괴뢰 정권이 민의에 부합한 것처럼 꾸며 동북 인민과 세계 각국을 우롱했다.

③ 현대화된 도시를 건설함으로써 일본은 더욱 효율적으로 식민지를 약탈하고 침략할 수 있었다. 만주국이 건설한 53개 도시 중 60% 이상이 에너지 기지와 군사적 요충지였다. 일본은 바로 이런 도시에 대한 현대화 건설을 통해 효율적으로 동북의 석유·석탄·철 등 자연 자원을 휘발유와 무기 등 전략 물자로 전환하고자 했던 것이다. 동시에 이런 군사 기지는 일본의 군사적 침략을 보장할 수 있었다. 동북의 현대화된 도시 건설은 1937년 이후 일본이 발동한 대규모 전쟁의 한 부분이었다.

④ 동북에 이주한 일본인에게 편리한 생활환경을 제공했다. 동북을 장기적으로 점령하기 위해 만주사변 이전부터 일본은 일본인의 동북

이주를 장려했다. 1932년 이후 일본은 '100만호 이민 동북'이라는 국책을 제정하기도 했다. 이 목표를 하루 속히 달성하기 위해 일본은 한편으로 각종 선전 매체를 동원하여 일본 민중에게 홍보하고, 다른 한편으로 투자를 확대하여 동북의 도시를 건설함으로써 일본인에게 좋은 생활환경을 제공하고자 했다. 만주국 시기 동북의 도시가 기형적으로 발전했던 것은 바로 이러한 이민 정책 때문이었다. 당시 각 도시의 '현대화'는 주로 일본인 집거지에서 나타난 현상이었다. 장춘의 일본인에게 제공되었던 1급 주거지의 경우 1km²의 거주 인구는 0.4만 명이었지만 중국인 주거지는 같은 면적에 1만 2천 명이었다. 이런 이유로 1940년 동북의 일본인 규모는 70만 명 이상으로 증가하게 되었다. 봉천과 장춘 두 도시의 일본인만 하더라도 25만 명에 달했다.

⑤ 일본은 대규모 중국 노동력을 강제적으로 동원했다. 1931년 이전까지 동북 각 도시의 연평균 중국인 건설업 종사자수는 3만~5만 명 정도였다. 하지만 1932년 4월부터 이 규모는 급증하기 시작했다. 1932~1935년 만주국 당국이 동원한 연평균 도시 건설업 종사자수는 15만~20만 명(〈표 5〉 참조)에 달했고, 1936년 이 규모는 50만 명 이상으로 증가했다. 1939년에 관내로부터 유입된 건설업 쿨리는 38만 4천 명이었다.[75] 다른 업종에 종사하는 노동력까지 합치면, 1939년의 관내 쿨리는 130만 명이었고 1일 평균 근로시간은 10~14시간이었다. 노동 시간이 길고 노동환경이 열악했기 때문에 건설업에 종사했던 많은 중국인은 여러 가지 이유로 사망했다. 때문에 동북의 많은 도시의 중점 건설 공정의 인근에는 중국인 노동자의 시체가 매장된 '만인갱萬人坑'이 있다. 만주국 시기 동북 도시의 현대화는 중국 인민의 피땀과 생명으로

---

75 『盛京时报』, 1939年 12月 7日.

바꾼 것이었다.

표5_만주국 시기 도시 건설에 참여한 중국인 노동자수(1932~1935)　　　　　　　(단위: 명)

연도	관내 노동자	동북 노동자	전체 노동자
1932	67,300	71,500	138,800
1933	96,085	102,107	198,192
1934	13,633	146,867	160,500
1935	96,954	130,772	197,726

출처:「全満土木建筑状况」,『盛京时报』, 1936年 5月 23日.

제12장

1945~1948년의 동북 도시

동북 정세의 변화와 다양한 도시정권의 출현

소련은 1945년 2월 11일에 체결된 "얄타협정", "소미영삼국관어일본적 협정蘇美英三國關於日本的協定"과, 1945년 8월 14일에 체결하게 될 "중소우호 동맹조약"에 근거하여 1945년 8월 8일 대일 선전포고를 하게 된다. 8월 9일 100만 소련군이 여러 갈래로 동북에 진입하여 일본 관동군에 치명 타를 안겼다. 8월 15일 일본이 항복했고, 18일 만주국 황제가 퇴위했다. 그날 소련군은 하얼빈을 점령했다. 이튿날인 19일 소련군은 장춘·심 양·길림·치치하얼을 점령했고, 8월 20일 관동군과 소련군은 정전 협 정을 체결했다. 9월 초 소련은 소련군장춘위수사령부蘇聯軍長春衛戍司令部와 대련위수사령부大連衛戍司令部를 설립하고 동북 전역에 대한 군사 관제를 시작했다.

소련군은 동북에 진입하는 과정에 일본과의 전쟁을 조속히 개시하 고 전후 국제 질서에서의 전략적 우위를 확보하기 위해 당시 소련 경내 에 있던 동북항일연군(당시 항일연군교도려抗日聯軍教導旅라고 불렀다. 여 장은 주보중周保中)과 중공중앙에 의해 소련에 파견된 일부 간부들이 소

그림 1_소련군 대련위수사령부 옛터(만철야마토호텔, 현 대련호텔)

련군과 함께 동북에 진입하여 길을 안내하고 소련군과 협력하여 일본과 전쟁하는 것을 허락했다. 이로 인해 소련군이 동북 지역에 군사 관제를 실시하는 동안 중국공산당이 영도하는 동북항일연군교도려와 소련에서 훈련받은 일부 중공 간부들이 비밀리에 동북의 57개 도시에 진입하여 당 조직 결성을 준비할 수 있었다.[1] 얄타협정 및 소련과 중국(국민당)의 협정에 의해 소련군은 동북에 최대 3개월을 주둔할 수 있었고

---

1 이 지역에는 목단강, 랍립, 휘남, 장백, 반석, 교하, 납법, 해룡, 해랍이, 도남, 노북, 통요, 개노, 찰래약이, 적봉, 만주리, 대련, 심양, 하얼빈, 장춘 등이 포함된다. 동북교도려총부와 동북당위회가 장춘에 설립되었고 여장 주보중은 비밀리에 소련군장춘위수사령부 부사령을 맡았다. 소련에 파견되어 훈련을 받았던 중공 간부 유아루(劉亞樓)는 소련군 대련경비구사령부 부사령을 맡았다. 祝丽, 「纪念苏军解放大连52周年」, 政协大连市西岗区委员会 编, 『西岗文史资料』, 第4辑.

그 뒤 바로 동북을 중국에 돌려주기로 되어 있었다.[2] 이는 당시 동북의 소련군은 방어적이고 과도기적인 성격으로, 이들이 펼친 군사 관제의 내용은 동북 각 도시의 정권을 흡수하는 것이 아니라 만주국의 부분 세력과 현지의 신사들이 임시적인 도시기구(유지회維持會)를 설립하는 것을 관리하고 지도하는 것이었다. 예를 들어, 장춘시의 유지회장은 만주국 총리 장경혜張景惠가 맡았고[3](장경혜가 소련군에 체포된 후 만주국 총무처장 조조원曹肇元이 회장을 맡음), 대련과 하얼빈의 유지회장도 만주국 대련상회회장 장본정張本政과 하얼빈상회 회장 장정각張廷閣이 맡았으며, 길림 유지회장은 현지의 유명한 신사이자 1931년 길림성 교육청장을 역임한 마덕은馬德恩이 맡았다. 이렇게 8·15 광복 이후의 일정 기간 동안 동북 도시의 정치무대에는 3개의 정치 세력이 등장했다. 그중 소련 점령군과 중국공산당이 주도적 역할을 발휘했고 시정유지회는 형식적인 관리 기능을 담당했다.

소련군의 철수 시기가 가까워지면서 국민당과 공산당은 동북 도시의 접수와 통제를 둘러싼 치열한 쟁탈전을 시작했다. 1945년 8월 하순 하북·열하·요녕의 공산당 소속 해방군 이운창李運昌 부대 5,000명은 연안 본부로부터 동북을 점령하라는 지시를 받고 화북에서 동북으로 이동하여 산해관 등의 요지를 점령했다. 이는 관내에서 동북에 진입한 첫 번째 정규 무장 세력이었다. 그 뒤 중공산동분국은 여기은呂其恩과 추대붕鄒大鵬이 인솔하는 교동봉래독립영膠東蓬萊獨立營 600명을 바다를 건

---

2 중동철도, 대련항과 여순기지에 대해 중국과 소련은 별도의 협정을 체결했다. 소련군이 철수한 후 중동철도와 남만철도는 중·소 양국이 30년 동안 공동으로 관리하고 중국은 대련항의 절반을 30년 동안 무상으로 소련에 임대하며 여순 해군기지를 30년간 공동 사용하기로 했다.『大公报』, 1945年 8月 27日.

3 『大公报』, 1945年 10月 22日.

너 요동 장하에 진입시켰고, 연안에서는 간부 1,500명을 동북에 파견했다. 중공중앙은 9월 15일 중공중앙동북국을 설립했고, 팽진彭真이 서기, 진운陳雲, 정자화程子華, 오수권伍修權, 임봉林楓 등이 위원을 맡았다. 팽진 등은 9월 18일에 심양에 도착했다.[4] 9월 19일 중공중앙은 "북쪽으로 발전하고 남쪽으로 방어한다"는 지침을 제정하고 산동주력부대 및 대부분 간부를 하북과 동북에 파견했다. 또 얼마 지나지 않아 중공중앙은 고강高崗, 장문천張聞天, 이복춘李富春, 임표林彪, 나영환羅榮桓 등을 동북에 파견했다. 3개월도 안 되는 사이 병력 10만 명, 간부 2만 명이 화북·서북 해방구에서 동북으로 옮겨왔다. 동북군에 대한 통일적인 지휘를 수립하기 위해 중공중앙은 10월 31일 동북인민자치군총부를 설립했다. 임표가 총사령, 팽진이 정치위원을 맡았고 산하에 10개 군구를 설치했다.

공산당 산동주력부대가 동북에 진입할 때 먼저 도착한 부대는 9월 중순부터 심양·본계 등에 진입했다. 산동부대는 철도 연선의 금주, 흑산 등을 접수하고 10월 초에 안산·요양과 대련에 진입했다. 소련군의 협조로 중국공산당은 각 도시에서 기존의 시정 체계를 해산하거나 재구성하여 새로운 지방 인민정권을 설립했다. 먼저 설립한 것이 성급 정부였다. 1945년 10월 1일 사우금謝雨琴을 성장으로 한(후에 이두李杜가 성장을 맡음) 송강성 정부가 하얼빈에서 성립되었고, 장학사張學思를 주석으로 하는 요녕성 정부(10월 12일), 율우문栗又文을 수장으로 하는 요북성 정부(사평, 11월 5일), 진대범陳大凡을 주석으로 하는 흑룡강성 정부(북안, 11월 13일), 어의부於毅夫를 주석으로 하는 눈강성 정부(치치하얼, 11월 14일), 이운창李運昌을 주석으로 하는 열하성 정부(승덕, 11월 24일), 고숭민高崇民을 주석으로 하는 안동성 정부(12월 5일), 주보중을

---

4 蔣頌賢 主编, 1992, 『吉林人民革命斗争史』, 吉林文史出版社, 329頁.

주석으로 하는 길림성 정부(12월 27일)가 연이어 성립되었다.[5] 각급 성 정부와 성시 당위[6]의 영도로 동북의 시급 정권이 순차적으로 설립되기 시작했다. 이 시기 공산당의 영도로 설립된 도시 정권에는 요녕성의 본계(1945년 10월 8일), 심양시(10월 10일), 안산시, 대련시(10월 27일), 영구시, 안동성 안동시, 통화시, 길림성 장춘시(11월 15일), 길림시, 송강성 하얼빈시, 합강성 가목사시, 눈강성 치치하얼시 등이 있었다. 1945년 12월까지 공산당의 영도로 형성된 도시 정권이 전체 동북에 분포하게 되었다. 그중 요녕성과 안동성의 거의 모든 현급 도시에 도시 정권이 설립되었다.[7] 동북의 각급 도시 정권은 과도기적이고 민주적인 시대 배경을 감안하여 가급적 원래의 유지회 구성원과 만주국 정부의 직원, 하층 민중 및 지식인의 가입을 환영하여 정권이 포괄적인 대표성을 띠도록 했다. 예를 들어, 심양시 정부의 공직자는 1,256명이었지만 그중 새로 파견된 사람은 26명에 불과했고 나머지 사람은 만주국 당시의 공직자였다. 대련시 정부도 치안유지회 상인대표 소상검邵尚儉과 지자상池子祥[8] 등에게 요직을 맡겼다. 지자상은 시장에 임명되었고 2명 부시장 중

---

5 『东北日报』, 1945年 11月 19日, 12月 25日; 李鸿文 等 主编, 1987, 『东北大事记』, 吉林文史出版社, 1051頁.

6 1945년 9월 이후 중공중앙동북국은 상황에 따라 당 조직을 건설하는 방법을 채택했다. 먼저 성보다 큰 단위의 공산당위원회(이하 당위)의 길요성위(산하에 길림성, 길동성, 통화, 요북 등 4개 성위원회를 설치)를 설립한 후 이 성위를 해산하여 각각 독립적인 성위를 설립했다. 또한 이 성위 산하에 시당위를 설치했다. 각 시정부는 지방 당위의 지도를 받았다.

7 『东北日报』, 1946年 1月 9日.

8 소상검은 만주국 시기 동북 최대의 민족제분회사 사장이었고, 지자상은 만주국 대련 상회의 이사이자 익태상(益泰祥) 대리점 사장이었다.

한명인 진운도陈云涛는 공회대표를 맡았다.[9]

당시 유일한 '합법적 지위'에 있던 국민당 정부에게 동북 지역에 대한 공산당의 이런 정책은 눈엣가시나 다름없었다.[10] 8월 31일 장개석은 국민정부를 대표하여 장춘에 '군사위원회위원장동북행영軍事委員會委員長東北行營'을 설립한다고 선포하고 이 기구를 국민당이 동북을 접수하고 관리하는 최고행정기관으로 지정하고 웅시휘熊式輝를 주임으로 임명했다. 또한 산하에 정치위원회(웅시휘가 주임위원 겸임), 경제위원회(장가오張嘉璈가 주임위원 역임)를 설치하여 정치·경제의 교섭과 접수 관련 사업을 책임지게 했다. 그리고 장경국蔣經國이 외교부 동북특파원에 임명되었고, 반공필潘公弼이 국민당 중앙선전부 동북특파원에 임명되었다.[11] 이어 국민당 정부는 동북을 9개 성과 2개 특별시로 나누고[12] 9월 5일에 9개 성의 주석을 임명했다. 9개 성은 다음과 같다. ① 요녕성. 만주국 봉천성과 금주성을 합병한 것으로 성 소재지는 심양, 성 주석은 서잠徐箴이었다. ② 안동성. 만주국 안동성, 통화성을 합병한 것으로, 성 소재지는 안동, 성 주석은 고석빙高惜冰이었다. ③ 요북성: 만주국 사평성과 흥안남성을 합병한 것으로 성 소재지는 사평가, 성 주석은 유한동劉翰東이었다. ④ 길림성: 만주국 길림성과 간도성을 합병한 것으로 성 소재지는 길림시, 성 주석은 정도유鄭道儒였다. ⑤ 송강성: 만주국 빈강성과 목단강성을 합병한 것으로 성 소재지는 하얼빈, 성 주석은 관길옥關吉玉이었다. ⑥ 합강성: 만주국 삼강성과 안동성을 합병한 것으로 성 소

9　『东北日报』, 1945年 11月 11日.

10　「松花江上的悲剧」, 『申报』, 1945年 12月 5日.

11　尚传道, 「参加接受长春, 吉林的经过」, 政协全国委员会 编, 『文史资料选辑』, 第60辑, 96-98頁.

12　장춘은 초기에 직할시가 되었다가 1946년 이후 원할시(院轄市)가 되었다.

재지는 가목사, 성 주석은 오한도吳瀚濤였다. ⑦ 흑룡강성: 만주국 북안성과 흑하성을 합병한 것으로 성 소재지는 북안, 성 주석은 한준걸韓俊傑이었다. ⑧ 눈강성: 만주국 용강성으로 성 소재지는 치치하얼, 성 주석은 팽제군彭濟群이었다. ⑨ 흥안성: 만주국 흥안동성과 흥안북성을 합병한 것으로 성 소재지는 해랍이, 성주석은 오환장吳煥章이었다. 특별시에는 대련(시장 심이沈怡)과 하얼빈(시장 양작암楊綽庵)이었고, (행정)원할시에는 심양(시장 동문기董文琦)과 장춘[13](시장 조군매趙君邁) 등이었다.

1945년 10월 7일 웅시휘는 소련과의 협상을 위하여 중경에서 '동북행영' 부참모장 동안평董彦平에게 선행연락원 직함을 부여한 후, 그가 국민당 길림시장 장경사張慶泗 등을 인솔하여 동북으로 가도록 했다. 이들은 9일 장춘에 도착했고, 소련군 본부와 협상하여 장춘 흥인대로에 있는 만주국탄업주식회사滿洲炭業株式會社 청사[14]에 동북행영을 설립하기로 합의했다. 10월 12일 웅시휘, 장가오, 장경국 등 '접수'요원은 장춘에 도착한 후 "국민당이 동북 각지의 항일무장과 민주정권의 관계를 조율하고, 항운과 해운을 위해 공항과 항구에 대한 사용권을 행정적으로 접수하는 것을 소련이 협조"해 줄 것에 관한 요구를 제기했다. 소련군 사령부는 "동북 각지의 항일무장과 민주정권은 동북 인민이 스스로 만드는 것으로 소련군과 무관하고, '행정 접수'는 중국의 내정이기에 소련군이 협조와 간섭을 하기에 불편하다"는 이유로 거절했다. 그외 웅시휘 등은 다른 요원들을 동북 각지에 파견하기 위해 소련군의 협조를 요청했지

---

13 尚传道, 「参加接受长春, 吉林的经过」, 政协全国委员会 编, 『文史资料选辑』, 第60辑, 96-98頁.

14 국민당은 먼저 장춘 대동광장(현 인민광장)의 만주국중앙은행청사를 동북행영 청사로 선정했지만 소련군의 반대로 다른 곳을 선정하게 되었다. 만주국탄업주식회사건물은 현 장춘 해방대로의 길림대학 도서관 건물이다.

만 소련군은 치안 상황이 열악하여 생명 안전을 담보할 수 없다는 이유로 거절했다. 소련군은 오히려 국민당에게 "소련군 점령구의 일본군이 사용했던 모든 물건은 소련군의 합법적 전리품"임을 인정해달라고 요구했다. 이와 같은 주권과 관련된 문제에 대해 웅시휘는 어떠한 답변도 하지 않고 국민당의 경제 접수 사업을 잠정 중단했다. 행정 접수가 실패 일보직전에 놓이면서 웅시휘 등은 장춘을 떠나 북평으로 돌아간 후 다음 지시를 기다렸다. 장개석은 이 소식을 접한 후 접수 방안의 일부를 조정했다. 그는 한편으로 외교부가 외교적 경로를 통해 소련에 "중국 정부의 완전한 동북 주권과 영토에 대한 행정을 존중해줄 것"을 전달하게 하는 동시에[15] 조속히 동북을 접수하기 위해 접수요원들을 다시 동북으로 파견했다. 다른 한편 중앙 정예부대를 육·해·공 세 방면으로 동북에 운집시켜 군사적으로 접수할 준비를 시작했다. 웅시휘는 장개석의 지시를 받고 접수요원을 데리고 10월 하순 장춘에 돌아갔다. 앞서 10월 16일 국민당 정부는 '곤명방수사령부'를 동북행영산하의 '동북보안사령장관부'로 개편하고 두율명杜聿明을 사령장관에 임명했다. 두율명은 10월 28일 장춘에 도착하여 국민당 군대의 상륙을 위하여 소련에 영구·호로도 등 항구를 개방할 것을 요구했다. 소련군은 먼저 국민당군이 영구에 상륙하는 것을 허가했다가 후에 말을 바꾸어 자신들은 이미 영구에서 철수했기 때문에 협조를 제공하기 어렵다고 했다. 국민당군은 한동안 영구에 상륙할 수 없게 되었고, 국민당의 제2차 행정 접수를 위한 교섭도 실패하게 되었다.

이런 상황에서 두율명은 국민당 군대를 인솔하여 산해관부터 요녕

15　尚传道, 「参加接受长春, 吉林的经过」, 政协全国委员会 编, 『文史资料选辑』, 第60辑, 102頁.

금주까지 지역을 점령하여 국민당의 동북에 대한 군사적 접수를 시작했다. 하지만 소련군은 전략적 이해관계에서 출발하여 국민당 정부가 동북을 접수하는 것을 방해하기 위해 심양 및 심양이북에서 철수하는 것을 거부했다. 이로 인해 금주에 주둔하던 국민당군은 남만주지역에서 더 이상 동북으로 진입할 수 없었다. 이에 장춘에 있던 웅시휘, 장가오 등도 접수요원을 거느리고 11월 17일 다시 장춘을 떠나게 된다.

웅시휘 등이 다시 장춘을 떠난 것은 소련에 대한 국민당의 외교적 공격이었다. 국민당은 전 세계에 소련이 국제조약을 무시하고 중국정부의 이 지역에 대한 주권 행사를 방해한다는 여론을 퍼트리고자 했다. 또한 국민당은 미국 등 서방국가의 외교적 개입과 군사적 간섭의 필요성을 환기시키고자 했다. 이런 상황에서 소련 정부는 국민당과 체결한 '중소우호동맹조약'에 신경 쓰지 않을 수 없게 되었다. 소련은 국민당의 동북 접수를 저지하던 입장에서 조건부 접수를 동의하는 입장으로 바꾸는 등 자신의 정책을 부분적으로 조정하기 시작했다. 소련점령군총사령 말리놉스키馬利諾夫斯基의 고문 슬레이터코프스키斯莱特考夫斯基는 중국과 소련이 동북 중공업의 80%를 연합하여 경영하는 경제 합작에 관한 제안을 의도적으로 국민당에게 흘리면서 '경제 합작 협의' 체결이 소련군 철수의 중요한 전제임을 암시했다.[16] '경제 합작'은 소련군이 일방적으로 일본이 동북에 건설한 광공업을 자신의 전리품으로 삼고 이 전리품을 소련의 자산으로 정한 후 국민당과 합작하여 경영하는 방안이었다. 국민당 정부와 미국이 소련군이 동북에서 철수하지 않는데 대한 의심을 조속히 해소하고 국민당의 중·소 경제 합작에 대한 적극적 반응을 이끌어 내기 위해 소련군은 11월 30일 국민당과 초보적인 수준의 접

16　邓野, 2000, 「国民党六届二中全会研究」, 『历史研究』, 第1期.

수 협의를 체결했다. 이 협의에서 소련군은 국민당 군대가 비행기로 심양·장춘 두 곳에 진입하는 것에 동의하고 동시에 소련군은 한 달 연장된 1946년 1월 3일에 전부 철수한다고 정했다. 12월 4일 동북행영 부주임 장가오와 외교부 특파원 장경국은 다시 장춘에 도착하여 소련점령군 사령 말리놉스키와 구체적인 접수 절차를 논의했다. 소련은 추가로 합작 경영에 포함된 중공업에 대해 소련이 51% 지분을, 경공업에 대해 49%의 지분을 보유하겠다고 제기했다. 소련과의 협상 진도를 빨리 나가고 소련군을 조속히 동북에서 철수시키기 위해 장경국은 장개석의 개인 대표 자격으로 모스크바에 가서 스탈린에게 동북 지역에서의 중소 경제 합작 문제에 대한 국민당 정부의 의견을 피력했다. 경제적 문제에서는 소련에 양보할 의지가 있음을 보여줌으로써 국민당의 동북에 대한 행정 접수 과정에 소련의 협조를 얻어내려는 것이었다. 모스크바에서 장경국은 소정의 목적을 달성할 수 있었다. 소련군은 정식으로 국민당 정부의 접수요원이 다시 동북의 대도시에 진입하여 시정부를 설립하는 것에 동의했다. 이렇게 12월 22일 국민당 정부는 먼저 장춘에서 행정 접수 사업을 시작하여 조군매를 장춘 시장에 임명했다. 이어 12월 27일 국민당은 심양을 접수했고(시장 동문기), 1946년 1월 1일 하얼빈(양작암 취임), 1월 8일 요북성, 1월 10일 송강성, 1월 24일 눈강 등을 접수했다. 1946년 1월 중순까지 국민당은 동북 9성 중 5개 성의 크고 작은 도시 열 몇 개를 접수하여 시정부를 설립했다.[17] 이렇게 1945년 8·15 광복 이후의 동북 도시에는 세 번째 유형의 시정기관이 출현하게 되었던 것이다. 국민당 정권이 동북 도시를 접수하는 동안 중국공산당은 충돌을 우려하여 주동적으로 각 지역 핵심도시에 설립했던 민주정

---

17 소련군 철수 전까지 국민당이 설립한 각급 시정부는 소련군의 견제를 받았다.

권을 철수하고 무력과 관련 인원을 농촌에 보냈다.

소련과 중국국민당 정부의 긴장관계가 잠시 완화되는 듯 싶었지만, 소련군이 1946년 1월 3일에 철군하기로 한 약속을 어기고 계속 동북에 주둔하자 국민당 정권은 강하게 반발했다. 사실 국민당 정부 내부에서 소련과의 경제 합작을 반대하는 목소리도 만만치 않았다. 송자문宋子文, 왕세걸王世傑 등 외교 실력파의 입장이 가장 강경했다. 이들은 동북의 일본 기업은 당연히 일본의 중국에 대한 전쟁배상금으로 생각해야지 이를 중소 합작의 대상으로 삼을 경우 중국의 주권을 손상하는 행위라고 주장하면서 결사반대했다. 이에 장개석은 내부의 의견을 종합하여 몇몇 기업에 대해 소련과 합작하고 이 합작도 소련의 요구대로 추진하지 않는 긴축성 대소외교방침을 제기했다. 이 방침은 1946년 2월 1일 동북행영부 주임위원 장가오에 의해 소련에 전달되었다. 소련은 이에 대해 강한 불만을 표출했고 양측의 경제 합작이 전면 중단되면서 소련군 철수 문제가 교착상태에 빠지게 되었다. 소련이 철군을 미루면서 발생한 소련군과 국민당 사이의 모순이 심화되면서 동북에서의 국민당의 정치적·군사적 확장이 더욱 어려워졌다. 이런 상황은 국민당과 경쟁 상태에 있던 공산당에게는 절호의 기회였다. 중공 및 동북민주연군은 이 기회를 이용하여 이미 점령한 해방구에서의 지위를 확고히 하고, 나아가 이 지역의 도시 정권이 완전히 중국공산당이 통제하는 인민정부의 수중에 들어오게 했다. 그중 가목사시와 대련시는 각각 중공중앙동북국 및 동북민주연군의 정치 및 군사 중심이 되어갔다.

소련군의 철수 연기로 인한 민중의 항의, 국민당 경제접수원 장신부張莘夫의 소련군 점령지에서의 피살 사건,[18] 얄타협약에서 중국의 주권을

---

18 장신부는 길림성 구대현 출신 민국 시기의 유명한 지질학자이다. 1920년 미국에 유

1년 넘게 은폐한 사실, 소련군이 동북에서 대규모 공장시설을 철거한 사실[19] 등이 복잡하게 얽히면서 1946년 봄 국통구國統區에서는 대규모 반소 시위가 발발했다. 국제적으로는 미국 등에 의해 소련의 이란 점령을 반대하는 여론이 조성되었다. 이런 상황에서 소련군은 3월 12일 돌연 철군을 감행하여 4월 하순까지 여대를 제외한 동북의 모든 지역에서 철수했다.

소련군이 철수하면 순조롭게 '소련군 철수 이후의 지리적 공간을 채울' 수 있다고 판단한 국민당 정부는 각 도시에 대한 전면적인 수복 사업에 착수했다. 하지만 국민당이 동북을 순조롭게 접수할 경우 공산당은 동북에 건립한 광대한 해방구와 수십만 주둔군을 포기할 수밖에 없는 상황이 되기에 국민당의 이런 사업을 결사반대할 수밖에 없었다. 얼마 지나지 않아 소련군 철수 이후 분명한 귀속 문제가 해결되지 않은 중동철도와 남만철도 연선 지역에서 국민당과 공산당의 치열한 쟁탈전이 시작되었다. 3월 13일 국민당 52군 25사가 심양에 진입했고, 3월 21일 국민당군은 무순·요양에 진입했으며, 3월 24일 국민당 신1군은 철령을 점령하고, 30일 안산을 점령했다. 국민당군은 4월 1일 영구, 4~6

학 갔다가 1929년 귀국하여 길림성 건설청 기정(技正) 겸 목릉탄광 광장, 총공정사를 역임했다. 1945년에는 경제부자원위원회 전문위원 겸 동북행영 공광처 부처장을 맡았다. 1946년 1월 14일 장가오의 지시에 따라 그는 무순탄광에 가서 소련군과 접수와 관련된 사안을 논의하게 되었다. 1월 16일 돌아가는 길에 무순-심양 사이 이석채 기차역에서 일행인 3명 기술자와 함께 피살되었다. 이 사건에 대해 국민당은 소련군 또는 중공요동군구 8여 23단 3영 7연의 소행이라고 했고, 소련은 폭도 행위, 중공은 '국민당이 일본인과 결탁하여 만들어낸 사건'이라고 주장했다. 이 사건은 지금도 해명되지 못했다. 中央档案馆·中央统战部编, 1988, 『中共中央解放战争时期统一战线文件选编』, 档案出版社, 84頁.

19 『申报』, 1946年 9月 11日.

일 창도·법고·해성·대석교 등을 연이어 점령했다. 반면에 3월 8일 공산당 동북민주연군은 사평을 공격했고(국민당 요북성 주석 유한동을 체포), 3월 21일 매하구, 4월 3일 가목사 및 합강성, 4월 23일 치치하얼 및 눈강성을 접수했다. 당시 공산당이 동만, 서만, 요동반도 남단과 장춘 이북의 북만 지역을 통제하고 국민당은 심양을 중심으로 한 요녕성 중북부만 장악했지만 전반적인 국면은 국민당에게 유리한 상황이었다.

국민당군의 공격을 막기 위해 중공중앙은 1946년 3월 24일과 4월 6일 "장춘, 하얼빈 및 중동철도 전역을 전력으로 통제하여 어떠한 희생을 치르더라도 장개석 군이 장춘·하얼빈 및 중동철도를 점령하는 것을 막아 남만과 서만을 보호하자"는 사평·본계 해방구의 방위에 관한 지시를 하달했다.[20] 4월 6일 국·공 양당의 군대는 본계에서 격전을 벌였고, 4월 18일에는 사평전쟁의 서막을 열었다. 1달여의 전투를 거쳐 국민당군은 2개의 전장에서 점차 우세를 확보하기 시작했고, 동북민주연군은 본계와 사평에서 철수하게 되었다. 하지만 동북민주연군은 다른 전장에서 장춘을 점령했다. 4월 14일 소련군이 장춘을 떠난 후 오후 2시, 주보중이 인솔한 부대가 장춘을 공격하면서 3박4일의 격전을 통해 적군 2만 명을 섬멸했다. 국민당 시장 조군매와 장춘 경비사령 진가진陳家珍이 체포되었고 공산당 시장 유거영劉居英이 장춘 시장에 다시 임명되었다. 그 뒤 중공중앙동북국과 동북민주연군사령부가 장춘에 진입하면서[21] 장춘은 한동안 동북민주연군의 정치·군사적 지휘 중심이 되었다. 4월 23일 동북민주연군은 소련군이 철수하고 국민당군이 도착하지 않은 기회에 치치하얼 및 눈강성을 접수했고, 4월 28일에는 하얼빈을 점

---

20 中共中央党校党史研究室 編, 『中共党史参考资料』, 第6册, 118頁.

21 중공중앙동북국은 국민당동북행영본부의 만주탄광주식회사 청사 내에서 설립되었다.

령했다. 이렇게 장춘, 치치하얼, 하얼빈 등 3대 도시를 점령하면서 중공은 동북에서 유리한 고지를 점령할 수 있었다.

1946년부터 국민당 정부는 10개 사단을 3개 노선으로 나누어 장춘에 대한 공격을 시작했다. 5월 22일 밤 시장 유거영과 장춘에 주둔했던 동북민주연군은 장춘을 빠져 나와 농촌에 근거지를 마련했다. 5월 23일 국민당이 장춘을 점령하면서 국민당 길림성 민정청장 상전도尚傳道가 시장에 임명되었다. 이어 국민당군이 구대를 점령했고, 5월 28일에는 길림, 6월 6일에는 교하의 납법·신참 등을 점령했다. 국민당의 동진을 저지하고 동만 근거지를 공고히 하기 위해 동북민주연군은 6월 9일 납법 반격전을 개시했고 승리를 거두었다. 국민당 군대는 부득이 동진과 북진 전략을 포기하고 후퇴할 수밖에 없었다. 이후 동북민주연군과 국민당군의 장기간 대치 상태가 시작되었다. 국민당군이 점령하고 있던 지역은 중장철도[22]를 중심으로 남쪽으로는 산해관, 북쪽으로는 길림 덕혜, 서쪽으로는 요녕 신민과 길림 농안, 동쪽으로는 길림성성 동쪽의 강밀봉과 매하구 및 요녕 단동 일대의 사각형 도시 밀집 지역까지였다. 공산당의 통제 구역은 북만주 지역 외에 길림 교하 동쪽의 동만주 대부분 지역, 남만의 임강, 장백, 무송, 정우 등의 도시였다.

1947년 5월 동북민주연군이 하계 공세를 시작하면서 공산당이 영도하는 동북해방전쟁의 전략적 반격의 서막이 열렸다. 한 달 동안의 격

22　남만철도와 중동철도를 말한다. 1945년 8월 소련 정부의 압박으로 국민당 정부는 "수복 후 중동철도와 남만철도를 중국 장춘철도로 합병하여 중·소 양국이 공동으로 관리한다"는 데 동의했다. 같은 해 9월 22일 이 철도를 중장철도로 명칭을 변경하고 중·소 합작 중장철로공사 이사회를 설립했다. 철도국장은 소련인, 부국장은 중국인이 맡았다. 이렇게 중동철도에 대한 소련의 통제권은 만주사변 이전의 상태로 돌아가게 되었다. 동시에 소련은 대련항의 사용권과 여순에 대한 군사주둔권을 획득했기 때문에 동북에서의 소련의 힘은 사실상 러일전쟁 이전의 상황과 다름없었다.

전을 통해 동북민주연군은 남만 지역의 통화, 매하구 등 42개 도시를 수복했다. 반면에 국민당은 중창철도 연선의 장춘, 심양, 사평, 금주, 철령 등 30여 개 도시에 대한 통제권만 유지하고 있었다. 열세 상황을 되돌리기 위해 국민당 정부는 1947년 8월 15일에 '동북보안장관사령부'를 철거하고 그 조직을 동북행원에 편입시켰다. 동시에 동북행원 주임 웅시휘, 동북보안장관사령부 장관 두율명의 지위를 해지하고 진성陳誠을 신임 동북행원 주임에 임명했다. 동북민주연군의 추계 공세가 시작되면서 국민당은 연이어 강밀봉, 오랍가 등 9개 도시를 잃게 되었다. 국민당의 수중에는 24개 도시만 남게되었다.[23]

1947년 12월 15일부터 동북민주연군은 철령·심양·신민 일대 200km 전선에서 동계 공세를 시작했다. 1948년 3월 15일까지 요양(1948년 2월 6일), 안산(2월 19일), 길림(3월 8일), 사평(3월 11일) 등 주요 도시를 공략하여 장춘 및 심양과의 연결고리를 잘라냈다. 당시 국민당은 길림성에서 장춘 1곳, 요녕성에서는 11개 도시를 점령하고 있었다.[24]

1948년 9월 12일 동북인민해방군은 동북 전역을 해방하는 최후의 결정타, 요심전역遼沈戰役을 시작했다. 요심전역은 중국 해방에 결정적인 역할을 한 3대 전역 중 첫 번째 전역으로 52일간 진행되었다. 인민해방군은 포위, 소멸 등의 전술로 일거에 국민당군 47만 명을 섬멸하여 금주와 심양을 점령하고 장춘을 평화적으로 해방시켰다. 11월 2일 전역이 해방된 동북은 새로운 역사적 전환기를 맞이하게 되었다.

23　蔣颂贤 主编, 1992,『吉林人民革命斗争史』, 吉林文史出版社, 383頁.

24　1947년 겨울 국민당의 반포위 전략이 실패하면서 국민당 정부는 1948년 1월 10일 동북행원을 철수하고 '동북초비총사령부(東北剿匪總司令部)'를 설립하여 위립황(衛立煌)을 총사령에 임명했다.

국공 대치 국면하의 핵심도시의 시정과 사회생활

도시 정권 변화의 측면에서, 1945년 9월 소련군의 군사관제부터 1948년 11월 동북 전역 해방까지의 3년 내전 시기에 동북의 도시들은 크게 4가지 유형으로 나뉘었다. 첫째, 국·공 내전과 함께 정권이 번복되었지만 국민당이 상대적으로 오래 통치한 도시인 장춘, 심양, 금주, 안산, 요양, 길림, 사평 등 중창철도 연선의 도시, 둘째, 국민당 정부가 행정 접수의 방식으로 접수했고 소련군 군사 관제하에서 국민당이 시정부를 설립했지만 소련군이 제대로 협조하지 않아 실제 역할을 발휘하지 못하다가 공산당 정권에 의해 대체된 해방구 도시인 하얼빈, 치치하얼, 가목사 등 북만주 지역의 도시, 셋째, 소련군이 상징적으로 접수했지만 사실 중공군이 먼저 정권을 설립했고 정권이 설립된 후에도 다른 정권에 의해 대체되지 않은 동만주의 연변 지역과 길림의 반석, 유하, 휘남 등의 도시, 넷째, 소련의 군사 관제하에 있었지만 중공이 영도하는 도시 정권의 영향력이 점차 확대된 여대 지역의 도시 등이다. 이 절의 내용은 첫 번째 유형에 속한 도시에 관한 것이다.

첫 번째 유형에 속한 도시의 변화는 3단계로 나뉜다. 첫 번째 단계는 1945년 8월 19일 소련군의 진입부터 1945년 11월 말까지 시기로, 구체적으로 소련군이 군사 관제를 실시한 후 임시유지회가 설립되고, 공산당이 이들 도시를 처음 접수한 시기이다. 이 도시들은 주로 남만주 지역에 분포한, 만주국 시기 도시 건설의 핵심 지역이기도 했다. '수도' 장춘, 동북 제1공업도시 심양, 강철도시 안산, 탄광도시 무순, 철광도시 본계 등 국내에서도 보기 드문 도시들이 분포된 지역이었다. 소련군은 8월 19일 남만주 지역에 진입한 후 이곳에 대규모 병력을 투입했다. 소련군 군사 관제 초기에 도시의 주요 활동은 전적으로 소련군에 의해 주도되었다. 그중에서 영향력이 가장 컸던 것은 적산을 철거하는 작업이었다. 앞에서 언급했듯이 1945년 이전까지 일본의 대규모 투자로 인해 동북의 공업 규모는 극동 지역에서 가장 컸다. 심양부터 대련까지의 심대철도(남만철도) 양측은 공장과 굴뚝이 줄지어 세워진 세계적으로 유명한 공업지대였다. 적산은 일본의 동북 침략과 동북 자원에 대한 약탈의 구체적 산물로서 항전 승리 후 이를 중국 인민에게 돌려줘야 했지만 동북에 주둔했던 소련점령군 및 소련정부는 자신이 관동군을 물리쳤다는 잘못된 생각으로 만주국 시기의 일본 적산을 모두 자신의 전리품으로 삼았던 것이다. 이 논리에 따라 "소련군은 만주에 도착한 후 식량과 기타 물자를 모았고, 9월 초부터는 선택적으로 기계를 운반했다."[25] 소련군은 180만kw에 달하는 발전 설비를 파괴하고 20만kw 규모의 설비만 남겨두었다(풍만 14만kw, 무순 3만kw, 기타 지역 3만kw). 풍만발전소에는 원래 발전기 8대 있었는데 소련군이 6대를 가져갔다. 소련군은 일본군 포로 2,000명과 소련군 1,300명을 동원하여 1945년 9월 15일부터 11월 3일까지 40여 일간 풍만발전소를 해체했다.[26] 안산제련소에는 1~9호 용광로, 1~4호 코크스 생산설비, 1~4호 선광설비, 1호 소결설비가 있었는데, 소련군은 미군의 폭격으로 훼손된 4대의 제련 설비 이외의 설비 중 1·2호 용광로, 1·2호 코크스 생산설비, 1·2호 선광설비를 제외한 나머지 설비를 모두 해체했고, 평로 12개, 정련로 7개 중 평로 6개와 정련로 4개를 가져갔다. 그외 강철 압연 설비 중에서 소형 초기압연설비 1개, 박판 1개, 중형판 1개, 용접설비 1개만 남기고 대형 압연판 2개, 소형압연판 2개, 중판 2개, 박판 2개 등의 시설과 무봉강관

---

25 『战后历史长编』, 第2分册, 1980, 上海人民出版社, 347-348頁.

26 「松花江上的悲调」, 『申报』, 1945年 12月 5日.

을 모두 가져갔다. 안산의 채굴 기지인 궁장령철광, 앵도원광, 대고산광, 대석교마그네슘광 등의 설비도 모두 가져갔다.[27] 소련군은 안산강철제련소에서 11월 6일까지 40일간 철거 작업을 했고 이 설비를 기차 60개에 나누어 소련으로 운반했다.[28] 교통수단의 경우, 1944년 당시 동북에는 기관차 2,376대, 화물차 4만 1,471대가 있었고 연간 화물 운송량은 7,000만 톤에 달했다. 하지만 1947년 기관차는 600대, 화물차는 3,000대밖에 남지 않았다. 1945년 장춘역에는 기관차 88대가 있었지만 1946년 3월까지 44대를 가져갔고 그 뒤에도 계속 가져갔다. 자체적인 소모에 의해 폐기되었거나 대련 지역의 소련군이 교부하지 않은 화물차·기관차를 제외해도 소련군은 최소 동북에서 기관차 1,500대, 화물차 3,500대를 가져갔다고 봐야 한다.[29] 소련군에 의해 심양 철서구의 공장이 중점적으로 해체되면서 동북의 기계공업과 경공업도 파괴되었다. 만주국 시기 심양에는 공장이 4,570개(200명 이상을 고용한 공장은 948개)였고 연간 강철 생산량은 400만 톤, 연간 인조석유 생산량은 350만 톤에 달했다. 철서공업구에는 중·대형 공장이 489개나 있었는데 그중 90% 이상이 소련군에 의해 파괴되었다. 1945년 11월 15일 이전까지 매일 화물차 200대가 이곳에서 물건을 싣고 소련을 향해 달렸다. 1946년 초 심양의 90% 이상에 달하는 "공장 핵심 부품이 없어졌고, 건물은 모두 빈껍데기만 남았으며, 심지어 커튼까지 떼어갔다."[30] 행정

---

27 李松堂, 「从事钢铁工业40年的回忆」, 政协鞍山市委员会编, 『鞍山文史资料』, 第3辑, 119-121頁.

28 『申报』, 1947年 4月 17日.

29 『申报』, 1947年 6月 30日.

30 (国民党)中央社1946年1月16日消息, 万仁元 等, 1991, 『中华民国史料长编』, 第67册, 南京大学出版社, 216頁.

기관의 사무용품마저 전리품으로 가져갔다. 장춘에 주둔했던 소련군위수사령부는 일본관동군사령부 청사에 입주했다가 철수할 때 모든 가구를 하나도 남김없이 가져갔다.[31] 11월 중순까지 소련은 동북 전력시설의 65%와 강철공업의 80%를 가져갔고, 본계·무순·부신·북표의 탄광을 모두 파괴했다.[32] 소련군은 최소 8억 5,800만 달러 이상의 설비를 가져갔거나 파괴했다. 이 시설을 회복하거나 재건하는 데 드는 비용은 약 20억 달러에 달했다. 소련군은 자신과 도시 시민의 최저생활을 보장하기 위해 제분소와 맥주공장 몇 군데를 건설한 것을 빼고 거의 모든 핵심 중공업 공장을 해체했던 것이다.

소련군이 추진했던 시정 건설 사업은 극히 적었다. 굳이 언급하면, 1945년 9~11월 소련군은 동북 진주의 '휘황한 업적'을 동북 인민의 마음속에서 영원히 기리기 위해 하얼빈, 장춘, 심양,[33] 대련 및 여순에 소련군 전사자의 부조가 있는 유럽식 기념비 6개를 건설했다. 이 6개의 기념비는 소련 공정사에 의해 설계되고 일본군 포로와 일본인 기술자에 의해 시공되었다. 이 기념비는 설계가 정교하고 시공이 엄격할 뿐만 아니라 외관의 시각적 효과가 뛰어나 이 다섯 도시의 대표적 건축물로 자리 잡았다. 소련은 환경·위생과 교통 관리 사업을 시작하기도 했다. 전쟁으로 동북 도시의 공공위생과 교통을 관리하던 기관이 제 기능을 상실하면서 도로는 차량으로 혼잡하고 쓰레기는 산처럼 쌓여 있었

---

31 万仁元 等, 1991,『中华民国史料长编』, 第69册, 南京大学出版社, 109頁.

32 山本有造,「战后国民党统治时期的中国东北地区经济」,『国外中国近代史研究』, 第16辑, 35~36頁.

33 현 심양남역의 소련군 사망자기념비 건설은 1945년 9월 17일에 시작되어 11월 7일에 완공되었다.『苏军统帅部所筑沈阳市内坦克战士纪念碑移让协定』(1946年11月14日), 原件存于沈阳市档案馆 Z1-1-60号卷宗内.

다. 소련군은 실업 유민과 일본 교민을 조직하여 도로를 청소하고 소련 국적 여경을 동원하여 교통 질서를 관리하게 했다. 심양, 장춘 등 도시의 교통과 위생은 크게 개선되었다. 특히 여경이 교통을 관리하는 모습은 동북뿐만 아니라 중국 전역에서 아주 신선한 현상이었다.[34]

소련군 점령 후반기에 도시 정권이 국·공 양당의 수중에 번갈아 넘어가면서 시정활동은 국·공 양당이 설립한 시정부의 주도로 추진되었고 그 내용도 풍부해졌다. 중국공산당의 제1차 시정부 시기(1946년 10~11월)의 주요 시정활동 내용은 다음과 같다.

① 난민 구제. 일본이 항복한 이후 일본 기업과 중국 기업(또는 회사)에 고용되었던 일반 시민과 일본 교민은 실업자로 전락했다. 생계유지를 위해 이들 중 일부는 자영업을 시작했다. 일본 교민 집거지인 장춘 길야정(현 장강로)에만 1천여 명에 달하는 일본인이 자영업을 시작했다. 하지만 일본 여성은 직업을 찾을 수 없어 어려운 생활을 영위하고 있었다. 공산당의 시정부는 인도주의적 차원에서 어려움에 처한 일본 교민을 차별하지 않았을 뿐만 아니라 자금과 식량을 모아 적극적으로 이들에 대한 구제 사업을 실시했다. 예를 들어 심양시 정부는 1945년 10월 한 달 동안 400만kg의 난민 구제 식량 중 43만kg을 일본 난민 구제에 사용했고 300만kg을 실업노동자 구제에 사용했다.[35]

② 기업 및 금융 정돈과 도시 교통 회복. 본계시 정부는 탄광공사와 수돗물공사, 동북은행본계지행을 설립했고 무역국을 설립하여 물가를 안정시켰다. 이런 사업은 상인들의 요구를 만족시켰을 뿐만 아니라 시장에 생기를 불어넣어 시민의 정상적인 생활을 회복시킬 수 있었다.

---

34 呂德润, 「东北见闻」, 『大公报』, 1945年 10月 22日. 당시 장춘의 대동대가는 소련군에 의해 스탈린대가로 이름이 바뀌었다.

35 『东北日报』, 1945年 12月 25日.

③ 학교 설립. 본계의 도시 정권은 설립되자마자 본계연합중학을 설립하고 이어 동북대학을 설립했다. 동북대학은 중국공산당이 동북, 나아가 전국적 범위에서 설립한 첫 번째 정규적인 대학이었다.[36]

④ 한간 및 일본 전범의 체포와 재판. 정치적 상황을 안정시키고 신생 정권을 공고히 하기 위하여 요동 지역의 각 도시는 1945년 겨울에 중국인과 일본 교민 속에 숨어 있는 한간과 일본 전범을 고발하고 검거하는 군중운동을 시작했다. 안동성성에서는 성장 조승종曹承宗과 일본인 차장 와타나베 란지渡邊蘭治를 체포하고 재판했다.

소련군 점령 후반기에 국민당의 시정활동은 상대적으로 적었다. 국민당은 수돗물공정 등 공공사업과 공공위생 재건 사업을 추진하는 동시에 교육기관의 합병·회복 등 사업도 추진했다. 그중 고등 교육에 있어서 국민당정권은 심양과 장춘의 대학을 합병하여 종합대학인 심양동북대학(5개 단과대학, 23개 학과), 장춘대학으로 만들었다. 심양의학원, 요녕사전, 길림장백사전 등의 전문대는 준비기간이 짧아 모두 학생을 모집하지 못했다.

소련군 점령기에 각 도시는 국·공 양당 정권이 교차하여 통치했기 때문에 문화도 다원적인 성격을 띠게 되었다. 오락 및 서비스업의 경우 서구식 커피숍, 무도장,[37] 중국식 설서장說書場과 경극원이 있었다. 간행물의 경우 공산당·국민당·소련군이 발행하는 신문과 도서가 모두 있었다. 장춘 한 곳에만 이런 유형의 신문 50종, 간행물 30종이 있었다. 신문의 경우 장춘에는 국민당이 발행하는 『신생보新生報』, 『동북민보東

36　이 학교들이 설립되고 얼마 지나지 않아 본계는 국민당군에 함락되었다. 이 학교는 동북민주연군과 함께 장춘, 가목사, 길림, 장춘 등지로 오가다가 결국 오늘의 동북사범대학 전신이 되었다.

37　陈纪滢,「长春流水」,『大公报』, 1945年 11月 25日.

北民報』, 『장춘민보長春民報』 외 8종뿐만 아니라 공산당이 발행하는 『장춘신보長春新報』, 『광명일보光明日報』, 『장춘일보長春日報』 등이 있었다. 간행물은 『중소연구中蘇研究』, 『동북청년東北青年』, 『신선新鮮』, 『북두北斗』, 『예술과 생활藝術與生活』, 『난류暖流』, 『중국청년中國青年』, 『여군女群』, 『부녀지식婦女知識』, 『동북문학東北文學』, 『현대여성現代女性』 등 10여 종이 있었다.[38]

1946년 3월 하순 소련군이 철수한 후 국민당은 동북 남부 도시에 대한 직접 통치를 시작했다. 앞에서 분류한 첫 번째 유형의 도시는 이렇게 두 번째 역사적 시기에 들어서게 되었다.[39] 이 시기 국민당이 추진했던 주요 사업은 다음과 같다.

① 적산 접수. 일본은 동북을 통치하는 동안 대부분의 광공업 기업을 점령하고 막대한 재산과 자원을 약탈했다. 국민당 정부는 적산 접수를 수복 후의 첫 번째 사업으로 간주했다.[40] 국민당의 동북 지역 적산 접수 사업은 1946년 9월부터 시작되었다. 초기에는 경제부가 책임졌고 후에는 형식적으로 동북적위사업자산통일접수위원회東北敵偽事業資產統一

---

38 于正, 「解放以来的东北文化」, 『东北日报』, 1946年 4月 29日.

39 이들 도시 중 장춘은 예외다. 1946년 4월 24일 동북민주연군이 장춘을 점령한 후 장춘을 정치·군사의 중심으로 지정했다. 5월 23일 동북민주연군이 장춘에서 철수하고 공산당이 두 달 동안 집권했다. 당시 주요 사업은 시정을 회복하는 것과 일부 대학을 설립하는 것이었다. 이런 교육기구에는 요녕에서 장춘에 옮겨진 동북대학과 동북군정대학이 포함되었다. 동북대학은 만주국 해상화험주식회사 청사(현 장춘중심병원 청사) 내에 있었다. 산하에 의학대학, 자연과학대학, 문예대학, 사회과학대학을 설치했고 총장은 공산당 요녕성 주석 장학사(張學思), 부총장은 심양시장 백희청(白希清)과 작가 서군(舒群)이 맡았다. 동북군정대학 캠퍼스는 만주국 고등법원부지(현 공군장춘병원)에 위치했고 총장은 임표(林彪), 부총장은 하장공(何長工)이 맡았다. 그 밖에 길림대학과 장춘위만황궁 부지에 설립된 장춘공인대학(총장 왕운량王雲良)이 있다.

40 적산은 두 가지로 구분된다. 하나는 일본 정부, 관동군 및 일본 교민의 공적·사적 산업이고, 다른 하나는 만주국 정권과 크고 작은 한간이 점유하고 있던 공적·사적 산업이다.

接受委員會(각 도시에 분회 설치)가 책임지는 듯했으나 실제로는 경제부, 자원위원회, 동북행영경제위원회, 연합근무총사령부, 중앙신탁국, 중국방직건설유한공사, 양식부, 동북생산관리국, 물자관리국[41] 등 9개 기관이 함께 추진했다. 국민당은 요녕, 요북, 길림 등 3성에서 일본 기업과 사업기관 293개를 접수했다. 그중 자원위원회 216개, 동북생산관리국 45개, 물자국 11개, 방직건설공사 17개, 경제부 6개, 중앙신탁국 4개, 연합근무사령부 2개, 동북행영경제위원회와 양식부 각 1개를 접수했다 (〈표 1〉 참조).

표 1_동북 지역 적산 접수 상황(1946년 11월) （단위: 개）

지역	유형	공장 및 광산	사업기구 (창고 포함)	행정기구	물자기구	전체
요녕성	심양	56	20		2	78
	금주	19	4		9	32
	영구	25				25
	안산	40	1			41
	요양	19	1			20
	본계	12	1			13
	무순	12				12
	철령	2				2
	소계	185	27		11	223
요북성		5				5
장춘시		11	39	3		53
길림성		5	7			12
전체		206	73	3	11	293

출처: 1946년 11월 경제부 동북구특파원 판공처보고. 张传洪, 1988, 「抗战胜利后接管东北工矿经过」, 政协全国委员会 编, 『回忆国民党政府资源委员会』, 中国文史出版社, 244頁.

---

41 张传洪, 1988, 「抗战胜利后接管东北工矿经过」, 政协全国委员会 编, 『回忆国民党政府资源委员会』, 中国文史出版社, 242頁.

대형 기업은 국민당 중앙정부가 직접 접수했고 각 도시의 중소형 개인 적산은 동북생산관리국과 동북적산관리국[42]이 맡았다. 1947년 8월까지 국민당은 동북 남부의 3성(소련군 통제하의 부분 지역 포함)에서 4,962개, 총 1,181억 동북유통권東北流通券에 달하는 적산을 접수했다. 그 중 공장은 867억 5천만, 부동산 231억, 부두창고 1,400억이었다. 또한 일본인 소유였던 978개 기업(국민당 통치구에 있던 기업은 778개)의 자산가치는 134억 동북유통권에 달했다.[43]

② 생산 회복. 적산 접수 지역의 주요 공업도시는 전쟁으로 심각하게 파괴된 상태였다. 생산을 회복하기 위해 공업 생산을 책임졌던 동북생산관리국은 접수한 적산을 합병하여 기존 자원에 대한 효율적이고 통일적인 관리를 시작했다. 그 일환으로 먼저 자원위원회가 접수한 216개 기업을 19개로 합병했다. 이 19개 기업은 다음과 같다. 동북전력국東北電力局,[44] 무순광무국撫順礦務局,[45] 부신매광유한공사阜新煤礦有限公司, 북표매광유한공사北票煤礦有限公司, 서안매광유한공사西安煤礦有限公司, 안산강철유한공사鞍山鋼鐵有限公司,[46] 본계매철유한공사本溪煤鐵有限公司,[47] 동북금속광업유한공사東北金屬礦業有限公司,[48] 요녕지장제지유한공사遼寧紙漿製紙有限公司,[49] 요

42　동북생산관리국과 동북적산관리국은 1947년 11월에 합병하여 '적위산업처리국(敵僞産業處理局)'이 되었다.

43　「東北接收敵産统计」,『大公报』, 1947年 11月 4日.

44　심양, 본계, 요양, 금주 등 13개 단위로 구성되고 본부는 심양에 설치했다. 장춘, 금주 등지에 7개 전력구분국, 10개 전력지국을 설치했고, 전체 종사자수는 6,980명이었다.

45　직원 38,600명이었다.

46　만철광산공사와 일본 스미토모금속회사(住友金屬會社) 등 10개 기업으로 구성되었다.

47　본계호특수강철회사 등 10개 회사로 구성되었다.

48　만주광업주식회사봉천제철소 등 30개 기업으로 구성되었고 본부는 심양에 설치했다.

49　금주제지주식회사 등으로 구성되었다. 지장은 펄프를 말한다.

녕수니유한공사遼寧水泥有限公司,[50] 화산수니공사금주창華山水泥公司錦州廠, 중
국석유유한공사동북연유창中國石油有限公司東北煉油廠, 심양기차차량유한공
사瀋陽機車車輛有限公司, 중앙기기유한공사심양기기창中央機器有限公司瀋陽器機廠,
중앙기기유한공사심양제차창中央機器有限公司瀋陽制車廠, 중앙전공기재공창
심양분창中央電工器材廠瀋陽分廠, 심양상교창瀋陽橡膠廠,[51] 심양화공창瀋陽化工廠,
호로도유산창葫蘆島硫酸廠 등이다.

합병과 보수 작업을 거쳐 1946년 여름부터 이들 기업은 모두 생산
을 시작할 수 있었다. 그 중 동북기차차량공장의 매월 생산량은 기관차
2대와 화물차 50대였다. 1947년 3월 19일 풍만발전소가 가동을 재개했
다.[52] 하지만 원자재 조달과 운송에 문제가 생겨 기업의 가동률과 생산
율은 만주국 시기의 20~30%에 불과했다. 본계제철소의 월간 생산량은
3만 톤이었는데 1946년 겨울의 월 생산량은 2,300톤밖에 안 되었다. 무
순탄광의 일일 최고 생산량은 2.5만 톤이고 연간 최고 생산량은 1,000
만 톤으로 중국 전체 석탄 생산량의 10%를 차지했지만 소련군이 탄광
의 21만kw에 달하는 동력시설을 떼어가면서 탄광에는 발전량이 7만
kw밖에 안 되는 시설만 남게 되었다. 따라서 1946년 비록 공장이 가동
되었지만 일일 생산량은 1만 1천 톤, 연간 생산량은 100만 톤 미만이었
다. 석탄 생산량이 감소되면서 석탄가격이 인상되었다. 1946년 겨울 요
남 일대의 석탄 1kg 가격은 동북유통권으로 16원이었지만 1947년 겨
울에는 380원으로 인상되었다.[53] 심지어 암시장에서는 석탄 1톤이 34만

50　만주 오노다양회주식회사(小野田洋灰株式會社) 안산공장으로 구성되었다. 수니는
시멘트를 말한다.

51　상교는 고무를 말한다.

52　『申報』, 1947年 3月 20日.

53　张高峰, 「通讯: 雪后访煤都(抚顺)」, 『大公报』, 1946年 11月 20日.

원에 거래되었다. 국민당 시정부의 적극적인 노력에도 불구하고 1947년 겨울 심양과 장춘의 거의 모든 공장이 생산을 중단했다.

③ 문화장소, 행정구역, 시정 교통의 정돈. 동북 도시의 식민지 요소를 제거하기 위해 국민당 당국은 만주국의 문화장소를 복원하고 개방하거나 도시 교통을 건설하기에 앞서 1946년 여름부터 국민당 통치 구역 도시의 영화관과 도로 이름 변경 작업을 시작했다. 7월 10일 장춘의 부도敷島, 순천順天, 대동大同 등 식민지 이미지가 짙은 이름을 중산中山, 중화中華, 중정中正 등으로 바꾸었고, 7월 20일에는 영화관 이름과 도로명을 바꿀 것이라고 대외에 선포했다.[54] 만철 부속지에 대해서는 북1~8조통을 북 1~8조가, 동1~8조통을 동1~8조가, 서1~5조통을 서1~5조가로 변경했다(장춘의 도로, 광장, 영화관 등 공공시설의 명칭 변경 상황은 〈표 2〉 참조).

국민당 심양시 정부는 1946년 4월 22일 천대전공원을 중산공원, 장소호공원長沼湖公園을 남호공원으로 변경했다. 1947년 9월 1일 심양시는 17개 구를 성내城内, 남관南關, 대서大西, 소서小西, 북관北關, 동관東關, 화평和平, 북시北市, 철서鐵西, 황고黃姑, 대동大東, 영신永信, 어홍於洪, 북능北陵, 심해沈海, 동능東陵, 혼하渾河, 혜공惠工, 승리勝利, 건설建設, 탑만塔灣 등 24개 구로 변경하고 부도, 조일朝日 등 일본적 이미지가 짙은 이름은 폐기했다. 국민당 정부의 본뜻은 식민지 지명을 바꾼 기초에서 장춘시와 심양시를 새롭게 건설하는 것이었다. 하지만 경비 문제로 상회 등 민간 기구의 지원으로 가장 심각하게 파괴된 부분만 보수했을 뿐 다른 곳은 손대지 못했다. 장춘에서 국민당은 2년 사이에 시내 도로 8갈래, 5,550m², 시외 도로 68km, 수도관 459km를 보수했다. 하지만 거의 모든 비용은

---

54 『中央日报(長春版)』, 1946年 7月 21日.

표 2_ 장춘 국민당 정부의 도로 · 광장 · 영화관 개명 상황(1946년 7월 20일)

옛 이름	새 이름	옛 이름	새 이름	옛 이름	새 이름
일출정 日出町	장백로 長白路	부사정 富士町	흑수로 黑水路	국수정 菊水町	숭문로 崇文路
삼립정 三笠町	황하로 黃河路	길야정 吉野町	장강로 長江路	팔도통 八島通	북평대가 北平大街
밀정 蜜町	천진로 天津路	미생정 彌生町	청도로 靑島路	대화통 大和通	남경대가 南京大街
낭속정 浪速町	지강로 芷江路	금정 琴町	오송로 吳淞路	화원정 花園町	화원로 花園路
입선정 入船町	영파로 寧波路	매지정 梅枝町	하문로 廈門路	일본교통 日本橋通	승리대가 勝利大街
축정 祝町	주강로 珠江路	영락정 永樂町	광주로 廣州路	대아가 大亞街	귀양로 貴陽路
노송정 老松町	향항로 香港路	화천정 和泉町	요녕로 遼寧路	백국정 白菊町	백국로 白菊路
노월정 露月町	안단동로 安丹東路	금정 錦町	영길로 永吉路	고사정 高砂町	인애로 仁愛路
우의정 羽衣町	요북로 遼北路	백목정 柏木町	취죽로 翠竹路	조일통 朝日通	상해로 上海路
장목정 樟木町	청송로 靑松路	천조정 千早町	춘교로 春郊路	미상정 尾上町	신의로 信義路
군용로 軍用路	개선로 凱旋路	구포정 舊蒲町	매화로 梅花路	봉래정 蓬萊町	합강로 合江路
부도통 敷島通	한구가 漢口街	수선정 水仙町	수선로 水仙路	부후로 府後路	호륜로 呼倫路
평안정 平安町	송강로 松江路	상반정 常盤町	난강로 蘭江路	중앙통 中央通	중산대가 中山大街
앵목정 櫻木町	백합로 百合路	오색가 五色街	오강가 五强街	대동대가 大同大街	중정대가 中正大街
동만수대가 東萬壽大街	동민주대가 東民主大街	동치가 同治街	동지가 同志街	보청로 寶淸路	계림가 桂林路
서만수대가 西萬壽大街	서민주대가 西民主大街	원수로 元壽路	남창로 南昌路	용문가 龍門街	신강가 新疆街
동순치로 東順治路	동중화로 東中華路	안민대가 安民大街	민생대가 民生大街	신천로 神泉路	청화로 淸華路

옛 이름	새 이름	옛 이름	새 이름	옛 이름	새 이름
지성대로 至聖大路	자유대가 自由大街	영화가 映畫街	영성가 影城街	황룡로 黃龍路	서주로 徐州路
석양대가 夕陽大街	태원대가 太原大街	금휘로 金暉路	서강로 西康路	개원가 開元街	청해가 青海街
성경대로 盛京大路	남호대로 南湖大路	천보가 天寶街	만보가 萬寶街	천경로 天慶路	선경로 善慶路
천우가 天佑街	개봉가 開封街	천광로 天光路	사안로 四安路	풍악가 豐樂路	중경로 重慶路
영길가 永吉街	길순가 吉順街	금광로 金光路	광명로 光明路	순천대가 順天大街	민권대가 民權大街
건국광장 建國廣場	민생광장 民生廣場	성경광장 盛京廣場	민족광장 民族廣場	안민광장 安民廣場	민권광장 民權廣場
지성광장 至聖廣場	자유광장 自由廣場	대동광장 大同廣場	중정광장 中正廣場		
은좌전영원 銀座電影院	승리전영원 勝利電影院	제도영원 帝都影院	상해전영원 上海電影院	풍악극장 豐樂劇場	중경극장 重慶劇場
신경전영원 新京電影院	국화영원 國華影院	만영관 滿映館	대광명영원 大光明影院	신경극장 新京劇場	국민극장 國民劇場

상회로부터 조달되었다. 시정부가 추진한 유일한 건설 공사는 1946년 10월 22일부터 12월까지 승리대가-동대교 구간(1.8km) 전차 궤도를 부설한 것과 장춘교통공사가 남관까지 전차 궤도를 부설한 것이었다.[55] 그 밖에 각 도시의 국민당 정부는 문화·교육 등의 시설을 회복하기도 했다.

국·공 양당의 군사적 충돌이 심화되면서 1947년 이후부터 국민당 정부는 동북 점령구 내에서의 모든 건설을 중단했다. 그 이유는 외부 방어선이 전면 붕괴된 상황에서 국민당은 장춘·심양·금주 세 도시를 최후의 보루로 삼아 시내에 군사적 목적의 방어시설을 건설해야 했기

---

55 『中央日報(長春版)』, 1946年 10月 22日.

그림 2 _ 국민당 길림성 고등법원 청사(만주국 종합법아, 현 공군장춘461병원)

때문이다. 국민당은 이 도시에 녹화사업의 일환으로 심었던 나무와 건물을 파괴하여 영구적 및 반영구적 토치카 150여 개를 건설하여 방어 요새를 만들었다. 이로 인해 시내의 30.7% 건물이 파괴되고 33%의 송전설비가 사라졌으며 70%의 공수설비가 파손되었다.

1947년 겨울 국민당 통치 지역의 도시는 인간지옥이나 다름없었다. 식량과 연료의 "가격은 온도와 반비례했고 끈 떨어진 연처럼 하늘로 날아올랐다. 그저께 쌀이 1,000원이었다면 어제는 1,200원, 오늘은 2,000원이었다. 그저께 석탄이 1kg당 4,000원이었다면 어제는 4,500원, 오늘은 5,000원이었다." 심양의 대삼원주가大三元酒家의 가격은 심지어 "하루에 세 번이나 변했다."[56] 1947년 12월 19일 "심양의 쌀은 1kg에 7만 원, 수수쌀은 4만 원, 밀가루는 1포대에 140만 원으로 치솟았다."[57] 하

---

56 『大公報』, 1947年 12月 7日.

57 「沈阳孤悬」, 『大公報』, 1947年 12月 20日.

루 뒤 쌀은 12만 원, 수수쌀은 7만 6천 원의 가격으로 거래되었다.[58] 당시 장춘은 이미 수돗물 공급이 중단된 상태여서 시민은 공원과 연못의 오염된 물을 식수로 삼았고, 심양시 정부는 석탄이 부족하여 난방을 위해 두병豆餅을 사용했으며, 장춘은 12월 중순 온도가 영하 40도까지 내려간 상황에서도 시장 사무실은 "불조차 지피지 못했다."[59] 정부기관이 이런 상황이었는데 시민의 생활은 말할 나위도 없지 않겠는가. 심지어 석탄도시 무순에서도 "석탄이 부족하고 전기가 끊기는" 일이 심심찮게 발생했다.

1948년 여름까지 장춘의 많은 건물은 파괴되어 연료로 사용되었다. 그런데 연료의 부족보다 더욱 심각한 것은 식량 부족 문제였다. "36만 명 시민은 나무껍질, 나뭇잎, 곡식껍질로 배를 채웠고" 15만 군인 및 공직자도 일반 시민과 마찬가지로 어려웠다.[60] 국민당 정부는 비행기로 금주로부터 식량을 공수했지만 모든 사람에게 제공하기에는 역부족이었다. 1948년 8월 장춘시에 공수된 식량은 2,893kg밖에 안 되었다.[61] 8월 중순에 이르러 장춘의 식량 가격은 수수쌀은 1kg당 3억 4천만 원, 콩은 2억 원에 달하는 등 역사 이래 최고치를 기록했다.[62] 설상가상으로 국민당 군대가 "시민들의 집을 다니며 쌀을 거두어들여" 도시민의 생계는 더욱 어려워졌다. 심지어 일부 시민은 기근에 시달려 사망 직전에 이르기도 했다. 삶에 대한 실망과 절망은 각계각층 인민의 생존을 위한

58　『大公报』, 1947年 12月 21日.

59　『大公报』, 1947年 12月 8日.

60　『大公报』, 1948年 8月 14日.

61　『长春市长尚传道致"东北剿总政委员会"副主任高惜冰函』, 原件存辽宁省档案馆JE 1-2-214号卷宗.

62　『大公报』, 1948年 8月 19日.

투쟁을 촉발시켰다.

1947년 가을부터 심양, 장춘, 무순 등에서 민중 투쟁이 시작되었다. 주민은 쌀을 챙기고 상인은 장사를 그만두고 학생은 수업을 거부하는 등 도시 질서는 혼란스러웠다. 생산과 생활의 기본 기능이 상실된 도시에 거주하는 인민은 새로운 세상이 오기를 학수고대했다.

소련 군사 관제하의 대련과 여순

1945년 8월에 체결된 '중소우호동맹조약'은, 소련은 대련을 해방한 후 여순 군항에 대해 장기조차권과 군사주둔권을 행사할 수 있고 대련항에 대한 30년 동안의 우선관리권 및 사용권을 가지며, 중국 정부는 이곳에 대한 행정관리권만 행사할 수 있다고 규정했다. 이에 따라 소련군은 대련과 여순을 특별구로 간주하여 동북에 진입하자마자 1만 병력을 이곳에 주둔시켜 특수한 군사 관제를 실시했다. 1946년 이후 국민당은 중·소 쌍방의 협약에 따라 대련에 대한 행정권을 접수하고 국민당 정권의 대련시장(심이)을 임명하고자 했지만 소련군은 이런저런 핑계로 대련의 행정권을 국민당에게 인계하지 않았다. 심지어 암암리에 이 행정권을 중공에게 이양하여 국민당은 정권이 붕괴될 때까지 대련에서의 통치를 회복하지 못했다. 이와 같은 이유로 대련에서는 3년 반 동안 소련군 주도하에 소련군·국민당·공산당 합작 성격의 정치체제가 형성되었고 시간이 흐르면서 대련은 점차 중공의 특별해방구가 되어갔다. 소련군과 중공이 대련에서 실시했던 합작식 군사 관제는 두 개 시기로 나눌 수 있다. 첫 번째 시기(1945년 9월~1947년 3월) 소련군은 1945년 8월 하순에 먼저 식민지 정권의 장본정과 소신정을 대표로 한 시정유지회를 조직하여 소련군을 도와 시정 사업을 추진하는 임시기구로 삼았다. 11월 8일 소련군은 시정유지회를 해산하고 상인대표 지자상과 소신정 및 공회대표인 중국측 대표 진운도陳雲濤 등을 주요 구성원으로 하는 대련자치정부 여대행정연합판사처旅大行政聯合辦事處를 설립하고 지자군遲自群을 시장, 진운도를 부시장으로 임명했다. 비록 소련군은 이 정권에 대한 권력을 중공에 이양하는 듯 보였지만 실제로는 여전히 자신이 소유하고 있었다. 소련군 군사 관제 초기의 대련 시정 및 도시 경제와 관련된 사업은 다음과 같다.

① 화폐 발행. 만주국의 통치가 종결된 후 대련 시중에는 만주국화폐, 조선화폐, 일본정금은행화폐 등 다양한 화폐가 유통되어 금융 질서가 혼란스러웠다. 소련은 중국이 적산 은행을 접수하는 것을 겉으로 허락하는 척 하면서[63] 실제로는 처음부터 '소련군 출병 군비 보상'을 이유로 화폐발행권을 완전히 장악하고 대련에서 강제적으로 소련홍군표를 발행했다.[64] 홍군표와 만주국화폐의 환율은 1.3:1, 조선화폐와의 환율은 2:1, 일본화폐와의 환율은 1.5:1[65]이었다. 소련군이 발행한 화폐는 비록 시장을 안정시키는 데 어느 정도 기여했지만 소련군은 '본전 없이 장사'한 것이나 다름없었다. 하지만 화폐 발행량은 무한대였기에 대련지역의 화폐시장은 얼마 지나지 않아 더욱 혼란스러워 졌다. 뿐만 아니라 대련 인민의 사유재산이 홍군표에 의해 소련으로 운반됨으로써 대련 인

---

63 국민당이 대련에서 정권을 세우지 못했기에 대련의 적산 은행은 1945년 12월 8일 공산당이 영도하는 대련시자치정부가 접수했다.

64 동북 기타 지역에서도 소련군은 홍군권을 발행했지만 대련에서 발행한 화폐의 역사가 가장 길다.

65 『申報』, 1947年 4月 8日.

민의 이익에 심각한 손해를 입혔다.[66] 1948년 11월 공산당의 관동은행이 설립되면서 소련군은 홍군표 발행을 중단했다.

② 일본 적산 접수. 대련이 일본의 직할 식민지였기에 공업 투자의 규모는 심양 철서공업구 다음으로 두 번째였다. 소련군은 대련을 점령한 후 다른 지역처럼 처음부터 공업 시설을 해체하여 소련으로 운반한 것이 아니라, 대련항의 부분적인 시설과 철도 시설 이외에 다른 부분은 그대로 남겨두었다(대련은 소련군 통제하에 있었기에 국민당은 대련의 적산을 접수할 수 없었다). 소련군은 두 가지 방법으로 적산을 처리했다. 첫 번째 방법은 대련의 미쓰이, 미쓰비시 등 대형 공장을 접수하는 것이었다. 두 번째 방법은 성냥, 고무, 철공, 인쇄, 화학, 양조, 복장, 제약 등 소형 경공업 공장을 공산당 영도하의 여대연합판사처가 접수하게 하는 것이었다.

③ 소련 혁명 문화의 선전을 중심으로 한 도시 신문화 주도. 소련군은 대련에 진입한 후 얼마 지나지 않아 소련군 지휘부에서 편집하고 발행하는 중·소 우의와 소련 상황 등을 선전하고 반영하는 중문신문인 『실화보實話報』를 발행했다. 이어 중소우호협회출판과를 설립하고 일본 적산 인쇄공장과 함께 인민호성보인쇄창人民呼聲報印刷廠, 중소우의인쇄창中蘇友誼印刷廠, 대중서점인쇄창大眾書店印刷廠, 신생일보인쇄창新生日報印刷廠 등을 세워 소련 문예작품과 공산당 해방구의 작품을 출판했다. 1947년 여름까지 이 인쇄공장에서 출판한 소련 문예작품은 49종에 달했다. 1945년 8·15 광복 초기에 대련시에는 세계世界, 신화新華, 중서中西, 천광天光, 국화國華, 명상明上, 우호友好, 중소中蘇 등의 영화관과 대중大眾, 광화光華, 일위一爲 등의 극장이 있었다. 소련군은 영화관 3개만 직접 경영했고 나머

---

66 丁群, 1999, 「党内抵制苏联大国主义第一人」, 『百年潮』, 第9期.

지 영화관과 극장은 여대연합판사처가 관리하게 했다. 하지만 소련은 거의 모든 영화관에서 소련 영화를 상영하도록 했다. 중공이 대련에서 공식적인 활동을 전개할 수 없었기 때문에 중공 대련 지방조직은 소련군의 협조를 얻어 중국직공회中國職工會의 명의로 대련시 정부기관지『신생일보新生日報』(1945년 10월 10일 창간, 후에『대련일보大連日報』[67]로 변경. 현 중산구 신생가에 위치), 대련시위원회 기관지『인민호성보人民呼聲報』(1946년 11월 1일 창간), 중공여순시위원회 기관지『민중보民衆報』(1945년 11월 23일 창간) 등의 신문을 창간했다.

④ 주택의 분배 조정. 일본의 적산 중 주택의 비중이 매우 컸다. 1945년 11월 8일부터 1947년 4월까지 대련시 정부는 421.95m²에 달하는 일본 적산 주택을 접수했다. 1946년 이후 약 20만 명에 달하는 일본 교민이 귀국하면서 대량의 주택이 남게 되었다. 1946년 7월 중공여대지방위원회는 소련군의 협조로 '대련의 주택조정운동 전개에 관한 통지'를 발표하여, 부시장 진운도를 수장으로 한 주택조정위원회를 결성하여 세 차례의 심사와 분배를 거쳐 1947년 4월 말까지 2만 7천 호, 261만m² 면적의 주택을 분배했다.[68]

⑤ 상업·경영활동의 통제. 만주국 시기 대련에는 최소 2만 개의 사업체가 있었다. 그러나 소련군은 군사 관제 초기부터 상업·경영활동에 대해 소련 국내와 대체로 일치한 정책을 펼쳤기 때문에 대련의 상업은 인접한 국민당 통치 지역의 도시에 비해 규모가 축소될 수 밖에 없었다. 1947년 초 대련의 사업체 수는 9,584개로 감소하면서 도시 전체의 상업이 침체되기 시작했다.[69] 물론 이것은 소련의 정책 외에 국민당의 대

67　韓清涛(申報特派員),「旅大視察団观感录」,『申報』, 1947年 6月 23日.

68　韓清涛(申報特派員),「旅大視察団观感录」,『申報』, 1947年 6月 23日.

69　『大连市志·房地产志』, 1997, 大连出版社, 12頁.

련에 대한 경제적 봉쇄와도 관련이 있었다.

1947년 3월 요녕 보란점에서 열린 중·소 회담에서 국민당 정부는 소련 측에 국민당 군대가 미국의 지지를 받아 미군 군함을 이용하여 대련에 상륙한 후 대련의 행정권을 접수하는 것에 동의하라고 요구했다. 소련은 국민당의 요구를 거절했지만 국민당 정부가 대련에 대표단을 파견하여 시찰하는 것은 허락했다.[70] 국민당이 대련을 접수하는 것을 원천적으로 저지하기 위하여 소련은 국민당 시찰단이 대련에 도착하기 전 돌연 공산당이 지속적으로 요구했던, 민의를 더욱 잘 반영할 수 있는 대련 신정부 설립 요구를 수락했다. 4월 3일 형식적으로 대련 각계 대표 15명에 의해 구성된 '관동공서關東公署'가 정식으로 설립되었다. 공서는 주석 1명, 부주석 2명, 검찰관 1명, 법원원장 1명, 비서장 1명을 두었고, 산하에 민정청, 재정청, 공업청, 상업청, 교통청, 교육청 등의 기구를 설치했다.[71] 이 정권에 대한 주도권은 대련의 중국공산당이 행사하기로 되어 있었지만 소련군은 여전히 지휘권을 이양하지 않았다. 뿐만 아니라 소련은 중공의 책임 권한을 배척했고 심지어 공서 사무실을 소련군 총사령부가 있는 여순에 설치하고 소련군과 밀접하게 '합작'하고 있던 만주국 상인 지자상을 공서 주석으로 임명했다. 관동공서의 설립으로 대련의 행정권에 대한 중공의 권력은 확대되었지만[72] 1948년 요심전역 종전까지는 실제로 소련군에 의해 장악되었고 중공의 영향력은 매우 제한적이었다.

관동공서의 설립부터 1948년 말까지 대련에서의 소련군과 중공의

---

70 『申報』, 1947年 4月 8日.

71 『申報』, 1947年 4月 28日.

72 중공 대표를 수장으로 하는 대련시 공안국의 설립을 허락하여 사회 질서를 유지하게 했다.

합작 내용은 다음과 같다.

① 중소합영공사의 설립. 국민당이 대련을 접수하는 것을 막기 위한 구체적인 방법으로 소련군은 1947년 4월에 관동공서에 중소합영공사中蘇合營公司를 설립하여 중국 인민의 전리품이었지만 소련군이 접수한 일본 적산 기업을 중·소 합영의 형식으로 변경하겠다고 관동정부에 전했다. 소련군이 이런 제안을 내놓은 것은 두 가지 목적에서였다. 하나는 이 협정을 체결할 경우 국민당이 대련을 접수한다 해도 빈 도시를 접수하는 것이나 다름없다는 것이고, 다른 하나는 소련은 한 푼도 들이지 않고 협정에 따라 중국 소유 기업의 절반 지분을 가져갈 수 있다는 것이었다. 소련군의 압력으로 공산당원이 다수를 차지했던 관동정부는 부득이 동의할 수밖에 없었다. 1947년 4월 이후 소련군과 중공은 대련에 '중·소 합영' 대련조선공사大連造船公司(대련조선창 경영), 대련석유공사大連石油公司, 원동전업공사遠東電業公司, 중소염업공사中蘇鹽業公司 등을 설립했다. 이 기업들 중 가장 큰 것은 중소연합조선공사로 공장 76개, 노동자 5,000명이었다. 당시 대련에는 1,500개 공장이 있었는데 중소합영공사가 설립되면서 1,266개로 줄었다. 중소합영공사는 대련의 공업생산과 민생을 회복하는 데 일정한 역할을 했다.[73]

② 공업 생산의 재개와 전국해방전쟁 지원. 대련과 여순은 1945년 이후 중공이 부분적으로 통제했던 몇 안되는 대도시였다. 전국해방전쟁의 승리를 조속히 이룩하려면 대련과 여순에 진입한 중공 당조직은 이 지역의 공업조건을 활용해야 하고, 소련의 협조를 얻어내야 하며, 군중을 조직해야 하고, 공업생산을 재개해야 했다. 1946~1948년 대련의 공장들에서는 군화 236만 켤레를 생산했고 대규모의 탄약과 약품을 전방

---

73 祝丽, 「紀念苏军解放大连52周年」, 『西崗文史资料』, 第4辑, 134-135頁.

에 수송했다. 대련건신공사大連建新公司(현 523창)에서는 포탄 50여만 발, 신관引信 80여만 매, 탄체 중탄강 3,000톤, 박격포 1,430문을 생산하여 전국해방전쟁을 지원했다. 동시에 대련은 전쟁에 3만 병력을 지원하기도 했다. 이처럼 1945년 9월부터 1948년까지 대련은 사실상 중공이 영도하는 인민해방전쟁의 물자공급기지, 군사기지, 군사물자운송기지, 후방기지였다.

동북민주연군 점령하의 해방구 도시

동북민주연군 점령하의 해방구 도시는 두 가지 유형으로 나뉜다. 첫 번째 유형은 1945년 동북민주연군이 소련군과 함께 점령했다가 동북 전역이 해방될 때까지 중국공산당이 장악한 도시로서 길림 연변의 연길·훈춘, 합강성의 가목사·학강, 흑룡강성의 흑하 등이다. 두 번째 유형은 1945년 소련군에 의해 해방된 후 얼마 지나지 않아 국민당 정권에 의해 접수되었다가 1946년 봄 소련군이 철수하고 동북민주연군에 의해 군사적으로 점령된 후 동북 전역이 해방될 때까지 동북민주연군에 의해 장악된 도시로서 송강성의 하얼빈·목단강, 흑룡강성의 북안, 눈강성의 치치하얼 등이다. 이 도시 가운데서 가장 대표성을 띤 도시는 하얼빈과 가목사이다.

하얼빈은 1946년 4월 28일 동북민주연군 송강군구 부대에 의해 해방되었다. 이날은 국민당이 임명하여 1946년 1월 1일에 취임한 하얼빈 시장 양작암 등 시정부 관리들이 소련을 경유하여 상해로 도주한 날이기도 하다.[74] 1월 3일 하얼빈시정부가 새로 설립되고 5일에는 하얼빈에

74　小隐, 1999,「杨绰庵其人及其档案」,『档案与史学』, 第6期, 67頁.

서 송강성 정부가 설립되어 산하에 16개 현을 설치했다. 6월에는 동북민주연군 본부와 중공중앙동북국이 하얼빈으로 옮겨오면서 중공의 동북에서의 정치 및 군사 지휘 중심이 되었다. 8월 5일 하얼빈시정부는 도리道里, 신양新陽, 고향顧鄕, 서부가西傅家, 동부가東傅家, 남강南崗, 마가馬家, 향방香坊, 삼과수三棵樹, 송포松浦, 교구郊區 등 11개 행정구를 설치하여 시·구·가의 3급 관리체계를 수립했다. 11월에 하얼빈시는 중공동북행정위원회의 비준을 받아 하얼빈특별시로 변경되었다.

동북 지역의 동북부 철도 중추 도시인 가목사는 중국과 소련의 변경에 위치한데다 중창철도 연선의 대도시와 곡창지대인 삼강평원과 멀리 떨어져 있었기에 1946년 봄 동북민주연군은 사평 전역에서 패배한 후 이곳으로 철수할 수 있었다. 1946년 여름 가목사는 동북민주연군의 중요한 지휘 중심이 되었다. 이곳에 동북대학, 동북문예대학 등 고등교육 기관과 문화 단위 및 일부 군수공장이 설립되었다. 도시 규모는 신속하게 확대되어 동북 북부의 대도시로 발전해갔다.

하얼빈과 가목사를 비롯한 동북민주연군 점령하의 해방구 도시는 주로 다른 지역의 해방전쟁을 지원하는 역할을 맡았다. 이들 도시에서 수행된 사업은 다음과 같다.

① 철도 보수와 교통 시설 회복. 소련군은 점령 초기부터 하얼빈-목단강 왕복선과 북리北里, 밀호密虎, 수동, 신성 등의 철도를 파괴했다. 또한 연속되는 전쟁으로 하장철도는 쌍성보까지만, 랍빈철도는 오상까지만 운행되었다. 1946년 초 하얼빈의 철도 운송 상황은 매우 열악했다. 철도 운송을 조속히 회복하기 위해 중공중앙동북국은 하얼빈의 철도노동자를 지휘하여 1년여 동안의 노력을 거쳐 1947년 12월 탕림湯林철도를 복원했다. 그리고 1948년 1월 평제平齊철도 전구간이 복원되면서 랍빈철도와 가부佳富철도도 다시 개통될 수 있었다. 이 철도의 복원으로 동북민주연군은 '삼하강남三下江南'전역과 장춘해방전역에서 중요한 물

자를 공급받을 수 있었다.

② 생산의 회복과 전방 지원. 1946년 7월 가목사시정부가 영도하는 공영 기업인 옥화공사玉華公司가 중산대가에서 설립되었다. 이 회사는 식량, 기름, 잡화 등을 생산하여 동북민주연군에 군자금과 생필품을 제공했다. 같은 해 동북무역총공사가 가목사에서 자회사를 설립하고 산하에 이군백화점利群百貨店, 담배공사 등을 설립했다. 이 회사는 소련에 식량을 수출하고 면포, 식염, 면화 등 생필품을 수입하여 시내와 인근 지역에 공급했다. 1947년 동북무역총공사가목사분공사는 합강무역국合江貿易局으로 재편되어 토산공사를 설립했다. 1948년 이군백화점은 가목사백화공사를 설립하고 산하에 여러 개 자회사를 설립했다. 상업 규모가 확대되면서 지역 주민에 대한 생필품 공급이 원활해졌다. 가목사의 공영회사에는 동북목재채벌공사東北木材採伐公司, 유동공업裕東工業 등도 있었다.[75] 합강성정부와 가목사시정부는 공영 상업을 적극적으로 발전시키는 동시에 사영 상업에 대한 보호정책도 펼쳤다. 이 두 정부는 사영 기업에 대한 대출 완화, 상품 공급원 해결, 상업용 부지 선정 등 여러 가지 방면에서 지원 정책을 펼쳤던 것이다. 1945년 말부터 1948년까지 4개 집단 상가를 건설하고 동시에 중앙대가, 남북시장, 중산대가, 송북가, 통하가, 서채시장 등의 노천 시장을 회복시켰다. 1949년까지 가목사의 사영 기업은 1,837호로 함락 시기인 1939년의 1.4배에 달했다.

③ 도시 기초 건설 확대와 후방 공고화. 해방구 인민의 투지를 고취하기 위하여 하얼빈, 가목사, 치치하얼 등의 도시는 적극적으로 각종 기초시설을 회복하고 도시 기능을 개선했다. 1946년 8월 하얼빈과 삼과수의 시민 3만 명이 하얼빈-삼과수-태평교 구간 도로를 건설했고, 1948년 6월에는 하얼빈 동부가구의 시민들이 이십가 도로 건설을 시

---

75 「民主建设中的佳木斯市」, 『东北日报』, 1946年 6月 10日.

작했다. 그해 7월에는 정부가 출자하여 십이가 건설 공사를 완공했다. 1947년 4월, 중공중앙동북국, 송강성, 하얼빈특별시는 하얼빈특별시애국자위전쟁희생열사기념당哈爾濱特別市愛國自衛戰爭犧牲烈士紀念堂·기념탑흥건위원회紀念塔興建委員會를 출범하여, 만주국경찰청건물에 동북열사기념관을 설립하고, 팔참공원 소프트볼 경기장에 동북항일및애국자위전쟁순난열사기념탑을 건설하기로 했다. 이 건설 공사는 1947년 7월에 시작되어 1948년 10월에 완공되었다. 1948년 3월에는 도리 조린공원 보수 공사를 시작하여 10월에 완공했다.

④ 새로운 도시 문화의 선도. 1945년 말부터 1946년 봄까지 공산당의 영도하에 하얼빈과 가목사는 대규모 문예공작자협회를 설립했다. 이 협회의 조직하에 혁명 문화 선전을 중심으로 하는 극단이 하얼빈에 25개, 가목사에 4개가 만들어졌다. 이들은 〈일출日出〉, 〈뇌우雷雨〉, 〈대번신大翻身〉, 〈아Q정전〉, 〈원야原野〉 등의 작품을 공연했다. 또한 진보적인 신문도 발행되었다. 하얼빈에는 『북광일보北光日報』, 『하얼빈일보哈爾濱日報』가 있었고, 가목사에는 『인민일보人民日報』, 『문화도보文化導報』 등이 있었다.[76] 그 밖에도 해방구의 각 핵심도시마다 인민방송국이 설립되었다. 규모가 가장 크고 가장 일찍 설립된 방송국은 1945년 8월 20일에 정식 대외방송을 시작한 하얼빈의 신화방송국新華放送局이었다.[77] 1946년 10월 1일 중국공산당은 장춘의 '만주영화주식회사'를 접수한 후 동북해방구의 흥산시(현 학강시)에 공산당이 영도하는 첫 번째 영화제작소를 설립했다. 가목사와 하얼빈에는 영화발행기구를 설치했다.

혁명 문화의 선전과 전파는 해방구 문화의 번영에 심대한 영향을 미쳤다.

---

76 于正, 「解放以来的东北文化」, 『东北日报』, 1946年 4月 29日.

77 东北三省广播电视厅·广播电视学会编, 1991, 『东北人民广播史』, 辽宁人民出版社, 4-5頁.

::: 제13장

결론

지금까지의 논의를 종합하면 다음과 같은 결론을 도출할 수 있다.

첫째, 지역 도시화를 추동한 원동력의 근원은 복잡하고 다양하다. 하지만 내인과 외인 또는 내력과 외력으로 이 원동력을 구분하여 분석할 수 있다. '외력'은 개항과 철도에 대한 투자, '내력'은 관내 이민, 요하 항운과 민족자본 철도의 건설로 설정할 수 있다. 근대 동북의 도시화와 기타 연해 도시 및 장강 연안 도시의 상황은 대체로 비슷하다. 즉, 근대 동북의 도시화도 외력과 내력의 이중적인 작용으로 추진되었다는 것이다. 동북 도시화의 기점은 핵심도시인 영구의 개항이었지만 도시마다 외력과 내력의 영향은 달랐다. 항구도시와 외자 철도 연선의 신흥 도시 발전은 다음과 같은 요인에 의해 가능했다. ① 동북의 시장은 외국 세력의 강제적 개항에 의해 세계시장에 편입되었다. ② 근대 교통망의 건설로 분산적이었던 동북 도농경제가 하나로 묶이게 되었다. ③ 국제 및 국내 이민이 활발히 이루어졌다. ④ 외국 자본에 의한 신흥 도시의 상업화와 근대 공업화 과정이 있었다. ⑤ 핵심 시장의 지원이 있었다. 이와 같은 다섯 가지 요인은 모두 항구도시의 발전과 직접적인 관계가 있다. 이 요인들 중에서도 결정적인 역할을 한 것은 첫 번째와 두 번째 요인이라고 볼 수 있다. 왜냐하면 개항은 동북의 항구에 근대 상업을 출현시켰고, 상업 무역을 발전시켰으며, 대규모 이민이 항구에 집결되는 것을 촉진하여 개항지를 작은 농촌에서 번성한 도시로 발전시켰기 때문이다. 그리고 유통은 도시 발전의 명맥이기 때문에 유통 규모는 직접적으로 도시의 발전 속도에 영향을 미친다. 근대 철도의 부설은 동북의 도농 교통을 전통적인 자연의 힘에 의한 교통에서 근대적인 기계의 힘에 의한 교통으로 바꾸어놓음으로써 도시의 성장에 필요한 유통 규모의 확대를 최대한으로 지원했다. 항구는 교통망의 마디로서 교통이 가져다주는 혜택을 가장 먼저 흡수하여 번영의 길로 나아갔다. 철도가 건설되는 동시에 철도 연선에 근대 도시가 형성될 수 있었던 것은 개항과 근대 교통망이라는 두 가지 외력이 동시에 작용했기 때문이었다. 그리하여 동북의 항구도시와 외자 철도 도시는 형성 초기부터 뚜렷한 반*식민지 또는 식민지의 성격을 띠게 되었다. 여기서 짚고 넘어가야 할 것은 외국 자본에 의해 근대화된 교통 산업은 지역 도시의 현대화 발전을 촉진하는 동시에 다른 도시의 발전을 약화시켰거나 억제시켰다는 점이다. 중동철도의 건설이 요하 유역 도시군의 쇠락과 해체를 야기했다는 점이 바로 이를 증명한다.

근대 동북의 내륙 도시가 발전할 수 있었던 것은 다음과 같은 요인에 의해서였다. ① 대규모 관내 이민으로 인하여 지역 인구가 급증했다. ② 요하 항운업이 흥기하면서 지역의 통일된 상품시장이 형성될 수 있었다. ③ 민족자본 철도의 건설은 도시군의 발전을 촉진했다. ④ 항구의 경제가 발전했다. 이 요인들 중 내륙 도시의 발전에 결정적인 영향을 미친 요인은 앞의 세 가지다. 왜냐하면 1800년대의 관내 이민과 이들의 동북개척으로 동북 평원에는 비정치적이고 비군사적인 인구 집거지가 형성되었기 때문이다. 인구가 적었던 동북지역에 도시의 형성에 필요한 조건들이 만들어진 것이다. 동시에 관내 이민을 통해 유입된 진보적인 상업 문화는 폐쇄적이었던 동북 내륙 도시가 서서히 근대적 도시로 발전하는 데 일조했다. 요하 항운의 흥기는 동북의 도시경제와 농촌경제를 연결시켜 하나의 민족시장을 구축했다. 이 시장은 영구를 중심으로 내륙 지역으로 확대되면서 장춘, 길림, 철령, 창도, 정가둔 등의 도시를 2급 시장으로 발전시켰고 동시에 그 산하에 3급 시장을 출현시켰다. 요하 항운은 한편으로 외국 상품, 자본과 기술, 외국 정보 등을 동북의 핵심 지역에 유통시켜 낙후한 전통 경제에 전례 없는 타격을 안겼다. 전통 문화와 전통적인 생활양식은 더 이상 유지될 수 없게 되었다. 이에 민족적 자존심을 지키려는 중국인들에 의한 근대 상업과 근대 공업이 출현하기 시작했다. 다른 한편 요하 항운의 발전으로 동북 지역의 특산품이 상부지 시장, 지역 시장, 국제 시장에서 유통되면서 농산품 판매를 위주로 했던 일부 농촌 집시가 도시로 발전하게 되었다. 청말민초 시기의 민족자본 철도의 부설은 한편으로 외국 자본의 동북 침투를 저지하여 민족의 주권을 보호하는 데 일조했고 다른 한편으로 동북 지역으로의 관내 이민을 촉진하여 변강과 내륙을 연결함으로써 변경도시를 발전시키는데 중요한 역할을 했다. 이렇게 볼 때 동북 내륙 도시 발전의 주요 원동력은 '내력'이라는 것을 알 수 있다. '외력'은 간접적 요인으로서 자본주의 열강의 주관적·정치적 추구와 일정하게 맞물리는 동시에 모순되기도 했다. 객관적으로 '외력'은 내륙 도시 발전의 촉매제였다. 동북 내륙 도시는 발전 초기부터 항구도시의 반식민지화 과정과 달리 짙은 민족적 특징을 띠고 있었다.

둘째, 근대 동북의 도시화와 도시 근대화의 속도는 중국 내에서 가장 빠른 수준이었다. 지역 도시화의 시작으로 볼 수 있는 1875년 당시 동북 도시는 10여 개에 지나지 않았고(그중 현성은 9개, 성성은 3개)

도시 인구는 약 30만 명에 불과했다. 그해 동북의 전체 인구는 550만 명이었기에 도시 인구는 전체의 5%로 전국적으로 낮은 수준이었다.[1] 하지만 1900년대에 들어서면서 동북은 빠른 도시화 단계에 진입했다. 1907년 동북의 전체 인구는 1,677만 명이었고[2] 도시의 숫자는 75개로 확대되었으며 도시 인구 또한 150만~180만 명으로 증가하여(5대 도시 인구는 100만 명에 근접했다. 하얼빈 25만 명, 길림 27만 명, 장춘 약 8만 명, 심양 20만 명, 대련 17만 명[3]) 전체 인구의 10%를 넘어섰다. 관내 이민과 국제 이민의 유입으로 도시 인구가 급증하면서 1930년대 초 동북에는 인구 30만 명 이상의 도시가 3개나 되었다. 1934년 동북에서 중점적으로 건설하고자 했던 도시의 인구는 218만 명(대련 지역의 40만 명을 제외)이었고 일부 주요 철도노선의 도시 인구는 126만 명이었다. 요동반도 남단과 동북 변경의 도시 인구는 150만 명이고, 기타 도시 인구는 480만 명(보수적인 추정으로 470만 명)으로 도시 인구비율은 13.5%에 달했다. 1941년 심양(143만 명), 장춘(59만 명), 대련(69만 명), 하얼빈(55만 명), 영구(18만 명), 본계(10만 명) 등 동북 6대 도시의 인구는 이미 350만여 명에 달했다. 이는 1934년의 6대 도시 인구 150만 명의 250%에 달하는 규모로 동북 전체 인구의 10%에 해당했다. 같은 해 동북에는 크고 작은 도시가 300여 개가 있었다. 특히 심양의 인구는 143만 명으로 1905년의 6배였다. 이런 인구 증가 속도는 당시 중국 내에서 가장 빠른 수준이었다. 하일민何一民의 『중국성시사강中國城市史綱』에 실린 '1843~1933년 중국 주요 도시의 인구증가율'에 열거된 11

---

1   당시 중국의 도시 인구 비중은 5.5% 정도였다. 도시학의 관례에 따르면 도시 인구가 전체 인구의 10% 이상일 때 도시화 단계에 진입했다고 볼 수 있다.

2   『盛京时报』, 1936年 11月 10日.

3   『满洲日报』, 1907年 10月 24日.

개 도시들 중 장춘과 심양의 인구증가율이 1위와 5위에 위치했다. 장춘의 경우 110년 사이에 인구가 24배나 증가했다.

도시의 공업화와 교통 근대화의 속도도 중국 내에서 가장 빠른 수준이었다. 근대 중국의 공업화는 양무운동을 기점으로 한다. 동북 지역의 공업화는 양무파가 건설한 흑룡강 막하금광과 길림기계국에 의해 시작되었다. 동북 지역의 교통운송업은 막 흥기한 요하 항운업으로 그 발전 수준과 규모는 장강 이남 지역, 북방의 직예直隷(하북 지역), 산동 지역 등과는 비교할 수 없이 초라한 수준이었다. 그러나 1898년 이후 근대 교통 노선과 근대 도시 공업 건설이 흥기하면서 동북은 중국 내에서 최고로 발달한 지역에 근접하기 시작했다. 1920년대에 이르러 동북의 공업화 수준은 장강 유역과 비슷해졌고, 철강과 석탄을 중심으로 한 중공업체계와 식량가공업·방직업·식품가공업을 중심으로 한 경공업체계의 골격이 완성되었다. 철도 건설 규모는 물론 1인당 철도 노선도 전국 1위였다. 1930년대부터 동북의 공업화 수준은 전국에서 앞자리를 차지하기 시작했다. 1939년 이후 동북의 석탄, 생철, 강재, 시멘트, 발전 등 에너지공업과 건축자재공업 생산량은 전국의 50% 이상에 달했다.[4] 철도 총노선은 1만km 이상이었고, 도로는 6만km에 달했다. 추가로 해운과 내륙 항운까지 합쳐져 상대적으로 완결된, 공업화 수준이 높은 서구와 비견될 만한 지역 교통망이 형성되었다.

동북의 도시화와 근대화 속도가 이처럼 빨랐던 것은 다음과 같은 세 가지 요인 때문이었다. ① 대규모 외국 자본이 투입되었다. 1930년까지 32년 동안 동북에 투입된 외국 자본의 총액은 24억 달러에 달했다.[5] 그

---

4 李振泉·石庆武 主编, 1988, 『东北经济区经济地理总论』, 东北师范大学出版社, 171頁.

5 『盛京时报』, 1934年 11月 30日; 雷麦, 1958, 『外人在华投资』, 商务印书馆, 336-337頁.

중 일본은 30억 엔, 러시아는 2억 7천만 달러, 영국과 미국은 8,200만 달러였다. 1932년 이후 일본이 동북을 독점하면서 13년 동안 45억 달러를 투자했다. 대규모 외국 자본의 투입으로 도시 공간이 확대되었고 도시의 기능도 상업과 경공업 위주에서 중공업과 에너지공업 위주로 전환되었다. 이처럼 러시아, 일본 등의 열강이 하얼빈, 대련 등 중동철도 연선 도시의 발전에 일정한 영향을 미친 것은 사실이다. 특히 철도 부속지는 도시의 형상을 바꾸고 도시경제의 번영을 이끄는 등 도시 발전에 중요한 역할을 했다. ② 조이손, 서세창, 장작림을 수장으로 하는 동북 지방 당국이 주도한 시정 근대화운동은 도시 근대화에 결정적인 영향을 미쳤다. 1905년 말부터 동북 지방정부는 25년 동안 자체적인 상부지 개발, 구도시 개조, 신도시 개발, 외자 유치, 민족 상업 부르주아지 계급의 도시 건설 참여 격려 등의 노력을 경주하여 도시의 외관을 크게 개선했고 동북 도시의 식민지화 속도를 지연시켰다. ③ 동북 지역은 자원이 풍부하여 공업 원료의 현지 조달이 가능했기 때문에 생산품의 원가가 낮았다. 마지막으로, 만주사변 이후 비록 동북이 함락되긴 했지만 사회·정치적 상황은 상대적으로 안정적이었다. 동북지역에서의 전쟁 기간은 오히려 관내 지역보다 짧았다. 이런 안정적인 사회 환경은 지역 도시화의 빠른 발전을 보장했다.

셋째, 도시 유형은 다양하지만 식민지화 수준과 파괴 정도는 전국적으로 가장 심각했다. 투자 다원화로 인하여 동북에는 다양한 유형의 도시가 출현했다. 규모의 측면에서 이 도시들은 핵심도시, 중등도시, 위성도시, 소도시, 소시진 등으로 분류할 수 있다. 기능의 측면에서는 항구도시, 에너지공업도시, 기계공업도시, 상업도시, 관광도시, 교육도시, 군사도시, 행정중심도시, 교통중추도시 등으로 분류할 수 있다. 또한 도시 건축과 외관을 보면, 전통도시 심양과 길림이 있고, 유럽풍 도시 대련과 하얼빈이 있으며, 동서양 문화가 혼합된 절충주의 도시 장춘이 있었다. 도시의 공간 분포의 경우 유럽의 형식주의 특징을 참조한 방사형 분포가 있고 중국의 전통적인 바둑판 분포가 있는가 하면 직각과 방사형 구조가 결합된 분포도 있었다. 도시 형태의 측면에서 보면 계획을 통해 건설한 51개 도시는 그룹형, 벨트형, 부채형, 중심구와 위성도시의 결합형 등 다양한 형태의 도시군으로 구성되었다.

도시의 다양성은 주로 외력의 작용에 의한 것이었기에 동북 도시의 반식민지화와 식민지화 수준은 중국 내에서 가장 심각했다. 도시의 다양성은 또한 동북의 도시에서 동시적으로 추진된 도시화, 도시근대화, 도시반식민지화라는 세개 국면의 상호작용의 결과였다. 만주사변 이전까지 동북의 도시는 대체로 반식민지화와 부분적인 식민지화 과정에 놓여 있었다. 그러나 만주사변 이후부터 8·15광복까지는 완전한 식민지화 과정으로 전락했다. 동북 도시의 식민지화의 특징은 다음과 같이 요약할 수 있다. ① 도시 공간의 기형화 및 공업·농업의 비중과 경공업 비중의 불균형이다. ② 지식집약형 생산품은 일본으로부터 수입하고 노동집약형 생산품을 위주로 수출했기 때문에 일본에 대한 의존도가 매우 높았다. 특히 1930년대 후반 동북의 공업 생산은 전부 일본의 침략 계획에 편입되었고 일본의 침략전쟁의 수요에 의해 운영되었다. 광산 채굴과 교통 노선 건설은 생태환경을 파괴하면서 추진되었기에 자원에 대한 심각한 낭비와 파괴를 초래했다. 일본 점령기의 동북 도시는 식민지 근대화를 경험한 동시에 파괴의 역사도 경험했다.

발전의 이면에 있는 파괴의 역사는 다음과 같이 정리할 수 있다.

① 1940~1945년. 일본 당국이 "모든 것은 전쟁의 수요에 복종해야 한다"는 입장을 강화하면서 계획에 없던 공항과 중공업 기업 등을 사사로이 건설하면서 일부 도시의 기초시설은 심각하게 파괴되었다. 또한

1943년부터 일본 당국은 군수품 조달을 위하여 건설 중에 있던 공정을 중단시켰다. 이로 인해 주요 도시에는 짓다만 많은 건물이 추하게 남아 있어 도시의 경관에 부정적인 영향을 미쳤다.

② 1945~1946년 4월. 이 시기는 소련군 점령기이다. 소련은 자국의 이익에서 출발하여 일본이 건설했지만 응당 중국 인민에게 돌려줘야 할 대량의 공업과 교통 등의 시설을 '전리품'으로 간주하여 해체한 후 소련으로 가져갔다. 이로 인해 동북 도시를 구성하는 핵심주체 중 하나인 공업 시설이 회복 불가능한 상태로 파괴되면서 도시의 기능도 심각하게 약화되었다.

③ 1946년 4월~1948년 11월. 국·공 내전기로 사평, 장춘 등 도시의 건물이 대부분 파괴되었다. 특히 사평시에서는 만주국 건물의 60% 이상이 파괴되었다. 그 밖에 중국인민해방군이 장춘과 심양을 포위하고 있을 때 에너지와 식량이 부족한 상황에서 시민들은 난방을 위해 빈집을 해체하여 땔감을 마련하기도 했다. 이로 인해 장춘의 도시 규모는 축소될 수밖에 없었다.

1940년부터 1948년까지의 파괴로 인해 동북 도시는 한동안 전반적인 정체와 쇠퇴의 수렁에 빠지게 되었다.

참고문헌

중국어 일반 사료

「东省铁路伐木合同(抄本)」, 『盛京军督部堂档案全宗』, 第2028号卷, 沈阳: 辽宁省档案馆.

「光绪33年(1907) 黑龙江省铁路展地合同(抄本)」, 『盛京军督部堂档案』, 全综第2028号卷, 沈阳: 辽宁省档案馆藏.

『昌图府志·实业志』, 1910, 沈阳: 奉天图书印刷所.

『东北人民政府民政局(1950)档案』, 沈阳: 辽宁省档案馆收藏.

(民国)『奉天通志(影印本)』, 1983, 沈阳: 东北文史丛书编委会.

『奉天总商会档案(1000卷)』, 沈阳: 辽宁省档案馆藏.

『国民党东北行营档案』, 沈阳: 辽宁省档案馆藏JE1类卷综.

『珲春都统衙门档案』, 延吉: 吉林省延边州档案馆收藏.

『吉林调查局文报初编』, 1910, 吉林: 吉林调查局.

『金奎鼎日记1912』, 1964, 延吉: 延边州历史研究所内部刻印.

(民国)『开原县志(影印本)』, 1965, 台北: 成文出版社.

(民国)『辽中县志(影印本)』, 1974, 台北: 成文出版社.

『龙井要览(油印本)』, 1939, 延吉: 伪间岛省(延边)公署.

『南满铁道株式会社教育研究所研究要报第10辑』, 1937, 沈阳: 南满铁道株式会社奉天支局教育研究所.

(清)『盛京通志(影印本)』, 1974, 台北: 成文出版社.

『铁岭县志(影印本)』, 1974, 台北: 成文出版社.

(民国)『新民县志(影印本)』, 1974, 台北: 成文出版社.

『战后历史长编(第2分册)』, 1980, 上海: 上海人民出版社.

『长春县志』, 1941, 长春: 伪满长春县印刷所.

大连史志办公室编, 1997, 『大连市志·房产志』, 大连: 大连出版社.

大连史志办公室编, 1998, 『大连市志·报业志』, 大连: 大连出版社.

(伪)大连市役所(市政府)编, 1941, 『大连市政概要』, 大连: 大连市役所.

东省铁路历史委员会编, 1923, 『东省铁路25年成绩报告书』, 哈尔滨: 中东铁
　　　　路局.

(伪满)国都建设局编, 1938, 『国都建设纪念式典志』, 长春: 伪满国都建设局.

国民党政府经济部, 『东北特区派员办公处报告』, 南京: 中国第2历史档案馆
　　　　存资源委员会档案.

哈尔滨市档案馆编, 1990, 『哈尔滨资料文集(1-4册)』, 哈尔滨: 哈尔滨市档
　　　　案馆(内部刊行).

哈尔滨市地方志编撰委员会编, 1998, 『哈尔滨市志·城市规划志』, 哈尔滨:
　　　　黑龙江人民出版社.

哈尔滨市地方志编撰委员会编, 1998, 『哈尔滨市志·对外贸易志』, 哈尔滨:
　　　　黑龙江人民出版社.

哈尔滨市地方志编撰委员会编, 1998, 『哈尔滨市志·市政公用建设志』, 哈尔
　　　　滨: 黑龙江人民出版社.

哈尔滨市地方志编撰委员会编, 1998, 『哈尔滨市志·土地志』, 哈尔滨: 黑龙
　　　　江人民出版社.

哈尔滨市地方志编撰委员会编, 1998, 『哈尔滨市志·外事志』, 哈尔滨: 黑龙
　　　　江人民出版社.

黑龙江省地方志编撰委员会编, 1992, 『黑龙江省志·铁路志』, 哈尔滨: 黑龙
　　　　江人民出版社.

黑龙江省地方志编撰委员会编, 1996, 『黑龙江省志·人口志』, 哈尔滨: 黑龙
　　　　江人民出版社.

(日伪)间岛省公署编, 1935, 『间岛省公署产业统计』, 延吉: (日伪)间岛省公

署, 原件存吉林省延边州档案馆.

解学诗主编, 1987, 『满铁史资料(1-4卷)』, 北京: 中华书局.

李鸿文等编, 1987, 『东北大事记』, 长春: 吉林文史出版社.

辽宁省地方志编撰委员会主编, 1999, 『辽宁省志·公路水运志』, 沈阳: 辽宁
　　　人民出版社.

凌鸿勋, 『中国铁路志(影印本)』, 近代中国史料丛刊续编第93辑, 台北: 文海
　　　出版社

刘连岗等编, 1988, 『大连港口纪事』, 大连: 大连海运学院出版社.

满蒙文化协会编, 1920, 『满蒙全书(1-7)』, 大连: 满蒙文化协会.

满铁地方部长春地方事务所, 『地方沿革史资料』, 沈阳: 辽宁省档案馆收藏,
　　　编号为地理资料627.

日本南满铁道株式会社编, 1939, 『满铁附属地经营沿革史(3册)』, 大连: 南满
　　　铁道株式会社.

日本南满铁道株式会社调查课编, 『辽河调查报告书』, 沈阳: 辽宁省档案馆藏
　　　交通邮电类档案第1991号卷.

日本南满铁道株式会社调查课编, 1911, 『辽河水运』, 大连: 满铁总社.

日本南满铁道株式会社调查课编, 1911, 『露(俄)国占领前后的大连及旅顺』,
　　　大连: 满铁总社.

日本南满铁道株式会社调查课编, 1915, 『满蒙交界地方经济调查材料(第2
　　　部)』, 大连: 南满铁道株式会社.

日本南满铁道株式会社调查课编, 1922, 『齐齐哈尔, 洮南及伯都讷地方经济
　　　事情(1912年)』, 大连: 满铁总社.

日本外务省通商局编, 1918-1923, 『满州事情(1-4册)』, 东京: 日本外务省.

沈阳市城市建设管理局编, 1994, 『沈阳市志·城建志』, 沈阳: 沈阳出版社.

沈阳市地方志编撰委员会编, 1996, 『沈阳市志·商业志』, 沈阳: 沈阳出版社.

沈阳市建工局编, 1995,『沈阳市志·建筑志』, 沈阳: 沈阳出版社.

石荣嶂, 1927,『吉敦铁路沿线调查录』, 吉林: 吉敦铁路局.

汤尔和编译, 1930,『东省丛刊之一: 黑龙江』, 哈尔滨: 中东铁路局.

铁岭市地方志编撰委员会编, 1994,『铁岭市志』, 沈阳: 辽宁人民出版社.

(伪满)铁路总局编, 1935,『满洲国有铁道沿线及背后各县概况』, 长春: 满洲
　　　　事情安内所.

万仁元等主编, 1991,『中华民国史料长编(67-69册)』, 南京: 南京大学出版
　　　　社.

王铁崖编, 1957,『中外旧约章汇编』, 北京: 三联书店.

(伪)新京特别市长官房编, 1940,『国都新京』, 长春: 满洲事情安内所.

翟立伟·成其昌整理标点, 1988,『成多禄集』, 长春: 吉林文史出版社.

长春市档案馆藏,『长春商业团体档案』.

长春市史志办公室编, 1996,『长春市志·商业志』, 长春: 吉林文史出版社.

政协鞍山市委员会编,『鞍山文史资料』, 第3辑.

政协哈尔滨市南岗区委员会文史资料编委会编, 1989,『(哈尔滨)南岗文史』,
　　　　第1辑.

政协哈尔滨市委员会,『哈尔滨文史资料第19辑』, 哈尔滨: 政协哈尔滨市委员
　　　　会内部发行版.

政协哈尔滨市文史资料编委会编,『文史资料』, 第19辑.

政协吉林省珲春市委员会文史资料编委会编,『珲春文史资料』, 第3辑.

政协吉林省吉林市委员会文史资料编委会编,『吉林市文史资料』, 第5辑.

政协吉林省四平市委员会文史资料编委会编,『四平文史资料』, 第2辑.

政协辽宁省锦州市委员会文史资料编委会编,『锦州市文史资料』, 第8辑.

政协全国委员会编,『文史资料选辑』, 第60辑.

中国银行管理处编,『东三省经济调查录』.

외국어 일반 사료

[일]发智善抬郎, 昭和9年, 『绥芬河地方调查报告(抄本)』, 原件存辽宁省档案
　　　馆史地类第744号卷.

[일]今井东吾译, 『营口开港前后』, 原件存辽宁省档案馆满铁调查资料第5462
　　　号卷.

[일]山田久太郎, 1925, 『满蒙都邑全志』, 东京: 日刊支那事情社.

[일]守田利远, 1906, 『满洲地志(上中下)』, 东京: 丸善株式会社.

[일]小越平隆, 1902, 『满洲旅行记』, 上海: 上海广智书局.

[일]枝存荣, 1935, 『国境商业城市绥芬河』, 大连: 满铁调查课.

신문 자료

『北满洲报』, 1911, 哈尔滨(大连图书馆藏缩微胶片)

『滨江时报』, 1922-1923, 哈尔滨(哈尔滨市图书馆藏缩微胶片)

『大公报』, 1902-1911, 1945-1948, 天津.

『东北日报』, 1946-1947, 沈阳.

『东方杂志』, 第25卷, 上海.

『东省经济月刊』, 第5卷, 哈尔滨.

『东省特别区市政月刊』, 1931, 哈尔滨(吉林省图书馆藏缩微胶片)

『吉林日报』, 1947, 吉林.

『历史档案』, 1982, 北京.

『满铁统计年报』, 1907-1917, 大连.

『满洲报』, 1920-1923, 营口.

『满洲日报』, 1907-1909, 大连(大连图书馆藏缩微胶片)

『民权素』, 1914-1916, 上海.

『商务官报』, 1907.

『申报』, 1946-1948, 上海.

『盛京时报』, 1906-1943, 沈阳.

『泰东日报』, 1908-1918, 大连(大连图书馆藏缩微胶片)

『远东报』, 1910-1911, 哈尔滨.

『长春日报』, 1911, 长春(吉林省图书馆藏缩微胶片)

『中东经济月刊』, 1930, 第6卷, 哈尔滨.

『中央日报(长春版)』, 1946-1948.

중국어 논저

常怀生编著, 1990, 『哈尔滨建筑艺术』, 哈尔滨: 黑龙江科技出版社.

陈诗启, 1999, 『中国近代海关史(民国部分)』, 北京: 人民出版社.

邓云特, 1937, 『中国求荒史』, 上海: 上海商务印书馆.

高永一编著, 1986, 『中国朝鲜族历史研究』, 延吉: 延边教育出版社.

高兆明, 2000, 『社会失范论』, 南京: 江苏人民出版社.

顾朝林, 1996, 『中国城镇体系: 历史, 现状, 展望』, 北京: 商务印书馆.

顾明义等主编, 1991, 『日本侵占旅大40年史』, 沈阳: 辽宁人民出版社.

何一民, 1994, 『中国城市史纲』, 成都: 四川大学出版社.

侯俊, 『试论清末东北南部地区的商品市场』, 硕士论文, 未刊稿.

侯俊·曲晓范, 1998, 「近代辽河航运与沿岸城镇的兴起」, 『社会科学战线』, 第
6期.

(伪满)建筑学会新京支部编, 1939, 『满洲建筑概说』, 长春: (伪满)建筑学会
新京支部.

蒋颂贤主编, 1992, 『吉林人民革命斗争史』, 长春: 吉林文史出版社.

荆其敏, 1996, 『建筑环境观赏』, 天津: 天津大学出版社.

孔经纬主编, 1990, 『清代东北地区经济史』, 哈尔滨: 黑龙江人民出版社.

李翰臣等主编, 1993, 『大连城市规划研究』, 大连: 大连出版社.

李兴耕, 1997, 『风雨飘萍: 俄国侨民在中国(1917-1945)』, 北京: 中央编译出版社.

刘景玉·智喜君主编, 1994, 『鞍山城市史』, 北京: 社会科学文献出版社.

柳中权, 「关于大连未来形态的研究」, 大连市科技委员会编, 『软科学研究成果通报』.

罗澍伟主编, 1993, 『近代天津城市史』, 北京: 中国社会科学出版社.

罗小禾, 1996, 『上海建筑指南』, 上海: 上海人民美术出版社

茅芜, 1998, 『城市功能开发研究』, 上海: 上海三联书店.

曲晓范, 2001, 「1893年长春商人抗捐罢市事件述评」, 『东北师大学报』, 第3期.

曲晓范, 2001, 「清末民初东北城市近代化运动与区域城市变迁」, 『东北师大学报』, 第4期.

曲晓范, 2001, 「中东铁路及其附属地与近代东北地区的城市化」, 『环日本海研究年报(新潟大学)』, 第1期.

曲晓范·周春英, 1999, 「近代辽河航运业的衰落与沿岸城镇带的变迁」, 『东北师大学报』, 第4期.

日本南满铁道株式会社编, 1937, 『南满洲铁道株式会社30年略史』, 大连: 满铁总社.

上海社会科学院经济所主编, 1987, 『中国近代面粉工业史』, 北京: 中华书局.

苏崇民, 1990, 『满铁史』, 北京: 中华书局.

天津社会科学院历史研究所·天津市城市科学研究会, 2000, 『城市史研究(17-20辑)』, 天津: 天津社会科学院出版社.

汪坦主编, 1998, 『第5次中国近代建筑史研究讨论会论文集』, 北京: 中国建

筑工业出版社.

王旭·黄柯可主编, 1998, 『城市社会的变迁』, 北京: 中国社会科学出版社.

王章辉·黄柯可等, 1999, 『欧美农村劳动力的转移与城市化』, 北京: 社会科学文献出版社.

忻平, 1996, 『从上海发现历史: 现代化进程中的上海人及其生活』, 上海: 上海人民出版社.

杨余练等, 1991, 『清代东北史』, 沈阳: 辽宁教育出版社.

张海林, 1999, 『苏州早期城市现代化研究』, 南京: 南京大学出版社.

政协全国委员会编, 1988, 『回忆国民党政府资源委员会』, 北京, 中国文史出版社.

钟春映, 2000, 『人口流动与社会经济发展』, 武汉: 武汉大学出版社.

周春英, 『近代关内移民与东北区域经济变迁』, 硕士学位论文, 未刊稿.

周一星, 1997, 『城市地理学』, 北京: 商务印书馆.

외국어 논저

[俄]尼鲁斯, 1923, 『东省铁路沿革史』, 哈尔滨: 中东铁路公司.

[美]雷麦著, 蒋学楷等译, 1959, 『外人在华投资』, 北京: 商务印书馆.

[美]施坚雅著, 王旭等译, 1991, 『中华封建社会晚期城市研究』, 长春: 吉林教育出版社.

[日]「满洲国」史编撰刊行会编, 东北沦陷14年史吉林编写组译, 1990, 『满洲国史(分论)』, 长春: 东北沦陷14年史吉林编写组内部刊行版(吉林省内部资料准印证90098号).

[日]岛田梨沙子, 『关于近代长春城市的形成与发展』, 名古屋大学硕士论文, 未刊稿.

[日]崛义雄编, 1931, 『满洲华工事情』, 大连: 南满铁道株式会社.

[日]满史会编, 东北沦陷14年史辽宁编写组译, 1987, 『满洲开发40年史(上, 下卷)』, 沈阳: 东北沦陷14年史辽宁编写组内部刊行版.

[日]浅野虎三郎, 1936, 『大连市史』, 大连: 伪大连市役所.

[日]山本有造,「战后国民党统治时期的中国东北地区经济」, 『国外中国近代史研究』, 第16辑.

[日]天野元之助, 1932, 『满洲经济的发达』, 大连: 南满铁道株式会社.

[日]西泽泰彦, 1999, 『图说大连都市物语』, 日本东京: 河出书房新社.

『중국 동북 도시 연구』
입문서 번역을 마치고[*]

2014년 여름부터 시작한 번역 작업을 1년 6개월의 우여곡절을 거쳐 겨우 마무리 할 수 있었다. 이 책은 중국 동북사범대학 역사문화대학 취샤오판(曲曉范) 교수의 2001년 저작으로, 중국어판 제목은 『근대 동북 도시의 역사적 변천』이다.

중국 내에서 공간적 의미의 만주는 정치·경제적으로 각별한 지역으로 간주된다. 왜냐하면 이 지역은 식민지배, 내전 등 문화적 또는 물리적 폭력이 난무했던 곳임과 동시에 능동적 및 수동적 사회경제적 변화를 동시에 경험한 지역으로 인식되기 때문이다. 이렇게 만주 지역은 근대 사회의 모순들이 복합적이고 압축적으로 발현되는 곳이었던 것이다.

체계적이고 비판적인 만주사 연구의 성과를 토대로 중국의 사회과학자들도 1990년대부터 본격적으로 이 지역을 연구하기 시작했다. 이 연구들은 비단 한반도 및 러시아 극동지역과 인접한 만주 지역이 중국 국토의 일부라는, '영토적 완결성'을 주장하기 위해 추진된 것뿐만 아니

---

[*] 박우(2015)의 내용을 부분 수정한 것이다.

라 탈사회주의 전환기의 동북 사회를 설명하기 위한 기초 작업의 일환으로 추진되기도 했다. 중국 내에서의 이 지역 연구는 만주가 아닌 중국 동북 연구 차원에서 새롭게 조명되기 시작한 것이다. 하지만 탈사회주의 전환기의 동북 연구는 당연히 사회주의 시기의 동북 연구를 전제로 했다. 마찬가지로 사회주의 시기의 동북 연구는 그 이전 만주에 대한 체계적인 평가가 전제되어야 했다. 따라서 현재 중국 동북 지역에 대한 연구는 정치적 변동에 근거하여 구분된 이 지역의 역사적 및 구조적 시기구분과 단계들 사이의 연속성과 연관성을 규명하는 작업이기도 했다. 동남부 및 중부 중국의 근대와 경험적으로, 그리고 문화적으로 일치하지만은 않은 만주의 근대 경험을 어떻게 설명하는가가 사회주의 나아가 탈사회주의 중국 동북연구의 방향을 결정하게 되었다.

중국 사회를 연구하는 많은 사람들이 중국의 탈사회주의 전환 과정에 표출된 도시-농촌 이원 구조의 변화에 관심을 기울이고 있다. 급격한 도시화와 산업화로 현재 중국 인구의 절반 정도가 도시에 거주하게 되었다. 게다가 지역별로 형성된 거대 도시군으로 인해 중국 내에서는 전공 분야를 불문하고 도시 연구가 한창이다. 이미 동북 지역에는 심양-대련을 축으로 한 요동반도도시군과 장춘-하얼빈을 축으로 한 하장도시군이 형성되었다. 이 거대 도시군은 인적, 물적 자원을 무차별적으로 흡입하는 블랙홀이 됨과 동시에 정부와 대학이 경쟁적이고 협력적인 연구를 추진하는 장이 되었다.

그런데 동북 지역의 이 거점도시의 발전과 도시군의 가시화는 익숙한 현상일 수 있다. 사회주의 건설기 하얼빈, 장춘, 심양, 대련 등 도시들이 중국에서 중요한 공업적 지위를 차지하게 된 이유가 어쩌면 만주 "발전의 결과"에서 비롯되었을 수 있다. 따라서 만주 연구가 중국 동북 연구로 되기 위해서는 먼저 식민지배의 "수탈의 역사"와 근대적 "발전의 역사" 사이의 "논리적 모순"을 극복해야 했다.

중국 동북의 도시들은 거의 모두 1800년대 중후반부터 중국의 굴곡적인 근대와 함께 출현했다. 비록 심양이 그 이전에 출현한 역사적 고도古都이지만 근대적 도시가 되기 시작한 것은 1800년대 중후반부터의 일이었다. 이 중국 동북의 도시들은 굴곡적인 근대의 내용을 적극적으로 수용하고 내면화하고 변용하는 동시에 이 내용들에 저항하고 반항하면서 출현했던 것이다. 때문에 동북 도시가 어떻게 출현했고, 어떤 내용을 포함하고 있는지를 정리하는 것은 상술한 역사적 및 구조적 연속성과 연관성을 규명하는 작업인 동시에 근대화의 경로와 성격을 규명하는 작업이기도 했다. 또한 근대 전환기 동북에서 출현한 '새로운' 현상으로서 도시의 '형성'과 '발전'을 살펴보는 것은 중국의 지역연구로서 동북 연구의 흐름을 공유하고 만주 도시와 중국 동북 도시에 대한 설명, 서술, 서사의 차이를 살펴보는 과정이기도 했다.

이런 문제의식 하에 중국의 지역연구로서 동북 연구의 흐름을 공유하기 위해서는 먼저 이 지역 도시의 도시화와 식민지 경험을 입체적으로 정리한 안내서를 소개해야 겠다는 생각이 들었다. 때문에 이 책의 번역 작업은 중국 동북 또는 만주에 막 관심을 보이기 시작한 독자들을 위해 중국 동북 도시 연구의 입문서를 소개한다는 취지로 시작했다.

하지만 번역 과정은 험난했다. 문자에 대한 이해는 기계적으로 가능했으나 워낙 다루는 범위가 넓은데다가 역사적 시기도 1800년대 중반부터 1900년대 중반까지 약 90년 가까이 되었기 때문에 시도 때도 없이 면전에 나타나는 역사적 사건과 중국적 상황은 부득이 다른 연구서를 찾아보게 만들었고 관련 분야 전문가의 지속적인 가르침을 받도록 했다. 나의 은사님이신 서울대학교 사회학과 장경섭 교수님, 정근식 교수님, 이 번역본의 감수를 맡아주신 광운대학교 교양학부 김백영 교수

님, 그리고 많은 조언을 해 주신 서울대학교 규장각 정준영 교수님, 한림
대학교 일본학연구소 조정우 교수님, 서울대학교 아시아연구소 김민환
연구원님, 서울대학교 지리학과 임동근 교수님, 서울대학교 아시아연구
소 주윤정 연구원님, 그리고 번역 원고의 교정, 편집 및 출판을 책임져 주
신 김영진 선생님을 비롯한 진인진 출판사에 깊은 감사의 말씀 올린다.
　역사적 사건이나 저자의 논지를 정확히 옮기는 것 못지않게 번역 초
기 단계부터 어려웠던 것은 한자로 표기 되었지만 원어 표기가 없는 러
시아, 일본, 미국, 프랑스, 폴란드 등 국적의 인명, 상호명과 한자로 표기
된 몽고어, 만주어로 된 인명과 지명 등에 대해 어떻게 번역의 통일성을
유지할 것인가에 대한 고민이었다. 여러 가지 방법들이 고안되었지만
이 모든 것을 통일할 수 없었다. 많은 지지와 도움을 받았음에도 문맥상
이상하거나 이해가 안 되는 부분이 있다면 이는 전적으로 역자의 능력
탓일 것이다.

　중국 동북-만주-은 굉장히 가까우면서 낯설다. 이 책의 저자는 금
번 번역 출판으로 한국과 중국의 거리가 더욱 가까워지길 바란다고 했
다. 한반도와 중국 동북의 연결고리는 무궁무진하다. 역자로서 마지막
으로 이 연결고리 중 극히 일부를 사진자료와 함께 독자들에게 안내하
면서 역자 후기를 마치겠다. 번역 출판에 지지와 성원을 보내준 모든 분
들에게 감사한다.

중국 동북[1] 및 거점 도시 안내

동북 3성 인구와 행정구역

		요녕성	길림성	흑룡강성
	인구 (만 명)	4391.4	2743.1	3834
	도시인구 (비율)	2944.4 (60.05%)	1464.8 (53.4%)	2166 (56.5%)
	농촌인구 (비율)	1447 (32.95%)	1278.3 (46.5%)	1668 (43.5%)
행정구역		심양시 대련시 안산시 무순시 본계시 단동시 금주시 영구시 부신시 요양시 철령시 조양시 반금시 호로도시	장춘시 연변조선족자치주 길림시 사평시 요원시 통화시 백산시 송원시 백성시	하얼빈시 치치하얼시 목단강시 가목사시 대경시 이춘시 계서시 학강시 쌍압산시 칠대하시 수화시 흑하시 대흥안령지구

출처: 요녕성 정부 홈페이지, 인구와 민족 부분(http://www.ln.gov.cn/zjln/rkymz/); 길림성 통계정보망 인구 부분(http://tjj.jl.gov.cn/tjfx/2008/201212/t20121212_1351305.html); 흑룡강성 홈페이지(http://www.hlj.gov.cn/)

동북 3성은 중국 동북부의 요녕성, 길림성, 흑룡강성을 부르는 지리적 용어(또는 지역 구분)로 동3성이라고 부르기도 한다.

---

1   중국은 국토를 동북(東北: 흑룡강성, 길림성, 요녕성), 서북(西北: 신장위구르자치구, 청해성, 감숙성, 녕하회족자치구, 섬서성), 서남(西南: 서장자치구, 사천성, 중경시, 운남성, 귀주성), 화북(華北: 내몽고자치구, 하북성, 북경시, 천진시, 산서성), 화중(華中: 하남성, 호북성, 호남성), 화동(華東: 산동성, 강소성, 상해, 절강성, 복건성, 안휘성, 강서성 및 대만), 화남(華南: 광동성, 광서쫭족자치구, 해남성) 등 7개 지역으로 나눈다.

대련, 심양, 장춘, 하얼빈의 도시 인구와 행정구역

		인구	591.4만 명(2014년 기준)	
대련		행정구역	와방점시(瓦房店市)	서강구(西崗区)
			보란점시(普兰店市)	사하구구(沙河口区)
			장하시(庄河市)	감정자구(甘井子区)
			장해현(長海县)	여순구구(旅順口区)
			중산구(中山区)	금주구(金州区)
심양		인구	825.7만 명(2013년 기준)	
		행정구역	화평구(和平区)	심북신구(沈北新区)
			심하구(沈河区)	소가둔구(苏家屯区)
			황고구(皇姑区)	신민시(新民市)
			대동구(大东区)	요중현(辽中县)
			철서구(铁西区)	강평현(康平县)
			혼남구(浑南区)	법고현(法库县)
			어홍구(于洪区)	
장춘		인구	752.7만 명(2013년 기준)	
		행정구역	유수시(榆树市)	남관구(南关区)
			구대시(九台市)	관성구(宽城区)
			덕혜시(德惠市)	이도구(二道区)
			농안현(农安县)	녹원구(绿园区)
			조양구(朝阳区)	쌍양구(双阳区)
하얼빈		인구	995.2만 명(2013년 기준)	
		행정구역	도리구(道里区)	오상시(五常市)
			도외구(道外区)	상지시(尚志市)
			남강구(南岗区)	파언현(巴彦县)
			향방구(香坊区)	빈현(宾县)
			평방구(平房区)	의란현(依兰县)
			송북구(松北区)	연수현(延寿县)
			호란구(呼兰区)	목란현(木兰县)
			아성구(阿城区)	통하현(通河县)
			쌍성구(双城区)	방정현(方正县)

출처: 대련시 정부 홈페이지 대련 개관 부분(www.dl.gov.cn/gov/dlgk/zxsq/); 심양시 정부 홈페이지(www.shenyang.gov.cn/); 장춘시 정부 홈페이지(www.changchun.gov.cn); 하얼빈시 정부 홈페이지(www.harbin.gov.cn/)

러시아, 중동철도를 건설하다: 1896~1903

러시아는 1896년 12월 27일 블라디보스토크에 '중동철로공사中東鐵路公司'를 설립하고, 이 회사를 통해 중동철도 공사를 시작했다. 1897년 8월 29일 삼차구三岔口[2]에서 착공식을 가졌다. 1901년 3월 3일 동부 노선인 하얼빈에서 수분하 구간의 빈수선 544.5km 부설이 완공되었다. 같은 해 11월 3일 하얼빈부터 만주리까지의 서간선인 빈주선의 부설이 완공되었고, 이듬해 2월 시범 운행에 들어갔다. 1902년 11월에는 하얼빈부터 여순까지의 남부 지선 부설이 완공되었다. 1903년 7월 14일 중동철도는 모든 구간과 노선이 준공되면서 정식으로 개통하고 영업을 시작했다. 철도의 총길이는 2,489.2km다.

중동철도 노선도

화아도승은행 하얼빈 분행
(하얼빈시 향방구, 1897년 7월 설립)

2 지금 이곳은 흑룡강성 동녕현의 조선족진으로 조선족 인구가 전체 진 인구의 42.6%를 차지한다.

만주리역(중동철도망 사진전시실)

하얼빈역(소피아성당 근대건축전시관)

수분하역(중동철도망 사진전시실)

여순역

중동철도의 건설과 하얼빈, 대련, 장춘: 1899년

대련

1899년부터 중동철로국은 하얼빈, 대련 등 지역의 철도부속지와 조차지의 러시아 교민 집거지 내에 대규모 시정 계획과 건설을 추진했다. 전통적이고 자연적인 단일한 구조의 동북 도시들과 판이하게 중동철로국은 도시의 구역별 기능에 따라 철도부속지에 대한 치밀한 기획안을 설계했다.

　대련에 대해서는 초기 도시의 $10km^2$ 정도 범위 내에서 러시아인이 거주하는 유럽구, 중국인 거주구와 행정기관구로 나누었다. 그중 유럽인 거주구는 상업구, 고급주택구, 보통시민주택구 등으로 나누었다.

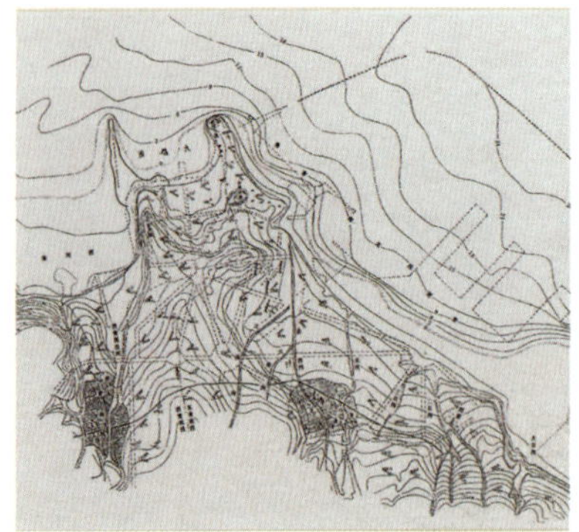

청니와 제정러시아 도시건설계획도(1899)
대련시측회원大连市测绘院(www.dlsgi.com)

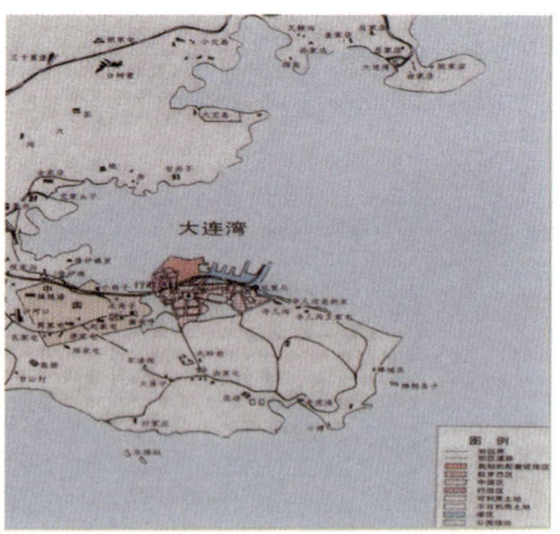

대련특별행정구계획도(1901)
대련시측회원大连市测绘院(www.dlsgi.com)

대련역

대련 러시아거리

동청윤선회사

대련시청

하얼빈

중동철로국은 하얼빈에 대해 러시아국적직원생활구, 향방호로군주둔구, 도리상업부두구 등 세 부분으로 나누었고, 이 구역들을 철도로 분리했다. 하얼빈 역을 세 개 주요 구역의 한가운데 위치시켰다.

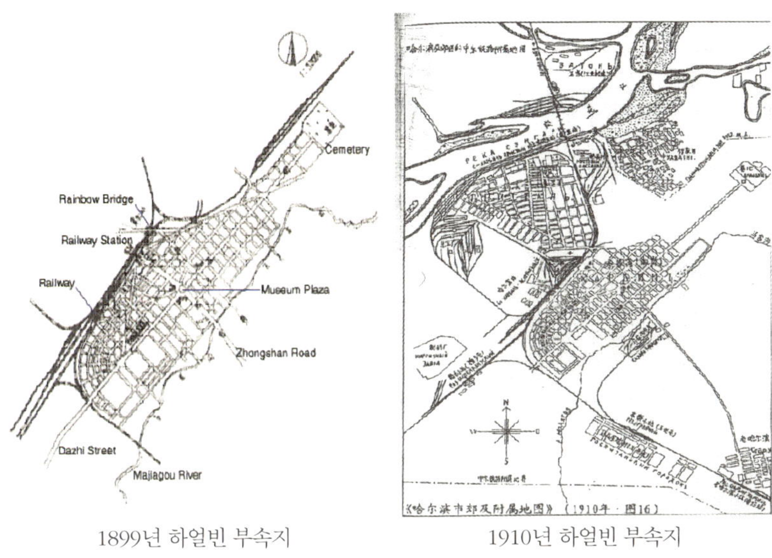

1899년 하얼빈 부속지

1910년 하얼빈 부속지

하얼빈 철도부속지 도시계획

하얼빈역*

홍군가 근대 건물

* 하얼빈역: 러일전쟁 이후 만철 노선이 된 중동철도 남부 지선을 따라 하얼빈으로 북상한 이토는, 시베리아대륙철도의 동쪽 끝 블라디보스토크를 출발하여 중동철도의 동부 간선을 따라 북상한 안중근과 하얼빈에서 만났다.

홍박광장 근대 건물

성소피아성당

상부지 중앙대가(키타이스카야)

상부지 모데른호텔**

송화강 스탈린광장

송화강 철교(중동철도 북측 간선)

**모데른호텔: 1940년 34세의 이효석은 상처(喪妻)의 슬픔과 유아마저 잃은 고통을 안은 채 만주로 떠났다. 그의 「합이빈」은 하얼빈의 호텔 모데른에서 내려다 본 키타이스카야의 풍경을 애잔하게 표현했다.

장춘

1903년 추진 속도가 느렸던 장춘 철도부속지에도 두 갈래의 간선도로

가 건설되었다. 당시 장춘역은 관성자역이었다. 이 역을 기준으로 철로
와 수직 방향인 동남쪽으로 추림가秋林街(일광가一匡街)와 파책가巴栅街(이
유가二酉街)가 건설되었다. 장춘의 초기 근대적인 도로이자 도시 최초의
모습이기도 했다.

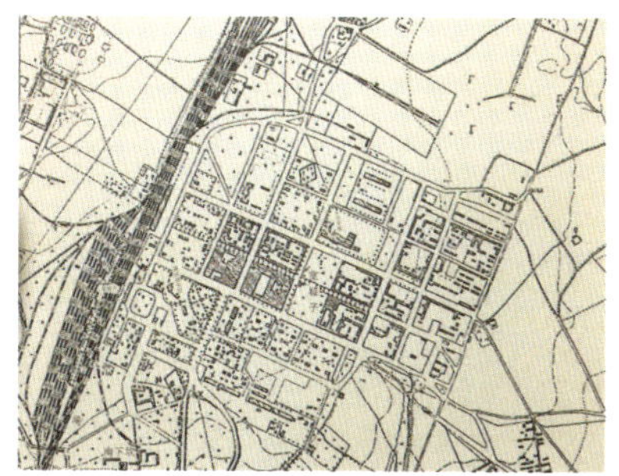

1935년 관성자 평면도
출처: 长春近代建筑, 2001: 33

관성자역 철도구락부

관성자역 철도

일광가

이유가

만철 부속지 건설과 대련, 심양, 장춘

대련

1905년 1월 일본 점령 초기의 도시 면적은 4.25km^2, 인구는 4만 명 정도였다. 1906년 일본 점령군은 최초의 도시 계획 법규를 제정하여 러시아가 제정한 도시 계획의 기초에서 군사구, 중국인 거주구, 일본인 거주구 등 세 구역을 추가로 설정했다. 1907년 1월 관동도독부와 만철대련총부가 설립된 후 관동청 민정부와 만철 지방정부는 대련 도시 계획을 새롭게 제정하여 대련을 대련 중심구와 여순 행정구로 나누었다.

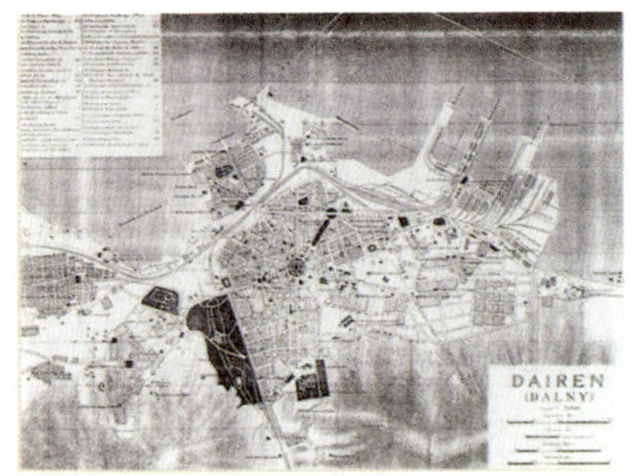

대련 만철 부속지와 도시 중심구(1925)
대련시측회원大连市测绘院(www.dlsgi.com)

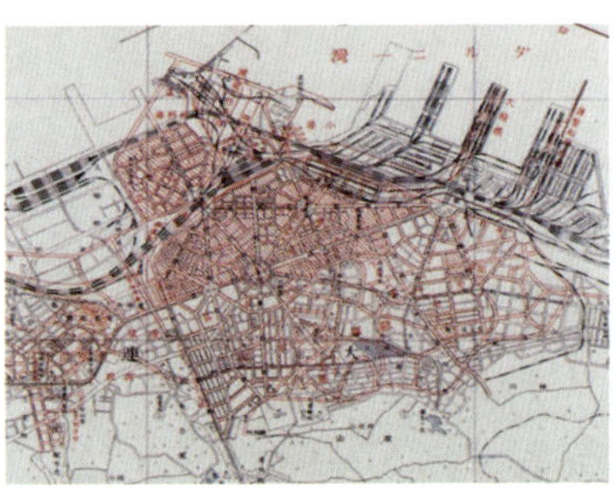

러시아와 일본 부속지 비교도(1935)
대련시측회원大连市测绘院(www.dlsgi.com)

조선은행 대련지점

대련 민정서

영국 주대련영사관

야마토호텔

대련시역소

동양척식회사 대련지점

중국은행 대련지점

요코하마정금은행 대련지점

대련 만철 부속지 중산광장 경관

심양

당시 심양(봉천)은 남만철도·봉경철도·봉해철도·안봉철도의 합류점
이었기에 만철은 봉천 철도부속지의 발전에 각별히 신경을 썼다. 만철

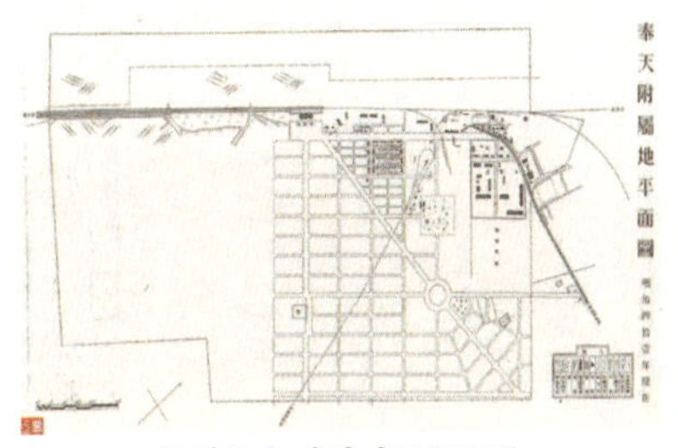

봉천부속지평면도(1908)

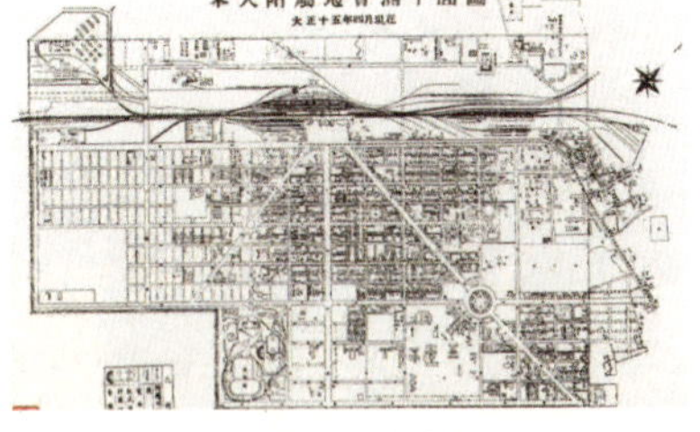

봉천부속지실측평면도(1926)

착수 초기 봉천 철도부속지 면적은 595만m²에 지나지 않았지만, 1917년부터 만철은 부속지 대량 확장 계획을 세워 대대적인 건설을 시작했다.

여러 지역 부속지들 중 도로 건설은 심양 철도부속지에서 먼저 시작되었다. 만철 설립 및 만철 부속지 계획이 나오기 전인 1906년, 심양을 점령한 일본만주군 정부와 일본 거류민회는 일본인의 생활구역을 건설하기 위해 기차역에서 수직으로, 노화장老货场부터 소서변문 사이의 십간방대가十間房大街를 새로 닦았다. 심양역을 중심으로 심양신도시가 출현하기 시작했다.

심양역

심양역 주변 근대 건물

봉천 우체국

추림공사

야마토호텔

일만공군청사

일본조선은행

요코하마정금은행 봉천지점

대화경무서

일본관동군사령부

심양역 및 부속지 경관

장춘

장춘 철도부속지 공사는 1907년에 시작되었다. 만철의 장춘 부속지와
러시아 장춘 철도부속지가 한 도시에 병존했기에 만철은 장춘에 별도

의 기차역을 건설하고자 했다. 만철은 부속지 도로공사를 시작하기 전
먼저 장춘 두도구 기차역과 플랫폼을 건설했다. 이 공사는 1907년 8월

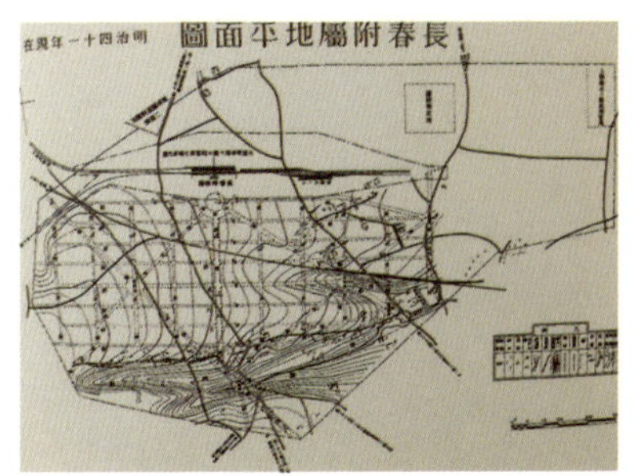

장춘부속지평면도(1908)
장춘근대건축長春近代建筑, 2001: 49

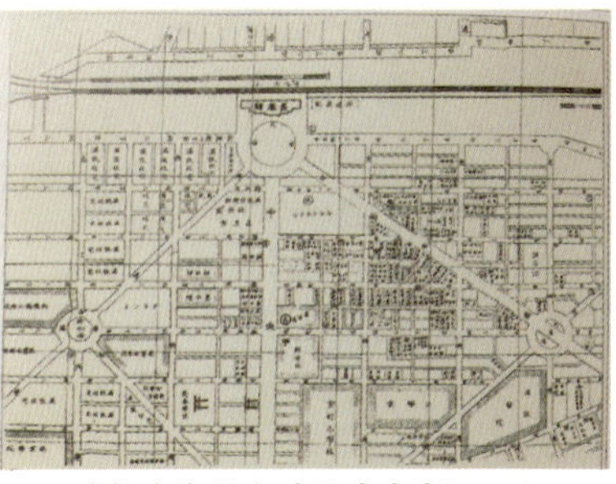

장춘만철 부속지중심지역(1929)
장춘근대건축長春近代建筑, 2001: 50

만주국설립초기 도시 계획도(1930년대 초)
장춘근대건축長春近代建筑, 2001: 107

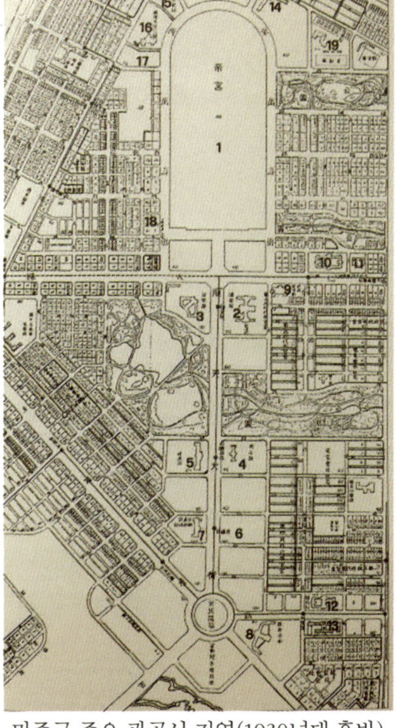

만주국 주요 관공서 지역(1930년대 후반)
장춘근대건축長春近代建筑, 2001: 133

31일에 시작되어 11월에 완공되었다. 장춘 철도부속지의 도로 건설은
1908년에 전면적으로 시작되었다. 이 해에 역전광장, 역전광장과 수직
방향으로 중앙대가 등이 건설되었다.

장춘역

야마토호텔

장춘시 우체국

길림성공산당위원회(관동군사령부)

만주국 중앙은행

만주국 전신전화주식회사

만주국 군사부

만주국 국무원*

만주국 경제부

만주국 사법부

만주국 교통부

만주국 종합법아

장춘역 및 부속지 경관

---

* 백석이 짧게 근무했던 만주국 국무원이다. 1940년 2월, 29세 백석은 만주국 수도 신경에 도착했다. 그는 그해 3월부터 친구의 소개로 만주국 국무원 경제부에서 말단직원으로 측량 보조일을 시작했다. 백석은 생업에 종사하면서 틈틈이 작품활동을 이어갔다. 1940년 그는 「북방에서」를 썼고, 토마스 하디의 대표 소설 『테스』를 번역했다.

해방정국과 사회주의 공업화

소련의 동북 해방(1945): 4개 도시 해방 기념비

1945년 8월 8일. 소련은 일본에 대해 선전포고를 한다. 8월 9일 소련군은 여러 갈래로 동북에 진입하여 일본 관동군에 치명타를 안겼다. 8월 15일 일본이 항복했고, 18일에는 만주국 황제가 퇴위했다. 이날은 하얼빈이 소련군에 의해 점령된 날이기도 하다.

이튿날인 8월 19일 소련군은 장춘과 심양을 점령했고, 20일 관동군과 소련군은 정전협정을 체결했다. 이어 소련군은 대련 등 동북의 다른

하얼빈 소련군해방기념비
(홍박광장)

장춘 소련군해방기념비(인민광장)

심양 소련군해방기념비(심양역 앞에서 항
미원조기념공원으로 옮김)

대련 소련군해방기념비(인민광장 앞에서
여순열사능으로 옮김)

지역까지 점령하게 된다.

9월 초부터 소련군은 장춘·대련·여순에 진입하여 소련군장춘위수사령부와 대련위수사령부를 설립하고 동북 전역에 대한 군사 관제를 펼친다. 1945년 9~11월 소련군은 하얼빈, 창춘, 심양, 대련 등에 동북 지역 해방 기념비를 세웠다.

신중국 공업화의 선두: 심양(1950~1960년대 철서구)

1906년 만철 부속지의 공업 지역으로 출발한 심양 철서구에는 만주사변 이전까지 일본인이 설립한 대형 공장이 28개에 달했다. 1932년 만주국 설립 이후 이 지역에는 일본을 비롯한 서구 자본이 지속적으로 유입되었다. 특히 일본의 미쓰이, 미쓰비시 등의 재벌이 이 지역에 투자하면서 철서지역은 동북 지역에서 가장 큰 규모의 일본 산업기지로 변했다.

1950년대 초 중국의 제1차 5개년 계획 당시 소련이 원조하는 156개 국가급 핵심 공정 중 3개가 철서구에 있었다. 심양은 중국의 사회주의 건설의 핵심 기지가 되었던 것이다.

중국공업박물관

심양주조박물관

개혁개방과 새로운 도약

대련의 비약(1980~1990년대)

문화대혁명의 종결과 함께 중국은 모든 정력을 경제발전에 쏟기 시작했다. 외부와의 경제적 교류를 활발히 한다는 의미의 개방정책은 흥미롭게도 중국이 굴욕적인 근대를 경험하면서 서구세력에 의해 개항되었던 항구도시를 중심으로 추진되었다.

대련은 개혁개방 과정에 동북 지역 도시들 중 그 혜택을 가장 많이 본 도시였다. 이미 잘 건설된 항만과 도로 및 교통망을 통해 대련은 동북 지역을 한반도, 나아가 일본, 미국과 연결했다.

대련항 여객터미널*

대련항**

*www.kankanews.com/a/2013-05-03/0041351508.shtml(신문기사의 사진)
**www.xiwenquan.com/Article/HTML/1627.html(신문기사의 사진)

한·중 수교와 도시의 한국 거리들: 대련, 심양, 장춘

1992년 한·중 수교 이후 한국인의 중국 진출은 활발히 이루어졌다. 중국의 동남 연해 지역뿐만 아니라 동북 지역의 대도시에도 한국인이 진출하여 그 지역에서 생활하고 있던 중국 동포(조선족)들과 함께 새로운 한인타운을 형성했다.

심양 서탑

대련 개발구

장춘 한국 상업 거리

장길도 개발과 제2의 비약: 장춘(2010년대)

2009년 중국 국무원은 두만강 유역 개발 프로젝트를 인가하고, 장춘-길림-도문(연변) 벨트 개발 프로젝트를 공식화했다. 이 프로젝트는 2010년 정식 가동되었다. 장춘-길림-연변 벨트는 세 지역이 공항, 고속

철도(2015년 개통), 고속도로(302국도)를 통해 연결된, 동북 중부의 핵심 경제벨트이다.

이 프로젝트는 장춘과 길림의 도시 일체화와 함께 연길-용정-도문의 일체화를 동시에 추진하여 연용도를 2020년까지 길림성 동부의 가장 큰 도시로 발전시킴과 동시에 장춘과의 경제적 관계를 더욱 밀접하게 한다는 것이다. 이는 개혁개방 이래 뚜렷한 성장동력을 잃은 동북 중부 및 북부 지역 도시에 큰 성장의 디딤돌이 될 것으로 기대된다.

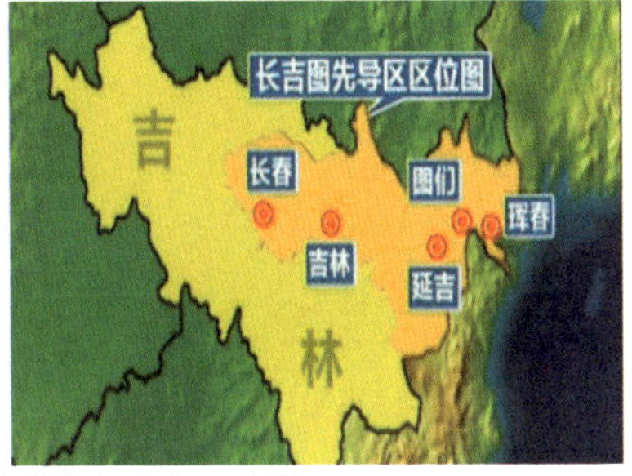

장길도의 경제적 확장 범위와 장길도 지역*

*politics.people.com.cn/BIG5/101380/10512476.html(신문기사 사진)

참고문헌

길림성통계정보망(tjj.jl.gov.cn)

대련시정부 홈페이지(www.dl.gov.cn)

대련시측회원(大连市測绘院, www.dlsgi.com)

박우, 2015, 『아시아의 도시: 중국 동북3성의 도시』, 아시아문화개발원.

심양시정부 홈페이지(www.shenyang.gov.cn)

요녕성정부 홈페이지(www.ln.gov.cn)

장춘시정부 홈페이지(www.changchun.gov.cn)

하얼빈시 정부 홈페이지(www.harbin.gov.cn)

흑룡강성정부 홈페이지(www.hlj.gov.cn)

『長春近代建筑』, 2001, 長春出版社.

politics.people.com.cn

www.kankanews.com

www.xiwenquan.com

중국 동북 지역 도시사 연구 – 근대화와 식민지 경험

초판 1쇄 발행 ㅣ 2016년 6월 30일

지 은 이 ㅣ 취샤오판(曲曉范)
옮 긴 이 ㅣ 박우
편　　집 ㅣ 배원일
발 행 인 ㅣ 김영진
발 행 처 ㅣ 진인진
등　　록 ㅣ 제25100-2005-000003호
주　　소 ㅣ 경기도 과천시 별양동 1로 18　614호(과천오피스텔, 별양동)
전　　화 ㅣ 02-507-3077~8
팩　　스 ㅣ 02-504-3079
홈페이지 ㅣ http://www.zininzin.co.kr
이 메 일 ㅣ pub@zininzin.co.kr

ⓒ 진인진 2016

ISBN 978-89-6347-288-1 93300

아시아시대를 맞이하여 서울대학교 아시아연구소는 아시아 근현대사에 대한 정확하고 기본이 되는 역사연구들을 소개하고자 〈아시아연구소 근현대사〉 총서를 기획했다.